돈의 정신분석

돈의 정신분석(The Psychoanalysis of Money)
by 어니스트 보네만(Ernest Borneman)

본 저작물의 저작권은 현대정신분석연구소(구 한국심리치료연구소)가 소유하고 있습니다. 저작권법에 의하여 보호를 받는 저작물이므로 무단전재와 무단복제를 금합니다.

돈의 정신분석

발행일 2023년 5월 18일
지은이 어니스트 보네만
옮긴이 이천영, 임선미
펴낸이 이준호
펴낸곳 현대정신분석연구소 (구 한국심리치료연구소)
주소 서울시 종로구 새문안로5가길 28, (적선동, 광화문플래티넘) 918호
전화 02) 730-2537~8
팩스 02) 730-2539
홈페이지 www.kicp.co.kr
E-mail kicp21@naver.com
등록 제22-1005호(1996년 5월 13일)
정가 32,000원
ISBN 978-89-97465-58-3 (93180)

돈의 정신분석
The Psychoanalysis of Money

어니스트 보네만

이천영·임선미 옮김

목 차

서문 : 돈의 정신분석에 관하여   어니스트 보네만

제 1 부
〈돈의 항문기 이론에 관한 연구〉

1. 성격과 항문성애   지그문트 프로이트
2. 돈에 대한 관심의 개체 발생   샨도르 페렌치
3. 자본주의 본능의 항문기 성격 특성에 관한 소고   이사도르 코리아트
4. 돈에는 냄새가 있다(Pecunia Olet)   샨도르 페렌치
5. 불안 상태에서의 돈 지출   칼 아브라함

제 2 부
〈돈의 정신분석 이론에 대한 문화사적, 고고학적 및 민족학적 연구〉

6. 돈 콤플렉스와 항문성애의 주제와 관련된 문화사 자료들   J. 하닉
7. 돈의 항문기적 기원에 관하여   윌리엄 데스몬드
8. 동물 희생 제물에서의 돈의 기원   윌리엄 데스몬드
9. 재산의 원초적 형태와 기원   게자 로하임
10. 유록의 조개 화폐와 "고통"   S. H. 포신스키

제 3 부
〈항문기 이론 영역 외의 돈에 대한 정신분석학적 연구〉

11. 돈의 감정적 사용   윌리엄 카우프만
12. 돈의 숨겨진 얼굴들   스마일리 블랜튼
13. "염가품 사냥꾼들"의 정신 병리학   에드문트 버글러
14. 돈의 정신분석학적 연구   앙드레 아마르
15. 경제학의 정신분석   파울 쉴더

후기 : 미다스 콤플렉스(Midas Complex)   어니스트 보네만

참고문헌

서 문

Ⅰ. 돈의 정신분석에 관하여

이 책은 돈의 기원과 본질에 관한 정신분석학적 문헌의 주요 작품 중 일부를 모아서, 그것들에 대한 비판적인 논평을 제공하려는 첫 번째 시도이다. 이 글들 중 일부는 수년 동안 절판된 반면, 다른 것들은 원래 쉽게 접근할 수 없고, 다시 인쇄된 적이 없는 저널에 발표되었다. 나의 선택은 무엇이 진실이고 무엇이 거짓인지에 대한 내 자신의 신념에 의해서라기보다는, 돈에 대한 정신분석학적 분석의 주요 학파들을 제시하려는 열망에 의해 결정되었다. 심지어 나는 임상적 관점에서 의문시되는 에세이조차 포함시켰는데, 왜냐하면 그것들 또한 정신분석학의 돌이킬 수 없는 역사의 일부이기 때문이다. 나는 내 선택에서 편견을 갖지 않으려는 나의 노력으로 내가 비판적 의견을 제시할 수 있기를 바란다.

이 책의 구상은 간단하다. 돈의 항문기 성격에 대한 프로이트의 선구적인 연구(1908)로 시작하여 돈을 다소 연대순으로 제시한 다음, 그 논지에 기초한 가장 중요한 저술 중 일부를 대략 연대순으로 제시한다. 두 번째 부분은 돈의 기원과 효과에 관한 중요한 정신분석학자들의 민족학적, 고고학적, 문화적, 역사적 연구로 구성되어 있다. 세 번째와 마지막 부분은 프로이트의 돈의 항문기 기원 이론에서 파생되지 않고, 다른 정신분석학적 관점에서 돈, 재산property, 그리고 소유권ownership을 조사하는 정신분석학적 연구들로 구성되어 있다. 저자가 원문에서 한대로, 각 기고문 끝에 참고문헌을 제공한다. 본 연구의 끝에 내가 제시한 참고문헌은 다음과 같이 정리되어 있다. 1. 돈 이론에 대한 정신분석학적 및 심리학적 연구. 2. 돈의 기원과 역사에 관한 연구. 일부 분석가들은 돈의 역사와 강박적인 항문 신경증의 병인 사이의 유사성을 가정하고, 후자로부터 전자를 도출하려고 시도했다. 이것이 나에게 매우 의심스럽게 보이기 때문에, 나는 돈과 소유권의 실제적인 발달과 함께 구체적이고 역사적으로 문서화된 방식으로 다루는 작품들에 독자의 관심을 집중시키는 것이 특히 중요하다고 생각한다.

II

프로이트는 자신의 「성욕에 관한 세 편의 에세이Three Essays on the Theory of Sexualities」(1904-1905)에서 성인의 영구적인 성격 특성은 세 가지 유아적 경향, 즉 1.원래 타고난 본능의 수정되지 않는 지속성. 2.환경적 영향으로 인한 본능의 승화. 3.이에 대한 반동형성reaction formation으로 추적될 수 있다고 주장했다.

다양한 구성 요소들(예를 들어, 원래 요소, 승화된 요소, 반동형성에 의한 요소)의 강도가 합성 결과에 따라 다르기 때문에, 개인의 성격 구조는 다양하다. 타고난 항문성애적 본능의 경우, 다음을 의미한다.

1. 성인의 경우 항문성애의 변하지 않는 지속성은 호분증coprophilia, 항문 성교에 대한 욕망, 동성애, 기타 항문-지향적인 성교 형태로 표현된다.

2. 항문기 본능의 승화는 절약thrift으로 이어진다. 아이들이 배변하는 동안 더욱 강렬한 항문 자극을 위해 자신의 대변을 참는 것처럼, 성인들은 더욱 강렬한 심리적 자극을 위해 자신의 돈을 보유한다. 유사하게, 프로이트는 승화되고 성애적인 사람들의 나중의 완고함을 초기에 그가 욕실 변기 위에 앉혀졌을 때 장(腸)을 비우기를 거절했던 것으로 거슬러 올라간다.

3. 항문기 본능에 대한 반동형성은 배설물, 오물, 그리고 불결함에 대한 거부로 표현된다. 따라서 "이면reverse side"에 대한 관심은 대변에 대한 원래의 관심의 반전, 즉 청결함에 대한 관심으로 이어진다.

돈의 항문기 특성에 대한 정신분석학적 이론의 핵심은 대변이 아이의 첫 번째 자율적 산물, 즉 첫 번째 "소유물"이라는 관찰에 있다. 만약 아이가 가능한 한 오랫동안 대변을 참는다면, 그것은 아이가 대변을 첫 번째 "예금"으로 보기 때문이다. **절약은 장의 내용물을 간직하는 즐거움에서 비롯된다.** 자기 욕망의 전능성(울면 먹이고, 젖으면 저절로 마르는)에 대한 아이의 믿음은 자신의 배설물에서 자신이 무엇인가 생산할 수 있는 첫 번째 증거를 보기 때문에 비교적 늦은 발달 단계까지 계속된다. 동시에 자신의 배설물은 부모를 지배하는 힘을 준다. 즉, 아이는 엄마가 원하는 시간과 장소(기저귀가 아닌 유아용 변기)에 배변하면, 똑똑하고 착하며 깨끗한 아이로 칭찬을 받는다. 만약 아이가 침대에 오줌을 싸면, 멍청하고 더러우며, 발달이 늦는다고 꾸짖음을 받는다. 따라서 아이가 자신의 주변 환경에 발휘하는 첫 번째 영향은 대변 조절 때문이다. 아이는, '만약에 엄마가 나를 침실용 변기에 올려놓자마자 내가 곧바로 배변을 하게 되면, 나는 엄마를 기쁘게 할 수 있고, 엄마의 사랑과 맛있는 음식과 보상을 받을 수 있다. 그러나 내가 침대에 오줌을 싸거나 엄마가 원할 때 거절하면, 엄마의 화를 유발할 수 있다. 그래서 나는 지금까지 내가 의존하고 있던 그 위대한 존재와 함께 내가 원하는 것은 무엇이든지 할 수 있다'라는 것을 알게 된다.

따라서 아이가 자기와 주변 환경에 대한 자신의 힘을 발견하는 것은 동시에 일어나는 사건이다. 또한 이후의 성격 발달 대부분이 부모가 자녀들의 배변훈련toilet training을 위해 선택한 비교적 이르거나 또는 비교적 늦은 시간에 달려 있는 것이 사실이다. 잘 알려진 대로, 프로이트는 아이가 고령에 이를 때까지 자신의 운명을 결정하는 네 단계를 거친다고 믿었다. 첫 번째 단계는 아이의 피부 표면 전체가 쾌와 불쾌의 자극을 동등하게 받아들이는 단계로, 그는 이 단계를 **다형성**polymorphous이라 불렀다. 신생아의 감각적인 삶 전체가 엄마의 젖가슴이나 젖병과의 관계에 의존하는 단계가 뒤따른다. 즉, 모든 것이 입의 영역에 집중되어 있어, 아이는 거기에서 음식과 즐거움 모두를 얻는다. 프로이트는 이 단계를 **구강기**oral라 불렀다. 다음으로 우리는 아이가 깨끗할 것을 배움으로써 주변 환경의 힘을 느끼게 되고, 따라서 자신을 다른 사람들에게 종속시키는 것이 필요하다는 것을 발견하는 방금 설명한 단계를 가진다. 그러나 우리는 이 단계 역시 주변 세계에 미치는 자신의 영향을 발견할 수 있게 한다는 것을 보아왔다. 그러므로 이것은 자아Ego 형성의 중요한 단계이다. 여기서는 모든 것이 괄약근 조절에 달려있기 때문에, 프로이트는 단계 전체를 **항문기**anal라 불렀다. 마지막으로, 사춘기 동안, 그리고 정상적인 발달의 경우에는 구강 및 항문 영역의 흥분이 성기의 흥분으로 바뀐다. 프로이트는 이것을 **성기기**genital 단계라 불렀다. 여기는 소위 모든 "도착들perversions"이 심리적 유아증infantilisms,

즉 관계자가 초기 단계에 저지되거나, 후기 경험의 결과로 그런 단계로 재발을 겪는 성적 미성숙의 형태라는 프로이트의 명제를 논의할 자리가 아니다. 그러나 우리는 성인의 행동이 항문기 단계 동안 아이의 심리-성적psycho-sexual 발달이 너무 이르거나 또는 지나치게 강력한 억제를 받을 때, 특히 다른 더욱 균형 잡힌 문화보다 우리 문명에서 더 일찍 일어나는 과정인 배변훈련의 결과로, 평생에 걸쳐 강박적인 특성을 띨 수 있다는 것을 지적해야 한다. 아직 준비가 되지 않은 시기에 이런 개입을 받는 아이는 오직 불완전하게 성기기 단계에 도달하거나, 전혀 도달하지 못할 수 있다. 성기기의 쾌는 항문기 영향으로 혼란스럽고 약해지거나 방향이 바뀐다. 이 단계로의 퇴행으로, 성인은 프로이트가 언급했던 항문기 성격의 세 가지 특징이 과장된 방식으로 나타나거나 또는 반동형성을 통해 과장된 반대 방향으로 바뀌는 강박 신경증이 쉽게 발달한다. 다음에서 나는 이런 유형의 강박 신경증을 항문기 신경증이라 부를 것이다.

　그런 사람의 경우, 절약의 초점 주위에 떼를 지어 모이는 자질은 두 가지 방향 중 하나를 취할 수 있다. 첫째로, 우리는 비참함, 시기, 불신, 의심, 곰곰이 생각하는 경향, 내면성, 복잡한 합리화 경향, 새침함, 성적 억압을 발견한다. 다른 방향에서, 우리는 성실성, 청결, 질서, 철저함, 엄격성, 의지, 완고함을 얻는다. 반동형성은 이 모든 특징들의 반대, 즉 무질서, 방탕, 부도덕 등이다. 이 모든 요소들은 초보적인 형태에서 이미 강박적인 성격의 측면을 보여주지만, 발달되고 과장된 형태에서는 틀림없는 강박 신경증을 나타낸다.

　그러나 특정 문화가 특정 인격 형성을 장려하고 특정 강박 신경증을 유발하는 경우뿐만 아니라, 주어진 문화 안에서 너무 이르거나 늦은 젖떼기weaning, 너무 이르거나 늦은 배변훈련이 계층 구조와 생산 형태에 반영되는 특정한 신경증 증상을 일으키기도 한다. 정통적인 프로이트주의자들은 부모가 의식적 또는 무의식적인 교육 방법에 의해 아이의 성격에 결정적인 영향을 미친다고 말할 것이다. 일단 아이가 성인이 되면, 아이는 자신의 이미지나 부모의 이미지로 아이들을 키울 것이다. 따라서 교육 전통은 첫 번째 세대의 성격을 영속시키는 사회 질서를 창출한다. 프로이트에 따르면, 항문기 성격은 보수적인 성향이 뚜렷하고, 이는 또한 부모의 교육 방법을 유지하는 것으로 나타난다.

어떤 면에서, 봉건 제도의 문화를 나타내는 구강기 성격은 부르주아 계급을 정의하는 항문기 성격보다 더 유연했다. 그러나 그것은 세상을 바꾸는 새로운 생산 방법을 구현할 수 없었고, 따라서 엄격하고 고집이 세며, 수 세기 동안 결코 변하지 않는 문화를 창조했다. 그것은 생산 수단의 원시성보다는 개인의 실제적인 구강기 성격을 덜 반영했다. 이것은 상호적으로 중화시키는 두 개의 진화 과정이 동시에 존재하는 것을 암시한다. 부모와 자녀의 관계가 아이의 추가 발달뿐만 아니라, 사회 질서 자체의 본질에도 크게 영향을 미친다는 프로이트 논지의 정확성에 대해서는 의심의 여지가 없다. 하지만 동시에 반대 방향으로 움직이는 중요한 발달 과정이 일어난다. 즉, 새로운 생산 수단은 인류를 위한 새로운 과제를 창조하고, 새로운 과제는 기존 패턴에 따라 제기된 것들보다 새로운 생산 수단을 더 적절하게 다룰 수 있는 새로운 교육적 방법을 요구한다. 궁극적으로 새로운 성격 특성은 오직 새로운 생산 수단의 발달을 참조해야만 이해될 수 있다.

이 논리는 주로 마르크스주의 분석가들에 의해 연구되었지만, 그들은 처음으로 자본주의가 집단 강박 신경증으로 해석된 오스카 피처Oskar Pitzer의 선구적인 연구「고전 자본주의 및 돈의 정신적 구조 Der seelische Aufbau des klassischen Kapitalismus and des Geldgeistes」

(참고문헌 47)를 기반으로 할 수 있었다. 빌헬름 라이히Wilhelm Reich는 현재 시판되고 있는 판(1970)과 동일하지 않은 그의 「성격 분석Charakteranalyse」(1933) 원본에서 이런 제안들을 매우 지적으로 정교화했고, 에리히 프롬Erich Fromm은 「자유의 공포Fear of Freedom」(1941)에서 같은 생각들을 중심 주제로 구성했다. 이 책의 초기 스케치인 「사회심리를 위한 정신분석적 성격 사회학의 중요성Die Bedeutung der psychoanalytischen Charaktersoziologie für die Sozialpsychologie」(1932)에서, 프롬은 봉건 제도 시대의 비교적 늦은 배변훈련과 처음부터 자본주의를 특징짓는 조기 배변훈련의 차이를 묘사한다. 프롬은 이 관대한 배변훈련이 봉건적인 문화를 형성했고, 차례로 그 문화에 의해 수정되었다고 믿고 있고, 나는 그가 옳다고 확신한다. 그것은 나태하고 거의 변하지 않는 생산 방식에 바탕을 둔 문화였다. 잉여금은 투자할 수 없었고, 경쟁도 없었고, 인센티브도 거의 없었다. 따라서 부wealth는 과시와 사치를 위해 사용되었으며, 금, 보석, 의복을 얻기 위해 사용되었다. 그러나 자본주의의 번영을 이끌었던 "장인들craftsmen, 상인들, 대출업자들의 연합"이 권력을 주장하고, 그 과정에서 봉건 제도를 쉽게 무너뜨렸을 때, 절약, 지적 투자, 경쟁, 인센티브가 구호가 되었고, 자녀들 교육도 구체화되기 시작했다. 이런 새로운 가치를 발전시킨 사람들은 자녀들에게 청결과 검소함에 대한 조기 훈련을 시키기를 원했다. 따라서 아이들은 침대를 더럽히는 것을 훨씬 더 과감하게 그리고 더 이른 시기에 치료 받았다. 결과적으로, 그들은 부모가 자신에게 기대했던 특징인 청결함과 검소함뿐만 아니라, 성실함, 꼼꼼함, 질서정연함, 끈기, 철저함, 성적 금욕도 정확하게 발전시켰다.

　우리는 여전히 부르주아 시대에 살고 있기 때문에, 이런 가치 기준은 부르주아 자체뿐만 아니라, 반-부르주아 반대파의 생각도 형성했다.

그들이 이런 문제들에 대해 처음 성찰하기 시작할 때, 이 모든 것들이 새로운 많은 독자들은 청결함, 성실함, 철저함, 질서정연함, 그리고 끈기와 같은 논쟁의 여지가 없는 미덕에서 무엇을 비판해야 할지 궁금해 할 것이다. 사회주의의 발전은 이런 동일한 가치들을 요구하지 않는가? 이런 "덕목"의 비합리적이고 강박적인 성질은 수많은 사례에서 자신의 기원을 분석하고 해석한 사람들에게만 드러난다. 그들의 과장된 형태의 이 모든 특성들이 강박 신경증의 명백한 증상일 정도로, 자본주의 체제는 실제로 강박 신경증 증후군의 징후를 보여준다. 그리고 사회주의 역사에서 새로운 해결책, 특히 스탈린주의의 권위주의적이고 비합리적이고 자기부정적인 측면을 모색하면서 잘못된 길로 판명된 많은 것들은 자본주의 국가들에서와 마찬가지로 소련과 인민 공화국에서 똑같은 해악을 일으킨 심리적 증상으로 해석될 수 있을 뿐이다.

경제적 기반은 항상 교육학적 상부 구조를 결정한다. 후기 자본주의에서 프롤레타리아의 독재로 이행하는 기간 동안 부르주아 잔재를 억압하고 파괴하는 중앙집권적 행정 시스템을 요구하는 그런 경제 구조가 필연적으로 그 기반의 일부로 계속 존재한다면, 그것은 엄격하고 조기의 구강기와 항문기 젖떼기weaning로 어느 정도 권위주의적인 교육과 함께할 것이다. 그런 교육 방법은 항문기뿐만 아니라, 이미 구강기와 실제로 아이의 리비도 발달의 다형성 단계에도 영향을 미친다.

그러므로 재산, 소유물, 돈에 대한 인간 태도의 심리적 증상 발생을 리비도 발달에서만 추론하는 것은 불가능하다. 그러나 우리가 그것의 모든 세부 사항까지 조사하기 전에 돈의 정신분석학 이론을 제시하기로 결정했기 때문에, 우리는 단지 여기서 프로이트가 지지한 후기 정신분석학 이론들(Abraham, Ferenczi, Jones)은 그것이 항문기 성격에서 비롯된 돈에 대한 인간의 관심 중 오직 보존하고, 수집하는 측면뿐이라고 주장했음을 지적할 것이다. 탐내고, 통합하는 측면은 초기 구강기에 속한다. 이런 측면들 중 하나는 다른 측면들의 흔적 없이 거의 발생하지 않기 때문에, 우리가 초기 리비도 단계를 조사해야만 전체적으로 돈에 대한 관심을 이해할 수 있다.

돈의 기원에 있어서, 항문기 성격은 구강기성애의 변화와 밀접하게 연관되어 있으며, 둘 다 동시에 가장 강렬한 변형을 경험하기 때문에 이것은 거의 놀라운 일이 아니다. 부르주아 사회에서, 젖떼기와 배변훈련은 항상 같은 시기에 또는 적어도 같은 해에 일어난다. 처음에는 입과 항문, 음식의 섭취와 제거, 갖기taking와 주기giving라는 즐거움의 두 가지 원천이 있다. 그러나 이제 이 두 가지 모두가 관련된, 즉 물건을 계속 보유하고, 물건을 간직하고, 재산을 보유하는 세 번째 요소가 추가된다.

아브라함은 이것을 다음과 같은 말로 표현한 적이 있다.

> 원래 신체 배설물의 저지되지 않은 배설은 확실하게 즐거운 신체 구멍의 자극을 동반했다. 만약 아이가 훈련 요구에 적응하고 배설물을 보유하는 것을 배운다면, 이 새로운 활동 역시 즐거움을 동반하게 된다. 이 과정과 관련된 기관의 즐거운 감각들은 모든 종류의 소유물을 보유하는 정신적 즐거움이 점차적으로 구축되는 토대를 형성한다. 보다 최근의 조사에 따르면, 대상을 소유한다는 것은 원래 그 대상을 자신의 몸에 통합한 유아의 마음을 의미한다. 처음에는, 즐거움이 단지 외부에서 오는 것을 취하거나 신체 내용물을 버리는 것과 관련이 있었던 반면, 이제는 신체적 내용물을 보유하는 즐거움이 추가되어, 이것이 모든 형태의 재산에서 즐거움으로 이어진다. 신체적, 정신적 만족의 이 세 가지 원천이 서로 배치되어 있는 관계는 개인의 후기 사회적 행동에 가장 실질적인 의미가 있다. 얻거나getting 갖는taking 즐거움이 소유

possession하는 즐거움뿐만 아니라 포기하는giving up 즐거움과도 가장 호의적인 관계로 이어질 수 있다면, 개인의 사회적 관계의 기초를 마련하는 데 매우 중요한 단계가 이루어진 것이다. 이런 세 가지 성향 사이의 관계가 존재할 때, 개인의 감정적 삶의 양면성을 극복하기 위한 가장 중요한 예비 조건이 설정되었기 때문이다.(Karl Abraham, "구강기 성애가 성격 형성에 미치는 영향The Influence of Oral Erotism on Character Formation" in *On Character And Libido Development, Six Essays*, New York, 1966, pp. 154-155)

아브라함은 여기서 양가감정ambivalence에 대한 불충분한 숙달에 놓여있는 위험에 대해 경고하고, 그 용어를 프로이트와 블로일러가 부여한 의미로 사용하고 있다. 즉, 그것은 성기기 단계 동안에 최종적으로 극복되지 않으면 성인들에서 정신분열증과 다른 정신증으로 이어질 수 있는 유아기의 감정적 모호성을 말한다. 그때까지 아이들은, 예를 들어, 반감과 애정과 같은 동시에 또는 매우 빠른 교대로 나타나는 모순되는 감정을 가지고 있지만, 또한 (항문기 단계의 이차적인 수준에서처럼) 욕망의 만족 소원과 동시에 혐오감, 또는 (성기기 단계의 일차적 수준인 "남근기" 단계에서처럼) 성적 경험에 대한 욕망과 동시에 수치심을 가지고 있는 것은 완전히 정상이다. 이런 양가감정은, 달리 말하면, 목표를 원하면서도 무의식적으로 두려워한다는 사실로 특징지어진다. 양가감정의 위험은 강렬한 심리적 갈등일 뿐만 아니라, 더 중요한 것은 감정이 그 반대로 갑자기 변형된다는 것이다.

그러나 그것이 유아기 양가감정의 특정 측면을 유지하거나 그것들로 퇴행하는 항문기 성격의 전형이기 때문에, 우리는 그런 사람들에게서 경험 있는 분석가에 의해서만 종종 해석될 수 있는 돈에 대한 상반된 태도를 자주 발견한다. 예를 들어, 지나친 청결이나 절약, 또는 그 반대는 단독으로 나타나는 경우가 거의 없다. 우리는 또한 항상 더 약하거나 더 강한 구성 요소로서 다른 극단을 발견한다. 돈에 대한 인간의 태도에 결정적인 영향을 미치는 리비도 발달의 두 번째 측면은, 대상 리비도의 성숙, 즉 다른 사람들을 이타적으로 사랑하고, 그들에게 부드럽게 대하는 능력이다. 신생아는 환경을 단지 자신의 확장으로 인식하고, 따라서 환경을 이해하거나 사랑할 수 없기 때문에, 리비도 발달의 전체 기관이 이런 능력의 기원에 기여한다. 그것은 오직 자기애의 우회로에 의해서만 다른 사람들에게로 향한다. 그러나 다른 사람들을 향하는 이런 방향 전환은 여기에서도 자체성애, 자기애, 양가감정이 성기기 단계 동안 정복되고 성기적 사랑의 우위에 종속될 때까지 양가적인 상태로 남아있다.

　아이의 대상 리비도 발달에 있어서 가장 중요한 도구는 자신을 보살피는 성인들에 대한 대상 리비도이다. 사랑의 본보기를 갖지 못한 아이는 사랑할 수 있는 능력을 얻는데 가장 큰 어려움을 겪을 것이다. 아이는 대상 세계를 향한 충동들을 완전하게 제거하지 못할 것이며, 따라서 돈의 착취적이고 탐욕스러운 개념에 쉽게 빠질 것이다. 마지막으로, 우리는 재산과 돈에 대한 인간의 태도의 성숙을 조사할 때 금지inhibitions의 발달도 고려해야 한다. 아이의 최초 발달 단계는 아직 외부 세계와 어떤 종류의 관계도 존재하지 않기 때문에 그런 금지로부터 자유롭다. 첫 번째 금지, 즉 공포가 나타나는 것은 단지 첫 번째 치아가 불쑥 나타나는 구강기 단계의 이차적 수준에서이다. 이 몇 년 동안 발생하는 깨물고 싶은 파괴적인 욕망 또한 두 번째 금지인 죄책감을 만든다. 세 번째 금지는 혐오감과 동정심의 양가적인 감정이다. 둘 다 무의식적이지만 사물을 통합하거나 삼키려는 매우 강한 욕망에 대한 반응이다. 그 전반적인 영역은 대변을 먹고 장난감을 삼키는 것에서부터 엄마가 항상 거기에 있을 수 있도록 하기 위해 엄마를 내사하려는 무의식적 욕망에 이르기까지 쭉 이어진다. 만약 남근기 단계 동안 개인이 성적으로 성숙하기 전에 리비도가 이성opposite sex을 향하기 시작하면, 그다음에 발전하는 금지는 수치심이다. 대상 리비도는 이미 존재하지만, 부르주아 사회에서는 보통 오늘날까지도 성기genitalia를 배제한다. 이 금지가 만족스런 성관계에 의해 극복된다면, 사회적 책임감인 최종적 금지가 그 자리를 차지한다. 이것은 모든 재산이 사유재산이어야 한다는 돈 신경증 환자들의 확신에는 흔히 볼 수 없는 감정이다.

리비도 발달의 어떤 주어진 단계에서든지 적절한 금지가 무시되거나 극복되지 않으면, 다음 단계의 달성은 거의 성공하지 못한다. 따라서 부적절한 사회적 책임감이나 다른 사람들의 경제적 요구에 대한 존중 부족은 흔히 리비도 발달 초기 단계의 금지가 무시되었거나 극복되지 않았다고 말함으로써 설명될 수 있다. 우리가 재산의 전유appropriation에만 전념하고, 공동 복지와 공동 재산의 개념을 **형용모순contradictio in adjecto**으로 간주하는 무자비한 성격 유형의 사람을 만나면, 우리는 그의 신경증의 병인etiology 어딘가에 해결되지 않은 금지가 있다고 믿는 것이 정당하다.

리비도 발달, 대상 리비도, 양가감정, 그리고 금지의 복잡한 상호 작용을 설명하기 위해, 나는 다음 표에서 아이의 성숙 과정 7단계를 개요적으로 표현하고자 했다. 여기에 포함된 정보들은 프로이트, 아브라함, 멜라니 클라인Melanie Klein, 그리고 르네 스피츠René Spitz에서 나온 것들이다. "부분 사랑partial love"과 "성기 배제genital exclusion"의 개념은 그것들이 속한 단계의 분석 과정에서 설명될 것이다.

1. 다형적 도착적 단계 *Polymorphously perverse phase*

우리는 이미 처음에 이 시기를 언급했다. 그것은 리비도 발달의 최초 단계를 나타낸다. 성감대, 사랑 대상, 그리고 금지들이 아직 발달하지 않았고, 이런 이유로 아직 감정적 양면성은 없다. 성감대는 아직 집중되지 않았고, 리비도는 완전히 분화되지 않았기 때문에, 아이는 구강기나 항문기, 또는 성기기 본능에 종속되지 않는다. 우리는 이것을 감정과 본능의 계층 구조에서 원시적 공산주의의 조건이라고 부를 수 있다.

2. 일차적 구강기 수준(빨기 단계)

유리한 조건이 주어지면, 구강기의 일차적 단계가 인생에서 가장 행복한 시기가 될 수 있다. 다시는(아마도 첫 번째 다형성 단계를 제외하고) 그렇게 행복하고, 만족스러운 많은 요소들이 함께 모이지 않을 것이다. 아이는 아무 걱정도 없고, 일이나 돈벌이에 대하여 걱정할 필요가 없으며, 세상이 완전히 안전하다고 경험하고, 배고플 때 먹여주고(최소한 그렇게 해야 한다), 울 때 위로받고, 오줌 싸면 갈아주고, 안아주고, 뽀뽀해주고, 귀여워해 준다. 음식물 섭취는 다시는 그렇게 많은 관능적인 흥분을 동반하지 않을 것이다. 배고픔과 갈증을 가라앉히는 즐거움은 젖을 빠는 즐거운 감각과 결합한다. 동시에 아이는 엄마의 따뜻하고 탄력 있는 젖가슴을 손으로 누른다. 엄마의 따뜻한 팔이 아이의 몸을 안는다. 종종 아기는 안겨 흔들린다. 그 결과 피부, 근육, 입술, 손으로 하는 자극이 동시에 이루어진다.

금지와 양가감정은 없다. 아이는 사랑으로나 증오로 혼란스러워하지 않는다. 아이의 정신에서는 젖을 먹이는 엄마와 젖을 빠는 아이 사이에 반대편이 없다. "나"와 "너"는 아직 존재하지 않는다. 아이는 빨기로 세상을 통합하려고 시도하지만, 세상을 별개의 대상으로 인식하지 않고, 자신의 몸의 일부로 간주한다. 보통 유럽의 부르주아 사회에서 첫 해의 대부분에 걸쳐 포함하는 이 단계를 우리는 여기서 음식물 섭취와 리비도적 활동 사이의 구분이 아직 존재하지 않기 때문에 프로이트에 의해 "식인적cannibalistic"이라고 불렸다. "한 활동의 대상은 다른 활동의 대상이기도 하다." 이 원시적인 형태의 즐거움은 결코 완전히 극복되지 않으며, 다양한 가면을 쓰고 평생 살아남는다. 재산에 대한 성인의 후기 태도에서 그것은 종종 강렬한 욕망과 노력으로 특징지어지며, 돈에 대한 태도에서는 그들을 부당하게 이용하기 위해 "다른 사람들을 철저하게 빨아먹으려는" 시도로 특징지어진다. 그러나 양심의 가책이 그 개인에게 부담을 주지 않는다. 왜냐하면 이 단계에서 발생하는 리비도적 경향은 다음 단계의 충동에 붙는 파괴적인 욕망으로부터 완전히 자유롭기 때문이다. 방해받지 않을수록, 빨기 단계가 더 즐겁고, 일이 항상 그들을 위해 돌아갈 것이라는 확신이 더 강해진다. 그들은 종종 부르주아 사회에서 경제적으로 성공하는 데 도움이 되는 확고한 낙관주의로 삶에 직면한다.

그러나 이 수준에 고착되거나 그것으로 퇴행한 다른 구강기 성격에서는 종종 그 반대 현상이 발생한다. 그들은 세상이 자신의 엄마라는 착각 아래 살기 때문에, 일을 하지 않거나 거의 하지 않고 사회가 그들을 먹여 살리기를 기대한다. 빨기sucking 단계는 그들을 너무 철저하게 응석받이로 키워서, 그들은 엄마의 젖이 항상 자신들을 위해 흐를 것이라 믿는다. 그들은 재산과 소유물을 경멸하거나 존경하지도 않는다. 왜냐하면 그들은 애초에 이것들을 대상들로 인식하지 않기 때문이다.

그런 지나친 방임(응석받이로 키우기, 애지중지하기)의 폐해를 과소평가해서는 안 된다. 한동안 점진적, 진보적, 급진적 부모들 가운데 너무 이른 젖떼기에 대한 반대가 강해서 일부 엄마들은 그 정반대의 극단에 빠진다. 그러나 부르주아 사회에서 늦은 젖떼기는 거의 항상 신경증적이고 종종 냉담한 엄마들에 의해 이루어지는데, 그 엄마들은 자녀들에게 젖을 먹이는 동안 뚜렷한 쾌감을 경험하고, 그들을 정상적인 성기적 욕망의 만족을 위한 대리인으로 사용한다. 젖먹이가 필요 이상으로 오래 지속될 때, 이것은 아이를 위해서가 아니라 엄마를 위해서이다. 그 결과는 우리가 방금 설명했듯이, 일에 대한 평생의 금지일 수도 있고, 또한 살고 싶고 노력하고 싶은 욕망의 마비, 자신의 길을 가는 능력의 마비로 나타낼 수 있거나, 또는 무자비한 착취 증후군을 초래할 수도 있다. 양가감정의 효과에 익숙하지 않은 사람은 같은 원인에서 어떻게 반대되는 두 성격 유형이 나올 수 있는지 이해하기 어려울 수 있다. 그러나 임상 경험은 우리가 두 경우 모두에서 동일한 원인을 다루고 있음을 의심의 여지없이 입증한다.

3. 이차적 구강기 수준(물기 단계)

리비도 발달의 모든 단계, 즉 젖떼기 또는 젖병 떼기를 통한 구강기, 배변훈련을 통한 항문기, 성행위의 금지를 통한 성기기는 외부 세계의 개입 행위를 통해 두 가지 수준으로 나뉜다. 그러나 구강기 동안 어떤 정상적인 엄마라도 아이가 물고 씹기 위해 치아가 자랄 때까지는 젖떼기를 시작하려고 시도하지 않는다. 따라서 치아는 제2차적 구강기 수준으로의 생물학적 진입을 나타낸다.

만약 아이가 너무 일찍 젖을 떼거나 너무 늦게 젖을 떼면, 그 피해는 거의 회복할 수 없다. 많은 사람들에게 구강기의 일차적 수준이 그들의 삶에서 가장 행복한 시기인 것처럼, 이차적 수준으로의 전환은 다른 사람들에게 가장 불행해질 수 있다. 이것은, 예를 들어, 제공되는 우유에 대한 부정적인 반응이나 장내 대장균처럼, 엄마의 젖가슴 및 신체와의 너무 이른 접촉 상실과 같은 많은 이유들을 가지고 있을 수 있다. 그런 경우에 아이가 배고프거나 아파서 울면, 엄마는 보통 신생아가 만족할 때보다 사랑과 인내심이 떨어지는 경향이 있다. 그러나 만약 아이가 충분히 귀여움과 위로를 받지 못하거나 충분히 안아주지 않는다면, 불안정과 불행은 이미 이때에 모습을 드러낸다.

그 결과 아이는 증대된 강렬함을 가진, 즉 만족에 대하여 억제할 수 없는 일종의 탐욕을 가진 다음 수준으로 돌진한다. 이것은 항상 존재하는 새로운 실망에 대한 위험을 수반했고, 그것은 초기 단계로 퇴행하려는 강화된 경향으로 반응할 것이다. 즐거움은 대체가 이루어질 때만 포기될 수 있다. 만약 아이가 일차적 구강기의 가장 중요한 특징인 빨고 싶은 욕망의 만족을 포기하면, 이차적 구강기 수준의 특징인 물기biting에서 특별한 만족을 얻으려고 시도한다. 아이는 자신이 잡을 수 있는 모든 물건을 입속에 넣고 상당히 활기차고 분명히 지각할 수 있는 즐거움으로 그것을 파괴하려고 한다. 여기서 즐거움의 양면성이 처음으로 나타난다. 우리는 파괴를 통한 만족의 사례를 가지고 있다. 구강기 초기에 실망했던 아이의 사례에서(그러나 또한 애지중지해서 빠는 시기가 지나치게 연장되었던 아이의 사례에서도), 물기에서 얻는 즐거움이 특히 두드러질 것이다. 따라서 성격 형성의 시작은 비정상적으로 강조된 양가감정의 영향으로 발생한다.

구강기의 일차적 수준인 빠는 시기는 전-양가적pre-ambivalent이라 부를 수 있는 반면, 이차적 수준은 이차적 성기기 수준에서 대상 사랑에 종속되어 감소되지 않는 한, 이후의 모든 삶을 지배할 양가감정으로 인한 갈등의 시작을 나타낸다. 그러나 강박 신경증 환자들은 거의 항상 이 일에 실패하는데, 사실 이 실패는 이런 신경증의 두드러진 특징이다. 유아 성욕의 잔재에서 해방된 건강하고 성숙하고 균형 잡힌 개인만이 양가감정에서 자유롭다. 그의 리비도는 후-양가적post-ambivalent 단계에 도달했고, 그래서 대상 세계를 지배할 수 있는 능력을 얻는다. 강박 신경증 환자가 항상 도달하지 못하는 것이 바로 이 숙달mastery이다.

빨고 싶은 욕망이 물고 싶은 욕망으로 바뀌면 자석처럼 특정 형태의 공격성을 끌어당긴다. 프로이트는 구강기 본능과 항문기 본능에 중립적으로 작용하는 자유로운 입장에 있는 리비도의 저장고에 대해 말한다. 자석에 붙는 입자들처럼 그것들이 본능에 붙기 때문에, 프로이트는 그것들을 부분partial 또는 구성component 본능이라 불렀다. 그는 주로 능동적 및 수동적 공격성(가학성애와 피학성애)과 보기와 보이기(관음증과 노출증)의 네 가지 종류로 구분했다. 손이 기껏해야 잡고 쥐기 위해 사용될 때, 치아는 아이들이 주변의 물건들을 파괴하는데 사용할 수 있는 첫 번째 기관이다. 이 과정에서 아이는 먼저 외부 세계를 자율적이고 독립적으로 존재하는 실체로, 즉 섭취할 수 있는 어떤 것으로 발견한다. 구강기를 식인적cannibalistic 시기로 해석한 프로이트의 해석이 분명한 의미를 갖는 것은 바로 여기에서이다.

칼 아브라함은 이런 발달 단계에 고착되거나, 그것으로 퇴행한 돈 신경증 환자들을 "흡혈귀vampires"로 특징지었으며, 이것을 이 용어에 대한 심리학적 및 재정적financial 의미 모두에서, "그들이 다른 사람들에게 '거머리처럼 달라붙는다'라고 말할 수도 있다. … 경우에 따라서는 … 그들의 행동에도 잔인함의 요소가 있어서, 다른 사람들에게 그들을 흡혈귀와 같은 것으로 만든다."(앞서 언급한 책, p. 159). 돈에 대한 정신분석학적 이론의 관점에서, 이 단계는 시기심의 기원으로 여겨지기 때문에 매우 중요하다.

일찍이 1921년에 아이슬러Eisler는 구강기를 시기심의 원천으로 지적했다(M. J. Eisler, "불면증 및 수면장애에 대하여Uber Schlaflust und gestörte Schlaffähigkeit" *Internationale Zeitschrift für Psychoanalyse*, 7, 1921, 166-178). 음식물을 물고 씹는 아이가 남동생이나 여동생이 빠는 것을 관찰할 기회를 얻는다면, 시기심은 더 커진다. 아이슬러에 따르면, 시기하는 사람들은 다른 사람들의 재산을 탐낼 뿐만 아니라, 부러운 사람에게도 앙심을 느낀다. 이것이 구강기적이고 공격적인 성향이 결합된 경우이다.

도벽증Kleptomania 역시 그것의 무의식적 목적이 원하는 대상의 구강기적 통합이기 때문에, 거의 항상 이차적 구강기 수준으로의 퇴행을 나타낸다. 아브라함은 아버지에 대한 반항으로 인한 도벽증 사례를 인용한다. "그녀의 도벽 충동은 상당 부분 그녀의 아버지를 향한 적극적인 거세castration 경향에서 비롯되었다. 그녀가 절도하는 무의식적 목적은 아버지에게서 부러워하는 소유물을 빼앗아 그것을 자신이 소유하거나, 그것과 자신을 동일시하려는 것이었다. 그런 절도들이 그녀의 아버지 같은 사람과 연결되어있다는 것은 여러 면에서 분명해졌다. 예를 들어, 그녀가 한번은 아버지의 방에서 관장 튜브를 뽑아 그것을 항문-성애를 위한 남근 대용으로 사용했었다. 그녀는 아버지 지갑에서 돈을 꺼내고, 그의 펜, 연필, 그리고 다른 남성의 상징들을 훔치는 다른 방식으로 아버지를 '거세'하곤 했는데, 이는 도벽증의 사례에서 아주 흔하다"(앞서 언급한 책, p. 133). 유사한 도벽증 사례가 스마일리 블랜튼Smiley Blanton의「돈의 숨겨진 얼굴들The Hidden Faces of Money」(제12장)에 보고되어 있는데, 여기에서 한 여성이 자신의 가족을 수치스럽게 하려는 무의식적인 동기로 쓸모없는 물건들을 훔쳤다. 두 사례 모두에서 가학적인 부분 본능과 섭취 동기의 전형적인 조합을 볼 수 있다.

4. 일차적 항문기 수준(배설 단계)

젖떼기가 구강기를 두 수준으로 나누는 것처럼, 배변훈련이 항문기를 두 수준으로 나눈다. 일차적 항문기 수준은, 일차적 구강기 수준과 마찬가지로 대부분의 사람들에게 행복한 시기이다. 왜냐하면 잘 알려진 대로, 그들의 배설물이 그들에게는 자신의 첫 번째 의식적인 창조물, 첫 번째 창조적 성과물로 보이고, 부모가 개입하지 않는 한, 반죽하고 마사지하며, 실제로 배설물을 먹는 것조차도 어린 시절의 가장 만족스런 활동 중 하나이기 때문이다. 아이들의 이런 활동을 못하게 하는 사람은 아이의 성장하고 있는 자신감, 자부심, 그리고 그의 창조성의 상당 부분을 박탈한다. 물론 배설하는 동안 느끼는 만족도와 즐거움의 강도는 상당히 다양한 것이 사실이다. 아브라함은 체질적으로 특정한 리비도가 장내intestinal 과정에 집중하는 사람들이 있다는 프로이트의 견해가 임상 경험을 통해서였다고 믿는다(앞서 언급한 책, p. 153). 그 증거로, 그는 아주 다른 가족 구성원들에게서 항문성애의 긍정적인 측면과 항문기 성격 특성 모두가 정기적으로 반복되는 가족이 있다는 확실하게 문서로 기록된 사실을 인용한다. 그러나 이 현상은 다르게 해석될 수도 있다. 우리가 이미 보았듯이, 모든 성격 유형은, 특히 항문기 성격은 무의식적으로 부모의 이상한 점들abnormalities(보통은 자신의 이상한 점이기도 하다)을 영속시키는 경향이 있다. 부모들은 자녀들 속에서 자신의 삶을 이어간다. 이것은 항문기 성격에도 해당되며, 항문성애자, 항문기 성격자, 그리고 항문기 신경증 환자의 경우에도 거의 동일하게 발생한다. 보통 항문성애자는 더러움, 무질서, 그리고 아이들의 다른 약점들에 대해 관대하고 너그럽다. 억압을 통해 항문기 성격자로 바뀌거나 퇴행과 반동형성을 통해 항문기 신경증 환자가 된 항문성애자만이 자녀들에 대해 억압적이어서, 항문기 신경증 환자의 비극적 확대를 한 세대에서 다음 세대로 영속시킨다. 항문성애자가 자녀들을 특별하게 엄하지 않고 서두르지 않으면서 청결 훈련을 시키고, 또 그렇게 함으로써 즐거운 배변 단계를 연장시키고 지원하는 반면, 항문기 성격자는 자녀들을 상당히 과감하게, 특히 조기에 "청결"하도록 훈련시킨다. 따라서 그는 너무 조기에 그들을 이차적 항문기 수준으로 몰았다. 이런 식으로 보수적 성향, 탐욕, 융통성 없음, 그리고 자신이 훈육 받은 대로 다른 사람들을 훈육하려는 욕망이 대대로 전해진다. 따라서 이 두 가지 유형의 각각은, 비록 이것이 유전 때문이 아니라 교육 때문일지라도, 자신 고유의 이상한 점들abnormalities을 가진 아이들인 것으로 드러난다.

금지되지 않고, 승화되지 않고, 억압되지 않은 항문성애자는 부르주아 사회에서 설 자리가 없기 때문에(그가 "지저분한 게으름뱅이"이든, "무질서한 성격자"이든, 또는 동성애자이든, 똥을 먹는 사람이거나 분변기호벽이 있는 사람coprophiliac이든), 그의 성향을 억압하도록 유도하기 위해 예외적으로 심각한 사회적 구속이 그에게 부과된다. 보통 그것은 승화하기에는 너무 늦다. 따라서 그가 성숙한 사람이 되었을 때조차, 부르주아 사회는 가능한 모든 사회적 통제를 동원하여 항문기 신경증 환자를 강박 신경증 환자로 변형시키는 경향이 있다. 다른 항문성애자들은 승화되지 않은 분변기호벽적 관심을 다른 신체 부분으로 전치함으로써 심기증hypochondria으로 몰린다. 그러나 억압이 성공적일 때 호분증coprophilia은 종종 모델(즉, 예술)이나 조작(사람과 돈의 조작을 포함해서)에서 즐거움으로 변한다. 반동형성을 통해 호분증은, 우리가 보았듯이, 청결함과 질서에 대한 욕망이 될 수도 있고, 또는 색인을 달고, 분류하고, 조직하는 것에서 얻는 즐거움으로 바뀔 수 있다. 배변에서의 즐거움이 승화나 퇴행을 통해서 낭비적인 지출, 돈 낭비, 심지어 채무 "망각"으로까지 이어질 수 있다. 이 리비도 발달 단계에서 가장 중요한 금지는 죄책감이기 때문에, 대변의 상징으로의 돈에는 항상 죄책감이 딸려있다는 것은 결코 우연이 아니다. 들어온 돈은 차변debit으로 기재되고, 자본금, "준비금", 그리고 수익은 부채라는 것은 잘 알려져 있다. "받는 사람, 빚지는 사람"은 재정의 기본 원리이며, 이것은 확실히 이 수준의 리비도 목표와 그것의 달성에 저항하는 죄책감 사이의 양가감정에 해당한다. 자본 축적과 부채는 대변feces 축적과 죄책감만큼 밀접한 관련이 있다. 남에게 빚진 것이 없는 사람들은 자기 자신에게 빚진 것이 있다. 앙드레 아마르André Amar(제14장)가 "영원한 빚"과 "불가능한 구원"을 말하는데, 이 용어는 원죄의 신학적 개념에서 비롯되었지만 여기서는 어울리지 않는다.

항문기 동안 아이와 다른 사람들과의 관계를 지배하는 제한된 대상 리비도를 정의하면서, 나는 아브라함이 만든 "부분 사랑partial love"의 개념을 채택했다. 그것은 사랑할 수 있는 능력의 미완성 단계와 다른 사람들에 대한 아이의 정서적 관심이 맨 먼저 인체의 특정 부위로 향하고 아직 전체 사람을 망라할 수 없다는 사실 모두를 특징짓기 위한 것이다. 돈의 정신분석학적 이론 개념에서, 이것은 이 단계로 퇴행하는 항문기 신경증 환자가 자신의 동료 인간의 한 측면, 즉 그들이 소유한 것만을 본다는 것을 의미한다. 세계의 위계질서는 그에게 일련의 숫자로 나타난다. 즉, 다수의 부자들과 힘 있는 사람들은 사랑할 가치가 있고, 소수의 가난하고 힘이 없는 사람들은 사랑할 가치가 없다.

치료는 오직 신경증이 이미 완전히 발달한 곳에서만 제한적인 성공을 약속한다. 거의 모든 정신 신경증의 경우처럼(1890년대에 프로이트가 사용한 용어인 "실제" 신경증은 제외), 효과적인 유일한 치료법은 예방, 즉 예방적 치료인데, 이는 부모의 치료부터 시작해야 한다. 우리가 보아왔듯이, 항문기 신경증 환자들은 거의 항상 적어도 한 부모가 항문기 성향이 있는 부모의 자녀들이다. 너무 빠르고 지나치게 과감한 배변 훈련을 통해, 어머니는 대개 자신의 항문기 콤플렉스를 소산시킬 뿐이다. 단지 아이가 가장 좋은 것을 원하고, 아이가 가능한 한 빨리 세상의 요구에 적응하도록 돕는다는 평계로, 그녀는 "훈육"과 "엄격함"을 사용한다. 그녀는 오직 "엄마로서의 의무"를 다할 뿐이다. 그러나 엄격함이 사랑에 대한 대체물이 될 때, 성숙해짐에 따라 아이는 자신이 오직 대리 사랑, 결국 엄격함만 줄 수 있다는 것을 두려워해야 한다.

5. 이차적 항문기 수준(보유 시기)

잘 알려진 대로, 프로이트는 항문이 성인들보다 어린아이들 사이에서 훨씬 더 강렬하게 성애화된다는 것을 발견했다(그리고 아동 심리학자들은 임상적으로 확인했다). 자신의 배설물을 배출할 때, 아이는 성인들의 성교의 즐거움과 다르지 않은 흥분을 경험한다. 자연은 아이가 처음으로 단단한 영양분을 섭취한 후 자신의 장(腸)을 비울 때 겪을 고통을 견딜 수 있도록 하고, 긍정적인 리비도 집중에 의한 괄약근 훈련을 용이하게 하기 위해 이런 식으로 상황을 배열한 것 같다.

일차적 항문기 수준은 배설물을 배출하는 즐거움이 특징인 반면, 이차적 수준은 배설 기능의 통제와 이 수준을 실제로 둘로 세분화할 것이 요구되는 두 가지의 모순된 형태로 주목된다. 첫째로, 배변훈련은 어린아이에게서 일차적 항문기 수준에서 만들었던 전능 환상을 강제로 벗긴다. 둘째로, 이 환상은 그가 자신의 교육자를 지배할 수 있다는 것을 발견할 때 어떤 의미에서 다시 회복된다. 그는 자신이 예정된 시간과 장소에서 방출하면 칭찬과 보상을 유도할 수 있고, 침대에 오줌을 싸거나 고집스럽게 대변을 참음으로써 그들을 화나게 할 수 있다는 것을 배운다. 그 보상 때문에 그의 장을 비울 때의 즐거움은 증가하고, 대변을 간직하고 그 후에 격렬하게 배출함으로써 항문 영역이 훨씬 더 크게 성애화 된다.

따라서 아이는 항문기 동안에 네 가지의 중요한 발견을 한다.

1. 배변이 일종의 자체성애라는 발견. 그는 일차적 항문기 수준에서 배운다.

2. 대변을 신속하게 배출하면 보상을 얻을 수 있다는 발견. 이것은 이미 우리를 일차적 항문기 수준에서 이차적 항문기 수준으로 데려간다.

3. 즉각적인 배변보다 보유하고 있는 대변을 배출하는 것이 더 큰 즐거움을 얻을 수 있다는 발견. 이 발견은 이차적 항문기 수준을 시작한다.

4. 대변을 보유함으로써(즉, 고집, 고의, 앙심을 통해) 다른 사람들에게 부정적인 감정(분노, 격노, 분개)을 유발할 수 있다는 발견. 항문의 즐거움과 공격성의 만족이 합쳐진 이것 때문에 프로이트는 전체 단계를 "가학적 항문기"라고 불렀다. 그러나 이 특성은 아이의 이 네 번째 발견에만 적용된다.

처음의 두 발견은 가치 있는 물건을 없애는 것이 나중에는 그것에 리비도적 강조를 부여할 것이라는 것을 가져오는 반면(이익을 남기고 팔지만, 즐거운 낭비도), 뒤의 두 발견은 가치 있는 물건의 즐거운 보유(물건을 모으는 즐거움, 그러나 탐욕도)와 다른 사람들의 요구에 대한 즐거운 저항(임금 및 세금 요구, 노조, 공동 결정에 대한 저항)으로 이어진다. 부분적으로 이 저항은 가학적인 원천에서 비롯된다. 이차적 구강기 수준에서 강하고 가학적인 부분 본능이 외부 세계를 통합하려는 욕망과 결합하여 물기biting의 파괴적인 측면으로 이어지는 것처럼, 이제는 강한 가학적 욕망이 이차적 항문기 수준에서 대상 리비도의 전조precursor인 부분 사랑과 결합하고, "보유하려는" 욕망이 "지배하려는" 욕망으로 변형된다.

이것은 일부 항문기 신경증 환자들의 소문난 탐욕을 유아기의 "보유 욕망", 즉 대변의 보류withholding까지 추적함으로써 설명한다. 그러나 그런 행동에는 가학적인 부분 본능이 항상 존재하는데, 왜냐하면 탐욕스런 개인은 세상을 자신의 노예로 만들고, 친구, 가족 구성원, 직원 및 사업 파트너에게 심리적 위압을 가하기 때문이다. 그러므로 주의 깊은 분석에서, 사람들은 항상 탐욕에서 권력에 대한 갈증 요소들을 발견한다.

일차적 항문기 수준에서와 같이, 이차적 항문기 수준에서 아이는 그 용어의 진정한 의미에서 아직 다른 사람을 사랑할 수 없다. 아직까지 아이의 리비도는 오직 다른 사람의 일부에게만 향한다. 그러나 우리가 여전히 일차적 항문기 수준에서 발견한 다른 사람들을 통합하려는 경향은 포기되었다. 그것은 소유욕으로 대체되었다. 비록 이 수준의 리비도는 여전히 대상 리비도의 목표를 달성하기에는 거리가 멀지만, 그 소유물이 이제 외부의 어떤 것이 되었다는 의미에서 진전이 이루어졌다. 아이가 섭취함으로써 얻는 것은 더 이상 소유물이 아니다. 대신에 소유물은 이제 신체 외부에 존재한다. 이것은 대상(외부 세계, 다른 사람들, 사랑 대상)의 존재에 대한 인식을 의미하며, 현실감의 발달에 중요한 단계를 구성한다.

이런 변화는 사회적 의미에서 엄청나게 실질적인 의미를 갖는데, 왜냐하면 그것은 두 아이가 공동으로 소유하는 것을 가능하게 하는 반면,

섭취는 한 아이에게만 소유를 보장하기 때문이다. 동시에 그것은 일차적 항문기 수준에 속하는 아이의 대변 사랑, 대변을 먹는 경향이 승화되어 청결감으로 변형되는 메커니즘이다. 혐오감은 이런 결과를 가져오는 데 도움이 된다. 섭취 욕망이 완전히 없어졌을 때에만 공동체의 평범한 모든 구성원들에게 필수적인 대변에 대한 경멸이 나타난다. 일부 고도로 승화된 성인들의 경우, 그것은 돈에 대한 경멸로 나타날 수도 있다. 공동 행복과 공동 소유에 대한 감각의 성숙은 방금 설명한 현실감의 성숙과 그에 따른 돈이 전능하다는 의심의 성숙 모두로 거슬러 올라갈 수 있다.

프로이트는 항문기 성격을 다음의 용어로 설명했다. 그의 어린 시절 동안에, 유아성 대변실금incontinentia alvi을 숙달하는데 비교적 긴 시간이 필요하고, 심지어 어린 시절에는 이 부위에서 제대로 기능하지 못하는 격리된 경우로 고통 받는다. 배변훈련 기간 동안 그가 변기에 앉혀질 때 장을 비우기를 거절한다(제1장). 이것은 마치 말년의 문제가 전적으로 본능의 유전적인 구조 때문인 것처럼 들린다. 그러나 실제로 항문기 신경증의 나중 증상에 최소한 동등하게 책임이 있는 것은 특정한 형태의 배변훈련이다. 아이를 키우는 사람이 청결함뿐만 아니라, 배설의 엄격한 규칙성도 요구하기 때문에, 구강기의 나르시시즘이 심각한 시험에 처하게 된다. 조만간, 대다수의 아이들은 이런 요구에 적응한다. 가장 좋은 경우에, 아이는 교육자의 요구에 용케 동일시하고, 성취된 것에 자부심을 갖는다. 그리고 나서 우리는 나르시시즘에 가해졌던 일차적 손상에 대한 보상을 받게 된다. 힘에 대한 원래의 느낌은 성취에서 취하는 만족감, "좋은 행동", 부모의 칭찬으로 대체된다. 그러나 이 단계에서 부모가 필요한 심리적 성숙도를 갖추지 못한 습관을 아이에게 부과하는 경우가 종종 발생하는데, 이는 아이가 원래 자기애적 감정인 것을 다른 사람(아빠, 엄마)에게 전달하기 시작할 때까지는 발달하지 않는다. 만약 아이가 이미 이것을 할 수 있다면, 아이는 그 사람을 "위해" 깨끗해진다. 그러나 부르주아 문명에서 거의 항상 일어나는 것처럼, 청결이 너무 일찍 요구된다면, 아이는 단지 두려워하기 때문에 익숙해진다. 내면의 저항은 여전하고, 리비도는 자기애적 고착을 완강하게 고집한다. 그 결과는 사랑할 수 있는 능력의 영구적인 손상이다.

조기 배변훈련의 진정한 의미는 자기애적 즐거움의 소멸을 어느 정도 자세히 조사할 때에만 비로소 명확해진다. 우리가 만약에 아이가 장을 비울 때 갖는 자부심에서 정당한 힘의 느낌을 본다면, 우리는 조기 배변훈련의 신경성 변비 환자들에게서 마주치는 기이한 무력감을 이해할 수 있다. 그들의 리비도는 생식기에서 항문 영역으로 옮겨졌고, 이제 그들은 장 기능의 억제를 마치 일종의 발기부전인 것처럼 슬퍼한다. 특징적으로 습관성 변비는 때때로 그런 신경증 환자들의 돈 콤플렉스를 드러내고 의식함으로써 극복될 수 있다.

그런 항문기 신경증 환자들에서 관찰될 수 있는 성격의 퇴행적 변화는 이차적 항문기 수준과 거의 같다. 퇴행적 경향이 더 뚜렷해지면, 퇴행은 한 두 수준 더 과거로 이동하여 구강기 요소들과 결합할 수도 있다. 이런 일이 발생하면, 구강기와 항문기 퇴행을 같은 비율로(그리고 부분 본능, 특히 가학적 및 관음증적인 다양성에 기인하는 영향으로) 포함한 강박적 성격이 발달한다.

이차적 항문기에서 이차적 구강기 수준으로의 퇴행은 영구적인 소유물을 사지 않을 지출을 줄이고 싶어서 가능한 한 적게 먹는 강박 신경증 환자들 사이에서 발생한다. 그리고 내가 이 사례를 가져왔던 아브라함은 몸무게가 반드시 영구적인 소유물은 아니라고 생각한다(참고문헌 1). 반대로 아브라함은 자신의 섭취량을 주의 깊게 관찰하고, 매일 몸무게를 확인하며, 자신이 먹는 음식물에 모든 관심을 쏟는 강박 신경증 환자들이 있다고 믿는다. 아브라함은 두 사례 모두에서, 우리가 구강기 단계의 전형적인 섭취 욕망과 이차적 항문기 수준을 보존하려는 욕망의 조합을 다루고 있다고 믿는다. 나는 이 사례를 특히 중요하게 생각하지만, 아브라함의 해석에는 동의하지 않는다. 따라서 나는 나중에 이 점에 대해 다시 언급할 것이다.

이차적 항문기 수준의 요소들이 일차적 구강기 수준의 요소들과 결합하는 그런 퇴행은 아이들의 초기 과거로 훨씬 더 거슬러 올라간다. 이 구강기는 잘 알려진 바와 같이 아이가 빠는 것이 특징이다. 만약 그것이 이차적 항문기 수준의 소원 특성인 보유하려는 욕망과 결합한다면, 종종 특별히 완고한 종류의 강박 신경증이 발생하기도 한다. 그런 사람들은 평생 동안 불만족스런 빠는 시기의 흔적들을 가지고 있다. 아브라함은 신경증적인 공무원의 유형에 특별한 주의를 환기시킨다. "그는 자신의 삶의 모든 상황이 그에게 단호하게 규정되었을 때만 존재할 수 있는 사람으로, 그에게 필요한 삶의 조건은 그가 죽는 날까지 그의 생계 수단이 그에게 보장되어야 한다는 것이다. 그는 보장되고 규칙적인 수입을 얻기 위해 개인적인 성공의 모든 이상ideals을 포기한다"(앞서 언급한 책, p. 158).

가학적인 부분 본능이 일차적 구강기 수준의 빨기 및 이차적 항문기 수준의 보유와 결합하는 경우는 훨씬 더 어렵다. "사회적 행동에서 이런 사람들은 항상 겸손한 요청이나 공격적인 요구의 형태로 무언가를 요구하는 것처럼 보인다. … 그들은 합리적인 논쟁만큼이나 확실한 사실에 의해 미루어지는 것이 거의 없지만, 계속해서 항변하고 주장한다"(앞서 언급한 책, pp. 158-159).

아브라함은 다음의 사례를 기술하고 있다.

이런 식으로 그는 인간에 대한 혐오와 증오로 반응하는 동시에, 자신의 욕망을 지나칠 정도로 무생물에 집중했다. 그의 모든 관심은 물건을 사는데 빠져 있었다. 이런 식으로 그는 자신과 환경 사이에 가능한 한 많은 소유관계를 설정했다. 이 기간 동안 그는 자신의 소유물이 분실되거나 도난당할 수 있다는 두려움으로 가득 차 있었다. 따라서 외부 세계에 대한 그의 모든 태도는 소유, 획득, 그리고 손실 가능성에 대한 생각들에 의해 지배되었다. 곧바로 그의 저항은 줄어들기 시작했고, 그의 탐욕스러운 구강기 성격 특성과 사물에 대한 탐욕의 항문기 성격 특성은 뒤로 후퇴했으며, 그는 다른 사람들을 향한 개인적인 관계와 그들에 관한 정상적인 감정을 다시 한번 품기 시작했는데, 그것은 계속해서 발달하고 확립되었다("성기기 수준의 리비도 발달에서의 성격 형성Character-Formation On The Genital Level Of Libido-Development", in *Six Essays*", p. 195).

이런 모든 퇴행은 항문성애의 일탈이 구강기 단계에서 이미 잘못 주어진 신호의 결과로 발생한다는 사실에서 공통분모를 가지고 있다. 거의 항상 부정확한 교육의 결과로 발생하는 그런 잘못된 신호들은 또한 일차적 항문기 수준과 이차적 항문기 수준 사이에서 아이들의 심리적인 삶을 탈선시킬 수 있다. 이것은 유아 전능성에 대한 자기애적 환상이 일차적 항문기 수준의 끝에서 극복되지 않고, 이차적 항문기 수준의 고집 및 반항과 결합할 때 특히 자주 발생한다. 1910년 초 새저Sadger는 유아기 항문성애자들이 만든 자신들의 전능성에 대한 이런 믿음을 관찰했고, 그들이 다른 누구보다 모든 일들을 더 잘 수행할 수 있다는 항문기 신경증 환자들에 대한 나중의 확신을 추적했다(참고문헌 54). "내 경험에 따르면, 이 확신은 종종 환자가 자신이 독특한 사람이라고 믿을 때까지 과장된다. 그는 가식적이고 거만해질 것이며, 다른 모든 사람들을 과소평가하는 경향이 있다. 어떤 환자는 이것을 '내가 아닌 모든 것은 흙이다'라고 표현했다. 이런 신경증 환자들은 오직 다른 누구도 갖지 못한 것을 소유하는 것에 즐거움을 느끼고, 그들이 다른 사람들과 공유해야 하는 어떤 활동도 경멸할 것이다"(Abraham, "항문기 성격 이론에 대한 기고문Contributions to the Theory of the Anal Character", in *Six Essays*", p. 171).

이것은 실제로 18세기와 19세기 동안 자본이 축적되던 시대의 고전적 기업가에 대한 모범적인 설명이다. **창업 시대**(*Gründerzeit*, 1870년대 독일의 급속한 산업 확장 시기. 편집자 주)의 광산 및 철강 부호들이 모든 비판, 입법부 또는 행정부의 간섭, 노동자들과 사용자들의 모든 합법적인 요구에 예민하게 반응했던 것을 기억하기만 하면 된다.

"이들 중 많은 사람들의 좌우명이 '나에게 무언가를 주는 사람이 나의 친구요, 나에게서 무언가를 원하는 사람은 나의 적이다'인 것 같다. 한 환자가 치료받는 동안 나에게 어떤 우호적인 감정도 가질 수 없었다고 말하고, '내가 누군가에게 어떤 것이라도 지불해야 하는 한, 나는 그에게 우호적일 수 없다'라는 설명을 덧붙였다"(*Six Essays*, p. 177). 오늘날까지 자본주의적 사고방식은 돈이 만능(대변이 만능)이라는 유아적인 환상이 특징이다. 아이가 배설물로 원하는 것은 무엇이든지 할 수 있다고 믿는 것처럼, 자본가 역시 자신의 재산이 자신이 선택한 어떤 목적을 위해서든 그것을 사용할 힘과 권리를 준다고 아주 진지하게 생각한다.

아브라함은 "존스Jones가 이 계층의 많은 신경증 환자들이 자신만의 일하는 시스템을 고집스럽게 고수한다는 사실을 강조한다. 그들은 외부로부터 강요되는 어떤 조정이라도 순응하는 것을 완전히 거부하지만, 그들 자신의 명확한 조정을 도출하자마자 다른 사람들이 준수하기를 기대한다. 예를 들어, 사무실에서 사용하기 위한 엄격한 규정을 도입하거나, 특정 종류의 모든 사무실 조직을 위해 구속력 있는 규칙이나 권장 사항들이 포함된 책을 집필하는 것을 언급할 수 있다."라고 적고 있다. 그런 신경증 환자들은 "어떤 다른 사람이 그들에게 한 어떤 요구나 요청에 대해서도 동일한 자기-의지를 보여준다. 우리는 그들에게 배변이 요구될 때 변비에 걸리지만, 나중에 자신이 받아들일 수 있을 때 그 요구에 따르는 아이들의 행동이 생각났다"(Abraham, *Six Essays*, pp. 171, 172). 배설물의 포기가 아이에게 알려진 주기giving의 최초 형태이기 때문에, 나중의 신경증 환자는 주기와 관련하여 방금 설명한 의지 willfulness를 유지할 것이다. 많은 경우에, 그는 요청이나 요구를 거절하지만 순수한 허영심에서 두 배의 금액을 줄 것이다. 그는 자신의 결정권 유지에 관심이 있다. "우리는 아내가 제안한 어떤 지출도 반대한 남편이, 나중에 아내가 처음에 요구한 것보다 더 많은 것을 '자신의 자유 의지'로 그녀에게 건네주는 것을 우리의 정신분석에서 자주 발견한다. 이 남자들은 아내가 경제적으로 그들에게 영구적으로 의존하도록 하는 것을 즐긴다. 그들이 스스로 결정한 부분에 돈을 할당하는 것은 그들에게 즐거움의 원천이다. 우리는 일부 신경증 환자들에서 배변과 관련하여 유사한 행동을 발견하는데, 그들은 **분복량**refracta dosi(divided doses, 번역자 주)으로 일어나는 것만 허용한다"(Abraham, Six Essays, p. 172). 모든 것에 자신의 시스템을 도입하려는 신경증 환자들의 의도는 다른 사람들에 대해 과장된 비판을 하는 경향이 있으며, 이것은 쉽게 단순한 트집 잡기로 변질될 수 있다. 사회생활에서 그들은 불평분자들의 대부분을 차지한다. 그러나 존스는 원래의 항문기 의지가 두 가지 다른 방향으로 발달할 수 있다는 것을 설득력 있게 보여주었다(참고문헌 34). 그 결과로 발생할 수 있는 것은 부적당함과 고집, 즉 반사회적이고 비생산적인 자질이다. 그러나 우리가 철저함과 끈기를 발견하는 다른 사례들이 있는데, 이것들은 모두 혁명적인 부르주아 계급이 수 세기 동안 봉건주의에 대항하는 계급투쟁에서 높게 평가했던 자질들이다. 그러나 우리는 모든 질서 체계, 특히 부르주아적 질서 개념이 안정된 조건이 바람직하다는 스스로 자초한 착각에서 비롯될 뿐만 아니라, 다른 사람들이 질서를 행하는 사람들에게 복종하기를 바라는 소원에 의해서도 유발된다는 것을 잊어서는 안 된다. 이것은 우리가 자주 접해온 항문기 특성의 가학적 구성 요소인 권력에 대한 갈증을 다루고 있다는 것을 의미한다.

6. 일차적 성기기 수준(남근기)

성적 성숙의 첫 번째 단계는 이성에 대한 성애적 관심을 포함하지만, 적어도 처음에는 성기 부분에서 오는 독특한 혐오감을 수반한다. 프로이트는 "부분적 억압"을 말하는 반면, 아브라함은 "성기를 배제한 대상 리비도"라는 더 정확한 명칭을 사용한다. 따라서 이 단계로의 퇴행에서 발생하는 가장 중요한 두 가지 신경증적 증상은 발기부전과 여성의 불감증이다. 왜냐하면 생식기가 신체의 다른 어느 부분보다 자기애적 리비도가 더 강하게 집중되어 있다는 것은 모든 사람에게 사실이기 때문이다. 정신이 계속 자기애적 충동으로 집중되는 한, 성기를 제외한 모든 것이 이성에게 사랑받을 수 있다. 이 단계에서 다형성polymorphous의 구강기 및 항문기 본능은 주로 최고의 성기 성욕의 우위에 종속되었지만, 성적 성숙을 향한 마지막 단계인 이성의 성기가 더 이상 양가감정의 대상이 아니라 이미 전체적으로 사랑받는 사람의 일부인 대상 리비도 능력에 대한 수용력은 아직 이루어지지 않았다.

7. 이차적 성기기 수준(성기기)

성격 형성의 마지막 단계는 주로 긍정적인 느낌을 대상에게 전달하는 것인데, 이는 좁은 의미에서 성적 파트너이고 넓은 의미에서는 인간 사회이다. 따라서 리비도 발달의 종료는 대상 리비도 영역에서 최종 발달 단계와 함께 진행된다. 개인은 남근기 수준이 극복되고 성기기 수준에 도달한 경우에만 사회의 이익 영역 내에서 자신의 위치를 찾을 수 있다. 이 최종 발달 수준의 공헌은 주로 "그것들이 개인의 사회적 행동에 부정적인 한, 보다 원시적인 발달 단계의 남아있는 흔적들을 제거하는데 있다. 왜냐하면, 예를 들어, 그는 가학적인 근원에서 야기된 파괴적이고 적대적인 충동이나, 항문기 충동에서 비롯된 탐욕과 불신을 극복하기 전까지 다른 사람들과 자신 외의 이해관계에 대해 관용적이고 공정한 태도를 취할 수 없을 것이기 때문이다"(Abraham, "리비도 발달의 성기기 수준에서의 성격 형성Character-Formation on the Genital Level of Libido-Development", in *Six Essays*", p. 189).

이런 어려움들이 타협될 수 있다면, 사랑 대상에 대한 직접적인 성애적 욕망은 리비도의 "목적이 금지된" 표현, 즉 부드러움, 헌신, 도와줄 준비, 연민, 친절로 보완된다. 우호적인 충동으로서, 그것들은 점차 더 넓은 집단을 향하게 되고, 마침내 모든 인류를 향하게 된다. 따라서 인류에 대한 사랑은 성적 사랑에서 비롯되고, 공동체 의식은 성적 부드러움에서 비롯된다. 모든 곳에서, 이 과정은 그들에게서 대상을 향한 책임 있는 태도를 위해 필요한 것들을 취하면서, 이전 단계와의 연결을 보여준다. 일차적 구강기 수준에서 앞으로 움직이는 에너지를, 항문기 원천에서 고집, 끈기 및 기타 특성들을, 공격적인 부분 본능에서 삶의 투쟁을 위해 필요한 에너지를 얻는다. 자기애와 양가감정을 억누르는 것과 관련하여, 나는 아브라함을 다시 한번 부연해서 설명하는 것보다 더 나은 것을 할 수 없다. 왜냐하면 그가 이 과정을 다른 어떤 분석가보다 더 잘 이해하고 있기 때문이다. 즉, 성격 형성의 초기 수준들은 여전히 자기애적 충동에 크게 지배된다. 완전히 형성된 인간의 성격은 여전히 그런 요소들을 포함하고 있는 것이 사실이다. 왜냐하면 경험이 우리에게 어떤 유기적 발달 단계도 극복되지 않고, 흔적도 없이 사라지지 않는다는 것을 가르쳐주기 때문이다. 반대로, 발달의 모든 새로운 결과물은 초기 단계에서 파생된 흔적들을 가지고 있다. 그러나 자기 사랑의 원시적인 형상들이 어느 정도 남아있기는 하지만, 그럼에도 불구하고 우리는 완전히 성숙된 성격이 비교적 비-자기애적non-narcissist이라고 말할 수 있다. 여기서 강조되어야 할 것은, 리비도가 세 가지 수준 모두에서 양가감정이 없기 때문에, 다형적으로 고집부리는 수준 및 일차적 구강기 수준에서의 성격 형성에 대한 특정 공헌이 마지막 성기기의 공헌과 일치한다는 것이다.

하지만 다른 모든 수준에서, 양가감정은 정신을 지배하고 아주 새로운 정신분열증 위협에 시달리게 한다. 따라서 성격에 뚜렷한 양가감정이 계속 존재한다는 것은, 개인과 그의 환경 모두에 대해 한 극단에서 다른 극단으로 전환될 위험이 지속적으로 있다는 것을 의미한다. 우리는 자기애와 양가감정이 극복되고, 대상 리비도에 이르고, 부분 본능이 사회적 책임에 굴복했을 때에만, 돈에 대한 개인의 성숙한 태도, 즉 사유재산을 포기하고 공동체와 공동의 행복감을 지지하는 태도를 기대할 수 있다.

그러나 만약 이 과정이 어떤 주어진 수준에서 실패한다면, 리비도는 앞에서 설명한 탐욕과 함께 다음 단계로 달려가는데, 그곳에서도 보통은 사회에 적응하지 못한다. 돈, 재산, 소유물에 대한 거의 모든 부적응은 유아기 부적응의 결과로 성인들 사이에서 나타나는 퇴행이 원인이다. 리비도 발달의 모든 새로운 단계가 이전 단계의 붕괴에 기초하는 병인론적 특성은 우리가 다음에 논의할 퇴행성 돈 신경증 증상의 일부이다.

프로이트 자신이 기술한 항문기 지향적인 돈에 대한 관심 사례들(제1장과 참고문헌 23) 또한 부분 본능의 활동은 말할 것도 없이, 억압된 구강기 본능의 혼합물을 예외 없이 보여준다. 돈에 대한 항문기 관심의 기본적 형태인 돈에 매달리는 것조차 돈이 없으면 불가능하므로, 구강기적으로 조건화된 취득 욕망을 전제로 한다. 앙드레 아마르(제14장)는 이 문제를 다음과 같이 표현한다. 여전히 가난하기 위해서는 아무것도 할 필요가 없다. 그러나 부자가 되고 싶은 사람들은 공격적인 무언가를 해야 한다. 즉, 그들은 다른 사람에게서 돈을 가져와야 한다. 왜냐하면 모든 돈은 이미 누군가의 소유이므로, 돈을 버는 것은 공격성의 한 형태이기 때문이다. 병인학적으로, 그것은 가학적인 구성 본능이 항상 결합하고자 하는 욕망과 결합하는 이차적 구강기 수준인 깨무는biting 시기에 속한다.

III

모든 경제학이 신체 경제학somatic economy에서 도출되는 것은 명백한 일처럼 보이는데, 이는 인체가 일종의 생물학적 가정household이라는 것에는 의심의 여지가 없기 때문이다. 그러나 우선, 그런 생물학적 은유는 단순화를 장려하고, 그것들이 갖고 있지 않은 사회적 과정에 자율성을 부여하기 때문에 본질적으로 기만적이다. 둘째로, 그런 비유는 부분 본능, 양가감정, 그리고 반동형성의 효과를 무시한다. 그러나 그런 이론적 모델을 도출하고, 그것과 성감대에 대한 프로이트의 모델과 비교하는 것은 가치가 있다.

적어도 네 개의 대사metabolic 단계는 그런 모델의 핵에 부합해야 한다.

1. 섭취 또는 통합(취득, 구매)

2. 소화digesting(투자)

3. 배설물excreta의 보류(절약, 인색함)

4. 배설물의 배출(지출, 판매)

1. 섭취(취득, 구매)

재정적 취득의 구강기 특성은 거의 의심의 여지가 없다. 우리는 재산 취득을 묘사하기 위해 "집기picking up", "손가락과 엄지 사이에 끼우기", "자신의 것으로 만들기", 또는 "합병하기annexing"를 말한다. 우리는 그 동기에 대해 "돈 굶주림money hunger"이라는 용어를, 그리고 재정적 취득 활동을 가리키기 위해 "밥벌이winning one's bread"라는 용어를 사용한다. 섭취 욕심이 많은 유형의 돈 신경증 환자는 재산보다는 획득에서 그의 만족을 얻는다. 왜냐하면, 획득된 것에서의 즐거움은 구강기 돈 신경증의 특징이 아니라 항문기의 특징이기 때문이다.

따라서 에드문트 버글러Edmund Bergler(제13장)가 설명한 염가품 사냥꾼bargain hunter 유형은 버글러가 적절하게 주장하는 것처럼 항문기 범주보다는 구강기 범주에 속한다. 왜냐하면, 그는 자신이 산 물건보다는 물건을 사는 행위 그 자체에서 즐거움을 얻기 때문이다. 그는 다른 사람들보다 적은 돈을 지불하고 판매원에 대한 자신의 "승리"를 즐길 때 자신이 정말 똑똑하다고 생각한다. 이것은 특히 젖을 너무 일찍 떼고 강한 열등감으로 고통 받는 사람들 사이에서 흔하다. 그들은 이런 "절약된 금액"을 통해 그들의 자존심을 회복한다. 사실 그런 구강기 신경증 환자는 종종 필요 없는 물건들을 사기 위해 많은 지출을 감수하기 때문에 스스로를 속인다. 예를 들어, 그는 판매가 일어나는 가장 많은 매장에 가능한 한 가장 빨리 도착하기 위해 택시에 20달러를 지불할 수도 있다. 그는 보통 80달러 정도의 물건을 구입하면서 15달러에서 18달러를 절약할 수도 있지만, 이것은 그가 결코 사용하지 않을 물건들을 사기 위해 필요 이상의 돈을 사용했을 것이라는 것을 의미한다.

이런 유형은 어렸을 때 젖을 충분히 오래 빨지 않았기 때문에, 성인이 된 지금 다른 사람들을 빨아서 마르게 하려고 한다. 이렇게 그는 타고난 착취자이며, 이것은 그가 자신의 획득에서 특별한 즐거움을 취하기 때문이 아니라, 오직 획득 행위 자체가 즐거움의 원천이기 때문이다. 돈을 즐기는 것보다 돈을 버는 것에 더 관심이 있기 때문에 그는 모든 사업가들 중에서 가장 위험한 사람이다. 따라서 그는 자신에게 착취당한 사람들에게 사심이 없다는 인상을 전달하고, 그렇게 함으로써 자신의 활동 뒤에 숨어있는 동기를 숨긴다. 실제로 그는 자신이 젖먹이였을 때 친엄마가 그를 만족시키지 못했기 때문에 무의식적으로 자신의 대리모를 공격하고, 그녀가 자신에게 가했던 고통에 대해 자신의 동료 남성들에게 복수한다.

이런 유형의 경우, 높은 수준의 공격성이 종종 내부로 돌려진다. 이것은 무의식적으로 그가 자신의 재정적 성공이 늘어남에 따라 점점 더 거부당하는 방식으로 자신의 대인 관계를 형성한다는 것을 의미한다. 자신을 거의 인식하지 못하고, 주는 것보다 갖는 것이 더 축복이라고 말하는 그의 무의식적으로 공식화된 신념은 자신이 취한 것을 스스로 소비하지 않더라도 다른 사람들을 의심하게 만들고, 아무도 자신을 사랑하지 않는다는 믿음으로 그가 즉시 확신을 갖게 한다. 이것은 결국 그를 점점 더 은둔자로 만든다.

돈 획득을 탐지하는 그의 힘 또한 아킬레스건이다. 왜냐하면 그는 자신보다 더 영리한 돈 사냥꾼들, 즉 그가 이해하는 일종의 사랑인 돈을 그에게 약속하는 사람들의 타고난 희생자이기 때문이다. 그의 영리한 돈 감각에도 불구하고, 그는 횡령자, 신용 사기꾼, 착취적인 여성들의 희생양이 되기 쉽다. 그의 모든 결혼은 이혼으로 끝나고, 그의 모든 아내들은 합의의 형태로 재산의 상당 부분을 가져간다.

그러나 삶 전체를 하나의 "생산 과정"으로 바라보는 동일한 통합 경향을 가진 보다 고도로 승화된 유형도 존재한다. 그런 개인에게 획득(돈, 재산, 소유물)은 신체의 "생산 시스템"으로 들어가는 일종의 "수입import"에 해당한다. 음식은 단지 매일 필요한 것들을 제공하는 원료일 뿐이다. 그가 관심을 갖는 것은 신체 기업의 가계household와 생산 비용이다. 첫 번째 유형이 **창업 시대Gründerjahre**의 자본가를 나타내는 반면, 두 번째 유형은 후기 자본주의의 관리자를 나타낸다.

2. 소화(투자)

방금 설명한 특징으로, 우리는 이미 정신분석적 리비도 이론과 그것의 신체적 기반의 흥미로운 측면, 즉 소화 작용에 대한 심리적 유사물이 없다는 것을 접하게 된다. 리비도 이론은 구강기(빨기와 물기를 위한 별개의 단계를 가진)를 알고, 그런 다음 항문기(배설물의 배출과 보유를 위한 별개의 단계를 가진)로 전환하지 않고 점프한다. 빠뜨리고 있는 것은 소화의 실제 과정인 신체에 영양을 공급하는 신진대사로, 신체 물질에서 어느 곳에도 분명하게 국한시킬 수 없는 정신분석학의 이상주의적 기구를 특징짓는 중요한 누락이다.

이것이, 비록 그런 과정들이 분명히 심리 경제의 다른 단계에 속할지라도, 리비도 이론이 항상 구강기 및 항문기 특성을 다양한 비율로 복잡하게 조합함으로써(그리고 부분 본능, 반동형성, 양가감정 요소들, 전치, 억압, 승화 등을 추가함으로써) 정신 과정을 설명하려고 힘들게 시도하는 이유이다. 우리가 이 생각의 함축적 의미를 세세한 부분까지 제시해야 한다면, 우리는 너무 멀리 가는 것이다. 그래서 나는 돈 신경증의 영역에서 이 가설의 일부 효과에 대해 언급하는 것으로 국한한다. 예를 들어, 음식을 "자신들의 부(富)를 늘리는" 목적을 가진 "투자"로, 소화를 "총 매출"로, "이익"으로 보는 신경증 환자들을 어떻게 분류할 것인가? 그런 개인들의 무의식에서 대변은 항상 일종의 "연금annuity", 즉 건강한 소화력 때문에 이익을 얻은 심신 과정의 산출을 나타낸다. 그들은 자신들의 자본이 위stomach 안에서 일하게 하여 이익, 즉 늘어난 체중을 얻는다.

우리가 이미 아브라함이 언급했지만 다르게 해석된 두 사례, 즉 끊임없이 그리고 주의 깊게 자신의 몸을 관찰하고, 체중을 확인하며, 자신이 먹는 음식 중 얼마나 많은 양이 몸의 영구적인 소유물로 남아있는지에 대한 질문에 모든 관심을 기울이는 신경증 환자를 인용했다. "그들이 몸의 내용물과 돈을 동일시하는 것은 분명하다"(Abraham, *Six Essays*, 179). 이것은 전적으로 맞지만, 음식 섭취의 목적은 신체의 내용물이 산출하는 관심, 즉 음식에서 "이익", "수확", "가치 증가"를 추출하려는 노력이다. 이것은 대변을 보류하려는 욕망으로 설명될 수 없다. 그것은 특정 운동선수들, 특히 레슬링 선수들과 역도 선수들 사이에서 우리가 자주 만나는 증후군이다. 항상 투자에 관하여 생각하면서, 그들이 먹는 모든 스테이크는 올림픽 금메달 획득에 훨씬 더 가까이 다가갈 수 있는 장소가 된다.

물론 그런 유형은 구강기 및 항문기 영향의 혼합으로 매우 단순하게 해석될 수 있다. 그러나 우리가 만약 그들이 먹고 배변하는 모든 것을 포괄할 정도로 구강성애와 항문성애의 정의를 너무 느슨하게 공식화한다면, 우리는 스스로를 속이는 것이다. 이 문제를 분명히 하기 위해, 나는 여러분들에게 방금 설명한 증후군에 대한 반동형성으로 이해될 수 있는 유형을 상기시킨다. "'지나가는' 물건에는 어떤 돈도 쓰지 않는 부류의 환자가 있다. … 이런 신경증 환자들 중 일부는 음식에 돈을 쓰는 것을 피하는데, 그 이유는 음식이 영원한 소유물로 남지 않기 때문이다"(Abraham, *Six Essays*, pp. 178-179). 이 유형에 대해서는 아직 상당한 연구가 남아있다.

3. 배설물의 보류(절약, 인색함, 수집)

장내의 대변 "수집collecting"은 재산 모으기의 첫 번째 형태를 나타낸다. 페렌치Ferenczi(제2장)는 돈에 대한 관심의 모든 개체 발생 단계들을 매우 신중하게 설명했다. 항문성애를 유지하는 단계에 고착되거나 그 단계로 퇴행하는 것은 무언가를 수집하려는 욕망을 불러일으킨다. 무엇을 수집하느냐는 항문기 성격에 의해서가 아니라 외부 세계에 의해 결정된다. 아이는 단추, 과일의 씨, 풍뎅이, 유리구슬, 만화책, 우표들을, 어른들은 책, 사진, 골동품, 동전들을 수집한다. 신경증 환자들은 쓸모없는 것들을 모아서 지하실, 다락방, 차고와 심지어 집 전체를 그것들로 채운다. 리비도적으로 수집의 비합리적인 특징은 그것이 광적으로 변하고, 수집되고 있는 것의 가치에 주의를 기울이지 않는 모든 경우에서 분명해진다. 장기간에 걸쳐 쌓인 장내의 내용물을 배설하는 경우에서처럼, 거의 모든 수집가의 경우도 그렇다. 어느 날 엄청난 "비우기," "대청소"가 일어나고, 수집품 전체나 그 일부가 팔리거나, 나누어 주거나, 심지어 버려진다. 반대로 무엇이든 버리는 것을 싫어하는 성향은 종종 "가장 하찮은 것조차도 사용하려는 강박적인 경향이 된다. 한 부자는 자신의 빈 성냥갑을 작은 조각으로 잘라서 하인들에게 주고 그것으로 불을 붙이게 했다"(Abraham, *Six Essays*, p. 181). 이런 형태의 신경증적 인색함은 절약된 금액이 보잘것없는 경우에 특히 분명해진다. 부유한 신경증 환자는 자신의 얼굴을 완전히 긁을 때까지 같은 면도날을 계속 사용한다. 다른 사람은 식당에서 값비싼 식사를 한 후에 팁을 남기지 않기 위해 가장 복잡한 술책과 요령을 고안한다. 세 번째는 자신의 차를 차고에 두는 것보다 차라리 10분 동안 쏟아지는 빗속을 달리는 것이 낫다. 네 번째는 그가 미터기에 10센트를 넣기 전에 표를 끊을 위험을 무릅쓴다. 흔히 절약의 초점이 돈에서 시간으로 이동한다. "시간은 돈이다." 개인은 시간을 잃는 것에 대한 끊임없는 두려움 속에 살고 있으며, 그가 일하는데 소비하는 시간만이 잘 사용된다. 그는 "초조함restlessness"을 싫어하지만, 휴일 동안 초조해지고, 양심의 가책을 느끼며 휴가를 보내고, 자신의 직장으로 돌아와야 회복된다. 페렌치는 이 증후군을 "일요 신경증"(참고문헌 20)이라 부른다. 다른 사람들은 셔츠와 스웨터, 또는 바지와 속바지를 동시에 벗고, 아침에 옷을 입을 때 동시에 입음으로써 시간을 절약하려고 시도한다.

그런 증상들은 우리가 원인이 되는 요인인 어린 시절의 항문기 결핍과 멀리 떨어져 있는 것처럼 보일 수 있지만, 그것들은 다른 형태의 절약과 동일한 병인에서 비롯된다. 이 모든 사례에서 항문기 신경증 환자는 자신의 장(腸) 내용물을 "재산"으로, 또 "그것을 위해 일한 어떤 것"으로 보고, 그것들을 자신이 "생산했고," "처리했기" 때문에 그는 그 안에 "기득권"을 가지고 있다고 본다. 이것들을 자기 내면에 가지고 있는 그가 그것들의 주인이고 그것들을 놓아주어서는 안 된다고 믿는다. 그런 사람은 자신이 정신적으로 변비에 걸려있기 때문에 항상 "과묵한," "내성적인" 인상을 준다. 그의 절약은 탐욕이 될 수도 있지만, 탐욕이 반드시 돈이나 소유물로 표현될 필요는 없다. 아브라함(*Six Essays*)은 분 복량refracta dosi의 배변 거울상mirror image인 풀잎을 따로따로 나누어서 염소를 먹인 농부를 언급하고 있다. 종종 돈이나 재산을 바라볼 때 발현되는, 재산에서 얻는 즐거움은 아이가 장(腸) 생산물을 바라보는데서 얻는 즐거움에서 비롯된다. 그런 사람이 소액을 지불할 때마다 자신의 주머니에서 지폐 다발을 꺼낼 때, 우리는 여기서 자신의 대변을 조작하는 퇴행적인 즐거움을 볼 수 있음을 확신할 수 있다. 모든 지출이 마치 자신을 떠난 사랑하는 사람처럼 그를 슬픔에 잠기게 만든다면, 그것은 그의 대변을 영원히 간직할 수 없는 무능력에 대한 애도이다.

그는 마치 어머니가 한때 자신의 배설물을 빼앗아간 것처럼, 모든 사람들이 자신의 돈을 빼앗아가고 싶어 한다고 믿기 때문에, 그는 극단적인 의심을 가지고 자신의 동료들을 바라본다. 이것이 인간은 "천성적으로" 나쁘고, 소유욕은 인간의 본성이며, 공동 재산의 이상은 "본성에 반한 것"이라고 어디에서나 그리고 항상 주장하는 유형이다.

소화 유형digestive type과 대조적으로, 그는 자신의 재산을 사용하는 것에서 진정한 즐거움을 얻지 못한다. 그래서 그는 종종 형편없이 살고, 음식을 아끼지만, 자신들이 소유한 것을 소비하는 다른 사람들을 볼 때 은밀한 만족감을 느낀다. 그때 그는 자신에게 "만약 공개적으로 그리고 근시안적으로 돈을 날린 당신이, 내가 더 가난해 보이기 때문에 당신이 경멸하는 사람인 내가 얼마나 부자인지를 안다면"이라고 말한다.

그는 자신이 소유한 모든 것을 조심스럽게 다루며, 다른 사람들에게 보이지 않은 채, 자신의 집이나 은행에 사용되지 않거나 보관되어 있는 동안 자신의 재산을 즐길 뿐이다. 그는 자신의 탐욕에 대한 희생에서 어떤 피학적인 즐거움을 경험하는데, 이것은 확실히 부분적으로 이런 형태의 항문기 신경증에 내재된 내면 지향적인 공격성이다. 만약 이 부분 본능이 외부로 향하면, 그것은 그의 극도의 검약 원칙을 위반한 모든 친척들과 부하들에게 가해진 "처벌"에서 나타난다. 고용주가 살 수 없다고 믿는 집이나 자동차를 그의 직원 중 한 명이 산다면, 고용주는 그를 해고하고 문제의 그 직원이 필요한 자금을 의심스런 방식으로 획득했음이 틀림없다는 믿음으로 스스로를 속임으로써 자신의 행위를 합리화할 것이다. 그는 자신의 자녀들이 너무 많은 돈을 쓰기 때문에 상속권을 박탈하고, 자신에게 필요하지 않은 것은 다른 모든 사람들에게도 인정하지 않음으로써 자신과 가족의 삶을 지옥으로 만든다. 샤를 오디에Charles Odier는 편지에 10센트짜리 대신에 20센트짜리 우표를 붙였기 때문에 자신의 아내를 비난한 한 부자의 사례를 인용한다(참고문헌 45). 이것은 "당신은 10센트의 가치도 없다"라는 그의 믿음에 대한 무의식적 표현이다. 블랜튼(제12장)은 학교를 다니지 않았음에도 불구하고 가난한 환경에서 벗어나려고 노력해서 자수성가한 남자의 사례를 설명한다. 그의 모든 돈은 아내와 자녀들이 보다 더 넉넉하게 부양받을 수 있도록 투자되었다. 그러나 그는 매우 가난하게 살았고, 그의 아내와 아이들이 스코틀랜드의 친척들을 방문하는 것을 허락하지 않았다. 치료받는 동안, 그가 동부 유대인 출신이고 학교 교육을 충분히 받지 못했기 때문에 고통받았으며, 교육받은 아내와 자녀들의 스코틀랜드식 조상 숭배는 정당하지만 혐오스럽다고 생각했고, 그래서 스코틀랜드를 아내와 아이들의 우월성의 상징으로 보았다는 것이 분명해졌다. 탐욕에는 대리모에 대한 미움이 거의 항상 관련되어 있다. 친엄마는 어린 시절에 너무 일찍 자신의 움직임을 통제하도록 그 인색한 사람을 훈련시켰다.

그런 항문기 신경증 환자들 중에는 탈세자들이 많은데, 그들은 국가를 세금 납부를 거절함으로써 복수하려는 대리모로 여기기 때문이다. 이런 종류의 정의와 반항은 엄마가 변기에 올려놓을 때 변비인 척하다가, 엄마가 떠난 순간 바지나 양탄자를 더럽히는 특별한 즐거움을 얻는 아이의 행동에서 유래한다. 아브라함("항문기 성격 이론에 대한 기고Contributions to the Theory of the Anal Character")은 이것이 단지 아이가 "해야 할shall do" 일에 대한 반항일 뿐만 아니라, "반드시 해야 할 must do" 일에 대한 반항이라고 말하는 것이 맞다. 부르주아 이데올로기에서 그토록 높게 선전되고 항상 "자유로운" 사람으로 칭송받는 "개인주의자"는 거의 언제나 다른 사람들과 함께 일할 수 없는 무능력을 미덕으로 제시하고, "자유롭고 방해받지 않는 성격의 발달"을 자신의 기본 권리로 주장하는 이런 유형의 완고한 항문기 신경증 환자들이다. 집을 학생들에게 넘기느니 차라리 빈집으로 남기겠다는 집주인과 노동자들에게 노조를 허용하기 전에 공장을 폐쇄하겠다는 소유주는 프로이트가 1908년에 이미 "질서 있고 인색하며 고집 센"이라고 묘사했던 것과 같은 범주에 속한다(제1장). 그런 사람들에게 항문성애적 관심은 "이면 reverse side"인 공동 번영의 반대로 향하는 경향 속에 숨겨져 있다. 그들은 다수의 생활 조건을 개선하기 위해 노력하는 모든 사람들을 "사회의 적"으로 간주하는데, 왜냐하면 그들은 오직 자신들만을 사회로 보기 때문이다. 소수의 사람들만이 부유하고 많은 사람들이 가난하기 때문에 결과적으로 가난한 사람들이 자신들의 이익에 대한 대표권을 더 강하게 주장한다는 것을 그들에게 상기시키면, 이런 유형의 돈 신경증 환자는 그런 논쟁을 반역죄라고 낙인찍을 것이다. 왜냐하면, 그의 의견으로는 국가는 주로 큰 납세자들에게 봉사해야 하기 때문이다. 만약 어떤 공식적인 행사 중에 가난한 사람에게 특혜가 주어지면, 그는 그것을 개인적인 모욕으로 받아들이고 불평한다. 그의 의견으로는, 재산이 그에게 특별한 권리를 부여한다. 이런 식으로 세상을 뒤집어 놓는 것이 항문기 신경증의 특징이다. 자신을 제외한 전 세계가 보조를 맞추지 못하고 있다.

그는 다수로부터 그것을 구하는 것이 자신의 신성한 사명이라고 여긴다. 만약 세계의 주요 지역이 그의 것이 아닌 다른 정치적 시스템에 의해 통치된다면, 그의 자유인 "자유"를 구하기 위해서 무력이 사용되어야 한다.

항문기 성격은 자신의 배설물을 보유하고, 유지하고, 지키고, 보호하기를 원하기 때문에, 그는 또한 자신의 재산을 "보존하고", 전통을 유지하며, "검증된" 것을 고수하고, 전통적이고 오래된 것을 지지한다. 그는 "보수적"인데, 이것은 그가 재산에 너무 예민해서 심지어 자신의 배설물을 "보존하고" 싶어 한다는 것을 의미한다.

그는 자신의 돈을 다루는데 있어서 매우 "정확하고", 그것이 자신 주변의 모든 것이 "정확하게" 맞아야하는 이유이다. 그의 책상은 "질서정연하고," "깨끗하고," "깔끔하다." 그의 가구와 사무용품들은 대칭적으로 배치되어 있다. 그는 "무질서"를 참을 수 없으며, 그것을 무능과 반항이 혼합된 것으로 인식한다. 그는 "질서와 안정"의 사도이다. 그러나 그가 이런 용어들을 사용할 때 실제로 염두에 두고 있는 것은 잘 사는 사람들, 즉 영주권과 안정적인 수입을 가진 사람들, 자신의 집과 토지를 소유한 사람들이다. 요컨대, 그는 자신과 같은 신경증으로 고통 받는 "우리 중 하나"와 같은 안정된 사람들만 고려할 수 있다. 이런 질서 마니아부터 "정돈된 걸음 수"로 목적지에 도착하고 싶어서 자신의 걸음 수를 세는 정신증 환자들까지의 거리는 아주 짧다(Abraham, 앞서 언급한 책, p. 184).

한때 외상적인traumatic 금전 위기를 겪고 나중에 자신의 청구서를 지불할 수 없는 경험을 반복하지 않기 위해 항상 많은 돈을 가지고 다니는 사람들은 신경증적 항문기 성격의 또 다른 변형이다. 그런 사람들은 또한 심리적 위기 동안 자신들의 돈을 세고 또 다시 세어야하는 강박 신경증으로 자주 고통 받는다. 위기가 해결되면, 세고 싶은 강박 충동은 사라진다. 그러나 그 원인은 항상 항문기 동안의 어린 시절 경험, 대부분의 경우 배변훈련으로 거슬러 올라갈 수 있는데, 이는 아이에게 평생 동안 정당한 소유물을 빼앗겼다는 느낌을 불어넣는다.

종종, 그런 사람들은 돈 물신숭배자fetishist가 되어 일반적으로 돈 또는 개별 동전과 지폐에 유사 마법적인quasi magical 힘을 부여한다. 그 사람은 그런 부적을 가지고 있어야만 자신감과 마음의 평화가 보장될 수 있다. 종종 그들은 부적이 매우 중요한 상황에서 발견되거나 그들에게 주어졌다고 말함으로써 자신들의 의존성을 합리적으로 설명한다. 그러나 실제로 그것은 어린 시절에 철회되었던 리비도의 대체물에 지나지 않는다. 그 돈 물신숭배자는 그 동전이 한때 자신에게 행운을 가져다주었기 때문에 그것이 자신을 사랑한다고 생각한다. 따라서 그것은 그가 어렸을 때 받지 못했기 때문에 어른이 되어서 줄 수 없는 대상 리비도를 표현하고 있다.

4. 대변feces 배출(지출, 판매, 생산)

초기의 리비도 발달에 따라, 대변을 배출하는 행위는 무의식에 의해 상당히 다르게 해석된다. 그것을 손실로 보는 사람들도 있다. 모든 배설은 재산의 감소, 손해 보는 사업, 돌이킬 수 없고 무엇으로도 대체할 수 없는 잃어버린 행복이다. 이것은 "탕진", "낭비", "포기"와 같은 개념으로 작동하고, 항상 다른 사람들은 "기개backbone"가 없다고 믿는 심각하게 비관적이고 흔히 우울한 세계관의 결과를 낳는다. 이미 무의식적으로 포기한 사람들이 항상 제기하고, 그렇게 하는 것을 거부하는 사람들을 향한 외침인 "항복의 정치"를 위해 다른 사람들을 비난하는 사람들만 생각하면 된다.

그러나 동일한 과정을 낙관적으로, 정말 종종 실제로 황홀한 방식으로 이득으로 보는 사람들이 있다. 배설의 각 행위는 창조적인 성취, "중대 사건big deal", 금비rain of gold, 큰 물건large item이다. 그런 사람들은 마치 물건을 시장에 던지듯 장(腸)속의 내용물을 스스로 제거한다. 모든 배설은 그들이 엄청난 이익을 얻는 재고 정리 세일이다. 이런 경우에 장속의 내용물들은 글자 그대로 "은박" 또는 "금박"이 된다. 그들은 그들 자신과 다른 모든 사람들을 생산적이라고 보는데, 이것은 때때로 정당화될 수 있지만 단지 행복감 때문일 수도 있다. 거의 모든 면에서, 그들은 소유가 아니라 창조성에 관심이 있기 때문에, 가장 기분 좋은 동료 인간이다. 그들의 낙관주의는 정당하지 않을 때조차도 전염성이 있으며, 그 결과는 부정적이기보다는 긍정적인 경우가 더 많다. 그들은 배변훈련이 너무 빠르거나 너무 늦지 않았고, 성인으로서 자신들의 첫 번째 "창작품"에 관한 열정을 부정적인 결과 없이 유지하는 사람들이다. 다른 항문기 유형의 가장 명백한 악덕이 인색함인 것처럼, 이 유형은 낭비벽으로 고통 받는다. 하지만 여기서도 우리는 근본적으로 다른 두 가지 형태의 낭비를 구별해야 한다. 그중의 하나는 일차적 항문기 수준, 즉 대변에서 즐거움을 얻는 시기로 돌아간다. 방금 설명했듯이, 그것은 일종의 기쁨에서의 철수를 나타낸다. 다른 하나는 배변훈련의 시기인 이차적 항문기 수준으로 거슬러 돌아가고, 엄마에 대항하는 형태이며, 따라서 대부분의 경우 기저귀에, 마루 위에, 또는 침대 속에, 아무튼 "잘못된" 장소에 배설하는 악의적인 배설이다. 탐욕이 신경성 변비인 것처럼, 이 두 번째 형태의 낭비는 간절히 기다렸지만 신경증적으로 억제된 리비도 지출의 대행자인 신경성 설사를 나타낸다. 신경성 낭비로 고통 받고 있는 성격 유형은 보통 돈으로 리비도를 보상하려고 시도한다. 이것은 성기에서 항문 부위로 전치가 일어났거나, 항문 부위가 사춘기 이후에도 자신의 권리를 계속 주장하는 경우이기 때문에, 그는 성적으로 불충분하다는 고통스런 감정을 없애기 위해 사랑 대신 돈을 쓴다. 그는 소득에 관계없이 자신이 속한 그룹의 다른 모든 구성원들보다 과시하듯이 더 많은 돈을 쓰려고 하기 때문에 종종 식별될 수 있다.

그러나 성기적genital 활동이 제한될수록, 더 많은 리비도가 소유물로 향한다. 심지어 그것들을 주는 것조차도 종종 소유의 성격을 띠는데, 이는 주는 사람의 관대함과 주어지는 것을 획득하는 그의 능력이 입증되어야 하기 때문이다. 이 자기애적인 색채는 이런 유형의 많은 항문기 신경증 환자들의 자선 행위에서 감지될 수 있다. 그들은 마이케나스 Maecenas[1]인 척하고 가장하고 많은 돈을 기부하는 것을 좋아하지만, 자신들의 이름을 기부자로 홍보할 기관에만 기부한다. 보조금, 선물, 기부금, 유산은 이 항문기의 전형인 무의식적 죄책감을 달래는데 기여한다. 그러나 이 모든 것에서, 그들의 리비도는 그들의 자선 대상으로부터 멀리 떨어져 있다. 이런 종류의 극단적이고 거의 정신병적인 경우에, 그런 사람들은 때때로 세상이 그들에게 얼마나 풍부하게 사랑을 주는지를 다른 사람들에게 보여주기 위해 자신에게 선물과 꽃을 보낸다. 그러나 종종 가학적인 요소도 존재해서, 그런 신경증 환자들이 그들 자신이나 또는 다른 사람들에게 주는 선물들이 제삼자를 해치려는 무의식적인 의도를 드러낸다. 가끔은 놀랍게도, 그런 행동은 그들의 애정이 한 세대를 건너뛰고, 손자손녀들의 사랑을 다른 쪽으로 돌리게 함으로써 사랑 부족을 주장하는 자신들의 자녀들에게 복수하는 조부모에게서 발견된다.

---

[1] 가이우스 마이케나스(Gaius Maecenas, BC 68 ~ AD 8): 아우구스투스 황제의 충실한 조언자 역할을 했던 로마의 정치가, 외교관, 시인으로서, 호러스(Horace), 버질(Virgil) 등 당대 예술가들의 예술 창작 활동을 적극적으로 후원해 예술 부국을 이끈 인물. 기업들이 문화예술에 적극 지원함으로써 사회 공헌과 국가 경쟁력에 이바지하는 활동을 총칭하는 메세나(Mecenat)라는 단어의 어원이 된 사람.(번역자 주)

드물지 않게, 이것은 재정적 수단으로 행해지는데, 예를 들어, 그들은 자식들의 상속권을 박탈하고 손자손녀들을 상속인으로 만들 수도 있다.

다음의 세 가지 사례에서, 가학적 요소, 즉 자신의 낭비로 누군가를 해치고 싶은 욕망이 분명하게 드러난다. 아브라함은 자신의 남편을 가난하게 만들고 싶어서 돈을 낭비한 한 여성을 언급한다(*Six Essays*, p. 182). 카우프만Kaufman은 자신의 아버지를 망치기 위해 돈을 낭비하는 한 여성 환자 사례를 기술한다(제11장). 블랜튼은 부모가 자신에게 부당한 행위를 했음을 인정하도록 강요하기 위해 돈을 낭비한 여성 환자에 대해 쓰고 있다(제12장).

강박적인 낭비자는 돈을 쓸 수 있을 때만 기분이 좋고, 그가 절약을 강요받으면 병이 난다. 그가 무의식적으로 노력하는 것은 어린아이와 비슷한 수동적이고 의존적인 상태로 돌아가는 것이다. 무의식적으로, 그는 자신의 전 재산을 넘겨줄 수 있는 대리 부모를 찾고, 이에 대한 보답으로 자신이 아이처럼 보살핌과 응석을 받을 수 있도록 모든 의무를 면제해주기를 바란다. 이것은 나이 든 여성과 결혼하는 많은 남성들에게 적용되며, 또한 포주가 자신들을 "보호"할 수 있도록 전 수입을 포주에게 넘겨주는 일부 매춘부들에게도 적용된다.

심지어 더 극단적인 경우에는, 낭비가 자멸 행위가 된다. 낭비하는 사람은 무의식적이지만 체계적으로 자신의 파산을 공작함으로써 자신을 파멸시키거나, 자신의 이성적인 의식이 자신을 사랑하는 것이 아니라 단지 자신을 착취할 뿐이라고 분명하게 말해주는 사람들의 사랑을 얻으려고 시도한다. 그러므로 이런 심리적으로 미성숙한 유형은 그 자신만큼 사랑할 수 있는 능력이 거의 없는 이성opposite sex의 돈 하이에나들에게 자신의 돈을 넘기는 경향이 뚜렷하다.

만성적인 도박꾼은 이런 자멸적인 낭비자의 한 형태이다. 이기기 위해 도박한다는 그의 합리적인 설명은 궁극적으로 그리고 변함없이 그의 승리를 박탈하는 자신의 비(非)합리적인 행동에 의해 반박된다. 이런 이유로 도박꾼들은 거의 항상 약한 자아를 가진 항문성애자들이다. 승리함으로써, 그들은 운명이 그들을 사랑하고 좋아한다는 것을 증명하려고 한다.

IV

여기서 언급된 모든 문제들은 아니지만, 일부가 이 책의 다음 세 부분으로 묶은 주요 분석가들의 15개 기고문에서 다루어진다.

제 I 부

제1부의 기고문들은 전적으로 한 편으로 항문성애, 항문기 성격, 항문기 신경증, 항문기 상징을 그리고 다른 한 편으로는 재산, 소유물, 돈, 돈 상징 사이의 연관성만을 다룬다. 구강기와 성기기적 요소들에 대한 언급이 반드시 있어야 하지만, 돈과 돈의 사용에 대한 함의와 관련하여 조사되지 않았다. 우리가 돈의 구강기와 성기기적 함의로 방향을 돌린 것은 오직 제2부에서와 특히 제3부에서이다.

제1장. 돈의 항문기 특성에 대한 생각은 1908년에 이 주제에 대한 프로이트의 선구적인 연구에서 처음 등장했고, 1927년 같은 주제에 대한 그의 에세이에서 완전히 발전되었다(참고문헌 23). 이 기고문들 중 첫 번째가 등장했을 때, 일반의 비판은, 다른 무엇보다도, 그 고집의 계보에 반대했다. 또한 완고한 성인의 성격 특성들이 어린 시절의 경험에서 야기되는 대신 어린 시절 동안 이미 발현되었다는 반대 결론을 인정했다.

비록 프로이트가 특정 성격 유형에서 특정 성격 특성들의 결합을 설명했을 때, 그가 옳을 수도 있겠지만, 이 비평가들은 계속해서 그가 인과관계를 증명하지 못했다고 말했다. 어린 시절 배변훈련 중의 고집이 나중에 성인의 고집으로 이어졌는지, 또는 나중에 성인의 고집이 배변훈련 중에 이미 나타나지 않았는지의 여부는 알려지지 않았다.

이 반대는 터무니없는 것으로 증명되었지만, 고집이 승화된 항문기 리비도로부터 유래한다는 것은 여전히 의심스럽다. 왜냐하면 본능의 승화는 본능의 억제나 그 억제에 대한 반응에서 형성되는 것이 아니라, 실제로 본능으로부터 파생될 수 있는 것일 뿐이기 때문이다. 결과적으로, 항문기 특성의 승화는, 예를 들어 배설물을 배출하는 즐거움을 증가시키는 경우 배설물을 보류하는 것처럼, 오직 항문의 흥분에서 비롯된다. 그러나 아이가 거부를 승화시킨다면, 그것은 일차적 본능을 승화시킨 것이 아니라 외부 세계에 의한 그 본능의 차단을 승화시킨 것이며, 그것은 이차적 현상이다. 그러므로 내가 보기에 악의와 고집은 사실상 항문기에 그 기원을 가지고 있는 것처럼 보이지만, 프로이트는 이 현상에 대한 그의 첫 번째 해석에서, 탐욕과 청결함이 할 수 있는 것처럼, 이 성격의 특성이 항문기 특성의 승화나 항문기 특성에 대한 반동형성에서 파생될 수 있다고 생각했을 때 너무 멀리 나갔다.

제2장. 돈에 대한 관심의 개체 발생에 대한 페렌치의 에세이는 우리가 항문기 성격을 이해하게 된 선구적인 연구 중 하나이다. 그는 항문성애자의 대상 리비도에 최초로 주목한 사람이었다. 그는 프로이트가 주장했던 항문기 성격에 예술이 아이의 대변 조작에 그 기원을 두고 있을지도 모른다는 추측을 덧붙였다. 그동안에 이것은 장의 배설 = 창조, 그리고 대변 = 예술 작품이라는 우회로를 통해 정신분석학적 미학의 평범한 일이 되었다. 나는 이 동일시를 다소 불신하기 때문에, 나는 여기서

지나가는 말로만 언급한다.

    페렌치는 또한 심기증을 "항문성애의 발효 산물"로 간주한다. 내가 이 논문을 채택했는데, 항문기 본능의 성공적이고 만족스런 승화의 경우, 일부 승화되지 않는 항문성애가 항상 성인의 삶에 위안으로 전달된다는 나의 통찰력 또한 그의 덕분이다. 아주 깨끗한 사람은 자신의 부류 사람들에 관해서만 예외를 두고, 셔츠와 속옷만큼 정기적으로 세탁하지 않는다. 따라서 그는 승화된 항문성애(세탁 비용 절약)와 승화되지 않은 항문성애(반바지의 대변 얼룩에서 얻는 즐거움)를 무의식적으로 결합시킨다.

    제3장. 코리아트Coriat가 "자본주의적 본능"이라는 불행한 종착점인 기술적 인간technicus을 취한 것은 페렌치로부터이다. 그리고 나서 그는 잘 알려진 백만장자의 전기biography에서 몇 가지 관찰한 것을 기록한다. 그 관찰 내용은 정확하지만, 코리아트는 돈을 모으려는 본능 같은 것이 있다고 잘못 생각한다. 그 대신에 우리가 가지고 있는 것은 억압되었거나 기껏해야 승화되었지만, 단지 더 자주 퇴행하여 돈에서 리비도가 집중된 대변의 대체물을 발견하는 리비도적 경향이다.

    프로이트와 그의 제자들에 의해 이루어진 모든 임상적 발견들로 판단할 때, 생산 수단의 사적 소유에 대한 욕망이 적절한 젖떼기와 배변훈련이 있는 사회주의 사회에서 지속되어야 할 것이라고 가정할 이유는 없다. 그것 때문에, 그리고 그것만이 오직 "자본주의적인 추진력drive" 또는 "자본주의적 본능instinct"이라는 개념으로 의미될 수 있다. 무언가가 수집된다는 사실은 의심할 여지없이 항문기의 리비도 발달에 기인한다. 그러나 수집된 것은 어떤 본능 때문이 아니라 외부 세계의 우연한 사건 경험 때문이다. 모든 정신분석적 경험은 요구 사항을 초과하고(즉, 집, 정원, 가구, 사진, 책 등을 넘어서는), 생산 수단의 사적 소유에 의해서만 충족될 수 있는 소유물에 대한 욕망이 그것의 기원에서 신경증적이라는 것을 암시한다. 이 책 전체가 이런 통찰력의 누적된 증거이다.

제4장. 페렌치가 "돈에는 냄새가 있다Pecunia olet"라는 제목으로 포함하는 두 가지 사례 연구는 항문기 신경증 치료에서 이 분석가가 수행한 임상 작업에 대한 좋은 통찰력을 전달한다.

제5장. 나는 이 책의 첫 부분을 이 뛰어난 분석가의 나머지 작품만큼 균형 잡힌, 불안 상태에서의 돈 사용에 관한 칼 아브라함의 짧은 에세이로 마무리한다. 이 주제에 관심이 있는 사람들은 아브라함의 날카로운 연구인 「우울증과 강박 신경증Melancholia and Obsessional Neurosis」을 읽어야 한다. 여기에 이런 통찰력이 더욱 자세하게 기록되어 있다(Karl Abraham, *Six Essays*, pp. 71-82).

제 II 부

비록 책의 이 부분이 돈에 대한 항문기 이론을 넘어서 심지어 어떤 면에서는 모순되기까지 하지만, 그것은 또한 돈 = 대변, 대변 = 돈이라는 방정식에 근거하고 있다. 로하임Róheim과 포신스키Posinsky의 연구에서, 우리는 대변 = 살해되어 삼켜진 아버지의 몸이라는 추가 방정식을 가지고 있는데, 이는 프로이트의 「토템과 타부Totem and Taboo」에서 비롯되었다. 1897년 초에 프로이트는 플리스Fliess에게 편지를 썼다. "어느 날 나는 악마가 희생자들에게 준 금이 정기적으로 배설물로 변한다는 것을 읽었습니다. 그리고 다음날 간호사가 돈 섬망money deliria을 가졌다고 보고하는(칼리오스트로Cagliostro[2]-연금술사-두카텐쇠이서

---

2 알레산드로 칼리오스트로 백작, 원래 이름은 쥬세페 발사모(Giuseppe Balsamo, 1743-1795), 이탈리아의 유명한 사기꾼.(번역자 주)

Dukatenscheisser를 거쳐) Mr. E.는 갑자기 나에게 루이스Louise의 돈은 항상 배설물이었다고 말했습니다. 이렇게 마녀 이야기에서 그것은 원래 그것이 구성되어 있던 물질로 다시 변형될 뿐입니다"(1897년 1월 24일 편지). 설명을 추가하자면, Mr. E.는 1897년에 프로이트의 환자였다. 여기서 언급된 루이스는 간호사이자 환자의 첫 번째 정부mistress였는데, 그 이후로 환자는 그녀를 마녀로 보았다. 왜냐하면 그녀가 자신의 젊은 연인lover에게 악마가 자신에게 준 돈이 "처음부터" 대변이었다고 보고했기 때문이다. 그 당시 프로이트는 이미 그의 정신병 환자들의 망상 속에서 돈과 대변의 교환 가능성 관계를 이해하고 있었다. 플리스에게 보낸 같은 편지에서 그는 또한 "오늘날까지도 사람들이 마녀와 내 환자들의 이야기와 비슷한 이야기들을 하고 있다는 점을 고려하면, 주요 흐름에 또 다른 지류가 있음을 알 수 있습니다. 아무도 그들을 믿지 않지만, 그렇다고 해서 그것들에 대한 그들의 믿음이 흔들리지는 않습니다. 짐작하시겠지만, 나는 편집증 환자들을 언급하는 것인데, 배설물이 자신의 음식에 들어간다는 그들의 불평은 … 순수한 기억 내용입니다."라고 썼다.

11년 후에, 제1장에서 프로이트는 같은 주제로 다시 돌아왔다. "우리는 악마가 그의 정부mistress에게 주는 금은 그가 떠난 후에 배설물로 변하고, 그 악마는 확실히 억압된 무의식적 본능적 삶의 의인화일 뿐이라는 것을 알고 있다"(전집, 9권, p. 174). 같은 에세이의 후반부에서, 프로이트는 고대 바빌로니아 교리에 따르면 금을 "지옥의 배설물"이라고 불렀으며, 테오도르 라이크Theodor Reik는 아즈텍Aztec족이 금을 "신의 대변"이라 불렀다고 언급했다(참고문헌 49). 게자 로하임은 멜

---

3 금화 똥을 누는 작은 요정.(번역자 주)

라네시아Melanesia의 가젤Gazelle 반도 주민들이 조개껍데기 돈을 "바다의 배설물"이라 불렀다는 것을 우리에게 상기시킨다(참고문헌 51). 따라서 돈 = 대변이라는 방정식은 매우 널리 퍼져있는 것으로 보인다. 그것은 어떻게 설명되는가? 프로이트는 양극화 또는 반동형성을 통해, 인간은 어디에서나 가장 작은 것(대변)을 가장 가치 있는 것(돈)과 동일시한다고 믿었다. 우리의 어린 시절을 지배하는 양가감정의 법칙에 따르면, 이것은 완벽하게 논리적일 것이다. 동화fairy tales가 무의식 속에 깊이 박혀 있기 때문에, 황금 당나귀, 황금 알을 낳는 거위, "**두카텐솨이서 Dukatenscheißer**", 그리고 유사한 주제들에 대한 무수한 이야기도 설명할 수 있을 것이다.

대변이 항상 부wealth를 의미한다는 대중적인 꿈 해석, 예를 들어 머리 위에 똥을 싼 새가 행운의 징조로 여겨지는 미신의 형태가 여기에 속한다. 그리고 이것은 범죄 현장에 "무언가"를 남기는 도둑들의 관습에도 해당되는데, 그 무언가는 그들이 "품목item"이라 부르는 배설물 한 무더기이다.

내가 아는 모든 언어의 은유는 이 등식에 대한 암시를 포함하고 있다. 11년 동안 나는 구어체 독일어의 배설물과 관련된 어휘에 대한 나의 선집anthology(*Sex im Volksmund*, Reinbek, 1971)의 두 부분을 작업하는 동안, 100개 이상의 사례들을 접했는데, 그 가운데 몇 개만 여기에 인용될 수 있다. 가장 인상적인 것은 이미 지나가는 말로 언급되었는데, 아마도 여러분 대부분이 이 범주에 속하는 것으로 알아차리지 못했을 것이다. 이것은 아이들이 사용하는 용어, 즉 "볼일을 보다to do one's business"이다. 배설물을 배출하는 사람은 한 무더기를 만들고, 소변을 보는 사람은 단지 물방울만 생산한다. 지역적인 표현은 덜 알려져 있는데, 예를 들어, 배변에 대한 "황금 거래golden deal"나 "은화 거래silver deal," 또는 배변에 대한 "황금 알 낳기to lay golden eggs"가 있다. 다른 지역에서는 배변하는 것을 "가치 떨어뜨리기devaluing"나 "사들이기to lay in a stock," 그리고 설사를 "황금 비rain of gold"라고 한다.

항문은 "금광gold mine"이다. 치질이 있는 사람은 "금맥golden vein"을 가지고 있다. 화장실은 "금 공장gold mill," "사무실," "은행," "증권 거래소," 또는 "율리우스투름Juliusturm"이라 불리는데, 이 단어는 1870-1871년 전쟁 후 프랑스가 지불한 배상금이 1914년까지 보관되었던 슈판다우Spandau에 있는 옛 요새의 탑을 가리킨다. 요강chamber pot은 종종 "돼지 저금통piggy bank"이라 불린다. 화장지는 "유가 증권securities," "재정 증권treasury bill," 또는 "송장invoice"이다. 방귀를 뀌는 사람은 "금고"나 "철 금고"를 두고 떠나는 사람이라고 한다. 호텔 침대에 남겨진 대변 흔적은 객실 청소부들이 "유산legacies"이라고 부른다. 화장실 종업원은 "금 채굴자gold digger"로, 그의 여성 상대는 "금 광부gold miner"이다 (참고; 영어의 "gold finder"는 공중화장실을 비우는 사람에 대한 구어체 용어).

동성애자들의 어휘에서, 항문성교를 하는 사람을 "금 채굴자," "금 도금사gildered"나 "은도금사silverer"라 부른다. 항문성교는 "금도금"이나 "꼬리 은도금하기"로 불린다. 누군가와 항문성교를 하는 것은 "금광 탐사" 또는 "금광 채굴"로 불린다. 성공한 남자 매춘부는 "황금 꼬리"를 가지고 있고, 아닐링구스anilingus(항문을 입으로 자극하는 성행위)하는 남성은 "금 세탁기gold washer", 여성은 "금 목구멍gold throat"이다. 아닐링구스 동안 누군가를 만족시키는데 특히 성공한 사람은 "황금 혀golden tongue"를 가졌다고 말한다.

반대로, 은행과 증권 거래소의 언어는 돈과 대변이 동일시되는 표현이 많다. 경제적으로 어려운 사람은 "변비에 걸린 사람"이라고 불린다(참고; 미국 구어체 "엉망진창이다to be up shit-street"). 다시 한번 현금을 손에 넣게 되면, 그는 "액체liquid"가 된다. 지불을 거절하는 사람은 "방해물balks" 또는 "블록blocks"이 된다. 우리는 마치 장(腸)운동에 관해 말하는 것처럼 "경화hard currency"와 "연화soft currency"[4]라는 용어를 가지고 있다. 흥정하는 사람은 변비에 걸린 사람처럼 "쥐어 짜낸다." 백만장자는 아이가 자신의 대변 속에서 하는 것처럼 "돈 속에서 뒹굴고 있다." 연방은행의 관리들은 **두카텐솨이서Dukatenscheisser**(즉, 두카트ducat[5]의 배설자)라 불리고, 더 이상 빚을 어떻게 갚을지 모르는 사람은 "그는 똥이 목까지 찼다"라고 말한다. 빚을 갚는 것은 "지갑 끈 풀기" 또는 채권자를 "만족시키기"로 지칭된다. 증권 거래소에 새로 온 사람은 "엉덩이-바지shit-breech"라 불리고, 나이가 많은 동료들에게 술을 대접할 때, 그는 "씀씀이가 헤프다"라고 불린다(참고; 돈 쓰기 꺼리는, "억지스러운" 또는 "빡빡한 거래" = 딱딱한 흥정과 같은 영어 용어). 1908년 초에, 프로이트는 대중 언어가 부유한 구두쇠들을 "더러운filthy" 또는 "칙칙한matted"이라고 부른다는 사실에 주목했다. 영국에서 부자들은 "돈으로 더럽혀졌다"고 말한다. 독일에서는 그들이 "너무 부자여서 냄새가 난다"라고 말한다. "돈은 냄새가 나지 않는다"라는 표현은 로마 황제 베스파시아누스Vespasian(A.D. 9-79)에 의해 만들어졌는데, 그는 로마인들이 빨래를 하기 위해 소변에 함유된 암모니아를 사용했기 때문에 소변 수집에 세금을 부과했다. 그의 아들 티투스Titus가 오물을 통해 자신을 풍요롭게 한다고 비난하자, 베스파시아누스는 코밑에 동전을 들고

---

4 경화(硬貨, hard currency): 미국의 달러와 같이 언제든지 금이나 다른 화폐로 바꿀 수 있는 화폐. 연화(軟貨, soft currency): 금이나 다른 나라 화폐와 바꿀 수 없는 화폐.(번역자 주)

5 두카트(Ducat): 베네치아 공화국에서 처음 만들어져 1284년부터 제1차 세계 대전 이전까지 유럽 각국에서 통용된 금화 또는 은화.(번역자 주)

냄새가 나는지 물었다. 티투스가 이를 부인하자, 베스파시아누스는 "보다시피, 돈은 악취를 풍기지 않는다"라고 말했다. 이와 관련하여, 내가 나의 「고대 성 역사Sexualgeschichte Des Altertums」(2권, Munich, 1973-1974)를 작업하면서 발견한 것에 다소 관심이 있을 수도 있다. 티베리우스Tiberius 황제는 자신이 대변으로 만들어졌으며, 다른 사람들에 의해 대변으로 여겨지는 것을 두려워하는 항문기 강박이 있었다. 그래서 그는 로마인들이 자신의 초상화를 보여주는 반지나 금화를 들고 공중화장실에 들어가는 것을 금지했다. 로마인들은 배변하기 전에 황제의 모든 초상화를 "없애야"했다.

대변 = 돈이라는 등식의 타당성에 대한 가장 설득력 있는 증거는 신경증 환자들과 정신병 환자들의 분석과 치료에서 나온다. 조증 단계 동안에 배설물은 종종 수집되고 지불 수단으로 아주 진지하게 제시되는 반면, 우울증 단계 동안에는 대변을 위해 지폐 다발을 가져가서 변기에 버린다. 우울증 치료는 애도의 이유가 거의 항상 잠재의식에 의해 항문기 상실로 경험된 잃어버린 사랑 대상이라는 것을 오래전에 우리에게 가르쳐주었다. 그것을 보상하기 위해 우울증 환자들은 추방된 사랑 대상을 돈의 형태로 다시 섭취하려고 시도한다(이 점에서 항문기 신경증과 유사하다). 반대로, 대상의 파괴는 종종 무의식에 의해 항문기 방출 과정으로 경험된다.

종종 항문기 신경증 환자는 무질서한 방, 지저분한 서랍이나 옷장이 대변으로 가득 찬 창자인 것처럼 반응하고, 마침내 오랫동안 변비에 걸린 장을 비우듯이 갑자기 정리함으로써 그것을 제거할 때까지 무질서가 커지게 두는 즐거움을 취한다. 이전에 설명한 평생에 걸쳐 축적된 수집품의 "분산"(또는 해산)에 대한 유사점은 분명하다.

페렌치는 부모들을 지원하기 위해 일정 금액의 돈을 보내야 했던 그달 말쯤에 항상 심한 설사로 고통 받았던 한 여성 환자를 언급한다. 또 다른 환자는 엄청나게 방귀를 많이 낌으로써 분석가에게 지불해야 했던 비용을 보상했다(둘 다 제2장의 사례). 아브라함은 자신의 자녀들에게 비싼 음식에서 마지막 영양분 하나까지 추출할 수 있도록 가능한 한 오랫동안 장의 내용물을 간직하라고 촉구했던 부유한 은행가를 언급했다 ("항문기 성격 이론에 대한 기고Contributions to the Theory of the Anal Character"). 코데트Codet는 다른 면에서 구두쇠는 아니었지만, 불필요하고 게다가 비용이 너무 많이 들기 때문에 화장실에 불을 켜서는 안 된다고 주장했던 환자를 인용했다(제14장). 절약하는 화장지 사용은 의심할 여지없이 대변과 돈의 무의식적 동일시에서 비롯되거나, 그것에 대한 반동형성을 나타낸다.

시간을 낭비하지 않기 위해 변기에 앉아 책을 읽거나 공부하는 습관도 같은 증후군에 속한다. 동시에 그것은 가능한 한 그곳에 머물 수 있는 좋은 구실을 제공한다. 아브라함(앞서 언급한 책)은 정신분석 회기 동안 자유연상에 강하게 저항했지만, 집 화장실에 틀어박혀 있다가 그 다음에 작업된 그의 생각 모두를 분석에 가져왔던 한 환자를 언급했다. 그런 신경증 환자들에게, 화장실은 진정한 "생산"이 진행되는 장소일 뿐만 아니라, "큰 사업"을 하는 장소, 즉 곰곰이 생각하여 돈을 벌거나 절약하는 장소이기도 하다. 여기에 설명된 모든 사례에서 대변 = 돈, 그리고 돈 = 대변이라는 등식은 무의식적으로 존재한다.

제6장. 이 등식을 기록하기 위해, 하닉Harnik은 여기에서 항문성애와 이탈리아와 네덜란드 민속에서의 부채debts 사이의 관계에 대한 세 가지 사례를 인용한다.

제7장. 윌리엄 데스몬드William H. Desmonde는 풍뎅이scarab의 상징으로 이집트 주화(鑄貨)의 기원을 보여주기 위해 초기 역사로 거슬러 올

라간다.

제8장. 복잡하고 자주 모순되는 에세이에서, 같은 저자는 그리스 동전이 고대 동물 희생 제물에서 유래했다는 것을 보여주려고 시도한다. 매우 대담하고, 자주 모순되는 이 논문은 병인론pathogenesis과 계통 발생론phylogenesis 사이의 유사성에 크게 기초하고 있는데, 나는 이 기법에 상당한 의구심을 갖고 있다. 여기서 나는 데스몬드가 자신의 결론에 도달하는 단계를 비판하거나 바로잡으려는 의도는 없다(나는 지금 에게해Aegean의 처가살이, 모계 씨족들의 역사에 대해 준비하고 있는 연구에서 같은 주제를 다루고 있다). 여기서 나는 선사시대는 고사하고, 역사적 사건들을 개별 사건 역사의 투사projections로 해석하려는 시도에서 항상 발생하는 위험을 지적하고자 한다.

데스몬드는 초기 그리스 시대에 돈이 집단에게 먹힌 토템 동물의 특정 부분을 사람에게 부여하는 징표token로 발달되었다고 믿는다. 이 의식이 공동으로 숭배되고, 공동으로 내사된 조상 인물에 대한 공통적인 종속을 나타내는 정도까지, 돈은 "고귀한 헌신의 고양된 느낌을 촉진시켰다. 초기의 돈은 … 따라서 창조적인 협동 정신에 활기를 다시 불어넣고, … 충성심과 사람의 유대를 다시 강화했으며, … 모든 법과 사회 조직의 기초가 되는 상호 부조에 관련된 포기와 노력(권리와 상호 관련 의무)에 각각 개별적으로 헌신하는 참가자들 사이에서 애정 어린 조합이나 계약을 수립했다." 만약 그것이 사실이라면, 인간 사회의 미래는 심각한 위험에 처하게 될 것이다. 하지만 다행히도, 정말 훌륭한 관찰에도 불구하고, 데스몬드가 착각하고 있었다. 독창적이고 매우 지적인 기고문contribution이 그런 잘못된 결론에 도달한다면, 무언가 그 방법론에 잘못된 것이 있음에 틀림없다. 오류가 있을 수 있는 부분은 나의 전(前) 스승인 게자 로하임Géza Róheim의 세 가지 연구에 대한 다음의 논평에서 볼 수 있다(데스몬드에 대해, 나의 도식적 참고문헌 66, 67, 110, 115. 참조).

제9장. 문제는 역사, 초기 역사, 분석가의 카우치에서 수집된 사실들을 임상적으로 해석해주려는 유혹에 있다. 반대로 그것은 또한 그 사회 구성원 2, 3명에 대한 분석으로부터 전체 사회 시스템의 역사를 재구성하려는 시도에도 있을 수 있다.

페렌치(1915-1916)와 함께 교육 분석을 받은 게자 로하임(1891년 헝가리에서 태어나 1953년 미국에서 사망)은 1917년부터 1919년까지 부다페스트에 있는 헝가리 국립 박물관의 민족지학적ethnographic 부문에서 일했으며, 1928년부터 1931년까지 마리 보나파르트Marie Bonaparte의 재정지원으로 동아프리카, 중앙 오스트레일리아, 멜라네시아, 그리고 애리조나의 유마 인디언들 사이에서 중요한 현장 작업을 했다. 이것은 그가 나중에 거주하게 된 미국에 대한 그의 관심을 설명해준다. 윌리엄 데스몬드와 이 책 제2부의 마지막 장을 쓴 S. H. 포신스키가 비록 로하임의 제자는 아니었을지라도, 그들의 사고는 로하임의 영향 없이는 거의 이해될 수 없다. 브로니스와프 말리노프스키Bronislaw Malinowski, 마가렛 미드Margaret Mead, 알렉산더 골든바이저Alexander Goldenweiser, 에드워드 사피어Edward Sapir, 앨프리드 크뢰버A. L. Kroeber, 아브람 카르디너Abram Kardiner와 같은 영국과 미국의 민족학자들에 의해 중요한 정신분석학적 노력들이 이루어진 것은 사실이지만, 다른 정신분석학적 성향의 민족주의자들(George Devereux, Weston La Barre, Warner Muensterberger, and Sidney Axelrad)의 연구는 로하임의 영향 없이는 올바로 이해될 수 없다. 그러나 이런 분석가들 사이에서 우리는 사회적 현실이 자아 형성에 미치는 영향을 과소평가하거나, 심지어 로하임에서 두드러지게 그러듯이 억제 효과를 사회적 현실의 탓으로 돌리는 경향을 발견할 수 없다. 그는 종종 자아가 도움 없이 자신의 노력으로 이드Id에서 발달한 것처럼 쓴다. 그가 적어도 초자아를 언급할 때, 그것은 이상하게도 정적static이고 부정적인 역할을 한다. 그는 유전된 본능 구조의 "자유"를 마치 뱀이 인간에게 자신의 초자아를 발달시키도록 유도하는 치명적인 죄를 범한 일종의 잃어버린 낙원인 것처럼 생각하는 것 같다. 따라서 그는 인간 사회에서의 상품 교환을 엄마와 아이 사이 최초의 교환까지 거슬러 올라간다. 아이는 엄마에게 우유를, 엄마는 아이에게 대변을 요구한다. 적어도 아이에게는 그렇게 보이는데, 왜냐하면 엄마는 아이가 스스로 더럽히거나 변비에 걸리지 않게 보살피고, 정해진 시간에 배변을 요구하기 때문이다. 로하임은 많은 사회에서 죽은 사람들이 자신들의 무덤위에 배변하는 것으로 숭배된다고 지적한다. 나중에 대변은 돌이나 조개껍데기 돈, 또는 동전으로 대체되어 죽은 사람들에게 저 너머로의 여행을 위해 주어진다. 로하임은 지도자가 자신의 아들들에 의해 죽임을 당하고, 먹히고, 배설되는 원시 부족에 대한 프로이트의 신화에 근거하여, 아버지의 몸 = 대변 = 돈이라는 등식을 확립한다. 그는 이 등식의 빈약한 논리를 단순히 전(前)성기기의 사고가 논리적이지 않다고 주장함으로써 설명한다. 그러나 이 등식이 논리적이고 타당하다고 가정하더라도, 로하임이 원하는 것, 즉 돈의 항문기적 근원을 증명하지는 못한다. 인간의 성격이 전적으로 유전된 본능에 의해서 형성되는 것이 아니라 사회에 의해 부과되는 한계, 특히 그것이 차례로 사회에 미치는 영향에 의해서도 형성되기 때문에, 그것이 대변과 아버지의 몸 모두에 대한 상징을 얻기 위해 고안되었다는 명제는 프로이트 논리에 따라 설득할 수 없다. 따라서 로하임이 우리의 본능 구조와 그 상징성에 대한 분석에만 국한한다면, 그는 우리에게 프로이트의 정신에 대한 전체 그림의 절반 이하를 제공하게 된다. 우리의 이드가 역사를 가지고 있듯이, 역사적, 자율적으로 발달하는 물질적 조건들에 의해 차례로 형성되는 우리의 자아와 초자아도 마찬가지이다. 항문성애와 마찬가지로 돈은 내부 현실과 외부 현실 사이의 상호 작용의 결과이다. 둘 다 역사적으로만 이해될 수 있다. 부(富)를 축적하려는 욕망은 특정 사회 시스템과 특정 발달 단계에서만 발생한다. 그것은 존재하지 않았고, 앞으로도 영원히 존재하지 않을 것이다.

항문기 성격을 분석하는 과정에서, 우리는 항문기 신경증 환자는 원하는 대상을 항문기 아이가 생각하는 것처럼 생각한다고 이미 지적했다. 즉, 재산의 가장 원시적인 형태는 신체 내용물이나 대변feces이다. 이 단계에서 부분 본능의 양면성은 여전히 전체적이기 때문에, 대상에 대한 긍정적인 태도는 자신의 재산에 대한 보유(탐욕)로, 부정적인 태도는 거절(낭비)로 표현된다. 항문기 신경증 환자는 종종 마치 대변이 배출되는 것처럼, 대상의 상실(지출, 주식시장에서의 손실, 파산)을 무의식적으로 대상의 추방으로 경험한다. 그런 이유 때문에, 어떤 항문기 신경증 환자들은 재정적 손실에 설사로 반응하고, 다른 사람들은 변비로 반응한다. 따라서 그 손실은 프로이트의 "기관 언어organ speech"에 따라 승인되거나 또는 저항된다.

로하임은 그런 반응의 중복결정overdetermination을 간과해서는 안 되지만, 또한 그것을 무의식적으로 집착하고 사랑하는 고인의 무덤에 배변하는 관습으로 일부 원시인들 사이에서 보존되어왔던 고대 형태의 애도라고 보아야 한다고 우리에게 말한다. 1922년 정신분석학 회의에서, 로하임은 고대 형태의 애도가 죽은 사람을 삼키는 것으로 표현된다는 논문을 처음으로 발표했다. 나중에 아브라함은 이 현상에 대한 설명을 제공했는데, 그는 분식증coprophagy 충동이 반복적으로 나타나는 우울증의 분석에서 그것을 도출했다. 그는 그것을 "살해된" 사랑 대상의 내사에 대한 식인적cannibalistic 충동, 즉 중대한 범죄에 대하여 스스로 부과한 처벌로 해석했다.

그의 에세이 「원초적 아버지의 죽음 이후After the Death of the Primal Father」(*Imago*, 1923, 제1권)에서, 로하임은 애도의 종말이 고인 deceased의 상징적인 살해와 삼킴으로 구성되어 있지만, 이 행위는 틀림없는 즐거움이 수반된다는 것을 보여주려고 했다. 달리 말하면, 오이디푸스 행위의 동종요법적인homeopathic 반복이 애도를 끝낸다. 여기서도 아브라함은 애도하는 동안 항상 증가된 성적 욕망을 경험한 우울증 환자들의 행동에서 유사점을 발견했다("정신 장애의 관점에서 본 리비도 발달에 관한 짧은 연구A short Study in the Development of the Libido, Viewed in the Light of Mental Disorder," in *Six Essays*). 로하임의 논문에 대한 최고의 비평과, 아마도 정신분석학적 민족학 분야에서 파린Parin, 모르겐탈러Morgenthaler, 매티Matthey가 연구하기 전에 쓰인 가장 최고의 비평은 저작권 때문에 이 책에서 사용할 수 없는 작품이었다. 즉, 빌헬름 라이히Whilhelm Reich의 가장 중요한 인류학 저작의 첫 번째(1932)와 두 번째(1935) 버전인 「성 도덕의 붕괴Der Einbruch der sexualmoral」는 이 책에 포함된 로하임의 에세이 「재산의 원래 형태와 기원Original Forms and Origin of Property」에 대한 대답으로 계획되었다. 여기서 라이히는 1926년 겨울 로하임과의 만남을 기술하고 있다.

> 우리는 상징의 해석과 그것과 관련하여 도구의 기원에 대한 분석적 해석을 논의 했습니다. 나는 도끼가 최초의 합리적인 창조물이며, 나무를 용이하게 분리하기 위한 것이라는 견해를 제시했습니다. 두 번째로, 그것이 상징적인 의미를 가질 수 있지만, 반드시 그런 것은 아닙니다. 꿈 속에서 나무나 막대기가 남근phallus을 의미할 수도 있지만 반드시 그

런 것은 아닙니다. … 비행기는 시간과 공간에 대한 숙달을 발전시키기 위해 만들어졌습니다. 그것들이 꿈속에서 남근의 상징이 되는 것은 개인 심리학에서만 중요할 뿐, 사회학적으로는 중요하지 않습니다. 다른 한편으로 로하임은 도끼가 남근의 상징이고 그렇게 창조되었으며, 그것의 합리적인 목적은 이차적인 것이며, 실제로 생산 수단의 모든 창조는 무의식적 상징의 투사에 지나지 않는다고 생각했습니다.

로하임은 이 책에 대한 논평(Imago, 19, 1933, 552-561)에서, "라이히가 문명이 일종의 경제적 동기에서 생겨나고, 그 다음에 신경증의 원인이 된다고 말한 것은 틀렸다. 일어나는 것은 그 반대이다. 집단 신경증은 사회 조직, 종교, 경제, 법률과 기타 모든 것을 설명하고, 결정하며, 만든다."라고 대답했다. 이에 대해 라이히는 이렇게 물었다. "집단 신경증은 어디에서 오나요? 외관상으로는 영원에서부터입니다." 여기서 나는 분명하고 확실하게 라이히에 동의한다. 그리고 궁극적으로 프로이트와 라이히 사이에 일어난 심한 갈등에도 불구하고, 나는 정신분석학의 아버지가 이 점에 대해 라이히에 동의하지 않았을 것이라고 상상할 수 없다. 왜냐하면 프로이트는 항상 신경증을 개인에 대한 사회적 영향의 결과로 보았기 때문이다. 로하임이 믿는 것처럼, 만약 신경증이 이전에 있었다면, 그것은 정신분석학의 전체 구조, 특히 그것의 치료적 중요성을 부정할 것이다. 오늘날 확립된 것으로 간주될 수 있는 정신분석학의 어떤 측면이 있다면, 그것은 본능의 구조 자체가 신경증으로 이어지는 것이 아니라, 단지 외부 세계와의 상호 작용을 통해서만 이루어진다는 사실이다. 또한 로하임, 데스몬드, 포신스키, 그리고 그들의 학파가 믿는 것처럼, 리비도적으로, 특히 강하게 집중된 항문기 성감대가 수집과 부(富)의 축적에 대한 강박적인 관심의 발달을 위한 유전적인 토대를 구성하는 전체 부족들이 있다는 것도 사실이 아니다. 개인에게 해당되는 것은 집단에게도 똑같이 해당되기 때문이다. 집단의 건강 여부를 결정하는 것은 기질disposition 그 자체가 아니라, 기질과 경험의 상호 작용이다. 기질, 유아기 경험, 일상의 경험들은 프로이트가 제안한 것처럼, 서로를 보완하는 절대적인 규모이다. 강한 신경증적 본능 구조의 경우, 대수롭지 않은 병원성pathogenic 경험만으로도 신경증을 유발하기에 충분하다. 하지만 본능 구조가 약하면 더 강렬하고, 빈번한 교육학적 영향이 필요하다. 이런 상호 보완적인 규모는 절대적이 아니라 상대적이며, 그들의 관계는 변증법적이라는 것이 나의 느낌이다. 호의적인 외부 조건 하에서, 뚜렷한 전(前)성기적인 기질을 가진 사람들은 신경증을 일으키지 않는 반면, 전(前)성기적 카텍시스가 적은 다른 사람들은 비판적인 영향을 미치는 부모나 사회에 대한 신경증 환자가 된다. 다양한 성애적 원천은 서로에게 뿐만 아니라, 주변 환경에도 의존한다. 강한 항문기라는 인상을 주는 기질은 일단 성기적 억압이 극복되고, 그것에 미치는 자극들이 중단되면 사라질 수 있다. 흥분은 서로 소통하며, 주로 전체 남녀 가족의 순서에 달려있다.

따라서 로하임과 그의 제자들이 항문기 "기질"로 귀속시키는 것 중 상당수가 성적으로 결정된 어떤 증후군과도 아무 관련이 없는 외부 영향의 산물일 수 있다. 만약 한 집단이 성기기 시기가 시작될 때까지 엄마의 젖을 빨 수 있도록 허용하여 아이를 키운다면, 항문기나 항문기 반동형성 모두 일어나지 않을 것이라고 충분히 상상할 수 있다. 이것은 내가 유전적 요소들의 영향을 부정하고 싶다는 뜻이 아니다. 나는 단지 로하임, 데스몬드, 포신스키의 많은 연구가 돈에 대한 과대평가를 본능적인 근거로 추적하는 것을 넘어서지 못하고, 또 주어진 사회가 금지를 도입하는 사회적인 이유를 탐구하지 못한다는 사실에 주의를 환기시키고 싶을 뿐이다. 사회학적으로 좀 더 면밀한 분석을 통해 "금지"가 부정적인 영향을 미칠 뿐만 아니라, 창조성을 자극하기도 한다는 것을 알 수 있다. 그러나 프로이트의 특정 모방자들의 지나치게 단순화한 분석에서, 외부 세계는 전적으로 그것의 금지하는 측면에서 보고 또 해석된다.

마가렛 미드는 로하임의 가장 중요한 책인 「스핑크스의 수수께끼 *The Riddle of the Sphinx*」에 대한 자신의 논평에서 이 방법에 대한 근본적인 비평을 공식화했다.

> 그래서 로하임은 시스템이 자기-연속적이라고 반복하지만, 그는 인생사적 접근에서 비롯된 많은 연구에서 명백한 핸디캡을 겪고 있다. 그는 인간 삶의 줄거리를, 모든 의미에서, 새로운 세대의 탄생과 함께 시작하는 것으로 보고 있으며, 그의 마지막 주장에서 이 외상으로 고통받는 아이들의 첫 번째 집단이 태어난 사회를 무시한다. … 그의 주장은 개체 발생이 계통 발생을 반복하는 것이 아니라, 인류와 그 문화 제도의 발달이 주어진 인간 개인의 성격 발달에 대한 연구에서 파생될 수 있다는 것이다. 그는 사회의 본질을 고려하지 않았다. … 사회가 결국, 유기체의 통합 법칙과 유사할 수 있지만, 정신만을 지배하는 법칙과는 비교할 수 없는 법칙인, 그들 자체의 통합 법칙을 가진 개인의 집합체라는 점을 무시한다면, 그 결과는 로하임의 이론적 진술이다("성격과 인격*Character and Personality*", 4, 1935, 85-90).

나는 사실적인 문제에 관한 짧은 논평 외에는 이것에 덧붙일 것이 없다. 로하임은 돈이 모계 사회의 발명품이라고 잘못 생각했다. 그 증거로 그는 소아시아의 대모Great Mother 숭배에서 신성한 돈의 지불을 인용한다(데스몬드는 동일한 오류를 범한다. 참고문헌 14). 소위 성전 매춘temple prostitution은 모계 사회의 쇠퇴 징후였고, 가부장제patriarchy의 영향으로 발생했다. 공동 재산에 기반을 둔 선사시대 씨족 사회의 어머니 숭배 종교와 원시 그리스와 원시 로마 부족들의 여가장제 사회matriarchate에는 전혀 알려지지 않았던 그 양도alienation와 물화 현상reification이 처음 등장하는 사유재산에 기초한 가부장제의 화폐 문화보다 더 상반된 것은 없다.

제10장. 유록Yurok족의 조가비 화폐에 대한 포신스키의 연구는 의심할 여지없이 정신분석학자가 쓴 원시 사회에 대한 가장 지적인 분석들 중 하나이다. 그러나 이 매혹적인 연구조차도 저자가 돈의 심리적 측면에 대한 분석적 해석이라는 특정 영역으로 눈을 돌리기 전에 유록 사회의 역사적, 구체적 발전에 대한 조사를 거부했기 때문에 한계가 있다. 그 결과는 경험이 풍부하고, 임상 교육을 받은 분석가(심지어 민속학자)에게도 상당한 요구를 하지만, 결국 민족학적 문제에 대한 정신분석학적 조사에 관한 주요 질문에 답을 제공하지 못하는 무시무시한 복잡성이다. 유록족은 어떻게 이 엄청나게 복잡한 시스템을 발명하게 되었을까? 포신스키가 기술하고 분석한 현상들을 초래한, 한 편으로 외부 세계, 식량 생산, 부족의 위계적 구조와 다른 한편으로 개인의 신체적 기질 사이에는 어떤 관계가 있을까? 이런 질문들이 만족스럽게 대답되지 않는 한, 여러분은 분석의 타당성을 측정할 척도가 없다.

제 III 부

이 책의 세 번째 부분이자, 마지막 부분은 돈의 항문기 기원에 대한 프로이트의 논문에 기초하지 않은(또는 적어도 배타적이지 않은) 돈에 대한 정신분석학적 이론을 다룬다. 이런 이론들을 설명하기 위해, 나는 영국, 프랑스, 그리고 미국 학파에 속하는 분석가들의 작품을 선택했다. 버글러Bergler와 쉴더Schilder 모두 오스트리아 태생인 것은 사실이지만, 그들의 작업은 미국에서 이루어졌고, 분석에 대한 미국인의 태도를 지니고 있다. 나는 카우프만Kaufman의 논문을 선택했는데, 그 이유는 그것이 어떤 경제 시스템이 우세하든(이 경우 미국의 자본주의) 환자들을 적응시키는 것이 의사의 기능이라는 전제(前提)를 보여주기 때문이다. 그리고 나는 쉴더와 아마르Amar의 에세이를 사용했는데, 그들이 이 전제에 의문을 제기하기 때문이다.

제11장. 돈의 신경증적 오용에 대한 완전히 존경할 만한 연구(그러나 전형적으로 "긍정적인" 제목인 "돈의 감정적 사용")에서 카우프만은, 환자를 치료하는 것은 환자가 동의하고 지배 계급의 이론과 실제에 적응하도록 하는 것을 의미한다고 진지하게 제안한다. 그렇게 하지 않으면 정신적 고립을 초래하고 따라서 신경증을 유발하기 때문이다. 달리 말하면, 인간 성숙의 기준은 개인이 존재하는 것을 구속력이 있는 것으로 받아들일 수 있는 정도이다. 겉으로 드러나는 신경증 환자가 건강하고, 사회가 병들 수도 있다는 생각은 가설로조차도 등장하지 않는다. 또한 그는 주어진 사회 시스템이 특정 개인보다 덜 성숙할 수 있다고 생각하지 않는다. 이것은 또한 그가 현대 사회 치료의 가장 중요한 통찰, 즉 인간이 시대착오적인 사회 질서에 적응하는 것이 아니라, 사회가 진보적인 개인에 적응해야 한다는 것을 완전히 이해하지 못하는 이유이기도 하다.

모든 것은 기존 질서에 적응하는 문제인데, 그 지배권은 이미 그것이 하는 사실에 의해 증명되었기 때문이다. 사회가 그것에 적응할 자격이 있는지 여부는 제기되지 않은 문제이다. 성숙하고 균형 잡힌 사람은 다른 사람들의 부(富)를 마치 신의 뜻인 것처럼 받아들이는 특징이 있다. 카우프만은 "아이는 다른 사람들만큼 많은 돈을 가질 수 없다는 사실을 현실로 받아들여야 할지도 모른다"라고 명백하게 말한다. 왜 그래야 하는가? 분석가가 무슨 권한으로 내게 평생 열등할 운명이라고 말해야 하는가? 잘못을 저지르지 않는 사람들이 불평등한 처벌을 받지 않는 세상을 만들기 위해 나의 지성, 나의 의지력, 내 리비도의 모든 자원들을 사용해야 할 것이라고 말하는 것이 더 적절하지 않은가? "이 어린 나이에도, 아이는 자신의 놀이 집단에 있는 다른 사람들에게 돈을 주고 사랑과 우정을 사려고 할 수도 있다." 정말? 어디서나? 모든 문화권에서? 모든 계급에서? 프로이트 자신의 논문에서처럼, 우리는 여기서 분석가가 자신의 진단과 치료 경험을 얻은 부르주아 환자들이 선택된 집단이 아니라, 모든 인류를 대표한다는 망상을 관찰한다. 어린 시절부터 돈의 가치에 의문을 제기하는 법을 배운 프롤레타리아의 아이들은 놀이 친구들의 사랑과 우정을 사려고 노력하는 경우가 거의 없다. 그들은 지불을 위해 사용할 수 있는 것이 아무것도 없어서, 결과적으로 그 제안을 시험하거나 사랑을 살 수 있는지에 대한 질문에 답할 수 없다.

대부분의 분석가들처럼, 카우프만은 거의 독점적으로 중상위층 환자들과 함께 살고 있다. 그러므로 그는 의심할 여지없이 환자가 부유하다고 여긴다. "이 불안해하는 아이가 가장 필요로 하는 것은 … 모든 기본적인 요구와 심지어 일부 사치품도 처리할 충분한 돈이 있고, 걱정할 만한 현실적인 이유가 없다고 이해하는 것이다." 그러나 돈이 충분하지 않다면? 그런 경우 아이는 치료가 불가능한가? 우려할만한 완벽하게 충분한 경제적 이유가 있다고 가정해 보자. 그렇다면 포기할 것인가? 어쩌면 그래야 할지 모르지만, 만약 그것이 사실이라면, 카우프만은 우리에게 크고 분명하게 말해야 한다.

반면에, 뇌물을 주는 부모에 의해 부패한 자녀에 대한 그의 설명은 전체적 시각에서 아주 부족해서 우리는 그가 무슨 일이 일어나고 있는지 알지 못한다고 가정해야 한다. "그는 아이스크림, 사탕, 쿠키와 같은 특정한 보상 음식을 살 수 있다는 것을 즐겁게 배운다. 나중에 그는 돈으로 장난감, 만화책, 특별한 옷, 영화나 서커스 입장권을 얻을 수 있다는 것도 깨닫는다. 돈은 아이의 마음속 즐거움과 연결되기 때문에, 부모는 이제 그것을 다양하고 바람직한 행동 양식의 습관 발달을 강화하는 보상으로 사용할 수 있다." 이런 사랑의 구체화reification와 양도alienation는 너무 심각해서 여기서 일어나는 것이 카우프만이 생각하는 것과 정반대라는 것을 눈치채지 못하게 자본주의의 "도덕성"에 깊이 전념해야 한다. 그런 아이는 현실을 받아들이게 양육되는 것이 아니라, 아이의 리비도가 무너지고 있는 것이다. 결과적으로 아이가 조만간 부모에게 "당신은 나를 사랑하지 않아요"라고 말할 정도까지 이르게 된다면, 카우프만은 이것이 부모가 무한한 자원을 가지고 있고, 따라서 그들 자신의 이유로 그것을 거절한다는 아이의 환상illusion 때문이라는 터무니없는 설명을 제시한다. 그러나 그 해석은 틀렸다. 그 아이는 사랑이 돈에 팔렸기 때문에 항의한다. 왜냐하면 부모가 사랑을 살 수 있다는 환상을 심어주었기 때문이다. 이것은 교육학에서 너무 심각한 실수여서 결코 개선될 수 없다. 카우프만이 그의 확장되고 신중하게 문서화된 글에서 설명하는 거의 모든 다른 증후군들은 이런 초기적이고 근본적인 교육적 잘못에서 비롯된다.

"돈을 가진 사람은 금전적 보상의 사용을 통해 건설적이거나 파괴적인 목적을 위해 다른 인간의 행동을 조작할 수 있다." 비극적인 환상은 자본주의를 한 위기에서 다음 위기로 끌고 갔으며, 분석가의 훈련된 눈에 그것의 도덕적 부족함을 드러내야 한다. "건설적으로 사용될 때, 금전적 보상은 개인과 집단에서 사회적으로 바람직한 활동을 장려한다." 어떤 사람들에서? 어떤 집단에서? "건설적인" 사용이란 무엇인가? 여기서 "건설된" 것이 무엇인가? 건설된 것이 누구를 섬기는가? "사회적으로 바람직한" 활동은 무엇인가? 여기서 사회가 바라는 것이 무엇인가? 그런 질문들을 단정적인 주장으로 제거할 수 있다면, 우리는 수 세기 동안 가장 쓰라린 전쟁과 내전, 그리고 그 외에도 정신분석학의 모든 것을 구할 수 있었을 것이다.

제12장. 이것은 정신분석을 통해 환자들이 어떻게 부유해지고 행복해질 수 있는지를 알려주는 미국인 지도상담가guidance counsellor인 스마일리 블랜튼Smiley Blanton이 쓴 책의 일부이다. 내가 보기에 이것은 정신분석학의 가장 최하점nadir인 것 같다. 왜냐하면 여기 소비자 사회가 임상 기술을 장악하고, 그것을 지배 계급과 그 자손의 도구로 바꾸어 놓았기 때문이다. 그러나 그것 또한 자신이 섬기는 사회의 전제premises를 무비판적이고 균형감 없이 채택할 때 너무 쉽게 빠지는 유혹의 가장 특징적인 사례들 중 하나이기도 하다. 그것은 미국의 대중 정신분석학 문헌뿐만 아니라, 특히 돈의 분석을 다루는 대중 문헌에도 널리 퍼져 있다. 그런 사례들을 생략하는 것은 정신분석에 대한 검열된 설명을 제공하는 것과 마찬가지이다.

비록 블랜튼은 계속해서 자신을 분석가라고 언급하지만, 그는 조언을 구하는 부유한 사람들을 위한 자신의 지도 클리닉 활동에 대해 독점적으로 보고한다. 그는 관련이 있을 수 있는 어떤 자료도 해석하지 않고 합리적인 논의를 사용한다. 다음과 같은 가정이 당연하게 받아들여진다.

1. 사람은 고용인이 되기보다는 고용인을 가진다.
2. 사람은 너무 적은 돈보다는 너무 많은 돈을 갖는 경향이 있다.

3. 만약 아내와 아이들에게 너무 적은 돈을 준다면, 이것은 인색한 이유 때문이지 충분히 가지고 있지 않기 때문이 아니다.

12장 전체는 다음의 중심 원리에 기반을 두고 있다. "우리 미국인들은 대체로 돈을 잘 버는데, 그것에 아무런 문제는 없다. 사람은 생산적인 것을 자랑스러워해야 하고, **소득 능력은 생산성의 반영이다**"("지금 아니면 안 돼, 중년의 약속Now or Never, The promise of the middle years", Smiley Blanton, M.D., Arthur Gordon 공저, Prentice Hall, Inc. 1959, p. 133). 그러나 이것은 바로 그것이 하지 않는 일이다. 그것이 그렇게 한다는 환상은 블랜튼이 자신의 환자들이 돈에 대해 "건강한" 태도를 발달시키기 위해 노력할 때 그들을 가르치려고 시도하는 자기 인식self knowledge의 모든 표면적인 수정보다 자아에 대한 더 깊은 생각을 의미한다.

제13장. 에드문트 버글러Edmund Bergler는 훌륭하고 지적인 많은 것들을 말한 분석가이지만, 어떤 것들은 전적으로 사고하지 않는 것들도 있고, 일부는 거짓인 것들도 있다. 자신의 형성기에 빌헬름 라이히Wilhelm Reich의 협력자로서 그는 당시 최고의 분석가 중 한 사람이었고, 특히 예방적 청소년 치료에 대한 예비 작업으로 유명했다. 미국으로 이주한 후, 그의 사상은 어떤 조잡함과 단순화를 겪었는데, 이는 우리가 "염가품 사냥꾼bargain hunter"의 정신 병리에 대한 그의 간략한 연구에서도 접할 수 있다. 스타일과 내용 때문에, 이 기고문은 실제로 이 책의 첫 번째 부분에 등장했어야 했다. 그러나 버글러는 이런 유형의 사람들은 항문기 퇴행보다 구강기 퇴행에 의해 동기가 부여된다고 믿는다. 내가 그의 에세이에서 중요하고 옳다고 생각하는 것은 "구매자"(자신의 구매에 관심이 있는 사람)와 "수집가"(물건 자체보다 같은 종류의 많은 물건을 모으는 것에 관심이 많은 사람), 그리고 "흥정꾼"(품목이나 물건

수집에는 관심이 없지만, 오직 판매자를 앞지르는 것에서 즐거움을 찾는 사람) 사이의 구별이다. "염가품 사냥꾼들은 마치 대리모인 사악한 현실이 그들을 거부하고 싶은 것처럼 행동한다. 따라서 그것은 공격적으로 한 수 더 앞서야 하고, 일부 사람들이 흥정하는 끈기로 표현한다."

제14장. 앙드레 아마르André Amar의 연구는 이 제3부의 다른 기고문들에서 다루어지지 않았거나 관련이 없는 것으로 간주되는 문제를 다룬다. 즉, **만약 신경증의 치료가 현실 적응에 있다면, 우리가 신경증 환자들에게 적응하기를 원하는 현실을 어떻게 정의할 것인가? 또는 돈 콤플렉스의 관점에서, 그가 그것으로부터 탈출구를 찾아 현실의 견고한 근거로 돌아올 수 있도록 우리는 돈 신경증 환자들을 어떤 화폐 시스템에 적응시킬 것인가?**

이것들이 내가 이 책을 편집하는 계기가 된 질문들이다. 그러나 그의 질문들의 용기와 변증법적 방법론의 우아함에도 불구하고, 아마르는 직면하는 대답 제시를 피한다. 그가 "개별 현상을 설명하는 것은 사회 구조이지, 사회 구조가 개별 현상을 설명하지 않는다."라고 말하는 것은 옳다. 그러나 그는 돈의 비합리적인 성질과 돈에 대한 부르주아적 신념에 대한 증거들을 제시하는 것에 국한되어 중심적인 문제가 해결되지 않은 채로 남아있다. **자본주의 체계가 현실의 합리적인 근거를 제공하지 않을 때, 우리가 그를 현실로 복귀시키기를 제안한다면 어떤 사회 체계가 신경증 환자들을 적응시키는 이정표를 제공해야 하는가?**

그런 현실은 부르주아 사회에서 인간의 부패와 타락에 대한 저항 행위 속에서만 더듬거리며 찾을 수 있다는 것이 나의 신념이다. 어떤 분석가도 양심에 거리낌 없이 자신의 환자들에게 이것이 옳고, 이것은 잘못된 정치, 경제, 금융 시스템이라고 말할 수 없다. 그러나 그는 그것을 자신의 양심과 조화시킬 수 없을 뿐만 아니라, 그를 신경증 환자로 만든 것들에 대한 적극적인 저항의 중요성에 대해 환자의 주의를 환기시키는 것은 그 양심의 덕분이다. 환자를 수동적인 수용 상태로 만드는 효과적인 치료법은 없다. 그것은 그가 다시 한번 병을 유발한 힘의 장난감이 되도록 허용하는 것과 같기 때문이다. 환자가 성공적인 분석을 마치고 분석가를 떠나 내적 모순으로 찢어진 사회에서의 힘든 삶에 대한 지지 없이 돌아올 때, 의사는 자신의 모든 힘을 동원하고, 또 그를 병들게 한 사회의 모든 측면에 대한 자신의 적극적인 저항 속에서 다른 누구도 그에게 줄 수 없는 자신감, 확실성, 만족감을 발견함으로써, 그가 자신을 도울 수 있는 방법을 제안할 수 있을 뿐이다. 오직 그 자신만이 자신을 해방시킬 수 있다. 오직 그가 자신 속의 자기애적 몰두narcissistic absorption에서 자신을 해방시키는 것을 배우고, 그의 모든 힘이 동료에 대한 대상 사랑으로 향할 때에만, 그는 자신의 질병 증상에 대한 자기 파괴적인 선입관에서 회복할 수 있고, 다른 사람들을 돕기 위한 시도로 모든 형태의 리비도의 힘을 사용할 수 있다. 오직 이런 적극적으로 주어진 도움만이, 의사를 포함해서 그 누구도 인간 사회의 개선을 위해 싸우지 않는다면 완전하게 자유로워질 수 없는 신경증 증상에서 우리를 자유롭게 한다.

제15장. 마지막 기고문인 파울 쉴더Paul Schilder의 「경제학의 정신분석The Psychoanalysis of Economics」은 이런 문제들을 다룬다. 쉴더는 비록 젊은 헤겔주의자였고, 마르크스주의Marxism를 연구했지만, 그는 이 분야를 그들 자신의 것으로 만들었던 소수의 마르크스주의적 정신분석학자들 집단에 속하지는 않았다. 빌헬름 라이히와 오토 페니켈Otto Fenichel과 마찬가지로, 쉴더는 히틀러 시대에 미국으로 이주하여, 점차 그곳에서 통용되는 사고와 지각의 형태에 적응했다. 미국에서 완전히 변질된 라이히와 부족한 성공 때문에 낙담한 페니켈과는 대조적으로,

특히 유능한 임상 의학자인 쉴더는 곧 유명해지고 성공을 거두었다.

그가 전문 철학자가 아니라는 점을 고려했을 때, 그는 철학적 문제에 대한 예외적인 지식을 가지고 있었다. 그는 이미 27세의 나이에 질병(나중에 그의 이름을 따라 "범발축삭주위성뇌염encephalitis periaxialis diffusa", "쉴더 질환"으로 불렀다)과 그 치료법을 발견했고, 그래서 그의 동료들에게 일종의 신동(神童)으로 여겨졌다. 그는 철학 박사이자 의학 박사였고, 철학적인 저서인 「자연철학에 대한 생각Gedanken zur Naturphilosophie」(Vienna, 1928)을 저술했기 때문에, 그의 정치적인 견해는 그의 많은 동료들의 견해보다 더 진지하게 받아들여졌다.

미국에서 그의 출세는 빨랐다. 그는 곧 뉴욕의 벨뷰Bellevue 병원의 정신과 임상 디렉터와 뉴욕 대학교의 정신의학 연구 교수가 되었다. 그가 죽은 해(1940)에 구술되고 수정되지 않은 경제학의 정신분석에 관한 그의 연구는 일부 영어로 글을 쓰는 독일인들과 오스트리아인의 수고스럽고 반복적인 스타일로 쓰였다. 따라서 중요하지 않은 특정 단락은 잘려져야 한다.

쉴더가 여기서 말하는 모든 것들은 헤르베르트 마르쿠제Herbert Marcuse, 라이무트 라이헤Reimut Reiche, 클라우스 홀츠캄프Klaus Holzkamp, 디트리히 헨쉬Dietrich Haensch, 하네스 슈벵거Hannes Schwenger, 클라우스 호른Klaus Horn과 같은 다른 사람들에 의해 더 좋고 더 우아하게 말해졌다. 그러나 그의 연구는 그럼에도 불구하고 중요한데, 이것은 두 가지 이유 때문이다. 첫째로, 쉴더의 임상적 명성은 매우 높아서 그의 정치에 무관심한 동료들은, 예를 들어 라이히가 썼다면 결코 보지 않았을 본문을 기꺼이 읽으려 했다. 두 번째로, 그것은 보수적인 전문 학술지 「정신분석 리뷰Psychoanalytic Review」가 감히 출판한 최초의 반쪽짜리 마르크스주의적 연구였다. 그러므로 거의 모든 독자들에게 이 글은 오늘날 우리에게 명백하고 거의 진부한 인상을 주지만, 당시 미국 독자들 사이에서 진정으로 혁명적인 충격을 일으킨 사상의 한 형태와의 첫 만남이었다.

V

돈에 대한 정신분석학적 이론을 균형 있게 설명하기 위해, 이 책은 당연히 이 주제에 대한 프로이트의 근본적인 통찰에 실제로 새로운 것을 추가한 유일한 분석가인 빌헬름 라이히의 작품으로 끝나야 했을 것이다. 저자 자신이 검열했고, 그가 불행하고 비통한 사람이 되었을 때 자신의 어리석은 첨가additions로 알아볼 수 없을 정도로 망쳐진 초기 저술들의 유감스러운 홍보에도 불구하고; 이미 병으로 점철된 시기인 그의 미국 망명(1938~1957)의 후기 저술에도 불구하고, 우리는 1927년에서 1937년까지의 업적을 과소평가해서는 안 된다. 프로이트의 충실한 제자인 칼 아브라함을 깊이 존경할지라도, 나는 이 10년 동안 라이히의 연구가 독창성, 명료성, 심오함이 프로이트의 저술과 비교될 수 있는 분석가의 유일한 저술이라고 말하는 것을 주저하지 않는다. 심지어 어메리칸 디아스포라American diaspora 기간 동안 그의 사상의 비극적인 실수조차도 정신분석학 역사에서 독특한 시기인 지난 10년간의 것을 무효화하지는 않는다.

정신분석학에 대한 라이히의 공헌을 요약하는 것은 지나치다. 나는 단지 신경증의 근원이 전(前)성기기가 아니라 불안한 성기기 리비도에 있다는 라이히의 믿음이 옳다면, 젊은 분석가들의 관심을 돈에 대한 항문기 이론이 살아남을 수 있는지, 그리고 어느 정도까지 살아남을 수 있는지에 대한 문제로 돌리고 싶을 뿐이다. 그럴 때, "성격"은 불만족스런 성기기의 결과 그 이상도 그 이하도 아니다. 성기 성교에서 만족을 찾을 수 없는 사람은 "괴짜a character", 즉 "개성 있는 사람a personality"이 된다.

반면에, 성기 만족은 성격이 "형성"될 것을 요구하는 사회에서는 앞에서 언급한 그 사실 때문에 사실상 불가능하다. 신경증과 정신병, 도착perversions, 그리고 심지어 "성격"조차 제거하기 위해서는 억압이 필요하지 않은 사회 시스템을 만들 필요가 있다. 그러나 라이히는 생산 수단이 개인 소유인 모든 사회가 억압을 통해 생겨났고 그것의 존재를 위해 억압이 필요하다고 확신했기 때문에, 그의 관점에서 볼 때 어떤 분석적 치료법도 궁극적으로 무의미하다. 왜냐하면 환자를 신경증으로부터 해방시키는 기적이 실제로 일어나야 한다면, 그는 부르주아의 사회적 현실이나 프롤레타리아의 현실과 타협할 수 없는, 세상 밖의 국외자가 될 것이기 때문이다.

부르주아 사회에서 성인의 필연적인 신경증을 어린 시절의 예방 요법으로 예방할 수 있을지도 모른다는 그의 젊은이 특유의 확신조차도 1935년에 포기되었다. 그의 창조적 시기(1936-1937)가 끝나갈 무렵, 그는 오직 예방적 분석을 통해 그들의 전임자들이 수 세대 동안 그래왔던 것처럼 그들의 권력 남용과 관료화의 유혹에 더 이상 굴복하지 않을 노동자 계급의 지도자들이 세워질 수 있을 것이라는 희망을 가지고 있었다. 그러나 그는 분석가 자신이 이미 가지고 있지 않은 것, 즉 구강기나 항문기, 또는 성기기 우위에 기초하지 않은 "어느 계급에도 속하지 않은" 리비도 구조를 환자에게 줄 수 있는 자신의 능력(및 부르주아 사회에서 자란 모든 분석가들의 능력)을 의심했기 때문에, 사회 분석 이론은 그에게 절망적으로 보였다. 사회가 삼켜질 위기에 처한 늪에서 자력으로 빠져나올 수는 없었다. 어느 계급에도 속하지 않은 리비도 구조를 가진 분석가들은 계급 없는 사회에서만 존재할 수 있고, 오직 그런 분석가들만이 다른 사람들의 질병을 치료할 수 있을 것이며, 오직 그들만이 자본주의라는 살인자들의 소굴로 되돌아가는 항상-위협적인 위험으로부터 사회를 보존할 수 있을 것이다. 그러나 어떻게 그런 사람들이 계급사회에서 훈련받을 수 있었을까? 그것이 아무리 정당화될지라도, 나는 여기서 라이히의 비관론을 공유하지 않으며, 따라서 항문기 이론에 대한 좀 더 겸손한 비판에 국한할 것이다. 한때 자본주의가 승화된 항문성애의 산물이라고 생각했던 분석가들의 믿음과는 달리, 그동안에 그 반대가 사실인 경향이 있다는 것이 분명해진 것 같다. 자본주의가 항문기 성격을 만들지는 않았지만, 그것이 다른 사회 시스템에서 비교적 드문 성격 유형을 다른 곳에서는 알 수 없는 정도로 높였다. 항문기 근원에서 파생된 돈에 대한 특정 신경증 환자의 리비도적 태도는 우리 시스템에서 자본에 대한 존중과 그것의 권력에 대한 종속을 중재하기 때문에 심지어 건강한 사람들조차도 채택하는 돈 물신주의money fetishism를 발전시키는데 도움을 주었다. 그러나 만약 우리가 돈의 항문기 기원 이론을 사용한다면, 우리는 유치증(infantilisms, 성인이 되어서도 지능이나 정서가 어린아이 같음. 번역자 주)의 보존이 창조적인 가치를 창출할 수 있다고 믿는 유혹을 피해야 한다. 왜냐하면, 임상적으로 말하자면, 돈의 "발명"은 신경증적 기원의 다른 산물들과 크게 다르지 않기 때문이다. 억압된 것을 억압된 상태로 보존하는 사람은 누구나 자신과 자신의 세계에 대한 지배권을 잃을 위험이 있다. 그의 현실 감각이 완전히 성숙하지 못하고, 그의 판단력은 고통 받는다. 돈을 "수집"하려는 욕망에 의해 지배되는 항문기 성격의 사람들은 결코 훌륭한 사업가가 될 수 없다. 왜냐하면, 자본주의 경제학의 법칙에 따르면, 돈은 비축되어야 하는 것이 아니라 투자되어야 하기 때문이다. 돈을 비축하는 사람들은 돈을 벌지 못한다.

오토 페니켈Otto Fenichel은 돈을 "벌" 수 있다는 신경증적 환상illusion을 특정 신경증 환자가 걷는 동안 경험하는 리비도적 흥분과 비교한 적이 있다. "그런 돈의 오용에서 돈의 기능을 추론하는 것은 정신분석학이 보여주는 히스테리 상태에서 걷기walking의 은밀한 성적 의미에서, 우리가 성적 즐거움을 위해 걷는 것이지 한 곳에서 다른 한 곳으로 가기 위해 걷는 것이 아니라는 추론을 끌어내는 것과 같을 것이다"(참고문헌 17). 한때 자신의 대변을 간직하는 것에서 즐거움을 찾았던 아이들이 나중에 수집가가 될 때, 이것은 우리에게 자본주의의 기원과 발달에 관해 아무것도 말해주지 않는다. 왜냐하면 그런 항문성애자가 수집하는 것은 금전적 가치를 가질 필요가 없기 때문이다. 그리고 소수의 항문기 성격을 가진 사람들이 은행가가 되어야 한다고 해도, 이것은 자본가들이 더 많은 자본을 보유한 경쟁자들에 의해 파괴되고 싶지 않으면 끊임없이 자신들의 자본을 늘려야 하는 이유를 설명하지 못한다. 항문성애는 특정한 법칙이 있고, 자본주의에는 다른 법칙이 있다. 특정 기간 동안, 둘은 서로를 필요로 하고, 또 서로를 촉진한다. 때로는 충돌하기도 한다. 소유에 대한 항문 지향적인 욕망은 수집된 물건들의 가치에서 힌트를 얻지 않고 수집의 강박적인 요소에 의해 지배되기 때문에, 그것은 비합리적이고, 극단적인 형태로 자본의 논리에 모순되어 그것을 훼손한다. 게다가, 지배 계급을 겨냥하고 자본의 이익과 결코 조화될 수 없는 고집과 질서에 대한 열망 같은 항문성애의 측면들이 있다. 따라서 항문기 특성과 돈에 대한 관심의 모든 방정식들은 신중하게 의도적으로 피해야 한다.

제 1 부

돈의 항문기 이론에 관한 연구

Studies on the Anal Theory of Money

제 1 장

성격과 항문성애
Character and Anal Erotism

지그문트 프로이트

　우리가 정신분석적 노력으로 도움을 주려고 하는 사람들 중에서 우리는 종종 특정한 성격 특성을 가지고 있는 유형의 사람들을 만나는데, 이때 우리는 동시에 그의 신체 기능 중 하나와 그것에 관련된 기관의 어린 시절 행동에 관심이 끌리게 된다. 나는 이 시기에 어떤 특정한 경우들이 나에게 이런 유형의 성격과 기관 행동 사이에 어떤 유기적인 연관성이 있다는 인상을 주기 시작했다고 말할 수는 없지만, 나는 그 인상에 어떤 이론적 기대도 아무런 역할을 하지 않았다고 여러분들에게 장담할 수 있다.
　축적된 경험은 그런 연관성의 존재에 대한 나의 믿음을 강화시켰고, 그래서 나는 감히 그것을 소통의 주제로 삼기 위해 과감히 말하고 있다.
　내가 설명하려는 사람들은 다음의 세 가지 특징의 규칙적인 조합으로 주목할 만하다. 그것들은 특히 **질서정연한**orderly, **인색한**parsi-

monious, 완고한obstinate이다. 이 각각의 단어들은 실제로 서로 관련된 성격-특성들의 작은 집단을 나타낸다. "질서정연한"[1]은 작은 의무와 신뢰성을 수행함에 있어 성실성뿐만 아니라, 신체적 청결의 개념도 포함한다. 그것의 반대는 "단정치 못한"과 "태만한"이다. 인색함은 탐욕의 과장된 형태로 나타날 수 있다. 또한 "완고함"은 분노와 복수심이 쉽게 결합되는 반항으로 넘어갈 수 있다. 후자의 두 가지 특징인 인색함과 완고함은 질서정연한 첫 번째 특징보다 서로 더 밀접하게 연관되어 있다. 그것들은 또한 전체의 복잡성보다 더 일정한 요소이다. 그러나 내가 보기에는 이 세 가지가 어떤 면에서 함께 있어야 한다는 것은 논란의 여지가 없어 보인다.

이런 사람들의 초기 어린 시절의 역사에서, 그들이 자신의 유아기 **대변실금incontinentia alvi**을 극복하는데 비교적 오랜 시간이 걸렸으며, 심지어 후기 어린 시절에조차 유례없는 이 기능의 실패로 고통을 겪었다는 것을 쉽게 알 수 있다. 유아 시절, 그들이 배변에서 부수적인 즐거움을 얻기 때문에 변기에 앉혔을 때 배변을 거부하는 부류에 속했던 것 같다.[2] 왜냐하면 그들은 다소 몇 년이 지나도 자신의 대변을 참는 것을 즐겼고, 비록 자신들보다 형제자매들에 관해서 더 쉽게 기억하지만, 배설된 대변을 가지고 온갖 꼴사나운 일을 했던 것을 기억한다고 말하기 때문이다. 이런 징후로부터 우리는 그런 사람들이 항문 부위의 성감성erotogenicity이 예외적으로 강한 성적 체질을 가지고 태어났음을 추론한다. 그러나 이런 약점들과 특이한 성격들 중 어떤 것도 일단 그들의 어린 시절이 지나고 나면 그들에게서 발견되지 않기 때문에, 우리는 항문 부위가 발달 과정에서 성감적인 중요성을 상실한다고 결론을 내려야 한다. 그리고 이 세 가지 특성이 그들의 성격에 규칙적으로 나타나는 것은 항문성애가 사라지는 것과 관련이 있을 수 있다고 의심해야 한다.

나는 그것이 이해할 수 없는 것으로 보이고 설명을 시도할 수 있는 어떤 관점도 제공하지 않는 한, 아무도 상황을 믿을 준비가 되어 있지 않다는 것을 알고 있다. 그러나 우리는 적어도 1905년에 나의 「성욕에 관한 세 편의 에세이Three Essays on the Theory of Sexuality」에서 내가 제시한 가정들의 도움으로 근본적인 요소들을 더 가깝게 이해할 수 있다.³ 나는 거기서 인간의 성적 본능이 매우 복잡하고, 또 수많은 구성 요소들과 구성 본능들의 기여로 결합된다는 것을 보여주려 시도했다. "성적 자극"에 대한 중요한 기여는 특별히 지정된 특정 신체 부위(성기, 입, 항문, 요도)의 말초적 자극에 의해 제공되며, 따라서 "성감대erotogenic zones"로 기술될 만하다. 그러나 이런 신체 부위들로부터 들어오는 자극의 양이 모두 같은 변화를 겪지 않으며, 인생의 모든 기간에 그것들 모두의 운명이 같은 것도 아니다. 일반적으로 말해서, 그중 일부만이 성생활에 사용된다. 또 다른 부분은 성적 목적에서 벗어나 다른 목적으로 향하는데, 이는 "승화"라는 이름에 걸맞는 과정이다. 인생의 "성적 잠복기"라 불릴 수 있는 기간 동안, 즉 5년을 지나고부터⁴ 사춘기의 첫 번째 징후(11세경)까지, 반동형성 또는 수치심, 혐오감, 도덕성과 같은 대항 세력들이 마음속에 만들어진다. 그것들은 실제로 성감대에서 진행되는 자극을 희생시키면서 형성되며, 나중에 성적 본능의 활동에 반대하기 위해 댐처럼 솟아오른다. 항문성애는 이제 발달 과정에서 그리고 현재의 우리 문명이 요구하는 교육에 따라 성적 목적에 사용할 수 없게 된 성적 본능의 구성 요소들 중 하나이다. 따라서 이전에 항문성애자였던 사람들에게서 종종 두드러지는 질서정연함, 인색함, 완고함의 성격 특성들이 항문성애 승화의 첫 번째이자 가장 지속적인 결과로 간주되어야 한다고 가정하는 것은 그럴듯하다.⁵

물론, 나 자신에게조차도 이 연관성에 대한 본질적인 필요성은 분명하지 않다. 그러나 나는 그것을 이해하는데 도움이 될 수 있는 몇 가지 제안을 할 수 있다. 깨끗함, 질서정연함, 신뢰성은 더럽고 혼란스럽고, 신체의 일부가 되어서는 안 되는 것에 대한 관심에 반하는 반동형성의 인상을 준다("먼지는 잘못된 곳에 있는 물질이다").[6] 완고함을 배변에 대한 관심과 연결시키는 것은 쉬운 일이 아닌 것 같다. 그러나 우리가 위에서 보았듯이, 아기들조차도 자신들의 대변과 헤어지는 것에 대하여 자기-의지를 보여줄 수 있으며, 그들의 완고함을 꺾어 순종적으로 만들기 위해 성감대인 항문 부위와 연결된 엉덩이 피부에 고통스런 자극을 부과하는 것이 아이들의 양육에서 일반적인 관행이라는 것을 기억해야 한다. 항문 부위에 대한 애무caress 초대는 옛날과 마찬가지로 오늘날에도 여전히 반항이나 공개적인 경멸을 표시하는데 사용된다. 따라서 실제로는 억압에 의해 압도된 부드러움의 행위를 의미한다. 엉덩이의 노출은 이 입으로 말하는 초대가 몸짓으로 누그러지는 것을 나타낸다. 괴테Goethe의 「날 좀 괴롭히지 마라Götz von Berlichingen」에서는 말과 몸짓이 모두가 가장 적절한 시점에 반항의 표현으로 소개된다.[7]

매우 다른 것처럼 보이는 돈에 대한 관심 콤플렉스와 배변 콤플렉스 사이의 연관성은 무엇보다도 가장 광범위한 것으로 보인다. 정신분석을 실행해 온 모든 의사들은 신경증 환자들에서 습관적인 변비로 설명되는 가장 고질적이고 오래된 사례들이 그런 형태의 치료로 치유될 수 있다는 것을 알고 있다. 우리가 만약 그 기능이 최면 암시에 유사하게 순응하는 것으로 나타난다는 것을 기억한다면 이것은 그다지 놀라운 일이 아니다. 그러나 정신분석에서는 환자의 돈 콤플렉스를 다루고, 그것의 모든 연관성과 함께 그것을 의식 속으로 가져오도록 유도하는 경우에만 이런 결과를 달성할 수 있다. 여기에서는 신경증 환자들이 단지 돈을 너무 조심스럽게 쥐고 있는 사람을 "더러운 사람", "추잡한 사람"이라 부르는 일반적인 언어 사용의 지적을 따르고 있을 뿐이라고 가정할 수 있다.[8] 하지만 이 설명은 너무 피상적이다. 실제로, 고대 문명, 신화, 동화 및 미신, 무의식적 사고, 꿈, 그리고 신경증 등, 고대의 사고방식이 지배적이었거나 존속했던 곳이라면 어디에서나 돈은 흙과 가장 밀접한 관련이 있다. 우리는 악마가 자신의 애인에게 준 금이 그가 떠난 후에 배설물로 변한다는 것과 악마는 확실히 억압된 무의식적인 본능적 삶의 의인화에 지나지 않는다는 것을 우리는 알고 있다.[9] 우리는 또한 보물찾기와 배변을 연관 짓는 미신에 대해 알고 있다.[10] 모든 사람들이 "금화 화장실(*Dukatenscheisser*, 금 똥을 누는 요정)[11]"의 모습에 익숙하다. 실제로 고대 바빌로니아 교리에 따르면 금은 "지옥의 대변"(Mammon = *ilu mamman*[12])"이다. 따라서 언어의 사용에 따르는 데 있어서, 신경증은 다른 곳과 마찬가지로 원래의 중요한 의미에서 단어를 취하고 있다. 그리고 단어를 비유적으로 사용하는 것처럼 보이는 곳에서는 보통 단순히 그것의 옛날 의미를 복원하는 것이다.[13]

인간에게 알려진 가장 귀중한 물질과 그들이 폐기물("쓰레기[14]")로 버리는 가장 가치 없는 물질 사이의 대비가 금과 배설물의 특별한 동일시로 이어지게 했을 가능성이 있다.

그러나 또 다른 상황은 신경증적 사고에서 이 등식을 용이하게 한다. 우리가 알고 있듯이, 대변에 대한 원래의 성애적 관심은 나중에 소멸될 운명이다. 그 몇 년 동안 돈에 대한 관심이 어린 시절에 없던 새로운 관심으로 등장한다. 이것은 목적을 상실하는 과정에 있는 초기 충동이 새롭게 떠오르는 목적으로 넘어가기 쉽게 만든다.

여기서 만약 항문성애와 이 세 가지 성격 특성 사이에 상정된 관계에 대한 어떤 사실적 근거가 있다면, 예를 들어, 특정 동성애자들에서 일어나듯이, 성인의 삶에서 항문 부위의 성애적 특성을 유지한 사람들에게서 그다지 두드러진 정도의 "항문기 성격"을 발견하지 못할 것으로 예상할 수 있다. 내가 크게 틀리지 않는 한, 경험의 증거는 대체로 이 추론과 아주 잘 부합한다.

우리는 일반적으로 다른 성격-복합성 역시 특정 성감대의 자극과 연관성을 보이지 않는지 고려해야 한다. 현재 나는 단지 이전에 야뇨증을 앓았던 사람들의 강렬한 "불타는" 야망에 대해서만 알고 있다.[15] 어쨌든 우리는 최종적인 모양의 성격이 구성 본능에서 형성되는 방식에 대한 공식을 제시할 수 있다. 영구적인 성격 특성들은 원래 본능의 변함없는 연장prolongation이나, 그런 본능의 승화, 또는 그것들에 대한 반동형성이다.[16]

주석 및 참고문헌

1. 독일어로 "**Ordentlich(단정한)**". 이 단어의 원래 의미는 "질서 있는"이지만, 사용 범위가 크게 확장되었다. 그것은 더욱 구어체적인 관점에서 "올바른", "단정한", "깔끔한", "믿을 수 있는" 뿐만 아니라, "규칙적인", "점잖은", "예의 바른"과 같은 영어 단어와 동등할 수 있다.

2. 프로이트, Three Essays on the Theory of Sexuality (1905d), *Standard Ed., 7*, 186.

3. 본 단락의 자료는 주로 첫 번째 에세이의 5장과 두 번째 에세이의 1장에서 나왔다(*Standard Ed., 7*, 167 ff. and 176 ff.).

4. 1924년 이전의 독일어 판에서는 "4년을 채우고부터"라고 되어 있다.

5. 분명히 그것은 특히 이해하지 못하는 독자들을 화나게 만든 유아의 항문성애에 관한 나의 「성욕에 관한 세 편의 에세이(Three Essays on the Theory of Sexuality)」에서의 언급 때문인데, 나는 이 시점에서 매우 똑똑한 환자에게 감사해야 하는 관찰을 감히 삽입하려 한다. 그가 나에게 말했다. "당신의 「성욕에 관한 세 편의 에세이」를 읽은 내 친구"는 전적으로 나의 의견에 동의했지만, 그가 물론 나머지 구절처럼 그 의미를 인정하고 이해했음에도 불구하고, 너무 이상하고 우스워서 앉아서 한 15분가량 웃게 했던 한 구절이 있었다. 이 구절은 '그 이후의 엉뚱함이나 신경과민의 가장 분명한 징후 중 하나는 아기가 변기에 앉혀질 때, 즉 유모가 원할 때, 배변을 완강하게 거부하고 스스로 수행하기로 선택할 때까지 배변을 참을 때 볼 수 있다. 그는 당연히 침대를 더럽히는 것에 관심이 없고, 그는 오직 배변에 수반된 부수적인 기쁨을 놓치지 않기를 갈망할 뿐이다.'(*Standard Ed.*, 7, 186.) 변기에 앉아서, 이런 종류의 개인적인 자유로운 의지의 제한을 견딜지 심사숙고하면서, 배변에 수반되는 기쁨을 놓치지 않기 위해 불안을 느끼고 있는 아기의 이 모습이 내 친구에게 가장 강렬한 즐거움을 주었다. 약 20분 후, 우리가 코코아를 마시고 있을 때, 그는 갑자기 아무런 준비도 없이 '눈앞의 코코아를 보니, 문득 어렸을 때부터 항상 가지고 있었던 생각이 떠올랐다'라고 말했다. 나는 항상 내가 코코아 제조업체인 Van Houten(그는 이름 Van 'Hauten'을 발음했다[예를 들어, 첫 음절과 영어 "cow"와 운을 맞추면서])인 척하곤 했고, 나는 이 코코아 제조에 엄청난 비밀을 가진 것처럼 위장하곤 했다. 모든 사람들이 인류에게 혜택이었던 이 비밀을 손에 넣으려고 노력했지만, 나는 그것을 조심스럽게 혼자만 알고 있었다. 내가 왜 특별하게 Van Houten을 생각해냈어야 했는지 모르겠다. 아마도 그의 광고는 나에게 다른 어떤 광고보다 더 깊은 인상을 주었을 것이다. 웃으면서, 그리고 그때는 내 말이 어떤 깊은 의미를 가졌는지 생각도 없이, 나는 '엄마가 언제 때리나요?'(*Wann haut'n die Mutter?*)라고 말했다. 독일어 구절의 첫

두 단어는 "Van Houten"과 똑같이 발음된다. 나중에야 나는 내 말장난이 실제로 내 친구의 갑작스런 어린 시절의 전체 기억에 대한 열쇠를 포함하고 있다는 것을 깨달았다. 그리고 나서 나는 그것을 은폐 환상(screenphantasy)의 훌륭한 예로 인식했다. 실제로 관련된 상황(영양 과정)을 유지하고, 음성 연상("Kakao"["코코아": "Kaka"는 "대변"의 흔한 독일 유아원 언어. 프로이트의 9장 끝의 꿈, 1923c 참조]와 'Wann haut'n')을 이용하는 내 친구의 환상은 자신의 기억 내용을 완전히 반전시킴으로써 죄책감을 진정시켰다. 즉, 신체 뒤에서 앞으로의 전치가 있었다. 음식물 배설이 음식물 섭취가 되었고, 부끄럽고 감춰져야 했던 것이 인류에게 유용한 비밀이 되었다. 나는 내 친구가 그 환상을 받아 넘기지 겨우 15분 후에(비록 공식적인 근거에 대한 이의를 제기하는 비교적 온화한 형태인 것은 사실이지만), 그가 아주 부지불식간에 어떻게 자신의 무의식에 의해 가장 설득력 있는 증거를 제시받았는지를 보는 것이 흥미로웠다.

6. 이 문장은 원문에 영어로 되어있다.

7. 그 장면은 3막에서, Götz가 항복하라고 Herald에게 소환되는 장면이다. 그 연극의 후반부 연기 버전에서는 대사들이 부드러워졌다.

8. 영어 "filthy"는 물론 독일어 "filzig"도 원본에 등장하는데, 프로이트는 1897년 12월 22일에 Fliss에게 보낸 편지(프로이트, 1950a 편지 79)에서, 그리고 나중에 "꿈의 해석(The Interpretation of Dreams, 1900a)"(*Standard Ed., 4*, 200.)에서 이미 여기서 언급된 사용법에 대해 언급했다.

9. 히스테리성 빙의(hysterical possession)와 악마성 전염병을 비교하라. 프로이트는 그의 논문 "17세기 귀신론적 신경증(A Seventeenth Century Demonological Neurosis)"(1923d)의 제3부에서 이에 대해 상당히 길게 논의했다. 금을 대변으로 바꾸는 마녀의 전설과 아래의 "Dukatenscheisser"와의 비교는 프로이트가 1897년 1월 24일에 플리에스에게 보낸 편지(1950a, 편지 57)에서 이미 언급되었다.

10. 민속 신화에서 파생된 수많은 사례들은 "민속 신화 속의 꿈(Dreams in Folklore)"(1957a[1911], *Standard Ed., 12*, 187ff.)에 관한 프로이트와 Oppenheim의 논문에 나와 있다.

11. 낭비벽이 있는 부자에게 통속적으로 사용되는 용어.

12. Jeremias(1904, 115n.) 참조. "'Mamon'('Mammon')은 바빌로니아어로 'Manman'이며, 지하 세계의 신(神) Nergal의 다른 이름이다. 통속적인 전설과 동화 속으로 전해진 동양적 신화에 따르면, 금은 지옥의 배설물이다.

13. 꿈에서 이런 일이 발생하는 경우에 대해서는, 1909년에 "꿈의 해석(Interpretation of Dreams)"(*Standard Ed., 5*, 407.)에 추가된 구절을 참고하라.

14. 원문에 영어로

15. 요도성애(urethral erotism)와 야망 사이의 연관성은 여기서 처음 언급되는 것 같다. 프로이트는 가끔 요점으로 되돌아갔는데, 예를 들어, "꿈의 해석(Interpretation of Dreams)"(*Standard Ed., 4*, 216.)에 추가된 문장과 "세 편의 에세이(Three Essays)"(1905d, *Standard Ed., 7*, 239.)에 추가된 주석에서였다. "문명과 그 불만(Civilization and its Discontents)"(1930a) 제3장에 대한 긴 각주에서 그는 이 발견을 야뇨증에 관한 그의 다른 두 가지 주요 사상과, 즉 불(fire)과 유아의 자위행위 대응물로서의 중요성과의 상징적 관련성을 연결시켰다. "불의 획득과 통제(The Acquisition and Control of Fire)"(1932a)에 관한 나중에 나온 논문도 참고하라.

16. 프로이트는 "성격"의 본질과 그것이 형성되는 메커니즘에 대해 많은 설명을 하지 않았다. 그중에서 "세 편의 에세이(Three Essays)"(1905d, *Standard Ed., 7*, 238-9)의 끝부분에 있는 한 구절과 "강박 신경증에 대한 기질(The

Disposition to Obsessional Neurosis)"(1913i, *Standard Ed., 12*, 323-4), 그리고 특히 "자아와 이드(The Ego and the Id)"(1923b) 제3장 전반부에서의 논의와 그 요지는 "새로운 정신분석학 강의(New Introductory Lectures)"(1933a) 제32강에서 반복되었다.

제 2 장

돈에 대한 관심의 개체 발생
The Ontogenesis of the Interest in Money

샨도르 페렌치

정신분석학이 사회심리학적인 작품들(신화, 동화, 전설)에 대한 지식을 깊이 파고들수록 모든 개인의 정신생활에서 이전 세대 경험의 침전물로 두드러지는 상징의 계통 발생적 기원을 더욱 확인하게 된다. 분석은 여전히 상징적 표현의 계통 발생과 개체 발생을 개별적으로 조사한 다음, 그것들의 상호 관계를 설정하는 작업을 수행해야 한다. 프로이트가 적용한 "Daimon kai Tyche"의 고전적인 공식(개인적인 노력의 기원에서 유전과 경험의 협력)은 마침내 이런 노력의 심리적인 내용의 기원에도 적용될 것이며, 이것은 또한 이제 더 이상 공허한 추측의 형태는 아니지만, "선천적인 관념congenital ideas"에 관한 오래된 논쟁을 전면에 제기한다. 하지만 우리는 이미 이 정도까지, 즉 상징을 만들기 위해서는 선천적인 기질뿐만 아니라, 개인의 경험이 필요하다는 것을 예상할 수 있는데, 이런 경험들은 상징을 구성하기 위한 실제적인 자료를 제공하는 반면, 경험에 선행하는 선천적 기초는 아마도 상속되었지만 아직 기능하지 않는 메커니즘의 가치만 가지고 있을 뿐이다.

나는 여기서 개인의 경험이 항문-성애적인 관심을 돈에 대한 관심으로 바꾸는 것을 선호하는지, 그리고 어느 정도까지 선호하는지의 문제를 검토하고자 한다.

모든 정신분석가들은 프로이트가 발견한 돈의 상징적 의미를 잘 알고 있다. "고대 문명, 신화, 동화, 미신, 무의식적 사고, 꿈, 그리고 신경증에서 옛날 사고방식이 지배했거나, 여전히 지배하는 곳이라면 어디에서나, 돈은 오물과 가장 밀접한 관련이 있다."

이 사실과 병행하는 개인-심리학적 현상으로서 프로이트는 어린 시절 항문 부위의 강하게 두드러진 성감성erogenicity과 나중에 발달하는 인색한 성격 특성 사이에 밀접한 연관성이 존재한다고 주장한다. 나중에 특히 깔끔하고 경제적이며 고집이 센 사람들의 경우, 그들의 초기 어린 시절에 대한 분석적 조사를 통해 그들이 "배변에서 부수적인 즐거움을 얻기 때문에 장(腸)을 비우기를 거부하고," 어린 시절 말년에조차 "대변 참기를 즐겼고," 또한 "어린 시절에 온갖 보기 흉한 방법으로 배설물에 매달렸던 것"을 회상하는 그런 부류의 유아들이었다는 것을 알게 된다. "가장 광범위한 연관성은 겉보기에 명백하게 이질적인 배변 콤플렉스와 돈에 대한 관심 사이에 존재하는 것 같다."[1]

아이들의 행동을 관찰하고 신경증 환자들에 대한 분석적인 조사를 통해 우리는 이제 한 사람이 소유하고 있는 가장 가치 있는 것(돈)에 대한 생각이 개인 안에서 "배설물처럼 버리는, 가장 가치 없는 것"의 상징으로 발전되는 선상에서 몇 가지 단일 지점single points을 설정할 수 있게 되었다.[2]

이 두 가지 출처에서 수집된 경험에 따르면 아이들은 원래 배변 과정에 아무런 금지도 없이 자신들의 관심을 기울이며, 그것이 배변을 참는 즐거움을 제공한다는 것을 보여준다. 이렇게 참았던 배설물은 실제로 성장하는 존재의 첫 번째 "저장"이며, 따라서 수집, 비축, 저장과 관련된 모든 신체 활동 또는 정신적 노력과의 지속적이고 무의식적인 상호 관계 속에 남아있다.

하지만 대변은 또한 아이의 첫 번째 장난감 중 하나이다. 대변 덩어리를 누르고 쥐어짜는 것과 괄약근의 활동에 의해 아이에게 제공되는 순수한 자체-성애적인 만족은 곧, (적어도 부분적으로는) 그 관심이 특정 기관의 중립적인 감각으로부터 이런 느낌을 유발한 물질 자체로 대체된다는 점에서, 일종의 대상 사랑으로 변형된다. 따라서 대변은 "내사된다introjected." 그리고 기본적으로 후각이 날카로워지고, 점차 손을 노련하게 사용하고, 동시에 (네 발로 기면서) 똑바로 걸을 수 없는 것이 특징인 이 발달 단계에서, 그것들은 아이가 억지력deterrents과 처벌의 위협을 통해서만 젖을 뗄 수 있는 소중한 장난감으로 간주된다.

배설물에 대한 아이의 관심은 대변의 냄새가 불쾌해지고 역겨워지면서 첫 번째 왜곡을 경험한다. 이것은 아마도 직립보행의 시작과 관련이 있을 것이다.[3] 이 물질의 다른 특성들인 촉촉함, 변색, 끈적거림 등은 당분간 그의 청결감을 훼손하지 않는다. 따라서 아이는 여전히 기회가 있을 때마다, 촉촉한 길거리 진흙을 가지고 놀고 조작하는 것을 즐기며, 그것을 더 큰 무더기로 모으는 것을 좋아한다. 그런 진흙더미는 어떤 의미에서 상징이며, 냄새가 없다는 점에서 실물과 구별된다. 이를테면, 아이에게 길거리 진흙은 탈취된 배설물이다.

교육학적 조치의 도움으로 아이의 청결감이 높아짐에 따라, 길거리 진흙도 그에게 불쾌하게 된다. 끈적거림, 촉촉함, 색깔 때문에 몸과 옷에 흔적을 남기기 쉬운 물질들은 "더러운 것"으로 멸시되고 기피된다. 따라서 오물의 상징은 추가적인 변형, 즉 탈수를 겪어야 한다. 아이는 흙의 색을 띠지만, 더 깨끗하고 건조한 물질인 모래로 관심을 돌린다. 모래를 주워 모으고, 한데 모아 뭉치고, 모양을 만드는 아이의 본능적인 즐거움은 나중에 어른들에 의해 합리화되고 승인되는데, 그렇지 않으면 모래를 가지고 몇 시간 동안 노는 제멋대로인 아이로 생각하는 그들이 이 놀이가 "건강하다" 즉, 위생적"이라고 선언한다.[4] 그럼에도 불구하고, 이 놀이-모래 역시 탈취되고 탈수된 대변의 상징에 불과하다.

그런데 이미 이 발달 단계에서 "억압된 것들의 귀환"이 일어난다. 그것은 자신들이 파는 모래 구멍에 물을 채우는 것은 아이들에게 끝없는 즐거움을 주고, 그래서 그들의 놀이 소재를 원래의 물이 많은 단계에 더 가까이 가져다준다. 소년들은, 마치 자신들이 두 소재의 관계를 이런 식으로 아주 분명하게 강조하고 싶었던 것처럼, 이 관개irrigation를 위하여 드물지 않게 자신의 소변을 사용한다. 심지어 배설물의 특정한 냄새에 대한 관심조차도 한 번에 그치지 않고, 어떤 식으로든 이와 유사한 다른 냄새로 대체될 뿐이다. 아이들은 특유의 냄새가 나는 끈적끈적한 물질의 냄새, 특히 발가락, 코 분비물, 귀지, 손톱의 때 사이에 모이는 버려진 표피 세포의 강하게 냄새나는 퇴화 생성물을 좋아하는 반면, 많은 아이들은 이런 물질들을 만들고 냄새 맡는 것으로 만족하지 않고, 그것들을 입으로 가져가기도 한다. 어린아이들이 몰딩 접착제putty(색상, 일관성, 냄새), 타르, 아스팔트를 열정적으로 즐거워한다는 것은 잘 알려져 있다. 나는 고무 재질의 독특한 냄새에 강렬한 열정을 가지고 있으며, 여러 시간 동안 천연 고무 조각 냄새를 맡을 수 있는 한 남자 아이를 알고 있었다.

이 나이대의 아이들이, 실제로 더 나이 든 아이들조차도, 마구간과 조명 가스의 냄새를 아주 좋아한다. 대중적 신념이 이런 냄새를 가진 곳을 "건강한" 곳으로, 심지어 질병의 치료법으로 인식할 가능성은 없다. 항문-성애의 특별한 승화 경로는 가스, 아스팔트, 테레빈유의 냄새에서 갈라진다. 즉, 향수에 대하여, 정반대의 표현인 반동형성-표상이 발달함으로써 좋은 냄새가 나는 물질을 좋아하는 것은 끝난다. 이런 종류의 승화가 일어나는 사람들은 종종 다른 측면들에서도 미학으로 발전하고, 일반적으로 미학이 억압된 항문-성애에 주된 뿌리를 두고 있음에는 의심의 여지가 없다.[5] 이 원천에서 솟아나오는 미학적이고 유희적인 관심은 종종 회화와 조각의 발전하는 즐거움에 한몫을 한다.[6]

이미 호분증적coprophilic 관심을 끌었던 진흙과 모래의 시기에 아이들이 원시적인 예술적 기술이 허용하는 한, 이 소재로 물건들을 만들거나 또는 더욱 정확하게는 자신들에게 특별한 가치가 있는 소유물을 모방하는 물건을 만드는 것을 얼마나 좋아하는지 놀랍다. 그들은 그것들로 음식물, 케이크, 타트tarts, 사탕sweetmeats 등 다른 종류의 물건을 만든다. 호분증coprophilia에 의한 순수 이기적인 본능의 강화는 여기서 시작된다.

청결감의 진행은 점차 아이가 모래조차도 받아들일 수 없게 만들고, 유아의 돌stone 시기가 시작된다. 가능한 한 예쁜 모양과 색깔 있는 조약돌을 수집하는 것에서 대체 형성 발달의 더 높은 단계에 이르게 된다. 악취, 습기, 그리고 부드러움의 속성이 이제는 냄새가 없고, 건조하고, 단단함으로 표현된다. 흙과 모래처럼 돌멩이들도 땅에서 모아지고 수집되는 상황에서 우리는 이 취미의 진정한 기원을 떠올린다. 돌멩이의 자본주의적 의미는 이미 상당하다(어린아이들은 좁은 의미에서 "돌-부자"[7]이다).

돌 다음에는 인공 제품의 차례가 오고, 이것들로 땅으로부터의 관심 분리가 완료된다. 유리구슬, 단추,[8] 과일 씨가 이번에는 더 이상 그것들의 본질적인 가치를 위해서가 아니라, 가치의 척도로서, 말하자면 아이들의 이전의 물물교환을 열광적인 화폐 교환으로 바꾸는 원시적인 동전으로 열심히 수집된다. 그러나 순전히 실용적이고 공리적인 것이 아니라, 리비도적이고 비합리적인 자본주의의 특징은 이 단계에서도 배신을 당하는데, 아이들은 분명히 수집 그 자체를 즐긴다.[9]

대변과 금의 동일시가 완성되기 위해서는 한 단계 더 필요하다. 돌조차도 곧 아이의 청결감에 상처를 입히기 시작한다. 그는 더 순수한 것을 갈망한다. 그리고 부분적으로 이것은 그것을 통해 아이의 마음이 원할 수 있는 모든 것들을 얻을 수 있는 유혹적인 가능성은 물론, 어른들이 갖고 있는 존경 때문에 자연스럽게 높게 평가하는 반짝이는 약간의 돈으로 제시된다. 하지만 그것은 이런 순전히 실용적인 고려 사항들이 아니라, 장난스럽게 수집하고, 수북하게 쌓고, 빛나는 금속 조각들을 주요한 것으로 바라보는 효과적인 즐거움이기 때문에, 그것들은 경제적인 가치보다는 자신을 위해 즐거움을 주는 대상으로 훨씬 더 소중하게 여겨진다. 눈은 그것들의 광채와 색상을, 귀는 금속성의 짤랑 소리를, 촉감은 둥글고 매끄러운 원반을 가지고 노는 놀이를 즐긴다. 오직 후각만이 공허하게 사라지고, 미각 역시 약하지만 독특한 동전의 맛에 만족해야 한다. 이것으로 돈 상징의 발달은 대체적으로 완성된다. 장(腸)속 내용물의 즐거움은 돈의 기쁨이 되지만, 말한 후에는 반짝거리기 위해 만들어진 냄새 없고 건조된 오물에 불과한 것처럼 보인다. **돈에는 냄새가 없다***Pecunia non olet*.

그동안 논리적 타당성 방향으로 진행해온 사고 기관의 발달에 따라, 돈에 대한 성인들의 상징적인 관심은 유사한 물리적 속성을 가진 물건들뿐만 아니라, 어떤 식으로든 가치나 소유를 나타내는 모든 종류의 것들(지폐, 주식, 통장 등)로 확대된다. 그러나 돈이 어떤 형태를 취하든,

그것을 소유하는 기쁨은 호분증에 가장 깊고 가장 충분한 원천이 있다. 편견 없이 사실을 조사하는 모든 사회학자들과 국가 경제학자들은 이 비합리적인 요소를 고려해야 한다. 사회 문제들은 오직 인간의 진정한 심리를 발견해야만 해결할 수 있다. 경제 상황에 관한 추측만으로는 결코 목표에 도달할 수 없을 것이다.

항문-성애의 일부는 전혀 승화되지 않고 원래의 형태로 남아있다.[10] 심지어 가장 교양 있는 정상적인 사람조차도 다른 사람들에 관해 어떤 종류의 것을 보거나 들을 때 그가 드러내는 도덕적인 혐오와 역겨움에 묘하게 모순되는 입장인 대피 기능에 관심을 보인다. 잘 알려진 바와 같이, 외국 사람들과 다른 인종들은 서로 **"감지할riechen"**[11] 수 없다. 그러나 원래 형태를 유지하는 것 외에도, 실제로 돈 상징 이면에 숨겨진 것의 "복귀return"도 존재한다. 프로이트가 처음 관찰했던, 돈 콤플렉스의 상처에 뒤따르는 장(腸) 질환들이 그 예이다.[12] 또 다른 예는, 내가 수없이 많은 사례들에서 알아챈 신기한 사실인데, 사람들이 다른 측면에서 그들의 생활수준에 상당히 어울리지 않는 방식으로 속옷을 바꾸는 것과 관련하여 경제적이라는 것이다. 그러므로 인색함은 결국 항문-성애(더러움에 대한 내성)를 다시 얻기 위해 항문기 성격을 사용한다. 다음은 더욱 놀라운 예이다. 한 환자가 어떤 종류의 호분증적coprophilic 조작도 기억할 수 없었지만, 얼마 후에 밝게 빛나는 구리 동전에서 특별한 즐거움을 느꼈고, 그것들을 빛나게 만드는 독창적인 과정을 발명했다는 것을 질문도 받지 않고 말했다. 그는 돈을 삼킨 다음 소화관을 통과하는 동안 아름답게 빛나게 된 돈을 찾을 때까지 대변을 뒤졌다.[13] 여기서 깨끗한 물건의 즐거움은 가장 원시적인 항문-성애의 만족을 위한 은신처cover가 되었다. 특이한 것은 환자가 자신의 투명한 행동의 진정한 의미에 대해 스스로를 속일 수 있었다는 것이다.

이런 종류의 인상적인 사례들 외에도, 금과 다른 돈 조각들을 모으고 쌓아 올리는 성적인 즐거움, 즐거운 "돈에 파묻히기wallowing in money"는 일상생활에서 수없이 관찰될 수 있다. 많은 사람들이 거액의 돈을 지불하도록 구속하는 서류에 서명할 준비가 되어 있고, 엄청난 양의 지폐를 쉽게 쓸 수 있지만, 금화나 심지어 가장 작은 구리 동전조차도 지불하는 것은 현저하게 더디다. 동전들이 손가락에 "달라붙어 있는" 것처럼 보인다.("유동자금"이라는 표현과 이것의 반대 의미로 프랑슈콩테Franche-Comté에서 사용되는 "현금argent sec"도 참조)[14]

돈에 대한 관심의 개체 발생적인 경로는, 여기에 개요를 제시한 것처럼 삶의 환경에 따라 개인적인 차이를 보여주는 반면, 그럼에도 불구하고 전반적으로 문명화된 사람들 사이에서는 가장 다양한 상황에서 어떻게든 실현을 추구하는 심리적 과정으로 간주되어야 한다. 따라서 이런 발달 경향을 인종적 속성으로 간주하고, 생물 발생적 근본 원칙이 화폐 상징의 형성에도 유효하다고 가정하는 것은 당연해 보인다. 여기에 기술된 개인의 발달 경로에 대한 계통 발생적 및 역사적 비교가 일반적으로 인류의 화폐 상징 발달과의 유사성을 보여줄 것으로 기대된다. 동굴 발굴에서 발견된 원시인들의 색깔 있는 돌들은 아마도 해석이 가능할 수 있을 것이다. 야만인들(많은 경우에 여전히 물물교환과 조약돌이나 조가비 화폐 단계에 살고 있는 오늘날의 원시인들)의 항문-성애에 관한 관찰은 문명 역사에 대한 이런 조사를 상당히 더 진전시켜야 한다.

그러나 지금까지 알려진 바에 따르면, 발달과 관련하여 증가하고 있는 자본주의적 이해관계가 현실-원칙의 실용적이고 이기적인 목표의 처분에 따를 뿐만 아니라, 그 결과로 금과 돈 소유의 기쁨이 억압된 항문-성애의 상징적 대체와 그것에 대한 반동형성, 즉 그것이 쾌락-원칙을 만족시킨다는 것을 나타낸다는 것은 이미 별난 것이 아니다.

따라서 우리의 개념에 따르면, 자본주의적 본능은 이기적이고 항문-성애적인 요소를 포함하고 있다.

주석 및 참고문헌

1. 프로이트. "성격과 항문성애(Charakter und Analerotic)", in his Sammlung kl. Schr. z. Neurosenlehre, Bd. II, S. 132 이하 참조.

2. 프로이트. Loc cit.

3. 프로이트는 인류가 직립 자세와 땅으로부터 발기(erection)한 결과로 항문-성애의 억압과 후각의 쾌감을 얻는다고 생각한다.

4. 호분증적(coprophilic) 성향을 "위생적인" 것으로 완곡하게 위장하는 습관은 매우 널리 퍼져있다. 대변을 보는 아이들의 상당히 무해한 행동은 잘 알려져 있는데, 이들은 자신의 장(腸) 활동 조절에 그들 재량에 대한 상당 부분의 관심을 기울인다. 그러나 그런 사람들은 오히려 "대변-심기증"이라 불리는 것에 빠지기 쉽다. 그런데 일련의 전체 분석을 통해, 나는 매우 많은 사례에서 심기증이 실제로 항문-성애의 발효-산물이요, 승화되지 않은 호분증적 관심이 원래의 대상에서 제한적 쾌락의 변화가 있는 다른 신체 기관과 신체 산물들로의 전치(displacement)라는 것을 확신하게 되었다. 심기증이 향하는 기관의 선택은 특별한 요인들(신체적 기질, 심지어 병든 기관에서조차 두드러진 성감성 등)에 의해 결정된다.

5. (이 문제에 관해서는, Jahrbuch, Bd. VI. Transl.에 있는 나의 전공 논문 참조)

6. 나는 이미 또 다른 연결에서, 음악에 대한 나중의 애정에서 방귀에 대한 유치한 관심이 연주할 가능성 있는 부분을 지적했다. IV장을 보라.

7. (독일어 관용구)

8. Lou Andreas-Salomé: "Vom frühen Gottesdienst." *Imago*. II. 1913과 비교하라.

9. 어쨌든, 독일어 Besitz"(=소유)는, 사람이 자신의 말에서조차, 자신에게 소중하고 자기의 소유인 것을 "그 위에 앉는다"라는 생각으로 나타내려고 한다는 것을 보여준다. 합리주의자들은 분명히 자리에 앉는 것이 소중한 물건을 감추고 보호하고 지키는 것을 표현하는 것으로 여겨지는 취지의 이 비유에 대한 설명에 만족한다. 하지만 보호와 방어를 나타내기 위해 사용되는 것은 손이 아니라 엉덩이라는 사실(남성에게 더 자연스러운)은 오히려 대변의 상징인 "Besitz"라는 단어에 찬성한다. 그 점에 대한 최종 결정은 정신분석 훈련을 받은 언어학자에게 남겨져야 한다.

10. 따라서 체질에 존재하는 항문-성애의 총합은 가장 다양한 심리 구조 사이에서 성인들에게 공유된다. 그것으로부터 첫째, 프로이트의 의미에서 항문기 성격 특성으로, 둘째, 미학과 문화적 관심사에 대한 기여로, 셋째, 심기증으로 발전하고, 넷째, 나머지는 승화되지 않은 채 남아있다. 승화된 부분과 원래 부분의 다른 비율에서, 그리고 이런저런 형태의 승화에 대한 선호에서 자연스럽게 특별한 조건적 요소들을 가진 가장 다양한 성격의 유형들이 발생한다. 항문기 성격은, 개인에 관한, 실제로 전체 종족에 관한 빠른 기질적 성향에 특히 적합하다. 그의 청결함, 질서에 대한 사랑, 반항, 인색함을 지닌 항문기 성격은 더러움, 사치스러움, 태평함의 문제에 관대한 뚜렷하게 항문-성애적인 성격에서 크게 벗어난다.

11. ("못 견디다"라는 의미의 독일어 관용어. "Riechen"은 문자 그대로 냄새 맡는다는 의미이다.)

12. 제 VII 장. P. 176. "일시적인 직장 장애(Temporary rectal troubles)" 등을 참고하라.

13. 이 사례는 한 아이가 삼킨 돈을 제거하여 배출하는데 성공한 의사가 그 돈을 자신의 진료비로 간직할 수 있었다는 말을 들었던 호분증적 농담을 떠올리게 한다. 돈과 대변의 동일시에 관해서는 "Eslein streck dich"의 동화도 참고하라. "Losung"(=구출)이라는 단어는 (사업에서) 판매 수익금을 의미하지만, 사냥에서는 야생 동물들의 배설물을 의미한다.

14. to be "à sec"는 "돈에 쪼들리는(hard up)"에 해당하는 프랑스 사투리이다.

제 3 장

자본주의적 본능의
항문기 성격 특성에 관한 소고

A Note on the Anal Character Traits
of the Capitalistic Instinct

이사도르 코리아트

　페렌치는 「돈에 대한 관심의 개체 발생 The Ontogenesis of the Interest in Money」이라는 제목의 계몽적인 논문에서, "그러나 지금까지 알려진 바에 따르면, 발달과 관련하여 증가하고 있는 자본주의적 이해관계가 현실원칙의 실용적이고 이기적인 목표의 처분에 따를 뿐만 아니라, 그 결과로 금과 돈 소유의 기쁨이 억압된 항문-성애의 상징적 대체와 그것에 대한 반동형성, 즉 그것이 쾌락원칙을 충족시킨다는 것을 나타낸다는 것은 이미 별난 것이 아니다. 따라서 우리의 개념에 따르면, 자본주의적 본능은 이기적이고 항문-성애적인 요소를 포함하고 있다"라고 말한다.

이런 관점은 국제적인 명성을 가진 자본가의 죽음에 대한 최근의 신문 기사에서 분명하게 설명되는데, 이 신문 기사에서 성격 특성들은 리턴 스트레이치Lytton Strachey에 필적할만한 기술과 깊이로 묘사되어 있다. 이 기사는 여기에서 묘사된 성격 특성들이 정신분석적 조사에 의해 밝혀진 항문기 성격의 일반적인 개념과 거의 모든 면에서 일치하기 때문에 더욱 가치가 있다. 만약 그들이 분석을 받았더라면 그 특징들은 더 잘 묘사될 수 없었을 것이다. 이 스케치의 주요 특징들에 대한 요약은 항문-성애와 돈벌이에 대한 관심, 그리고 소위 자본주의적 본능 사이의 관계를 보여줄 것이다.

그는 자신의 재산 규모와 거대한 산업 기업의 세부 사항들을 듣는 모든 사람들에게 털어놓는데서 특별한 즐거움을 찾았다. 그는 옷차림이 매우 부주의했고, 그의 막대한 재산에 대한 일종의 반동-형성으로 노동자의 옷을 입고 다니곤 했다. 그는 자신의 재산에 대해 이야기하는 어린아이 같은 즐거움 외에도, 새로운 것들과 장난감에 대한 열정과 같은 어린 시절의 다른 특성들을 보여주었고, 또한 신문 기사의 작가는 자신의 이기주의가 젊음과 장난감 사랑 못지않게 두드러졌다고 말한다. 거의 완벽하게 승화되지 않은 또 다른 항문기 특성은 거대한 뭉치 돈을 만들고, 그 크기를 검사한 다음에 그것은 "모두 내 것"이라고 덧붙이면서 자신의 주머니에 도로 집어넣는 것을 기뻐하는 방식에서 보여 졌다. 그가 자신의 거대한 산업 공장들이나 호텔, 또는 자신이 소유한 신문사 사무실 중 하나를 지나갈 때, 그는 또한 그것이 모두 자신의 것이라고 말할 것인데, 이 모든 것이 마치 어린아이 같은 소유의 즐거움을 보여주었다.

때때로 그는 매우 짜증을 냈는데, 특히 그의 재산 규모가 논란이 되면, 반응 경향으로 그는 종종 아주 강렬하게 싫어했던 귀족들에게 긴 연설을 늘어놓았다. 여기서 우리는 증오와 항문-성애와의 관계를 본다. 그러나 다른 한편으로는, 항문기 성격 특성과 종종 관련이 있는 억압된 가학적 증오에 대한 반동-형성으로서, 이전에 샤일록Shylock[2]의 분석에서 지적되었듯이, 그는 그들을 위해 새로운 장난감을 만들고, 오래된 것들을 고치거나, 또는 색다른 물건을 찾기 위해 상점들을 탐색하면서, 가정의 부드러움과 아이들에 대한 큰 사랑을 보여주었다. 자신의 막대한 재산에도 불구하고, 그는 호화로움에 전혀 관심이 없었고 개인적인 사치품도 없었다.

　이 설명에서 분석가는 항문-성애의 근본적인 특성들, 즉 더 많은 사회적 본능을 가진 사람들의 경우에 돈이 가져올 권력과 재산을 위해서든지, 또는 반사회적이고 욕심 많은 구두쇠처럼 단지 비축된 돈 자체를 다루는 즐거움을 위해서든지, 돈을 모으고 버는 것이 인생의 주된 목적인 사람들이 소유한 특성들을 쉽게 인식할 것이다. 항문-성애자의 사회적 행동은 돈 및 현학적인pedantic 행동과 밀접하게 관련되어 있다. 인내심은 또한 부의 축적을 위해 필요한 특성인 항문기 성격의 표시이기도 하다. 따라서 위에서 열거한 자본가에 대한 성격 스케치에서, 현학pedantry과 탐욕으로 이어지는 인색함, 가학적-항문기 퇴행으로서의 증오, 반동-형성으로서의 아이들에 대한 지나친 부드러움, 그리고 힘과 소유의 연관성과 같은 모든 항문기 구성 요소들이 발생한다. 그가 어린 시절의 자기애적 즐거움을 결코 넘어선 적이 없다는 것이 그가 은행 지폐 한 뭉치를 만들어서 보여주는 것으로 기쁨을 드러내는데, 이것은 아이가 자신의 배설물을 즐기고 바라보면서 탐닉했던 때부터 진행되는 부분적으로 승화된 반응일 뿐이다. 따라서 자본가는 자신의 리비도가 단지 소유의 즐거움을 위해 돈을 벌고 소유하는 것을 향해 거의 독점적으로 돌아선 개인이다.[3] 설명된 모든 특성들이 따로따로 취해지면, 아마도 별 의미가 없지만, 그것들이 모두 항문기 성격으로 알려진 형태로 한 개인에 모두 결합되면, 그것들은 완전한 성격의 구성 요소를 형성한다.

주석 및 참고문헌

1. Giles Strachey(1889~1932): Bloomsbury Group의 일원으로 활동한 영국의 작가이자 비평가. 특히, 전기 문학에 새로운 바람을 일으켰으며 그의 전기 "빅토리아 여왕"(1921)은 제임스 테이트 블랙 기념상을 수상하기도 했다. 정신분석가 James Strachey의 형.(번역자 주)

2. Isador H. Coriat. "Anal-Erotic Character Traits in Shylock." *Int. J. Psycho-Analysis*, II, 3-4, 1921.

3. Karl Araham, "Contributions to the Theory of the Anal Character." *Int. J. Psycho-Analysis*, IV, 4, 10월 1923.도 참고하라.

제 4 장

돈에는 냄새가 있다
Pecunia Olet

샨도르 페렌치

한 젊은 상인이 강박 신경증과 불안 상태로 오랜 기간 동안 나에게 치료를 받았다. 나는 그 사례를 끝까지 계속할 수 없었는데, 그 이유는 시작된 호전이 종종 저항에 의해 치료를 중단하는 동기로 사용되었기 때문이다. 분석에서 곧 드러났듯이, 그의 질병의 실제적인 원인은 아내와의 관계였다. 나는 환자에게 그가 돈에 대한 사랑(항문성애)과 나머지 성욕 사이의 갈등으로 인해 슬픔에 빠져있다는 아주 분명한 징후들의 힘을 설명해야 했다. 그는 무의식적으로는 사심 없는 헌신을 꿈꿨던 반면에 사랑하지 않는 보다 부유한 여성과 결혼했다. 다른 무엇보다도 그는 종종 의식적으로 자신이 갈망했던 행복을 어쩌면 그녀 옆에서 발견했을, 정말 가난하지만 가장 매력적인 여성을 생각했었다. 물론 나는 그 환자에게 이 행복 또한 흐려지지 않았을 것이라는 점을 분명히 해야 했다. 왜냐하면, 그의 또 다른 강력한 열정인 돈에 대한 사랑도 충족되지 않았을 것이기 때문이다.

우리의 대화 중 하나에서 환자는 내 견해에 따라 이전의 해석에 대해 절대적인 확인을 해주었다. 그는 약혼 직후, 신부bride와 친밀한 교제를 하던 중에 신부의 입에서 나는 불쾌한 냄새에 놀랐다고 회상했다. 그는 갑자기 그녀를 떠나 믿을 수 있는 친구에게 서둘러 가서, 즉시 약혼을 파기하고 싶었다. 하지만 그는 진정했고, 다시는 나쁜 냄새가 나지 않자 의도를 포기하고 결혼을 했다.

나는 이 기억을 다음과 같이 설명해야 했다. 즉, 여성의 입에서 나는 대수롭지 않은 냄새는 분명 자신의 돈에 대한 사랑에서 비롯된 환자의 원시적인 항문성애와 관련이 있다. 그는 돈 때문에 결혼하려 한다는 것을 거의 인정하고 있었다. 그는 자신이 심하게 억압되었던 항문성애적인 충동에서 그랬던 것처럼 불안하게 이 가능성에서 벗어나고 싶었다. 따라서 이것은 **성격 퇴행character regression**의 한 사례로서, 성격 특성(돈 사랑)이 성애의erotic 전 단계pre-stage로 후퇴한 것이다. 잠시 동안 무의식적 환상이 신부의 입을 항문으로 바꾸는데 성공했다.

상당한 정신분석적 경험이 없는 사람이라면 누구나 이 설명이 엄청나게 억지스럽고 확실히 매우 불쾌하다는 것을 알게 될 것이다. 그는 내가 자주 듣는 것처럼, "왜 소위 항문성애가 여기서 다시 한 몫을 해야 하는가? 그 사례는 '성격 퇴행'으로 끌고 가지 않고, 주어진 사례에 존재한 불쾌한 냄새에 대한 교양 있는 사람의 꽤 이해할 수 있는 혐오로 더 간단하게 설명되어야 하지 않은가?"라고 물을 것이다.

이 질문을 다루는 대신에, 나는 두 번째 사례를 간략하게 설명할 것이다.

II

나는 자신이 남편을 열정적으로 사랑하고 있다고 상상하는 한 여성에게 그녀의 다양한 증상들이 그녀가 주로 관심 있는 동기 때문에 결혼했다는 것을 나타내며, 어떤 종류의 것이든 그녀의 성격과 조화될 수 없다고 생각하기 때문에 남편에 대한 자신의 열정적인 애착을 과장한다고 제안한다. 오랜 저항 끝에, 그녀는 약혼 당시에 미래의 남편보다 다른 젊은 남자를 실제로 더 좋아했고, 더 나아가 그 당시 그녀와 그녀의 가족은 물질적으로 매우 가난했으며, 마지막으로 그녀의 남편이 부유한 후계자로 여겨졌다는 것을 그녀 자신과 나에게 인정해야 했다.

위의 사례에서와 같이, 나는 그녀의 항문성애에 그녀의 주의를 끌었고, 그러자 환자는 즉시 다음과 같은 회상으로 반응했다. "약혼 후 처음으로 내가 사랑했던 젊은 남자를 보았을 때, 다음과 같은 일이 일어났어요. 그는 나에게 인사를 하고 내 손에 키스했는데, 그 순간 내가 옷장에 가기 직전이라 손을 씻을 기회가 아직 없었다는 생각이 내 마음에 문득 떠올랐어요. 그가 내 손가락에서 대변 냄새를 맡을 거야! 내 불안감이 너무 커서 나는 즉시 내 손가락을 내 코에 대고 냄새를 맡아야 했는데, 그 때문에 옆에 있던 내 여자 친구가 비꼬듯이 웃는 것 같았어요."

자연스럽게 나는 이 회상을 이미 제시된 가정assumption에 대한 확인으로 해석했고, 거기에다 그녀는 그 젊은 남자가 자신에게서 이해관계의 동기 때문에 결혼한다는 "냄새"를 맡을지도 모른다는 것에 정말 놀랐다고 덧붙였다. 게다가 나는 이 장면 이면에 유아기의 대변 놀이의 반복을 가정해야만 했다. 그 환자는 오빠와 함께 벽장에서 이런 종류의 놀이를 계속했던 희미한 기억을 가지고 있었다.

나는 두 사례 사이의 뚜렷한 유사성을 우연적인 것으로 설명할지 또는 궁극적으로 그것에 정신분석이 귀속시키는 의미를 부여할지를 여러분에게 맡겨야 한다. 그러나 이 기회에 나는 정신분석이 결코 추측에 근거한 것이 아니라, 항상 그런 관련성의 축적에, 따라서 사실들에 근거한다는 것을 강조해야 한다. 이런 관련성들이 어디에서 유래했는가의 질문에 대한 대답은 또 다른 문제이며, 분석은 그것을 답하지 않은 채 두지 않을 것이다. 그러나 그것이 사실만을 통제하는 한, 설명하는 것이 조급해서는 안 된다. 어떤 경우에도 논리를 근거로 사실의 검증을 거부하는 것은 정당화될 수 없다.

대체 문구로, 내가 이 글의 제목으로 선택한 라틴어 속담은 위의 설명 이후에 새로운 시각으로 나타난다. 돈은 냄새가 나지 않는다는 문장은 완곡한 반전이다. 무의식에서 그것은 분명하다. 돈에는 냄새가 있다. 즉, 돈 = 오물이다.

주석 및 참고문헌

1. 학술지 "정신분석(Psycho-Analysis)"에 기고한 "분석 중 일시적인 증상 형성에 대하여(On Transient Symptom Formation during Analysis)," 제7장과 나의 "정신분석의 이론과 기법(Theory and Technique of Psychoanalysis)"의 제31장, "성애와 성격 특성의 합성물(Composite Formations of Erotic and Character Traits)"을 비교하라.

제 5 장

불안 상태에서의 돈 지출
The Spending of Money in Anxiety States

칼 아브라함

    돈의 소유에 대한 신경증 환자들의 태도는 정신분석학 문헌에서 많은 연구 주제가 되어 왔다. 프로이트와 그를 따라 "항문기" 성격 특성에 관심을 집중시켰던 다른 분석가들은 모두 무의식적 동기의 관점에서 신경증적 탐욕과 불안한 돈의 보유를 다루었다. 그러나 많은 신경증 환자들의 반대 행동인, 과도한 돈의 소비는 정신분석가들이 자주 접하지만 동일한 관심을 받지는 못했다. 이런 경향은 일종의 발작처럼 많은 신경증 환자들에게서 갑자기 나타나며, 평소 그들의 인색함과 확연히 대조된다.
    내가 정신분석 작업 동안 관찰할 수 있었던 소수의 사례로 볼 때, 이런 상황은 일정한 신경증 환자 집단, 즉 부모의 집에 의존하는 영원한 유아 의존 상태에 있고, 부모로부터 벗어나자마자 우울증이나 불안증으로 시달리는 사람에게서 발견되는 것으로 보인다. 환자들 스스로는 돈을 지출하는 것이 우울이나 불안을 덜어준다고 말한다. 그리고 그들은 돈 지출이 자신감을 높여준다거나, 자신들의 상황에서 벗어나 주의를 다른 데로 돌린다는 등의 합리적인 설명을 만들어낸다. 정신분석학은 무의식을 고려하고 이 순전히 피상적인 것에 더 깊은 설명을 덧붙인다.

이런 종류의 사례에 대한 모든 정신분석은 환자가 리비도 고착으로 인해 부모나 그들을 표상하는 사람들로부터 물리적으로 자신을 떼어놓을 수 없다는 것을 다시 한번 보여준다. 집을 떠나는 것은 그의 무의식적 리비도가 그 대상으로부터 분리되었음을 의미한다. 이런 환자들에게는 항상 두 가지의 상반된 정신적 흐름이 존재한다는 것을 발견할 수 있는데, 하나는 영구적인 고착 방향의 보수적인 것이고, 다른 하나는 외부 세계의 대상을 향한 방향이다.

리비도를 새로운 주체로 옮기려는 모든 시도에는 심각한 불안이 수반되는데, 그 이유는 바로 무의식적 욕망이 특히 격렬하고 충동적이기 때문이다. 거리 불안street anxiety으로 고통 받는 여성 환자들이 무의식적으로, 때로는 의식적으로조차 매춘 환상에 대한 큰 부담을 갖고 있다는 사실을 상기하기만 하면 된다. 그들의 무의식은 그들이 만나는 모든 사람에게 제한 없이 굴복하기를 원한다. 그러나 그들의 의식적 불안은 가장 좁은 범위 내에서 자신들의 리비도 전이를 제한하여, 그들이 그것을 자유롭게 사용할 수 없게 되는데, 이것은 실제적인 성-관계의 엄격한 의미에서만은 아니다.

성기 성욕의 광범위한 제한은 다른 성감대에 대한 대체적이고 증가된 강조로 이어진다. 항문성애는 많든 적든 성기성애를 대체한다. 많은 사례에서 아버지나 어머니에 대한 환자의 병적인 고착이 항문 부위의 기관을 통해 수행된다는 것을 매우 명확하게 볼 수 있다. 분석의 작은 요약이 이것을 설명할 것이다.

심한 거리 불안에 시달리던 한 여성 환자가 자신의 아버지에게 완전히 애착을 갖고 있었다. 고착을 해결하려는 그녀의 반복적인 시도는 항상 실패했다. 이 고착은 어린 시절에 환자의 아버지가 그녀의 장(腸) 활동에 지나치게 주의를 기울였고, 관장제 등을 너무 자주 투여함으로써 매우 강화되었다. 이 잘못된 절차는 그녀의 어린애 같은 의존성을 유지하는데 치명적인 방식으로 기여했다. 어린이 집의 표현을 사용하자면, 그녀는 아버지 없이는 아무것도 "할 수" 없었고, 오직 아버지의 감독 아래에서만 "방을 떠날 수" 있었다. 그녀의 분석이 보여주듯이, 자신을 해방시키려는 그녀의 시도들 또한 그녀의 항문기 고착을 보여주었다. 그녀의 무의식에게는, 아버지의 감독 없이 자신의 장(腸)을 비우는 것이 독립을 의미했다. 그녀가 집 밖으로 나가서 불안에 사로잡혀 있으면, 그녀는 그것에 대한 방어로 모든 면에서 아주 불필요한 방식으로 돈을 지출했다. 그녀는 **리비도** 대신 **돈**을 주고 있었다. 이런 돈의 보상적 의미에 대한 설명은 돈과 대변의 무의식적 동일시에서 비롯된다. 환자가 돈을 지출할 이유를 만들기 위해 수시로 불안을 강하게 했다고 스스로 의심했다는 것은 주목할 가치가 있다.

이 환자와 다른 두 사례에서도 나는 많은 물건들을 무작위로 구입하는 경향을 주목했는데, 그 물건들은 대부분 가치가 없고 단지 그 순간에만 원했던 것들이었다. 실제로는 고착되고 극도로 억제된 리비도의 자유로운 운동성motility에 대해 이런 식으로 스스로를 속일 수 있었다. 순간적인 가치만 있는 물건들을 구입하면서 한 대상에서 다른 대상으로 빨리 지나가는 것은, 억압된 욕망의 상징적 만족, 즉 리비도를 무수히 많은 대상으로 빠르게 연속적으로 이동시키는 상징적 만족이다. 매춘에 대한 암시는 이와 관련하여 틀림없다. 그곳에서도 돈은 일시적이고 쉽게 변화하는 관계를 얻는 수단이기 때문이다.

그들의 자기 의존self-reliance을 높이기 위해 돈을 지출한다는 환자들의 생각은 이제 어떤 의미에서 확증을 얻는다. 돈을 지출하는 것은 리비도의 자유가 부족하다고 속여서 성적 결핍의 고통 감정을 짧은 시간 동안 덜어주기 때문이다. 다시 말해서, 그들은 자신들의 리비도를 자유롭게 지출하는 것에 반대하여 부모의 이마고에서 기인하는 비정상적으로 엄격한 금지를 받고 있다. 본능과 억압 사이의 타협은 환자가 반항의 정신으로 자신의 리비도가 아닌 항문기 통화currency를 지출함으로써 이루어진다.

여기서 우리는 리비도가 지나치게 묶여있는 특정 신경증 환자들의 태도가 생각난다. 그들은, 부분적으로 또는 전체적으로, 정신적 및 신체적 의미에서 성적인 사랑을 할 수 없다. 그들은 다른 사람들에게 사랑이 아니라 동정심을 주고, 은인이 되며, 종종 돈을 너무 자유롭게 준다. 그들은 영원히 이런 형태의 대체 만족을 누릴 운명이다. 또한 질적인 qualitative 의미에서 올바른 선물을 주지 않는다는 막연한 느낌 속에서, 그들은 그것을 양적인quantitative 의미로 과장한다. 그럼에도 불구하고, 그들의 돈 지출이 그 효과에 있어서 이타적인 반면, 앞에서 설명한 사례에서는 그런 효과가 전혀 없다. 두 집단의 공통점은 돈 지출이 그들의 신경증이 금지하는 성적 전이sexual transference의 대체물을 형성하고, 동시에 신경증적 장애에 대한 보루bulwark로서 역할을 한다는 것이다.

제 2 부

돈의 정신분석 이론에 대한 문화사적, 고고학적 및 민족학적 연구

Cultural-historical, Archeological and Ethnological
Studies on Psychoanalytic Theories of Money

제 6 장

돈 콤플렉스와 항문성애의 주제와 관련된 문화사 자료들

Some Data from Cultural History Relating to
the Subject of the Money Complex and Anal Erotism

J. 하닉

플뢰겔-바우어Flögel-Bauer의 「기괴한 코미디의 역사*Geschichte des Grotesk-Komischen*」에서, 우리는 "*엉덩이를 때리다Batter il culo sul lastrone*"의 표제 아래에서 다음의 흥미로운 정보들을 발견한다.

옛날에, 나폴리에서는 파산한 채무자가 사법 궁전Palazzo de Tribunali 앞 광장에 낮은 기둥에 올라갔는데, 그곳에서 그는 바지를 내리고 벌거 벗은 엉덩이를 세 번 반복해서 드러내야 했다. 즉, 내가 빚진 모든 사람들은 앞으로 나와 모이세요!*chi ha d'avere, si venga a pagare*. 이 관습은 시실리까지 확장되었다.

피렌체Florence에서는, 파산한 채무자들이 엉덩이로 커다란 포장용 돌을 때려야 했는데, 이것은 군중들이 지켜보는 가운데 새로운 시장市場, the Mercato nuovo에서 일어났다. 그들은 이 행위를 통해 채권자들이 그들에게 가할 수 있는 모든 압박으로부터 해방되었다. 그 관습은 "엉덩이를 때리다*batter il culo sul lastrone*," 즉, 파산하다 라는 표현의 근거이다.

    네덜란드에서는, 파산한 상인들이 엉덩이를 드러낸 채, 돌 위에 앉아 있어야 했다. 귀글링겐Güglingen 근처의 파펜호펜Pfaffenhofen 마을에 있는 슈바벤Schwaben에서도 이와 비슷한 관습이 행해졌다.

나는 단지 플뢰겔-바우어가 제공한 자료(피렌체, 나폴리, 네덜란드)의 지리적 순서만을 바꿨다고 덧붙이고 싶은데, 이것이 원래의 본능에 대한 점진적인 억압 효과를 강조할 것이라는 인상을 받았기 때문이다. 우리는 더 남쪽 지방에 사는 사람들은 말과 몸짓이 더 생생하고 표현력이 풍부하고, 심지어 피렌체 사람들보다 나폴리 사람들이 훨씬 더 느긋하게 보이는 반면, 북쪽 지방에서는 몸짓이 약화되었음에 주목한다. 여기서는 그것이 헛수고가 되고 만다.

주석 및 참고문헌

1. K. F. Flögel, Geschichte des Grotesk-Komischen, revised and edited by Max Bauer, Munich 1914, II, vol., p. 374.

2. 독일 남서부에 있던 중세의 공국(公國), 현재는 Bavaria 남서부의 한 행정 구역.(번역자 주)

제 7 장

돈의 항문기적 기원에 관하여
On the Anal Origin of Money

윌리엄 데스몬드

프로이트는 자신의 논문 「성격과 항문성애Character and Anal Erotism」에서 돈과 배설물 사이의 무의식적 동일시를 지적하며, 원시 문화권의 이런 현상에 주의를 환기시켰다. 페렌치Ferenczi 역시 역사적 연구가 문명의 성장에서의 돈의 발달과 개인의 성숙 과정에서의 돈의 발달 사이의 유사성을 밝혀낼 것이라고 예측했다.[1] 이 논문은 페렌치의 가설에 기여한다.

주조 화폐coinage의 기원에 대한 전통적인 화폐 이론은 동전coins의 무게와 진짜genuineness를 보증하기 위해 금속 덩어리 위에 발행 대리인의 도장signet을 찍음으로써 시작되었다는 것이다. 맥도널드Macdonald에 따르면,

원래, 동전은 단순히 발행 도시나 책임 있는 치안 판사의 기장emblem이

새겨진 봉인된 금속 조각에 불과했다. 그 후에 어떤 특별한 영향이 작용했든지, 유형types은 처음부터 도장에 지나지 않았다.[2]

바클레이 헤드Barclay V. Head는 주조 화폐의 기원에 대해 비슷한 입장을 취했다.

그러므로 우리는 화폐로 유통되도록 의도된 금속에 권위에 의해 배치된 … 유형이 단순히 발행인의 도장 또는 보증, 즉 그 동전이 정확한 무게와 좋은 금속임을 개인 또는 국가가 엄숙하게 확인한 것일 뿐이라는 것을 확신할 수 있다.[3]

물건을 보호하고 그 가치를 보증하기 위해 재산에 날인하는 관습은 동전이 발행되기 훨씬 전부터 널리 퍼져있었고, 위의 이론은 주조 화폐가 이런 관행에서 비롯되었다고 추정한다. 헤로도토스Herodotus에 따르면, 돈은 기원전 7세기에 리디아Lydia에서 유래되었다. 하지만 같은 저자는 바빌로니아 사람들 사이에서 각자가 도장을 들고 다녔다고 말한다. 맥도널드는 이 관습이 태곳적부터 유행했다고 믿을 만한 충분한 이유가 있다고 말한다. 그것은 의심할 여지없이 기원전 8세기의 리디아 사람들과 소아시아의 다른 민족들에게 친숙했다. 솔론Solon의 법칙에서 알 수 있듯이, 인봉 관행은 나중에 아테네 교역에서 매우 중요한 역할을 했다. 헬라스Hellas(그리스의 옛 이름)에서 수출된 큰 도자기 항아리는 규정된 크기로 만들어졌고, 그 위에 용량을 보장하기 위해 인장seal이 찍혀있다. 19세기 화폐 연구가 버곤Burgon의 말을 빌리면,

인장이나 도장을 찍는 행위는 가장 이른 시기부터 엄숙한 계약서의 이

해된 표시였다. 그리고 새겨진 인장과 도장은 의심할 여지없이 동전이 발명되기 오래 전에 일반적으로 사용되었기 때문에, 주조되지 않은 금이나 은 덩어리에 봉인한다는 원래의 생각은 왁스에 봉인하는 일반적인 적용에서 유래했을 가능성이 가장 높은 것으로 보인다. 따라서 가장 초기의 동전은 **봉인된 금속** 조각으로 간주될 수 있다.[4]

뉴베리Newberry에 따르면, 인장의 기원은 바로 사유 재산권의 그 제도로 거슬러 올라갈 것 같다. 고대 세계의 모든 나라에서 인장이 서명으로 사용되었다.

초기에는 의심할 여지없이 가장 힘 있는 사람들만이 인장을 가지고 있었지만, 문명이 발전함에 따라 정부의 관료들은 정부의 목적을 위해 자신들의 개인 인장 외에 공식적인 인장을 사용하게 되었다. 따라서 공직의 권위와 권력의 진정한 도구인 인장은 공직의 상징으로 사용되게 되었고, 공공 또는 국가 인장을 개인에게 전달하는 것은 그 개인에게 그의 공직의 권리와 의무를 집행할 수 있는 권한과 권위를 주었다는 것이었다.[5]

고대에 사용된 도장은 풍뎅이scarab 모양과 원시 구슬에서 유래된 원통형cylinder 인장, 두 가지 유형이 있었다. 도장이 새겨진 반지는 아마도 풍뎅이 모양이나 원통형 인장에서 나중에 발달되었을 것이다. 이런 두 가지 유형의 도장 장치는 주문과 부적으로서 중요한 마법적 의미를 가지고 있었다.

우리는 여기서 항문 개념에서 비롯되었다는 것을 보여주는 이집트 풍뎅이 모양에 관심을 가질 것이다.

풍뎅이 모양은 고대 이집트에서 매우 인기가 있었다. 그 가운데 수백 만개가 만들어져 **농부들fellahs**이 착용했는데, 그들은 그것을 목에 걸고 인장으로 사용했다.[6] 실제로 풍뎅이 모양은 이집트와 경제적 관계가 있던 지중해 전 지역에서 발견된다.

고고학자들은 지중해 연안에 접한 땅에서 이집트어, 칼데아어, 아시리아어, 히타이트어, 또는 페르시아어로 주인이 새겨진 풍뎅이 모양과 풍뎅이 같은 곤충 모양을 자주 발견한다. 그것들은 분명히 도장으로 사용되도록 의도되었고, 페니키아어로 그리고 때로는 인장의 주인 이름을 알려주면서 아람어나 히브리어로 짧은 비문이 새겨져 있었다.[7]

딱정벌레beetle는 선사 시대부터 이집트에서 숭배되었다. 선사 시대 이집트 무덤에서 발견된 딱정벌레 모형은 부적으로 사용되었고, 이집트에서 가장 초기 형태의 인장은 풍뎅이 모양이었다.[8]
우리의 다음 과제는 왜 풍뎅이가 숭배되었고, 마법적 의미가 가득 담겨있는지를 조사하는 것이다. 페트리Petrie는 고대 작가 호라폴로Horapollo의 진술이 고대 이집트에서 풍뎅이의 종교적 중요성에 대한 이유를 밝혀준다고 말했다.

독생자only begotten, 또는 세대generation, 또는 아버지, 또는 세상, 또는 남자를 나타내기 위해 그들은 투구풍뎅이scarabaeus를 그린다. 그리고 그것은 오직 독생자를 상징한다. 왜냐하면 투구풍뎅이는 암컷이 잉태하지 않고 자가-생식된 생물이기 때문이다. 그것의 번식은 독특하고 다음과 같은 방식으로 이루어진다. 즉, 수컷이 새끼를 낳고자 할 때에는, 소의 똥을 가져다가 그것을 지구처럼 둥근 모양으로 만든다. 그리고 그것을 굴린다. … 그리고 구멍을 파서 이 공을 28일이라는 기간 동안 땅 속에 보관한다. 이렇게 엉덩이 아래 머물면서 투구풍뎅이 종족은 생명을 부여받는다.⁹

플루타르코스Plutarch는 고대 이집트에서 딱정벌레의 종교적 중요성에 관하여 유사한 진술을 했다. 퍼시 뉴베리Percy E. Newberry는 **성 투구풍뎅이**scarabaeus sacer가 주목할 만하다고 썼는데, 왜냐하면,

… 암컷이 자신의 알을 둘러싸고 있는 배설물 덩어리를 걷어 올리는 습성 때문이다. 그 곤충의 똥 덩어리는 두꺼운 먼지 층으로 덮이게 될 때까지 모래 주위를 구르며, 종종 곤충 자신만큼 큰 크기로 자란다. 항상 자연을 예리하게 관찰했던 이집트인들은 이 놀라운 습관을 일찍 알아차렸다.[10]

따라서 고대 이집트인들은 수백만 명의 사람들이 부적-도장amulet-signet으로 착용했던 신성한 딱정벌레가 배설물에서 나온다고 믿었다. 나중에 인장으로 발전하면서, 풍뎅이가 주조 화폐의 기원에 중요한 역할을 했기 때문에, 우리는 동전의 시작을 원시적인 항문성애적인 환상과 관련된 것으로 간주할 수도 있다.

주석 및 참고문헌

1. Ferenczi, Sandor: *The Ontogenesis of the Interest in Money, Sex in Psychoanalysis*, Basic Books Publishing Co., Inc., New York, 1950.

2. Macdonald, George: *Coin Types: Their Origin and Development*, James Maclehose & Sons, Glasgow, 1905, page 52.

3. Head, Barclay V.: *Historia Numorun*, Oxford at the University Press, 1911, page lvi.

4. Quoted in Macdonald, 앞서 언급한 책, page 45.

5. Newberry, Percy E.: *Scarabs*, Archibald Constable & Co., Ltd., London, 1906, page 7.

6. Hastings' *Encyclopedia of Religion and Ethics*, Vol. 11, page 223.

7. Myer, Isaac: *Scarabs*, Edwin W. Dayton, New York, 1894, page 128.

8. 위의 책, page 37.

9. 위의 책, page 9.

10. 앞서 언급한 책, page 63.

제 8 장

동물 희생 제물에서의 돈의 기원
The Origin of Money in the Animal Sacrifice

윌리엄 데스몬드

    이 논문에서는, 서양 문화에서의 화폐가 고대 그리스와 로마에서 동물의 희생 제물 또는 음식의 성찬 의식communion ritual에서 기원했다는 가설을 제시할 것이다. 초기 형태 화폐의 의미는 정신분석학적 관점에서 해석될 것이다. 우리는 동물 희생 제물과 이 의식ritual에서 파생된 화폐의 형태가 아버지와 어머니에 대한 양가적 태도, 즉 오이디푸스 콤플렉스와 전(前)성기기의 특징 모두를 포함하고 있는 부모-자녀 관계의 다양한 측면을 상징했다는 것을 제안할 것이다. 제물로 바쳐진 동물을 먹는 것은 어머니와의 결합 탐구에 의해 크게 동기가 부여되었고, 이런 황홀한 교감의 필요성은 최초의 주조 화폐 형태 뒤에 숨겨진 동기로 이어졌다. 아버지, 또는 왕에 대한 적대감에서 비롯된 다양한 집단 강박 또한 돈에 대한 초기 태도에도 나타났다. 마지막으로, 비록 이 논문이 최초의 화폐 형태로 상징되는 비합리적인 동기를 강조하고 있지만, 이런 의식은 인간 내면의 창조적인 힘을 소생시키고자 하는 인간의 욕구 뿐만 아니라, 경제적 재화의 공정한 분배를 통해 정의를 유지함으로써 인간의 복지를 증진시키려는 인간의 욕망도 상징했다는 점에서 동물의 희생 제물에 내재된 합리적이고 숭고한 의미도 있었다는 것이 저자의 견해이다.

동물 희생 제물과 죽은 자의 숭배

고대 사회의 첫 번째 형태는 가족 또는 대가족, **부족gens** 또는 씨족 clan으로 구성되었다. 그리고 그 가족의 존재를 뒷받침하는 동기부여 요인은 조상들의 영혼에 대한 숭배였다. 사람이 죽은 후에도 그의 영혼은 계속 존재하며 생존자들에게 유익하든 악하든 영향을 미친다고 믿었다. 가족은 기본적으로 조상 숭배 의식에 의해 뭉쳐진 종교 조직이었다. 이런 사실들은 프로이트의 「집단 심리학Group Psychology」(10)에 따른 것인데, 논문에서 그는 사회 집단이 각 집단 구성원을 부모 이미지와 동일시함으로써 구성된다고 말했다.[1] 법적 기원에 대한 유명한 역사가인 푸스텔 드 쿨랑주Fustel de Coulanges는, 이렇게 썼다.

> 아버지는 신성한 불sacred fire 앞에서 최고위를 차지한다. … 모든 종교적 행위에서 그의 기능은 가장 높으며, 그가 제물을 죽이고, 그의 입은 그와 신들의 보호를 이끌어내는 공식적인 기도를 선언한다. 가족과 예배는 그를 통해 영속된다. 그는 오직 자신만이, 일련의 모든 조상을 대표하고, 그로부터 전체 후손으로 계속 이어갈 것이다. … 죽음이 닥치면, 그는 후손들이 기원할 신성한 존재가 될 것이다(11, p. 112).

가족의 중심적인 의식은, 부모의 이미지와 동일시하면서 각자가 제물로 바쳐진 동물을 먹는 제단에서의 공동 식사common meal였다.

… 가정 예배의 주요 의식은 그들이 희생 제물이라 불렀던 식사였다. 제단 위에 차려진 음식을 먹는 것은, 어느 모로 보나, 인간이 종교적 행위에 부여한 첫 번째 형태였다. 신과 교감할 필요는 그들이 신을 초대해서, 그에게 역할을 준 이 식사 한 번으로 충족되었다(11, p. 205).

이런 관행은 도시와 같은 더 큰 사회적 단위의 형성으로 이어졌다. 그리고 우리는 돈이 이 희생 의식에서 기원했다는 것을 알게 될 것이다. 도시의 왕은 도시의 아버지로 여겨졌고, 그의 주요 임무는 성찬 식사 communion meal를 주재하는 것이었다.

이 오래된 관습은 우리에게 도시 구성원들을 하나로 묶는 긴밀한 유대에 대한 아이디어를 제공한다. 인간의 연합은 종교였다. 그것의 상징은 그들이 함께 참여하는 식사였다. 우리는 모두 모여 있는 이런 작고 원시적인 공동체 가운데 하나, 또는 적어도 같은 식탁에서 각자 흰옷을 입고 머리에 왕관을 쓰고 있는 가족의 우두머리들을 그려보아야 한다. 모두는 함께 제주(祭酒, libation)를 마시고, 같은 기도를 암송하며, 같은 찬송가를 부르고, 같은 제단에 준비된 같은 음식을 먹었다. 그들의 조상들이 그들 가운데에 있고, 보호하는 신들이 식사를 함께한다. 관심이나 합의나, 습관도 사회적 유대감을 형성하지 못한다. 도시의 신들 앞에서 경건하게 이루어지는 것이 바로 이 신성한 성찬식이다(11, p. 209).

고대 동전의 종교적 상징성

　고대에는 경제활동을 포함한 모든 사회적 관계들이 종교적 행위로 간주되었고, 따라서 초기 동전에 그려진 이미지들이 본질적으로 종교적이었던 것은 놀라운 일이 아니다.

　초기 그리스와 로마의 동전들에 그려진 이미지들의 종교적 중요성은 오랫동안 화폐학자들에게 받아들여져 왔다. 대영 박물관의 버곤Burgon은 일찍이 1837년에 이런 동전 유형들이 종교적인 동기를 가지고 있다고 제안했다. 이 가설은 에른스트 쿠르티우스Ernst Curtius에 의해 정교하게 설명되었는데, 그는 신전 기금에 대한 유증bequests과 성전 봉헌consecrations에서 발생하는 상업적인 거래를 용이하게 하기 위해 신전에서 처음으로 동전을 주조한 사제들에 의해 발명되었다고 주장했다(6). 주조 화폐는 일찍이 어머니 여신들인 아스타르테Astarte, 밀리타Mylitta, 아프로디테Aphrodite, 아르테미스Artemis, 헤라Hera에 대한 숭배와 관련이 있었는데, 그들은 실제로 많은 고대 상업적 사업의 수호신이었다.[2]

　1883년에 퍼시 가드너Percy Gardner는, 고대 그리스 동전 유형의 종교적인 성격에 대한 쿠르티우스의 이론을 받아들이면서, 이런 이미지들은 종교적인 성격의 도시 문장coat-of-arms, 또는 도시의 신이나 이 신을 대표하는 상징의 이미지들에서 유래했다고 명확히 제시했다(12). 조지 맥도널드George Macdonald(22)는 동전 유형이 국가의 배지badge 또는 문장이라는 가드너의 관점을 확대했다. 그가 선언한 동전 유형은 수천 년 동안 매혹적인 재산 표시로 사용되어 온 인장이나 도장의 형태였다. 따라서 맥도널드의 경우, 주화는 무게와 품질을 보증하기 위해 귀금속에 국새state seal를 부착하는 것에서 시작되었다. 동전의 유형은 의전적heraldic이고 기념적인 성격을 띠었고, 종교적 중요성은 나중에 나타났다. 문장과 기념이 한 집단의 전통 또는 조상 숭배의 주요 표현이기 때문에, 우리는 고대 동전 이미지의 이런 의미를 종교적 의미와 분리하는데 있어 맥도널드가 부정확하다고 간주해야 한다.

대부분의 화폐학자들은 종교가 고대 동전 유형의 동기가 되었다는 가설에 동의했다. 선도적인 화폐학자인 바클레이 헤드Barclay V. Head는 정통적인 화폐학적 태도라고 할 수 있는 것을 언급했다.

… 동전이 단지 정확한 무게와 좋은 금속으로 되어있다는 국가 측의 엄숙한 확인, 사기fraud에 맞서 증언하라는 신들의 소명calling이라는 목적이 있기 때문에, 동전 유형은 당연히 일반적으로 이해할 수 있는 장치로 구성되어야 하는 것이 필요하다. 그것은 모든 사람들의 눈에 발행자의 선의를 보증하기 위해 호출된 무서운 이름을 가진 신의 신성한 상징으로 호소할 수 있다(18).

우리는 이제 돈이 제물로 바쳐진 황소의 의식적인ritual 살해에서 유래되었다는 이론으로 돌아갈 것이다.

가치 단위로서의 제물로 바쳐진 황소

황소는 고대 그리스, 로마, 그리고 크레타Crete 문화 전반에 걸쳐 가치의 단위였다. 실제로, 번스Burns(2)는 이 문화가 금속을 사용하기 훨씬 이전에 황소가 인도-유럽인들 사이에서 부차적으로 사용되는 가치 단위였다고 말한다. 리지웨이Ridgeway는 금이 유통되기 시작했을 때 그 가치가 처음에는 암소를 기준으로 했다고 선언한다. 호메로스Homer의

시(詩)는 반복적으로 황소의 관점에서 물건의 가치를 언급한다. 문헌학은 금전적인 문제들과 관련된 현대의 많은 용어들이 고대 시대에 소를 가치의 단위로 사용하는 것에서 파생되었다는 증거를 확인한다. 예를 들어, 페스투스Festus에 따르면, 라틴어 *pecunia*는, **공금 유용**peculation이라는 단어처럼, *pecus*(소)에서 유래한다. **수수료**fee라는 단어는 궁극적으로 소를 의미하는 고트Goth족의 *faihu*에서 파생되었다고 믿어진다. 유사하게, 인도어의 *rupee*는 소를 의미하는 산스크리트어에서 유래한다. 경제학자의 용어 **자본**capital과 법률 용어 **동산**chattel은 원래 머리 숫자로 세어 지정된 소인 *capitale*에서 유래한다. 튜튼Teuton족과 스칸디나비아족의 언어에도 비슷한 어원이 제시되어왔다.

또한 신성한 황소를 죽이고 먹는 의식적인 행위가 고대 그리스 로마의 종교, 특히 그리스에서 필수적인 역할을 했다는 것도 잘 알려져 있다.[3] 황소는 이집트, 메소포타미아, 페르시아, 크레타, 그리스, 인도에서 신성하게 여겨지는 지중해 세계의 모든 고대 문명에서 신격화되었다. 호메로스의 글에서 언급된 헤카툼hekatombs은 제물로 바쳐진 황소를 공통적으로 먹는 것으로 구성되었다.

제우스Zeus와 자주 동일시되었던, 그리스 신 디오니소스Dionysius는 종종 황소의 형태로 숭배되었다. 제인 해리슨Jane Harrison과 다른 저명한 학자들은 아테네의 여왕이 디오니소스를 대표하는 신성한 황소와 결혼하는 신성한 결혼이 매년 거행되었다고 추측했다. 미술사학자들은 그리스 비극이 신성한 황소(또는 염소)를 죽여서 먹는 고대 그리스의 종교적인 의식에서 유래했다는 것을 오랫동안 알고 있었다. 아르고스의 헤라Argive Hera는 아테네와 마찬가지로 "소머리cowheaded" 여신으로 불렸고, 크레타의 제우스Cretan Zeus는 황소 신bull-god으로 숭배 받았다. 프레이저Frazer(9)는 다음과 같이 썼다.

신화 속 디오니소스의 특징은 … 그가 종종 동물의 모습으로, 특히 황소의 형태 또는 적어도 뿔이 있는 형태로 상상되고 표현되었다는 것이다. 따라서 그는 "암소 태생", "황소", "뿔-모양", "황소-얼굴", "황소-이마", "황소-뿔", "황소를 가진", "두 개의 뿔을 가진", "뿔이 있는" 신으로 불린다. 그의 이미지는 시지쿠스Cyzicus에서와 같이 황소 모양이나 황소 뿔로 만들어졌고, 그는 뿔로 그려졌다(p. 16).

… 크레타 사람들은 디오니소스의 고통과 죽음을 연기했을 때, 그들의 이빨로 살아있는 황소를 갈기갈기 찢었다. 실제로 살아있는 황소와 송아지를 찢어발기고 삼키는 것은 디오니소스 의식Dionysiac rites의 정기적인 특징이었던 것으로 보인다. 신을 황소로 또는 동물의 일부 특징을 가지고 묘사하는 관행과, 그가 신성한 의식에서 그의 숭배자들에게 황소 형태로 나타났다는 믿음, 그리고 그가 황소 모양으로 갈기갈기 찢겼다는 전설을 고려할 때, 우리는 디오니소스 숭배자들이 그의 축제에서 살아있는 황소를 갈기갈기 찢고 삼키면서 자신들이 신을 죽이고, 그의 살을 먹고, 그의 피를 마신다고 믿었다는 것을 의심할 수 없다(p. 17).

왕이나 도시-아버지가 황소와 동일시되었다고 믿을만한 충분한 이유가 있다. 이것은 왕-신이 종종 "신성한 황소"로 언급되었던 이집트 Egypt에서 특히 분명하다. 고대 그리스에는 동물 신으로 가장한 옷을 입고 종교적 의식에 참여한 많은 사례가 있다. 크레타 섬의 발굴 조사는 왕이 종종 황소와 동일시되었다는 것을 보여준다. 프레이저와 다른 사람들의 연구는 고대 왕들이 특정 기간이 끝난 후에 자주 죽임을 당했거나, 패권 다툼 도전의 원인이었음을 보여준다. 고대 그리스-로마 세계의 문화와 많은 유사성을 보이는 씰룩Shilluk족 중에서, 왕은 자신의 아들 중 한 명으로부터 왕권을 위한 싸움에 언제든지 도전받을 수 있었다. 고대의 동물 제물과 죽은 자들의 숭배 의식 사이의 밀접한 연관성은, 초기 그리스의 식인 풍습cannibalism 의식의 수많은 증거들과 결부시켜 황소 희생 제물이 아버지를 죽이고 먹는 것에서 유래했다고 추측하게 한다.

미트라Mithra교의 의식들은 이와 관련하여 특히 중요하다. 이 숭배는 A.D. 1세기 말에 로마 제국에서 엄청난 인기를 끌기 시작했으며, 마침내 공식 국교가 되었다. 미트라교의 중심 의식 중 하나는 다음과 같다. 신자는 금으로 된 왕관을 썼고 머리끈으로 장식했다. 그는 구덩이로 내려갔고, 그 구덩이의 꼭대기는 나무 창살로 덮여있었다. 꽃과 금박으로 장식된 황소를 창살 꼭대기로 몰아넣고, 거기에서 성스러운 창으로 찔러 죽였다. 동물의 뜨겁고 악취를 풍기는 피가 숭배자에게 쏟아졌고, 그 피가 그의 몸을 완전히 적시게 했다. 그는 자신의 죄를 씻음으로써 정화된 사람으로서, 구덩이에서 나와 숭배자들의 흠모와 경의를 받았다. 황소의 고환은 이 의식에서 중요한 역할을 했다. 태양-신 미트라가 숭배되는 모든 숭배-센터cult-centers에서도 비슷한 의식이 거행되었다.

초기 그리스와 로마의 황소 희생 제물이 제단에서 거행되었고, 제단과 이런 의식과 관련된 다양한 숭배 대상들이 전염성 마법을 통해 신성한 황소 자체가 가지고 있던 것과 동일한 신성함 또는 **초자연력mana**을 획득했다는 것은 우리에게 큰 의미가 있다. 파넬Farnell(8)은 "호메로스 시대와 초기 시대에는 의식에 사용된 특정 외부 물체가 신비롭게 신성을 띤 것으로 간주되었고, 그래서 그것을 다루는 사람들이 신체 접촉을 통해 그 신과 일시적으로 교감하게 되었을 가능성이 있다"라고 썼다.

호메로스 시대의 가치 단위인 삼각대는 제단에서 유래되었고, 초기 그리스 문화에서 잘 알려진 종교적 상징인 쌍-도끼는 제물로 바쳐진 동물을 죽이는데 사용된 도끼에서 유래된 것으로 믿어진다는 점에 유의하는 것은 유익하다.

황소 희생 제물 의식에서 돈의 기원

우리는 이제 가치 단위로서 황소의 중요성이 고대의 성찬 식사 의식의 희생 제물 동물로서의 역할에서 비롯되었음을 보여주려 할 것이다. 우리의 가설은 크게 베른하르트 라움Bernhard Laum의 연구에 바탕을 두고 있다.[4]

라움은 희생 제물 동물이 인간과 신 사이의 초기 관계를 가장 명확하게 예시하고 있다고 말한다. 풍년을 얻고자 하는 욕망, 질병 및 기타 위험으로부터 보호해야 할 필요성 때문에 인간은 신에게 제물을 바쳤다. 신에 대한 두려움은 또한 고대인들이 신을 달래도록 유도했다. 따라서 신에게 바치는 희생 제물은 신과의 일종의 거래였다.

희생 제물 숭배는 초기 공동체의 신성한 법과 밀접하게 관련되어 있었다. 후대에 공동체의 법을 의미했던 **노모스***nomos*라는 단어는 원래 희생 제물의 평등한 분할을 나타내는 "분배distribution"를 의미했다. 개인이 바쳐야 하는 희생 제물은 제사장들에 의해 정해졌고, 따라서 황소 희생 제물은 인간과 신 사이의 중재 수단으로서 가치가 고정되었다. 동시에 신성한 식사에 참여하는 것은 개인이 집단에 바친 봉사에 대한 보상을 받는 것과 같았다. 그러므로 여기서 희생 제물은 법적인 지불 수단으로 고정되었다.

따라서 희생 제물은 일정한 유형 및 품질의 고정된 재화fixed good를 구성했다. 우리가 만약 인간과 신의 관계를 죄의식의 관계로 생각한다면, 이런 재화는 면죄 또는 지불의 수단으로 기능했다. 동시에 우리가 만약 인간과 신의 관계를 상업적 관계로 본다면, 그것들은 거래의 대상으로 기능했다. 라움은 사제들이 그들의 상거래에서 이 가치 단위를 사용했기 때문에 황소가 세속적인 거래에 들어간다고 제안한다.

도시의 공공 식사는 종교적인 성격의 국가 행사였다. 신은 희생 제물의 고기flesh 일부를 받았고, 나머지 황소는 의식 참가자들에게 분배되었다. 공동체에서 사회적 계급의 순서는 불에 구운 제물의 배분으로 상징되었고, 각 사람은 자신의 지위에 해당하는 몫을 받았다. 이런 공동 식사는 공공 재정의 첫 번째 형태였고, 황소의 제물은 세금의 첫 번째 형태였다. 국가의 화신embodiment으로서 왕은 살코기를 베어 나누고, 몫을 나누어 주면서, 희생 제물의 식사를 주재했다.

희생 동물은 오벨루스obelos라 불리는 쇠꼬챙이spits에 구워졌는데, 이것은 공공 식사에 필요한 부속품이었다. 이런 이유로 사원의 목록에는 종종 이런 쇠꼬챙이가 포함되었다. 시간이 지남에 따라 제물 고기의 쇠꼬챙이는 오벨루스로 알려지게 되었다고 라움은 말한다. 그래서 오벨루스라고 불리는 그리스 동전은 쇠꼬챙이에 구운 희생 제물의 고기 부분에서 유래되었다. 호메로스 시대에 가치의 단위 역할을 했던 삼각대와 항아리에 대해서도 비슷한 기원이 존재한다. 이 물건들은 원래 희생 제단 주위에서 희생 제물의 고기 일부를 담기 위해 사용되었다. 이 삼각대와 항아리의 가치는 원래 황소로 측정되었다. 라움에 따르면, 스파르타인들의 쇠돈은 희생 동물을 죽이는데 사용된 낫으로 거슬러 올라갈 수 있다.

시간이 지남에 따라, 신에게 가져온 다양한 봉헌물들은 제례cult와 관련이 없는 정기적인 교류에 빠져들었고, 그것들의 가치는 제례에 의해 가치의 단위로서 황소의 관점에서 고정되었다. 따라서 점차 의식이 만들어 낸 가치 규범이 비종교적인 교류로 옮겨지면서 황소는 거래 목적의 표준 가치 단위가 되었다. 금속이 그리스-로마 세계에 처음 도입되었을 때, 그 가치는 황소의 관점에서 계산되었다.

종교적인 메달로서의 동전

고대에는 금과 은이, 실제로는 모든 금속들이, 마법의 힘을 가지고 있는 것으로 여겨졌고, 영적 세계의 친화력astral affinities을 가진 마법의 부적으로 사용되었다. 이런 부적의 힘은 귀금속을 장식품으로 사용하게 하여 상업적 가치에 기여했다. 금은 신비롭게 태양과 연결되어 있기 때문에 왕족의 상징으로 여겨졌는데, 이는 왕이 종종 태양과 동일시되었기 때문이다.

라움에 따르면, 최초의 동전은 상거래에서 사용되도록 고안된 물건이라기보다는 종교적인 메달이었다. 메달로서, 그것들은 명예나 지위를 상징하는 마법의 힘을 지닌 장식품이었다.

라움은 "돈"이라는 단어가 그녀의 신전에서 주조 화폐가 주조되었던 여신 주노Juno와 동일한 여신 "모네타Moneta"에서 유래한다고 말한다. 모네타 역시 국가가 각 시민에게 할당하는 "공정한 분배" 또는 "평등"을 나타내는 여신 "에키타스Aequitas"와도 동일했다. 이 어원에 근거하여, 라움은 주조 화폐가 혈족 관계 집단에서 성스러운 황소 희생 제물과 그 고기를 공유하는 공동체 구성원들 사이의 권리와 의무를 분배하는 것에서 유래했다고 주장한다. 고대에는, 정치 단위가 제례 회중과 동일했다. 즉, 희생 제물의 고기를 나누는 것은 시민-교회원의 가장 신성한 권리이자 가장 중요한 특권이었다. 희생 동물의 살과 피를 함께 먹는 식사는 참가자들 사이의 화합을 확립하는 의식이었다. 초기 그리스와 로마에서, 분배된 희생 제물의 고기는 위에서 언급한 바와 같이 국가(사원)가 시민과 관리들에게 분배한 일종의 수수료, 보상, 또는 선물을 구성했다.

라틴 연합의 중심 의식은 매년 몬스 알바누스Mons Albanus에서 열리는 황소 희생 제사였으며, 각 참가자는 희생 제물의 고기를 자신의 몫으로 받았다. 희생 제물의 분배가 가장 중요했는데, 만약 그 몫이 참가자들 사이에 균등하게 분배되지 않으면 그 의식은 반복되어야 했다. 모네타를 숭배하기 위한 가장 오래된 성지가 이 자리에 존재했다고 믿을 만한 이유가 있다.

라움에 따르면, 초기 동전 메달의 주요 기능은 다음과 같다. **1.명예의 표시로, 2.기념비(記念碑)로서의 역할로, 3.종교적 가치의 상징으로, 4.공동체의 단일성의 표시로** 역할을 한다. 다음은 이런 기능에 대한 간략한 설명이다.

1. 왕은 신하들에게 존경과 명예의 표시로 메달을 수여했으며, 그것들은 지역 사회에서 시민의 지위를 상징했다. 왕의 선물로 받은 메달의 유형은 그 사람이 가지고 있는 계급에 따라 결정되었다.

2. 메달은 또한 왕이 기념품이나 기념으로 주는 기념물로도 역할을 했다. 달리 말하면, 동전은 개인적인 관계의 상징이었고, 메달의 이미지는 중요하고 높이 평가되는 사람이나 사건에 영원성을 부여하는 역할을 했다.

3. 초기 동전의 종교적 의미의 일부는 각인된 금속이 왕의 초자연적인 힘mana을 담고 있다는 사실에서 비롯되었다. 왕실의 인물은 그의 모든 행위에까지 이어지는 마법의 힘으로 가득 차 있으며, 그가 접촉하는 각 물건들은 이 힘으로 넘쳐난다. 따라서 동전은 마법의 힘을 지닌 부적이었다. 질병과 위험에 대한 부적으로 사용된 성별된 동전은 중세 시대에 흔했다.

4. 마지막으로, 돈은 개인들 사이에 깊은 감정적 연합을 확립하는 상징인 "공동체를 만드는" 상징*gemeinschaftbildendes* symbol의 역할을 했다. 고대 도시는 공동의 신에 대한 숭배를 기반으로 한 연합이었고, 공동체의 수호신 이미지가 새겨진 동전을 시민들에게 분배함으로써 각 개인은 신과 영적으로 교제하게 되었다. 원시시대의 제물의 고기 부분은 신과의 결합을 확립했다. 후기의 동전 메달은 인간과 신 사이의 또 다른 형태의 교제에 불과했다. 공동체의 사회적인 응집력은 제물의 고기에 대한 몫과 신의 이미지가 새겨진 동전 메달의 분배로 표현되었다.

따라서 신전-국가의 왕-사제에 의해 분배된 동전 메달은 단순히 그것들을 구성하는 금속의 상업적인 가치보다 훨씬 더 큰 의미를 가지고 있었다. 그것들은 같은 신을 숭배하는 모든 사람들의 감정적 교감을 만드는 목적을 수행했다.

초기의 동전 메달이 교환의 매개체(돈)로 상거래에 들어간 방식은 아직 완전히 이해되지 않는다. 라움은 공무원들이 법적 절차에서 다음과 같이 급여를 받았다고 제안한다. 절차가 시작될 때, 각 사람은 철제 꼬챙이 또는 오벨루스를 받았는데, 이는 회기가 끝날 때 그가 희생 제물 고기의 몫을 받는다는 것을 의미했다. 라움의 추측에 따르면, 이런 관습을 통해 공동 식사와 관련된 다양한 물건들이 교환의 매개체가 되었다.

또한 로마의 귀족 가문들이 "바구니basket"라는 뜻의 스포트룰 *spotrul*로 불리는 돈 선물을 나누어주는데 익숙했던 것으로 알려져 있는데, 이런 관행은 모두 친족 공동체의 일원으로 간주되었던 전체 집단 사이에서 희생 제물 동물의 고기를 나누는데서 비롯되었을 가능성이 높아 보인다. 돈과 음식 둘 다 선물로 분배된 중간적인 사례들이 알려져 있다. 피스쿠스*fiscus*라는 용어도 단어 "바구니"에서 유래되었기 때문에, 황제의 개인적인 재산을 피스쿠스라 불렀다는 사실도 중요하다. 시간이 흐르면서 통치자나 귀족에 의한 음식 분배가 동전의 분배로 변형되었다고 추정된다.

소지자가 종교적 형제 조직의 일원임을 나타내는 토큰Tokens은 고대 사람들 사이에서 일반적이었다. 이 토큰은 소지자들이 제례의 희생 제물 잔치에 입장하는 것을 허락했다. 고대의 모든 산업 조직들은 종교적 형제 조직의 형태를 취했으며, 그 중심 의식은 성찬 식사였다. 중세의 로마 가톨릭 교회에서도 유사한 현상이 존재했는데, 이것은 *메로méreaux*라 불리는 토큰의 형태로, 미사와 다른 공식적인 행사에 참여했다는 기록으로 성직자들에게 주어졌다. 개신교 교회에서 집회의 합당한 회원들의 성찬 입장을 허락하는 증명서로 토큰을 사용하는 것은 16세기부터 현대에 이르기까지 광범위한 형태로 존재했다.

로마의 *테세라tesserae*는 성찬 토큰과 돈 사이의 중간 상징의 또 다른 실례를 제공한다. 이 *테세라*는 일반 주조 화폐와 동일한 외관을 가졌으며, 같은 식으로 만들어졌고, 그것들에서 흔히 종교적인 심상imagery이 나타났다. 그것들은 여러 가지 목적으로 분배되었는데, 가장 중요한 것은 개인에게 (당연히 원래 희생 제물 의식이었던) 공공의 음식 분배에 참석할 수 있는 자격을 주는 것이다. *테세라*의 또 다른 기능은 두 행사 모두 원래 종교적인 의식이었던 경기나 연극 발표에 소지자를 입장시키는 것이었다.

초기 화폐 상징에 나타난 유아의 동기들

우리는 위에서 종교와 고대 사회 조직의 관계뿐만 아니라, 돈이 희생 제물의 공동 식사에서 시작되었다는 이론에 대한 몇 가지 증거들을 간략하게 설명했다. 우리는 이제 초기 형태의 돈에 대한 몇 가지 정신분석학적 해석으로 눈을 돌릴 수 있다. 우리는 음식 성찬 의식과 관련된 감정과 생각이 결국 교역에 사용되는 유통 매체가 되었을 때 동전 메달로 옮겨졌다고 가정할 것이다.

처음부터 제물로 바쳐진 황소가 종종 다산의 영혼fertility sprit 또는 대지의 여신goddess Earth에서 나오는 농작물의 화신embodiment으로 간주되었음을 언급되어야 한다. 그러므로 황소를 먹는 행위는 어느 정도 여신 또는 어머니 이미지를 먹는 것을 나타낸다. 우리가 기록해온 많은 황소 의식들은 여신 숭배와 관련이 있다. 동물 여신들은 고대 그리스 종교에서 흔했다. 초기 다산 여신인 아르테미스Artemis는 곰의 형태로 숭배 받았고, 그녀의 여 사제들은 곰 가죽으로 옷을 입은 그녀 주변에서 춤을 추었으며, 그렇게 함으로써 그녀와 자신을 동일시했다는 것에 주목하는 것은 흥미롭다. 증거는 초기에 곰bear의 성찬 식사가 일어났다는 것을 나타낸다.

정신분석학적 관점에서, 제물로 바쳐진 황소를 먹는 것은 어머니를 통합하려는 욕망을 나타냈고, 따라서 어머니와 분화되지 않은 유아적 상태로 되돌아가는 것처럼 보인다. 따라서 돈의 획득은 정서적 안정의 확실한 원천을 제공했던 어머니의 대용품 발견을 나타냈다. 이것은 또한 초기 동전이 부적, 즉 구강기 발달 단계와 관련된 전능감을 유지하기 위한 마법적인 도구였다는 사실과도 부합된다. 달리 말하면, 음식을 획득하고 분배하는데서 시작되었던 돈은 어머니의 젖과 모유 수유와 관련된 다양한 감정과 생각을 상징했다. 따라서 초기 화폐 형태로 상징되는 성찬에 참여하는 것은 정신적 어머니 이미지와의 동일시를 심리적으로 어느 정도 달성했음을 나타냈다.

멜라니 클라인의 관점은 초기의 돈이 어머니에 대한 구강기 공격성을 상징했을 수 있음을 시사한다. 디오니소스 숭배자들이 살아있는 황소를 이빨로 찢고 삼키는 것은 확실히 매우 원시적인 이 감정 표현 방식을 암시한다. 아마도 이런 적대적인 태도에서 비롯된 어머니 이미지에 대한 죄책감이 어머니 여신의 신전에서 제물을 봉헌할 목적으로 만들어진 방대한 고대 순례pilgrimages의 동기가 되었을 것이다.

이 시점에서 의기양양(21)에 대한 르윈Lewin의 연구도 언급되어야 한다. 돈의 획득은 무의식적으로 어머니와의 황홀한 교감을 나타냈을 수도 있고, 어머니의 젖(제물로 바쳐진 황소의 살과 피)을 내사함으로써 영원한 생명을 이루려는 환상을 동반했을지도 모른다.

고대의 희생 제물 제도는 확실히 초자아가 설정한 내적 긴장에 의해 크게 동기 부여되었다. 조상 숭배는 주로 죽은 아버지와 어머니의 기억을 외부로 투사한 결과였고, 희생 제물은 이런 점에서 부모를 기쁘게 하고, 개인이 가질 수 있는 죄책감을 보상하고자 하는 개인 욕망의 결과였다. 메달 동전을 받는 것은 부모 인물의 칭찬을 받는 것과 같았다. 따라서 돈을 벌고 싶은 욕망은 아버지와 어머니에게 사랑받고 싶은 소원에서 동기 부여되었다. 물론 이것은 정신분석가들의 관찰에서 흔한 일이다. 덧붙여 말하자면, 아브라함(1)은 어떤 경우에는 돈을 쓰는 것이 부모의 리비도 집중에 대한 대체물이라고 제안했다.

정신분석학자들도 돈을 벌기 위한 경쟁에서 표현되는 무의식적인 초기 형제간의 경쟁을 잘 알고 있다. 고대 조상 숭배에서 봉헌물을 바치고 메달 동전을 받는 것은 이 경쟁의 상당 부분을 표현한 것이다. 그리고 조화로운 사회 조직을 파괴하는 질투와 시기심의 패턴들도 의심할 여지없이 고대 사람들의 부모 사랑에 대한 정서적 고착에서 비롯되었다. (그런데, 성경은 첫 번째 살인이 아벨Abel의 제물에 우선적인 축복이 부여되었을 때, 카인Cain의 상처받은 감정의 결과로 일어났다고 말한다) 돈을 벌고 싶은 욕망에 강력하게 빠져드는 은혜에 대한 추구, 즉 선택받은 사람이 되려는 욕망은 아버지와 어머니에게서 가장 사랑받는 사람이 되기 위해 다툼을 벌이는 형제들 측에서는 욕망에 의해 크게 동기부여되었고, 유아기 측면에서, 열정은 그가 메달 동전을 받자마자, 이 특별한 축복을 얻었다는 한 개인의 느낌이었다.

초기 화폐 형태의 오이디푸스 콤플렉스 상징성

프로이트의 「토템과 타부Totem and Taboo」 이론의 노선을 따라, 우리는 또한 초기 화폐가 아버지 이미지에 대한 미움, 두려움, 죄의식뿐만 아니라, 어머니에 대한 억압된 근친상간적 욕망을 나타냈다고 제안할 수도 있다. 또한, 프로이트에 따르면, 고대 화폐의 형태는 문명화된 삶에 필요한 본능적 포기를 감정적으로 받아들이지 못하는 고대인의 무능력에서 비롯된 집단 강박 신경증의 중심에서 강박적으로 추구된 상징이라고 할 수 있다.

프로이트의 「토템과 타부」 이론을 적용하기 위해서는 고대 황소 희생 제물과 초기 형태의 화폐에 토템적 유물이 존재했음을 증명해야 한다. 하지만, 고대 그리스의 토템주의 유물 문제에 대해서 학문이 나뉜다. 최근 그리스 종교에 대한 권위 있는 연구에서 마르틴 닐슨Martin P. Nilsson(25)은 이 가설을 증명하려는 모든 시도가 성과를 거두지 못했다고 말한다.

하지만 다른 많은 학자들은 이 이론을 지지했는데, 가장 초기의 두 학자는 앤드루 랭Andrew Lang과 맥레넌McLennan이었다. 파넬Farnell(7)은 특정 고대 그리스의 의식들이 초기 토템 시대의 흔적들을 포함하고 있는 것으로 여겼다. 아서 버나드 쿡A. B. Cook(3)은 참가자들이 신들과 자신의 동일시를 상징하기 위해 동물 신으로 분장했던 다양한 유형의 동물숭배를 토템 유물로 간주했다. 조지 톰슨George Thomson(27)은 토템 사상이 고대 그리스 종교에 남아 있다고 말하며, 로마 부족들을 토템 씨족에서 기원한 것으로 간주한다. 그리스 종교에 관한 그녀의 마지막 연구에서, 저명한 제인 해리슨Jane Harrison(15)은 원시 의식에 대한 자신의 분석 대부분을 프로이트의 토템주의 및 족외혼 이론을 기반으로 했다.

초기 그리스에서 입회식Initiation ceremonies은 원시 사회의 토템 의식과 현저한 유사성을 보여준다. 이것은 허튼 웹스터Hutton Webster(29), 앤드루 랭Andrew Lang(19), 반 젠넵van Gennep(28)과 같은 작가들에 의해 논평되었다. 제인 해리슨(7) 역시 이런 인류학적 유사성에 많은 관심을 기울였다. 프란시스 콘퍼드Francis Macdonald Cornford(4)와 같은 수많은 학자들은 고대 그리스 문화의 더 높은 측면의 기원을 원시 문화에서 발견된 것들과 유사한 마술 의식과 종교적 관행을 추적했다.

제인 해리슨(16)은 황소 희생 제물을 본질적으로 토템으로 간주했으며, 그리스 동전에 새겨진 동물 이미지의 토템 기원의 가능성은 이미 맥레넌(24)에 의해 진전되었고, 유사한 관점이 쿡(3)에 의해 표현되었다. 코스텔로D. P. Costello(5)는 초기 아테네의 제도들institutions이 토템 체계와 현저한 유사성을 나타내고 있으며, 그들의 동전에 자주 등장하는 일부 도시의 문장coats-of-arms이 토템 휘장에서 유래했을 수 있다고 말한다.

고대의 희생 제사와 동전에 새겨진 상징물들이 어떤 의미에서 토템 유물로 간주될 수 있다면, 화폐의 초기 형태에 하나의 오이디푸스 콤플렉스의 상징적 의미가 존재했다고 말할 수 있다. 우리는 메달 동전의 소유가 어머니와의 연합에 대한 욕망을 나타낸다는 것을 보았고, 이것은 아마도 중요한 근친상간 요소를 가지고 있었을 것이다. 황소에 의한 아버지 이미지의 표상들은 이미 언급되었고, 우리는 이 희생 동물을 죽이고 먹는 것을 상징적인 존속살해로 간주할 수 있다. 황소 의식이 화해와 속죄의 의식인 한, 그들은 오이디푸스 콤플렉스의 죄책감을 표현했을 수 있다.

화폐가 발생한 음식 의식은 비합리적인 죄의식, 미움, 불안을 표현하는 강박적인 측면이 있었을지도 모른다. 푸스텔 드 쿨랑주(11)와 헨리 메인Henry Maine경(23)과 같은 권위자들이 보여주듯이, 고대법ancient law은 죽은 자를 숭배하는 장례 의식에서 발생했다. 법의 지적인 수용보다는 불변의 언어적 집착이 존재했던 고대 도시의 법적 관행의 엄격함과 경직성은 고대법이 상당 부분 불안과 강박에서 지켜졌음을 보여준다. 희생 제물 식사(원래 토템 잔치)는 아버지를 향한 비합리적인 적대감("원죄"의 반복)의 돌파와 범죄적인 소원에 대한 속죄를 동시에 나타낸다. 토테미즘의 두 가지 법칙, 즉 근친상간 금기와 부친살해 금지는 아마도 이후의 모든 법적 금지의 원형일 것이다. 동물 희생의 수행에 있어 다양한 경직성과 비합리성은 이 활동에 강박관념이 존재함을 나타낸다.

> 제물의 성질, 머리카락의 색깔, 그것을 죽이는 방식, 심지어 칼의 모양, 그리고 살을 굽는데 사용되는 나무의 종류 등, 모든 것은 각 가정 또는 각 도시의 종교에 의해 모든 신에게 고정되어 있다. 가장 열렬한 마음은 신들에게 가장 살찐 제물을 바쳤으나 허사였다. 수많은 희생 제사 가운데 하나를 소홀히 하면, 그 희생 제물은 아무 효과가 없었다. 가장 적은 실패가 신성한 행위를 불경한 행위로 만들었다. 아주 작은 변화가 한 나라의 종교를 교란시키고 혼란스럽게 만들었고, 수호신들을 너무나 많은 잔인한 적들로 바꾸어 놓았다(11, p. 224).

돈에 대한 현대적 태도에 대한 정신분석학 저자들의 발견 중 일부는 우리가 위에서 한 해석에 무게를 더하는 것처럼 보일 것이다. 페더슨-크라그G. Pederson-Krag(26)는 현대 기업이 무의식적으로 전(前)성기기의 어머니를 나타낸다고 제안하고, 제프리 고러Geoffrey Gorer(14)는 돈에 대한 많은 미국인들의 태도가 조기 수유 관행과 관련이 있다는 가설을 제시했다. 버글러의 연구도 이런 연결에서 고려되어야 한다. 궤양 및 기타 심신 장애의 원인에 대한 연구에 따르면, 현대인의 돈에 대한 추구는 종종 부모와의 유아 관계에서 비롯된 강력한 무의식적 소원에 의해 동기 부여된다(13). 최초의 동전이 메달이었다는 우리의 가설은 돈을 벌어야 할 필요성이 신체 이미지와 밀접하게 관련되어 있음을 시사한다. 라우테르바흐Lauterbach(20)는 돈에 대한 현대적 태도를 설명하기 위해 정신분석학자들이 제시한 이론들 중 일부를 논의했으며, 그런 가설을 적용하려는 시도에서 사회학적, 경제적, 정치적 조건의 변화를 고려할 필요성을 정확하게 지적했다.

초기 화폐의 뛰어난 측면

그것의 더 높은 상징성에서, 그리고 마법적이고 유아적인 의미와는 별도로, 초기 화폐는 희생 제물 식사에서 각 사람이 동일시하는 자연의 생명력을 나타냈다. 영웅적인 죽은 자의 상징으로서, 동전 메달은 인간 사회에서 표현된 자연의 창조적인 힘에서 비롯되는 문화적 진보의 전통을 구현했다. 돈은 개인의 감정적 삶의 핵심이었고, 신성한 성찬에 참여하는 것은 각 사람에게 고귀한 헌신의 고양된 감정을 고취시키는 역할을 했다.

따라서 공동 식사를 상징했던 초기 화폐는 노동 분업의 상위 측면인 창조적 협동 정신을 되살렸고, 집단 구성원들 간의 충성심과 사랑의 유대를 다시 강화시켰다. 제물로 바쳐진 황소의 고기를 공유하는 이 상징은 모든 법과 사회 조직의 기초가 되는 상호 원조(권리와 상호 의무)와 관련된 포기와 노력에 자신을 헌신하는 각 개인 참가자들 사이에 애정 있는 연합 또는 계약을 수립했다.

메달은 각 개인의 존재에 의미를 부여한 전통의 연속성을 상징했다. 삶의 충만함은 제물을 나눈 각 사람의 공동체 복지에 대한 헌신에서 경험되었고, 회중의 각 구성원은 그의 후손들이 그의 일을 계속해서 감사하고 죽은 자의 제사에서 그의 기억을 기릴 것이기 때문에, 그가 헛되이 살지 않았다는 것에 대해 안심할 수 있었다. 따라서 조상 숭배의 불합리성, 무지함, 미신, 그리고 지적 경직성에도 불구하고, 그것은 메달로 상징되는 영웅적인 선조들의 강인한 성격을 보존하고, 후대에게 인간을 높은 문명의 발전으로 이끄는 창조 정신을 불어넣었다.

주석 및 참고문헌

주석

1. 저자는 자신의 논문 "정신분석과 법적 기원(Psychoanalysis and Legal Origins)"(*Int. J. Psychoanal.*, 34, 1953)과 "고대법에 대한 강박적 측면(Compulsive Aspects to Ancient Law)"(*Am. Imago, 11*, 1954)에서 조상 숭배와 고대 사회 조직의 관계에 대하여 프로이트적으로 연구한 바 있다.

2. 주조 화폐는 일반적으로 7세기 Lydia인들 사이에서 시작되었다고 인정된다. 이 논문은 중국과 인도 주조 화폐의 기원이나 원시 문화에서 발견된 돈에 대해서는 다루지 않을 것이다.

3. 이 주제는 "종교적인 의식으로서의 투우(The Bull-Fight as a Religious Ritual)"(*Am. Imago, 9*, 1952.)라는 필자의 글에서 더 충분히 논의되었다.

4. 유명한 언어학자인 Bernhard Laum은 현재 독일 Marburg 대학의 명예교수이다. 그의 작품에 대한 우리의 논의는 주로 그의 두 저서인 "신성한 돈(Heiliges Geld)",(Tübingen, verlag von J. C. B. Mohr, 1924)과 "동전의 본질에 대하여(Ueber das Wesen des Münzgeldes)"(Halle a.d. Saale: Abteilung Verlag der Münzhandlung A. Riechmann & Co., 1929)에 근거하고 있다.

참고문헌

(1) Abraham, K. "The Spending of Money in Anxiety States." *Selected Papers on Psycho-Analysis*. London: Hogarth Press, 1927.

(2) Burns, A. R. *Money and Monetary Policy in Early Times*. London: Kegan Paul, 1927.

(3) Cook, A. B. "Animal Worship in the Mycenaean Age." *J. Hellen, Stud.*, 14, 1894.

(4) Cornford, F. M. *From Religion to Philosophy*. Cambridge: University Press, 1952.

(5) Costello, D. P. "Notes on the Athenian TNH." *J. Hellen, Stud.*, 58, 1938.

(6) Curtius, E. "On the Religious Character of Greek Coins." *Numismatic Chronicle*, 10, 1870.

(7) Farnell, L. R. *The Cults of the Greek States*, Vol. II. Oxford: Clarendon Press, 1896.

(8) Farnell, L. R. "Sacrificial Communion in Greek Religion." *The Hibbert Journal*, 2:309, 1903-04.

(9) Frazer, J. G. *Spirits of the Corn and of the Wild*, Vol. I. London: Macmillan, 1925.

(10) 프로이트, S. *Group Psychology and the Analysis of the Ego*. London: Hogarth Press, 1948.

(11) Fustel de Coulanges: *The Ancient City*. Boston: Lee & Shepard, 1874.

(12) Gardner, P. *The Types of Greek Coins*. Cambridge: University Press, 1883.

(13) Garma, A. "On the pathogenesis of Peptic Ulcer." *Int. J. Psychoanal.*, 31, 1950.

(14) Gorer, G. *The American People*. New York: Norton, 1948.

(15) Harrison, J. E. *Epilegomena to the Study of Greek Religion*. Cambridge: University Press, 1921.

(16) Harrison, J. E. *Prolegomena to the Study of Greek Religion*. Cambridge: University Press, 1908, p. 545.

(17) Harrison, J. E. *Themis*. Cambridge: University Press, 1927.

(18) Head, B. V. *Historia Numorum*. Oxford: Clarendon Press, 1911, p. lvi.

(19) Lang. A. Myth, *Ritual and Religion*, Vol. II. London: Longmans, Green, 1906, p. 294.

(20) Lauterbach, A. *Man, Motives, and Money*. Cornell University Press, 1954, pp. 138-44.

(21) Lewin, B. D. *The Psychoanalysis of Elation*. New York: Norton, 1950.

(22) Macdonald, G. *Coin Types: Their Origin and Development*. Glasgow: James Maclehose & Sons, 1905.

(23) Maine, H. S. *Ancient Law*. New York: Henry Holt & Co., 1864.

(24) McLennan. J. F. "The Worship of Animals and Plants." *Studies in Ancient History*. London: Macmillan, 1896, p. 569.

(25) Nilsson, M. P. "Geschichte der Griechischen Religion," *Handbuch der Altertumswissenschaft*, Abt. 5, Teil 2, Bd.I, p. 37.

(26) Pederson-Krag, G. "A Psychoanalytic Approach to Mass Production." *Psychoanal. Quart.*, 20, 1951.

(27) Thomson, G. *Studies in Ancient Greek Society*. London: Lawrence & Wishart, 1949, p. 114.

(28) van Gennep, A. *Les Rites de Passage*. Paris: Libraire Critique, 1909, p. 114.

(29) Webster, H. *Primitive Secret Societies*. New York: Macmillan, 1908, p. 189.

제 9 장

재산의 원초적 형태와 기원
Primal Forms and the Origin of Property

게자 로하임

 방대한 양의 자료 중에서 우리가 스스로 설정한 작업에 필수적인 것만을 선택하려고 할 때, 우리가 대답해야 하는 첫 번째 질문은, 자연이 제공하는 것을 수집하고 모으는 괭이hoe 문화 이전 수준에서 "생산"은 어느 정도까지 집단적으로 진행되고, 어느 정도까지 개별적으로 진행되는가라는 것을 알게 된다. 우리가 어떤 원시 사회를 조사하든, 우리는 항상 같은 결과를 얻는다. 남성들의 식량 수집은 분명하게 정의된 두 가지 제목으로 분류될 수 있다. 1. 개인은 혼자서 매복하여 사냥감을 추적하고, 지쳐 쓰러진 동물을 죽일 때까지 사냥감을 쫓는다. 2. 두 번째 형태는 몰이사냥으로, 많은 수의 남자들이 집단적으로 수행하며 보통 덤불 숲 불의 도움을 받는다. 그레이Grey는 원주민들이 때때로 호주 서부의 끝없는 관목 숲을 가로질러 며칠 동안 달아나는 캥거루를 쫓고, 오솔길에서 잠을 자고, 다음날 아침에 다시 추적할 것이라고 기록하고 있다.

이 기간 동안, 그들은 아주 적은 양의 식물성 음식만 먹는다.[1] 그러므로 죽은 동물은 사냥에서 소비되는 에너지보다 조금 더 많은 에너지만을 몸에 제공하는 것으로 보인다.

뉴사우스웨일즈New South Wales에 대한 정보 역시 개인의 노력을 나타내는 것으로 보인다. 누군가가 사냥하려고 할 때, 그는 죽은 사람의 허벅지 아래쪽 마법의 뼈를 사용하여 창을 만든다. 그가 캥거루나 에뮤(emu, 빠르게 달리기는 해도 날지는 못하는 호주의 큰 새, 번역자 주)를 보았을 때, 그는 이 무기를 들기만 하면, 그 동물은 마치 마법에 걸린 것처럼 멈춘다. 만약 사냥꾼이 마법을 안다면, 그는 심지어 동물의 발자국에 마법을 걸 수도 있고, 그래서 성공을 보장할 수도 있다.[2] 포인트 배로우Point Barrow에 있는 에스키모인들 사이에서 사냥꾼은 혼자서 호숫가에 있는 자신의 오두막집을 떠나 내륙으로 나아간다. 만약 그가 열린 들판에서 사슴을 본다면, 그는 그저 사슴의 방향으로 달려간다. 사슴도 뛰기 시작하면, 그는 속도를 높이고, 동물이 추적자에 대해 궁금해서 원을 그리며 달리기 시작하여 사정안으로 들어오기를 바란다.[3] 호주 남부에 있는 나리녜리Narrinyeri족이 사용하고 앙가스Angas가 묘사한 기술은 매우 흥미롭다. 어떤 사람이 물고기 한 조각을 손에 들고 바위 위에 등을 대고 누워있다. 맹금류는 물고기를 내리 덮치고 사냥꾼은 단지 발로 그 새를 잡는다.[4] 다음 절차를 위해서는 두 남자가 필요한데, 한 명은 둥지에 살금살금 올라가서 창을 던져 새에게 상처를 입힌다. 다른 한 사람은 새가 날아가려 할 때 몽둥이로 때린다.[5] 우리는 한 개인이나 집단이 독점적으로 사냥하는 원시인을 한 명도 마주치지 않는다. 브라질의 카라이스Karais족에 대해 크라우스Krause는 "특히 야생 멧돼지들은 항상 집단으로 사냥된다."라고 쓰고 있다.[6] 호주 남부에서는 대초원의 풀을 태워 반디쿠트bandicoot(긴 코와 긴 꼬리를 가진 호주의 작은 동물, 번역자 주)를 사냥하는데, 모든 곳에서, 동물들은 그들의 구멍에서 나와 사냥꾼의 부메랑을 향해 곧장 달려간다. 에어Eyre 호수에서는, 디에리Dieri족이 넓은 땅을 둘러싸고 있으며, 부족 전체가 에뮤를 타고 다닌다.[7] 매우 원시적인 세리Seri 인디언들 사이에서, 펠리컨pelicans 사냥은 부족 전체가 공동으로 실행하는, 잘 조직된 사업이다. 무당이 정확한 시간을 정하고, 부족 전체가 늪지대로 가서 "펠리컨을 수확한다."[8] 그린랜드Greenland 사람들은 부족이 한 지역을 둘러싸고 몰이사냥을 시작함으로써 순록을 죽인다.[9] 카이Kai족 사이에서 두드리는 사람들은 사냥감을 그물로 몰고, 거기에서 다른 사람들이 창으로 죽인다. 부분적으로 그물로 에워싸이고 남자들에 의해 둘러싸인 넓은 풀밭 위에는 사방에 불이 켜져 있다. 불길은 특히 강한 바람이 불 때 빠르게 번졌다. 곧 불은 중앙을 향해 타오르고, 점차 그 지역이 좁아지는 하나의 닫힌 원이 된다. 그런 사냥 동안 몇몇 돼지들, 많은 쥐들, 많은 캥거루, 그리고 아마도 거대한 뱀도 잡혔다.[10]

　식량을 얻는 두 가지 방법을 살펴보면, 두 가지 기본 유형이 나타나는데,[11] 추적은 개인적이든 집단적이든 둘 중 하나이다. 그러나 세 번째 유형에서는 상호부조의 원칙도 개별적인 요소도 지배적이지 않다. 만약 보로로Bororo인이 사냥을 나가면, 여자는 막대기를 사용하여 땅에서 뿌리와 덩이줄기를 파낸다.[12] 유알라이Euahlayi족에서도 막대기로 땅에서 뿌리를 파내는 것이 여자의 일이다.[13] 뉴사우스웨일즈의 습지대에서는, 여자들이 땅에서 뿌리를 뽑는다.[14] 그들은 나무에서 수지(樹脂, resin)와 다양한 종류의 열매를 모은다. 그들은 심지어 동물성 식품animal products이 관련된 곳에서조차 수집을 한다. 그들은 알, 열매, 애벌레, 꿀을 수집하지만, 남자들도 종종 꿀을 모으는데 합류한다.[15] 이런 형태의 식량 수집은 개인적이고 집단적으로 진행될 수 있다. 상당히 큰 집단이 함께 사는 곳에서는, 아마도 집단으로 함께 떠난 여자들이 숲속에서 여러

153

방향으로 갈라진 다음, 각자 모은 것을 각자의 오두막으로 가져갈 것이다. 이 단순한 수집이 의심할 여지없이 가장 원시적이고, 당대의 원주민들 사이에서 가장 중요한 인간 경제 활동이라는 점을 고려할 때, 우리는 가장 근본적인 문제들에 대한 종합적 판단을 형성하는데 있어서 보통 정의에 숨겨져 있는 **선입견praeconcepta opinio**이 수행하는 결정적인 역할을 즉시 알게 될 것이다. 그리고 예를 들어, 개발 초기에 우리는 경제적 공산주의나 반대로 개인주의를 발견하는 것처럼, 사람들이 어떻게 부주의하게 공식화된 견해를 거의 신뢰하지 않을 수 있는지를 즉시 알게 될 것이다.[16] 왜냐하면 이 수집은 비(非)조직적이고 집단적이거나, 미분화되고 개인주의적인 활동으로 볼 수 있기 때문이다. 우리가 말할 수 있는 것은 원시 식량-수집 공동체의 잔재라고 주장되는 사냥감 분배를 지배하는 복잡한 금지와 명령들이 지금까지 수집된 것이 배분될 때 얻을 수 있는 것으로 입증되지 않았다는 것이다. 이것은 일반적으로 관찰되는 것과 일치한다. 즉, 무리 공동체의 원칙을 구현하는 사람은 수집하는 여자가 아니라 사냥꾼인 남자라는 것이다.

식량 분배의 문제와 지금까지 말한 것과 관련된 문제를 다루기 전에, 많은 논의가 있었다. 모슈코프스키Moszkowski의 견해는 남자들이 원래 경제 단위를 구성했고, 때로는 사냥을 목적으로 함께 합친다는 것이다. 그리고 뉴기니New Guinea에서의 자신의 경험을 바탕으로, 그는 여자들이 식물성 식량을 모으고 그 다음에 남녀 사이에 교환이 일어난다고 말한다. "그러나 이것은 폐쇄적 경제 안에서 남자가 동물을 공급하고 여자들이 식물성 식량을 공급한다는 것을 의미한다고 받아들여지는 것은 아니다. 일반적으로 말해서, 결혼한 사람들을 포함해서, 남자들은 함께 살면서 식량을 조달하는데, 이는 여자들에게도 적용된다." 그는 경제 발달을 원래의 남녀 식량 공산주의가 "덧없는 사랑 경제"의 관습에 의해 침해된다는 식으로 상상한다. 사랑에 빠진 남자는 여자와 함께 달아나서 숲의 어둠 속에서 몇 주 동안의 신혼여행을 보낸 후, 파트너들은 각자의 공동체로 돌아간다. 나중에 이런 덧없는 불륜이 안정화되면, 가족은 경제 단위로 발달한다.[17] 이것은 의심할 여지없이 기발한 가설이며 어떤 이의도 없다. 유일한 문제는 그것이 사실과 일치하지 않는다는 것이다. 특히 뉴기니와 관련하여, 우리의 자료들은 결혼이 일시적인 것이 아니라 영원한 동반자임을 추론할 수 있게 해준다. 또한 모슈코프스키가 동성의 사람들로 구성된 경제 단위의 중요성을 매우 과장하고 있음이 분명하다. 하겐Hagen은 "주로 성향에 따른 결혼에서 예상할 수 있듯이, 사랑은 파트너 사이에서 강하게 발전한다. 보가짐Bogadijm에는, 남편과 아내가 여전히 신혼부부 사이에서와 똑같은 통상적인 다정함과 관심을 서로에게 보여주는 노부부가 있다. 나는 한 젊은 부부를 아는데, 남편은 들에서 아내를, 아내는 낚시를 마친 남편을 데리러 간다"[18]라고 썼다. 모슈코프스키는 셀리그먼Seligman에 의해 훨씬 더 단호하게 논박된다. "Koita족은 각 집마다 한 가족의 구성원만 포함하고 있으며, 일반적으로 살아남은 조부모나 훌륭한 고모 또는 삼촌과 함께 부모와 자녀로 구성되어 있다."[19] 모슈코프스키는 의심할 여지없이 이것이 현재 상황과 관련하여 옳을 수 있지만, "일시적인 사랑 경제"가 보다 원시적인 발달 단계의 생존을 나타낸다는 것에 반대할 것이다. 만약 그것이 맞는다면, 그 원초적인 상태 또는 적어도 이 가설적인 상태에 대한 일반적인 접근은 Papua 문화 이전의 더 원시적인 문화 수준 바로 앞에 존재하는 것으로 보여야 하며, 그것은 호주에 있을 것이다.[20]

그러나 그곳의 상황을 잠깐 살펴볼 때, 우리는 모슈코프스키의 진술에 근거하여 우리가 기대해야 하는 것과 정확히 반대되는 것을 발견한다. 포트 스티븐스Port Stephens에서는, 개별 가족들이 숲속을 돌아다니고 중요한 기념행사에만 부족을 형성한다.²¹ 모레턴 베이Moreton Bay에서는, 8~10명의 남자들이 그들의 아내와 자녀들과 함께 한 집단을 형성한다.²² 호주 중부의 부족들 가운데, 함께 사는 집단은 하나 또는 두 개의 가족으로 구성되어 있다.²³ 카비Kabi족과 와카Wakka족은 몇 가족이 집단으로 생활한다.²⁴ 킹조지사운드King George Sound에서는, 6~8개 오두막의 주민들이 지역 집단을 구성한다.²⁵ 비록 우리의 호주 자료들 중 일부는 사냥이 가장 좋은 시기에 함께 모이는 더 큰 무리들을 언급하지만,²⁶ 대부분의 징후는 우리가 파푸아Papua 지역의 더 높은 문화 수준에서 다음으로 낮은 호주인들의 문화 수준으로 돌아갈수록, 가족의 중요성은 부족의 중요성이 감소하는 만큼 증가한다는 것을 아주 분명하게 시사한다.²⁷ **이 모든 것에서, 우리는 단지 정신분석의 개체 발생적 발견에 대한 계통 발생적인 확증 사례를 볼 뿐이며, 이에 따르면, 사회적 및 반(反)사회적인 모든 가능한 태도는 가족구도family constellation에 뿌리를 두고 있다.**

모든 행위에서 인류는 배고픔과 사랑, 현실 원칙과 리비도라는 두 가지 기본 원리에 의해 인도된다. 언뜻 보기에, 재산의 개념이 주로 현실 원칙의 영역에 속하는 것처럼 보일 수 있다. 그러나 식량의 분배가 가족의 한계 내에서, 즉 의식적이고 무의식적인 성적 본능에 기초한 사회적 단위 내에서 발생한다는 단순한 사실은 우리가 리비도적 요소들의 중요성을 과소평가하지 않도록 경고한다. 가족이라는 사회적 단위에서, 부부 사이의 의식적 에로티즘과 부모와 자녀 사이의 무의식적 에로티즘은 "영적인 유대"이다. 이런 지배적인 이성애적 관계(동성애는 동성 부모와의 관계에서 나타난다) 외에도,²⁸ 억압의 결과인 가족 콤플렉스의 동성애적 승화에 기초한 무의식적 리비도적 구조를 가진 남성들의 교제association가 있다. 우리가 나무 조각의 동성애적 의미와 동성애적

주연(酒宴, orgies)에 대한 자료를 입증하게 된 것은 분명 모슈코프스키 덕분이다.[29] 그러나 내면의 삶을 출발점으로 하는 우리의 해석이 진리의 한 부분만을 포함하고 동전의 한 면만을 조명한다는 것은 의심의 여지가 없다. 왜냐하면, 호주에서 단위의 크기가 더 작은 이유는 식량 수집에 덜 유리한 조건 때문이라는 것이 완전히 명백하기 때문이다. 비교적 넓은 지형에서 발견되는 식량은 한 가족에게만 충분하다. 뉴기니의 상황은 훨씬 더 유리하다. 우리는 토양, 마을, 그리고 더 밀집한 인구의 경작을 발견한다. 무의식과 리비도의 성향은 환경의 가능성에 적응한다. 이런 여담(餘談, digression)은 불필요한 것이 아닐 수도 있는데, 그 이유는 가장 기본적인 사회적, 경제적 단위가 가족임이 밝혀졌기 때문이다. **그 속에서 우리는 식량의 수집과 분배 모두를 발견한다. 그러므로 똑같은 정당성을 가지고, 우리는 이 수준을 느슨하고 불확실한 공산주의 또는 아직 분화되지 않은 개인주의 중 하나라고 부를 수 있다.** 나는 식량 분배 패턴에 대한 조사가 지금까지 얻은 결과를 확인하는데 도움이 될 것이라고 믿는다. 사냥꾼이 자신이 죽인 사냥감을 스스로 먹을 것이라고 단언할 필요는 거의 없다. 왜냐하면 이것이 일련의 행동의 자연스러운 결론을 구성하기 때문이다. 그러나 이런 일이 발생하지 않고, 일련의 행위가 억제된 것으로 보이고 첫 번째 포기 흔적을 보여주는 경우를 좀 더 자세히 살펴볼 가치가 있다. "관대함이 부족하다고 호주 원주민들을 비난할 수 없다. 그는 자신이 가지고 있던 것을 부족 관습이 그에게 마땅히 해야 한다고 말하는 사람들에게 자유롭게 나누어 주고, 내일을 위해 주의를 기울이지 말라는 명령에 글자 그대로 복종하라는 것을 덧붙일 수 있다."[30] 사냥꾼이 이런 종류의 공물 tribute을 지불해야 할 사람들을 볼 때, 우리는 이런 기부를 이해할 수 있는 열쇠를 갖게 될 것이다. 남자는 장인, 누나의 아들(분류상 의미로 이해되는), 장모, 또는 외할머니가 만진 동물의 일부를 먹지 않을 수 있다. 사냥한 것을 먹고 싶다면, 먼저 그것을 장인에게 바쳐야한다. 아룬타Arunta족은 장인과 함께 사냥하는 것을 좋아하지 않는다. 그것은 장인이 자신을 위해 사냥감 전체를 차지할 위험이 있기 때문이다.[31] 와라뭉가Warramunga족에서 이 관습은 사위가 장인에게 고기를 주는 풍습에서만 남아있다.[32] 한 쿠르나이Kurnai족이 다섯 마리의 주머니쥐를 잡으면, 그중 두 마리는 아내의 아버지에게, 두 마리는 형제들에게, 그리고 나머지 한 마리가 자신의 것이다. 호윗Howitt은 "내가 이 문제를 더 조사했을 때, 나는 남자들이 사냥하고 죽인 사냥감과 여자들이 모은 채소를[33] 모두 특정한 규칙에 따라 부족들에게 분배된다는 것을 발견했다. … 따라서 특정 식량 공동체가 있고 특정 사람들에게 식량을 공급해야 하는 인정된 의무가 있었다."라고 쓰고 있다.[34] 만약 세 명이 함께 사냥을 가서 그들 중 한 명이 캠프에서 일정 거리를 두고 캥거루를 잡으면, 그가 동물을 자르고 요리하는 것을 돕는 다른 두 명은 발과 꼬리를 받는다. 나머지는 그가 캠프로 가져간다. 머리와 등은 아내의 것인데, 아내는 그것을 자신의 친척들에게 주고, 나머지는 사냥꾼의 부모에게로 간다. 그가 매우 배고프면, 자신을 위해 작은 조각을 남길 수는 있지만, 다른 먹을 것이 있으면 모두를 분배해야 한다. 반면에, 그는 그의 어머니나 아내의 여자 친척이 집에 약간의 물고기를 가져오면 물고기를 받을 것이고, 어린아이들은 항상 조부모가 잘 돌본다. 그 다음날, 그는 아내의 친척들에게 식량을 공급한 후에, 그들은 그에게 약간의 식량을 줄 의무가 있다. 이것은 그가 지금 배가 고프고 그가 다시 한번 사냥을 나갈 수 있도록 잘 먹여야 한다는 법률적 가설에 바탕을 두고 있다.[35] 사냥꾼이 그의 친척들에게 넘겨주는 몫은 "네보라크Neborak"라 불리는데, 호윗은 그것이 항상 이 범주에 속하는 잡은 사냥감의 가장 크고 가장 좋은 부분이라고 보고한다.[36] 만약 사냥꾼이 많은 백조를 잡으면, 그는 자신과 자신의 가족 전체를 위해 조각을 남겨두고, 나머지의 큰 부분은 친척들, 특히 아내의 부모 몫이고, 작은 것은 남자의 부모와 친척들 몫이다.[37] 뱀장어는 항상 장인에게 간다.[38] 뉴사우스웨일즈에서는, 이와 똑같은 관습을 "짐버djimber"라 불렀으며, 분배 패턴은 거의 동일하다. 젊은 남자나 그의 여동생도 그가 잡은 사냥감을 먹을 수 없다. 그것을 먹는 사람은 아버지이고 때로는 어머니이다. 만약 두 형제가 동물을 죽였다면, 그들은 그것을 다른 젊은이가 사냥한 것과 교환한다. 어부는 자신이 잡은 고기의 1/4를 보유하고 나머지는 분배한다.[39] 응가리고Ngarigo족에서는, 웜뱃wombat의 머리는 사냥꾼에게 가고, 오른쪽 갈비는 아버지에게로, 왼쪽 갈비뼈는 어머니에게로 간다. 그녀 또한 척추를 받지만 그것을 자신의 부모에게 준다. 오른쪽 어깨는 형에게, 왼쪽은 동생에게, 누나는 오른쪽 뒷다리를 여동생은 왼쪽을 받는다. 엉덩이와 간은 식량을 나누는 젊은이에게로 간다.[40] 마네로Manero족에서는, 캥거루 전체가 아버지의 소유인데, 아버지는 사냥꾼이 배고프면 작은 조각만 준다.[41]

 이 질서 있는 식량 분배를 "설명"하기 위해서는, 두 가지 다른 관점에서 진행해야 한다. 첫째, 우리는 이런 관습을 기능적이고 진화론자의-목적론적인 관점에서 보아야 한다. 우리는 쿨린Kulin족에 대해 "그들의 견해에 따르면 숲에 있는 모든 것은 공동 재산이다"라고 읽었다. 모든 사람이 자신의 가방에 가지고 있는 도구들만이 개인 재산이고, 자연의 선물을 받을 수 있는 공동체의 권리는 일상적인 사냥 동물까지도 확장된다. 낮 동안 사냥에 성공했던 사람들은 해질녘에 빈손으로 돌아온 사람들과 나누어, 다른 사람들이 자신의 풍요로움을 즐기는 동안 아무도 고통 받지 않도록 한다. 그 기증품은 선물이 아니라 정당한 몫으로 여겨진다. 그것을 주는 사람은 그것을 다른 사람의 발밑에 던진다.[42] 사회학적 관점에서 볼 때, 이런 원시적인 식량 공산주의는 상호 생명 보험의 기능을 한다. 그런 안전장치가 없다면, 이런 원시인들은 생존을 위한 투쟁에서 살아남을 수 없었다. 특정 수준의 문화 발달에서, 그런 관습을 실천하는 사람들에게 유리할 선택이 이루어져야 한다. 렝구아 인디언Lengua Indian들에서, 모든 부족은 수확에 참여할 수 없었거나 또는 어떤 이유로 식량을 구할 수 없었던 사람들을 먹여 살려야 할 의무가 있다.[43] 말라야 수쿠Malayan Suku의 구성원들, 즉 씨족들은 마치 그들이 한 몸의 일부분인 것처럼 서로를 대한다. 훌륭한 집에 사는 사람들은 나뭇잎과 뿌리, 빛과 청구권을 공유한다. 그들 모두는 치욕과 명예를 동등하게 공유한다.[44] "우리는 우리의 자료들에서 결속의 놀라운 증거를 발견한다. 달레부라Dalebura 부족에서, 태어날 때부터 불구였던 한 여성은 그녀가 60세가 넘어 죽을 때까지 차례로 부족민들에게 업혀 다녔다."[45] 그러나 이 생물학적 설명은 이 관습의 구체적인 형태에 대해 우리를 깨우쳐주지 않는다. 그것은 어떻게 이 후천적인 특징들이(라마르크Lamarck의 의미에서) 생겨났는지 우리에게 말하지 않는다. 그것은 이 관습에서 자신을 표현하는 심리적 목표를 분명하게 하지 않는다.

그러므로 우리는 유전적이고 심리적인 추가 설명이 필요하다. 이 관습에서 누가 주고, 누가 받는가? 라는 질문은 다르게 공식화되어야 한다. 주고 포기하는 사람은 주로 사위이다. 받는 사람은 장인이다. 그래서 문제는 아주 간단해 보인다. 즉, 이런 통상적인 공물은 신부 가격의 추가적인 발달이다.[46] 하지만 일이 그렇게 간단하지 않은데, 왜냐하면 무엇보다도 장인뿐만 아니라 장인 계층 전체가 관련되어 있기 때문이다. 그리고 그것은 장인뿐만 아니라 특별히 자신의 아버지, 더 일반적으로 자신의 조상이기도 하다. 우리가 당분간 이 단순한 발견을 넘어서지 않는다면, 식량 분배의 이런 측면과 장인의 특별한 의미 또한 유사한 현상으로 설명될 수 있다는 점에 주목하게 될 것이다. 왜냐하면 원시인들이 마법의 신비적 중요성을 부여하는 분배와 포기의 관습이 많이 있기 때문이다. 우리가 신경증을 살펴봄으로써 문명화된 사람들 사이에서 심리적 기능의 가장 어두운 영역에 대한 통찰력을 가장 쉽게 얻을 수 있는 것처럼, 그것은 또한 무의식적 메커니즘의 작용이 가장 쉽게 연구될 수 있는 원시인들 사이에 명백하게 비(非)적응적인 행위이기도 하다.

    호주에서는, 젊은 남성들이 입회initiation하기 전에, 특히 수련 기간 동안 특정한 음식을 먹는 것이 허용되지 않는다.[47] 카카두Kakadu족 사이에서, 금지된 음식의 목록은 인쇄된 페이지의 반을 차지하고, 다양한 종류의 참마yam, 뱀, 도마뱀, 칠면조, 화식조cassowary, 주머니쥐opossum, 거북tortoise 등을 포함한다.[48] 뉴사우스웨일즈에서는, 새롭게 입회한 사람들은 호주 곰, 주머니쥐, 캥거루, 반디쿠트, 에뮤, 펠리칸, 오리의 고기를 먹는 것이 허용되지 않는다.[49] 어린 시절부터 남자는 암컷 동물만 먹는 것에 익숙하다. 수컷 동물은 그가 캠프에 가져와 노인들에게 주어야 한다. 모든 연속적인 입회 단계마다 금지 사항 중 하나가 해제된다. 그가 모든 것을 다 먹을 수 있을 때쯤이면, 그는 노인이 되어있다.[50] 펜파더Pennefather 강에서는, 야생 암탉의 알, 뱀, 에뮤, 거북이가 금지된 음식이다. 툴리Tully 강에서는, 연어이다. 그것을 먹는 사람들은 일찍 백발이 될 것이다.[51] 코이타Koita족과 모투Motu족 중에서, 젊은 사람들은 특정한 생선을 먹지 않도록 주의해야 한다. 위반할 경우에는 피부가 딱딱해지고 여성의 호감을 잃는 벌을 받는다.[52] 바틀 만Bartle Bay 지역에서, 젊은 남자들은 입회식 동안 고기나 생선을 먹지 않을 수도 있다.[53] 카이티쉬Kaitish족 중에서, 금지된 음식을 먹는 젊은 남자는 곧 머리가 희어지고 몸이 붓는다.[54] 와라뭉가족은 금지 사항들을 하나씩 지키며 살고, 보통 원주민들은 더 큰 동물도 먹을 수 있게 되기 전에 이미 전성기를 지났다.[55] 호주에서는 전체 시스템이 영양이 풍부하거나 희귀한 음식일수록 젊은이들에게 주지 않고 노인들을 위해 따로 남겨두도록 규정하고 있다.

사회학적 관점에서 볼 때, 이런 관습들은 더 큰 신체적 활력과 민첩성을 가지고 있고 그래서 그것 없이 생존하기 위한 투쟁에서 살아남을 수 있는 인구의 그 부분에게 식량을 주지 않고 보류하기 때문에 사회적 연대의 자연스럽고 필요한 표현인 것처럼 보인다. 동시에, 이런 조치들은 그것 없이는 아마도 조기 사망에 이르게 될 약자들에게 혜택이 된다. 지배적인 허구fiction는 생리학적 사실의 반전에 달려있는데, 이 사람들은 연약한 노인이 해를 끼치지 않고 먹을 수 있는 특정 음식이 건강한 젊은이들을 위험에 빠뜨릴 수 있다는 가정에서 출발하기 때문이다. 따라서 사회는 허구적인 사회적 에너지 증가에 상응하는 신체적 활력의 감소를 과도하게 보상하는 균형 시스템으로 나타난다.[56] 만약 우리가 이런 관습의 기원이 무엇인지 묻는다면, 우리는 그 관습에서 옛 사람들의 이기심과 영리함의 산물을 보는 민족학자들의 견해를 지지할 수 없을 것이다. 이것은 비교 종교의 연구에서 종교가 사제들이 자신의 이익 등을 위해 "발명"한 것으로 알려진 과학 이전 시대의 견해와 유사하다.[57] 우리는 결정론적 과학에 단단하게 뿌리박고 있다. 만약 노인들이 무언가를 금지하거나, 만약 젊은이들이 특정한 음식을 포기한다면, 그들이 **무의식적으로 남아 있는 유아기 기억 흔적**의 영향을 받아 행동한다는 것은 의심의 여지가 없다. 유알라로이Yualaroi족 중에서, 노인들은 젊은이들이 어떤 음식을 먹을 수 있는지 결정하는데 큰 영향을 미치며, 이런 금기taboo의 이유는 두드러진다. 예를 들어, 왓조발루크Wotjobaluk족은, 만약 40세 이만의 남자가 에뮤 고기를 먹으면, 그 자리에서 머리가 회색으로 변한다고 말한다.[58] 내적인 억제는 동물을 먹는 것에 저항하고, 이런 억제의 뿌리는 구세대인 아버지를 통해 차이를 느끼는데 있다. 왜냐하면 만약 젊은 남자가 금지된 동물을 먹으면, 자신이 원하지 않는 속도로 구세대로 올라가, 머리가 희어지기 때문이다. **유아기의 기억 흔적에서, 우리는 실제로 이 금기의 원형을 발견하는데, 아이는 실제로 나이 든 사람들, 즉 부모로부터 모든 음식을 받기 때문이고,**[59] 무의식에 확립된 이런 기억 흔적들은 반복되는 경향이 있다.[60] 어른들은 또한 어떤 권위를 위해 자신의 음식을 받아야 하고, 이 권위는 대리 부모인, 그 부족의 나이 많은 구성원들이다. 음식을 먹는 것에 저항하는 내적 금지는 외부 조건에 뿌리를 둔 아이의 금지의 유물이다. 아이가 부모의 중재를 통해서만 자신의 욕망을 실현할 수 있듯이, 어른은 이런 상황의 반복을 찾는다. 즉, 아이는 자신의 욕망을 직접 이행하는 것이 아니라, 아이에게 허락해줄 대리 부모가 필요하다.[61] 나이가 들수록, 이런 금지에서 더 많이 벗어나게 된다. 심리적 상황은 점차 변화하고 아들의 태도 특성은 아버지의 태도 특성으로 대체된다. 물론 어린아이는 야생 동물의 작은 부분만 먹을 수 있기 때문에, 사냥꾼은 작은 조각을 제외한 모든 것을 분배한다. 그리고 그 젊은이에게는 더 작고 덜 높이 평가되는 동물을 제외한 모든 것이 금기이다. 그러나 모든 아이들은 또한 성인이 되고, 상황을 역전시켜 아버지의 부양자가 되기를 원한다. 빈번한 교대와 함께 이 욕망은 실현되는데, 아버지를 통해서가 아니라, 오히려 사위에 의해 딸을 빼앗긴 장인을 통해 실현된다. 지금은 남편에게 속한 딸을 소유했던 예전처럼, 사위는 자신이 직접 먹기 전에 먼저 그가 잡은 것을 그에게 제공해야 한다.[62]

　원시인들 사이에 널리 퍼진 또 다른 포기의 범주는 아무도 자신의 토템 동물을 먹을 수 없다는 사실에 관한 것이며, 프로이트는 원시인과 토템 동물 사이의 관계가 아버지와 자식 사이의 관계와 일치하고, 토템이 아버지의 상징이라는 것을 설득력 있게 증명했다.[63] 여기서 우리는 아버지를 죽이지 않는다는 원초적 금지의 상징적 반복에 그다지 관심이 있다기보다는, 오히려 토템 씨족의 노인들, 즉 아버지들이 먼저 토템 동물의 조각을 맛보고 나서 부족의 다른 구성원들, 즉 아이들에게 그것을 먹도록 허락하는 호주 중부의 그런 의식에 관심이 있다.[64] 걱정 없이 나머지 음식을 먹을 수 있기 위해 희생 제물을 바치는 동안 음식의 일정 부분을 멀리하는 것은 신을 위한 것이다. 기능적으로 해석하면, 신들은 사회적으로 조건화된 금지의 투사이고, 개체 발생적으로 그것들은 아버지 이미지의 투사이다. 그러나 희생 제물 의식의 결과로서 인간이 신들에서 얻는 힘은 또한 부분적으로 이 관계에 의해 설명될 수 있다. 왜냐하면 신들은 장인이 자신의 사위가 집으로 가져오는 사냥감에 의존하는 것과 정확하게 똑같은 방식으로 추종자들의 공물에 의존하기 때문이다. 원시인들 사이의 식량 분배 패턴이 가족구도family constellation에 뿌리를 두고 있다는 우리의 전제는 옳았다. 그러나 우리는 또한 이 문제에 대한 바스티안Bastian의 견해를 전적으로 지지할 수 있다. "초기에, 아니 오히려 처음부터, 재산의 개념, 소유물의 개념은 사회에서 성격의 영역이 반드시 거쳐야 하는 필수적인 확장으로 밝혀질 것이다. 누군가 과일을 따먹으려 할 때, 그는 동기가 되는 배고픔, 기대되는 맛과 향의 느낌에 대한 의지의 결정에 의해 지배되는데, 이 모든 것들은 훨씬 더 복잡한 근육 운동을 빠르고 쉽게 활성화할 수 있다."[65] "떨어지는 나무에 부딪히지 않기 위해 비자발적인 근육 조합이 작동하듯이, 이웃과 함께 사는 것도 주기와 받기 사이에 일정한 인과 관계를 만들어 냈는데, 분명한 상징이 되는 그런 모든 행위들은 먼저 모든 개별적인 구성 요소로 분석되지 않고 즉시 시행을 불러 일으켰다. 이웃의 위협적인 얼굴 표정, 그의 명령하는 어조에서, 이 몸짓 언어sign language는 원하는 대상을 지나치려는 강력한 동기로 반영된다. 상대의 힘이 훨씬 더 크다고 알려졌을 때, 이 동기는 또한 음식에 대한 강한 욕망을 보상하고 극복할 수 있었다.[66] 따라서 성격의 확장으로서 재산의 원초적인 형태는 자기에 의해 직접적으로 통합된 외부 세계의 일부인 음식인 반면, 사회적 분배의 기원은 그런 갈등을 피하기 위한 무의식적인 준비인 회피 패턴의 확립에서 찾아야 한다. 개체 발생적 관점에서, 우리는 단지 개인의 삶에서 이런 금지가 아버지로부터 비롯되었다고 간주되어야 한다고 덧붙일 뿐이다.

우리는 이제 실제로 원시인들 사이에 존재하는 것으로 보일 수 있는 사유 재산과 공유 재산의 구분으로 넘어간다. 물건을 처분할 절대적 권리는 어디까지 확장되고, 그가 공동체의 일원으로서만 지분을 가지는 대상은 무엇인가? 다윈Darwin은 유인원들이 견과류를 다 먹은 후에, 견과류를 깰 때 사용하는 돌을 조심스럽게 숨겼다는 관찰을 했다.[67] 에스키모인들에 관해서, 링크Rink는 그들이 함께 사는 집들도 공동 재산이지만, 무기와 도구는 그것을 사용하는 사람들의 것이라고 쓰고 있다.[68] 니코바Nicobar 제도에서, 사유 재산은 개인이 직접 만든 모든 물건으로 구성되며,[69] 예를 들어, 카라야Karaya 인디언들도 자신의 모든 도구들을 만들기 때문에[70] 식량 다음으로 이런 것들이 원시인들 사이에서, 두 번째 단계의 사유 재산을 구성할 선험적 가능성이 있다. 브라질 원주민들 사이에서, 자르티우스Zartius는 오두막과 도구는 사유 재산이지만, 그것들 역시 모두가 흔히 사용하는 공유 재산이라는 생각에 익숙하다고 쓰고 있다. 무기, 장신구, 파이프와 해먹만이 좁은 의미에서 사유 재산이다.[71] 폰 덴 슈타이넨K. von den Steinen은 바카이리Bakairi 족에 관하여, 농장은 공동 재산이었지만, 집 안에는 모든 사람이 자신의 재산을 가지고 있고, 심지어 여성들도 가지고 있으며, 우리는 종종 그들이 자신들의 일부 재산을 우리가 받는 것에 반대하는 것을 보았다고 적고 있다. 그 재산은 아이들, 즉 딸들과 아들들에게 상속된다.[72] 우리의 모든 정보원들은 호주에서는 모든 사람들이 자신의 장식품, 담요, 무기, 도구들을 자유롭게 처분할 수 있다는 것에 동의한다. 오두막은 가족의 것이고, 사냥터는 부족의 것이다.[73] 아마 더 원시적인 태즈메니아Tasmania인들조차도 마찬가지였을 것이다. 라 빌리아데르La Billiardère는 자신이 어떻게 캥거루 가죽과 교환하여 자신의 바지를 소녀에게 주었는지를 말한다.[74] 개별 부족의 사냥터 경계는 엄격히 준수된다. 사냥터 경계를 건너는 것은 선전 포고이다. 토지는 결코 사유 재산이 아니다.[75] 코만치Comanche족은 개인과 가장 밀접하게 연결된 대상에 관해서만 나와 당신의 차이를 알고 있다. 그들이 돌아다니는 땅과 그들이 잡는 사냥감은 부족 전체의 것이다.[76] 수Sioux족에서, 토지는 부족이나 집단의 공동 재산인 반면, 실제적인 요구에 부합하는 동산의 개인 및 공산주의 소유가 결합되어 있다. 예를 들어, 음식이나 장작과 같이 부패하기 쉬운 모든 것은 공동 재산이며 세심하게 정교한 규칙에 따라 분배된다. 그러나 텐트, 의복, 개dogs, 무기와 같은 지속적인 가치를 지닌 물건들은 개별적으로 소유한다.[77] 모아누스Moannus족에서, 재산의 개념은 완전히 의식적conscious이다. 그것은 요리 도구와 돼지, 그리고 더 일반적으로 개인이 직접 만든 모든 것에 대한 권리를 주장한다. 솔로몬Solomon 제도에 관해서 투른발트Thurnwald는[78] "그 토지는 그 지역의 재산이다. 그곳의 모든 주민들은 숲을 이용하고, 쿠스쿠스couscous를 사냥하고, 야생 돼지를 잡고, 사고Sago 야자나무를 자르는 등의 권리를 주장한다. 그 지역의 숲은 모든 종류의 과일과 도구의 원료를 얻을 수 있는 큰 식품 저장실을 형성한다. 재산은 주로 노동의 산물이다. 그렇기 때문에, 그것은 주로 재산으로 주장되는 식물과 그 수확, 그리고 잡힌 동물들이다."[79]라고 쓰고 있다. 원시적인 식량 수집가들에 관하여, 홉하우스Hobhouse가 사유 재산이 신체의 직접적인 연장으로 간주되는 무기와 도구들로 구성되어 있고(우리는 장식품과 부적을 추가한다), 집단의 생계 수단 역할을 하는 토지가 공동 재산으로 간주된다고 말할 때 의심할 여지없이 옳다. "이제 개인 소유물에서 개별 재산과 토지 및 그것의 생산물의 공동 재산에 대한 인식은 모두 하나의 동일한 원칙, 즉 점유와 사용의 원칙에 기초하는 것으로 설명될 수 있다."[80] 따라서 우리는 여기서 두 견해의 대표자를 발견한다. 즉, 재산의 개념이 파생될 수 있는 행위가 생산과 노동인가? 아니면 점유, 취득인가?[81] 우리가 이 질문에 대한 우리의 의견을 제시하기 전에, 이런 종류의 문제가 제기될 때, 아마도 아무도 원시인들 사이에 이런 종류의 문화 기관이 존재한다고 생각하지 않기 때문에 일반적으로 무시되는 다른 형태의 재산이 언급되어야 한다. 나는 지적 재산권을 언급하고 있다.

저작권의 개념에 익숙한 원시인들이 있고, 그들은 또한 그것을 효과적으로 보호한다. 바이닝Baining족 가운데 누군가가 새로운 춤과 그것에 어울리는 멜로디와 텍스트를 만든 행운의 발명가가 된다면, 그는 친구들을 모아 새로운 창작품을 공연할 것이다.[82] 호주에서, 가수singer나 이야기하는 사람narrator은 그 이야기 또는 코로보리corroboree 춤곡이 꿈 속에서 자신에게 온 영감 덕분이라고 주장한다. 그 꿈이 아직 생생하게 기억되는 동안, 그는 족장에게 가서 그 이야기를 들려준다. 만약 족장이 충분히 주목할 만한 문제라고 생각한다면, 꿈의 내용이 알려지고 배우들이 한자리에 모이게 된다.[83] 호주 서부에서는, 노래들은 작곡가의 이름을 따서 불리고, 손님들은 새로운 이름을 제출한다.[84] 아룬타족에서는, 모든 토템 의식이 특정 개인에 속하는 반면, 와라뭉가족에서는, 족장이 대표자로 활동하는 토템 집단에 속한다.[85] 북 아메리카인들에게, 특정 제식, 의식, 노래의 소유는 물질적 재산과 같은 방식으로 법적으로 정의되는 특정 형태의 재산을 구성한다. 따라서 문신에 대한 권리는 그 부족의 특정 구성원들에게 속한다. 신화 또는 노래의 암송은 특정 개인의 특권이며,[86] 소유자로부터 구입할 수도 있다. 비록 관객 중 한 사람이 공연 전체를 기억할 수 있을지라도, 그는 이 특권에 대한 수수료를 지불하지 않는 한 감히 자신의 공연을 할 수 없다.

비밀 결사의 숭배 대상들cult objects은 그들 구성원 중 한 명의 보살핌에 맡겨졌고, 특정 형태의 제식들은 비밀 결사의 양도할 수 없는 소유물이 된다.[87] 그런 경우에는, 말의 물질적 의미에서 취득이나 작업에 대해 말할 수 없다. 여기서 재산은 심리 과정의 투사로 간주되어야 한다. 일반적으로 말하면 심리적 관점에서 다음과 같은 관찰이 이루어질 수 있다. 원시인들 사이에서, 외부 세계의 일부는 특정 경험이나 행위가 대상에 부착되면, 어떤 개인이나 집단의 소유물이 된다. 한편으로, 우리는 **외부 세계에 대한 적응의 한 형태와 일부 외부 세계의 자아로의 내사**를 다루고 있다.[88] 다른 한편으로는, **소유자가 아닌 사람들의 입장에서, 이것은 사람이나 인간 집단과 외부 세계의 일부 사이의 영원한 연합적 연결 고리 형성이다.** 간단히 말해서, 재산은 개념이 되기 전의 행위이며, 개념으로서 그것은 처음에 단지 전의식preconscious일 뿐이며, 우리가 재산이라기보다는 결속감이라고 부르는 경향이 있다. 이것은 또한 생산 과정에서의 특권과 상속법의 기원을 설명한다.

뉴사우스웨일즈의 한 부족 지역에는, 돌도끼를 만드는데 손쉽게 도움이 되는 일종의 암석이 있다. 부족들은 그런 도끼의 재료를 얻기 위해 상당한 거리에서 왔다. 점차 문제의 부족, 특히 그 부족의 추장은 이 바위에 대한 특정한 권리를 주장하기 시작했다.[89] 뉴기니 내륙에서는, 소금이 상당히 부족하다. 옛날에, 카이족은 바다에 가서 잔뜩 마셨고, 대나무 관tubes과 호박 조각에 나를 수 있을 만큼 모았으며, 바닷물에 적신 나무 조각도 많이 주웠다. 이 나무는 집에서 태우고 그 재는 식탁용 소금으로 사용했다. 그러나 그 후 해안 주민들은 이 기회를 이용하여 바다의 주인이자 소유주로서 행진을 하고 내륙에 사는 부족들에게 적절한 지불을 요구했다. 권한이 없이 물을 퍼내는 것은 절도 행위로 간주되었다.[90] 외부 세계의 자원에 대한 이런 의도적인 개발exploitation은 점진적으로만 발달하고, 그것이 부족과 외부 세계의 정서적 연대를 전제로 하기 때문에 순전히 지적-합리주의적인 근거로 간단하게 설명될 수 없다. 바카이리Bakairi족 중에서, 다양한 동물들은 문화적 산물의 "주인" 또는 "소유주"였으며, 문화 영웅이 그 동물들을 선택한 것은 그들로부터이다. 약용 담배와 목화cotton의 주인은 킨카주kinkajou족이었고, 보통 담배는 전기 장어, 카사바 나무는 바가두Bagadu 물고기, 수면과 해먹hammock은 도마뱀, 물통은 물뱀, 태양은 대형 콘도르 독수리가 주인이었다. 몇 달 동안 잠을 자는 도마뱀이 수면의 "소유주"이자 수면과 잘 어울리는 해먹으로 생각되는 것은 당연하다. 태양은 오직 고공비행하는 대형 콘도르 독수리에게만 "속할" 수 있고, 마찬가지로 물통도 그 성분에서 사는 동물에게만 속할 수 있다. 약용 담배는 킨카주족이 사는 북쪽에서 왔고, 마찬가지로 불fire과 어둠 속에서 눈이 빛나는 은 여우silver fox도 같은 종류이다.[91] 우리가 재산의 개념을 연합적 통일성associative unity으로 축소하면, 상속법의 부재와 기원도 이해할 수 있다. 가장 원시적인 수준에서는, 모든 사물(이것은 오직 동산movables만을 의미한다)은 죽은 사람과 함께 묻히거나 태우거나 또는 다른 방식으로 파괴되기 때문에, 상속할 것이 아무것도 없다. 원시인들에게 인간과 그의 소유물 사이의 연합적 통일성은 해체될 수 없고 죽음에 영향을 받지 않는다. 카카두Kakadu족은 죽음이 발생하면 여자의 도구와 남자의 무기를 부수거나 불태운다.[92] 카쿠레라Karkurrera족은 음료 도구, 땅 파는 도구, 그리고 그녀가 소유했던 작은 물건들을 그 여성의 무덤 위에 놓는다.[93] 쿠카타Kukata족은 무기와 음료 도구를 죽은 자와 함께 묻는다.[94] 상속 가능한 재산의 발달을 설명하려면, 우리는 다른 심리적 연결의 개입을 가정해야 한다. 원시인들은 생물학적 사실에 따라 아이들을 부모 성격의 연속으로 보기도 하지만, 이 지식이 무의식적이기 때문에 주술적-상징 형태를 취한다.[95] 바이키리Baikiri족은 아들이 작은아버지라고 말한다.[96] 유알라이족에서, 다양한 씨앗으로 일종의 밀가루를 만드는데 사용되는 숫돌은 한 세대에서 다음 세대로 전해진다. 영혼이 이 돌들에 살고, 자동적으로 움직이며, 심지어 말을 할 수도 있다.[97] 심리적인 콤플렉스, 즉 세대의 통일성과 재산과 소유주 사이에 존재하는 통일성인 심리적 콤플렉스는 모두 무의식 속에서 발견된다. 그러나 현실이 되는 현실 원칙에 더 잘 부합하는 것은 바로 그 콤플렉스이다. 세대 통일성의 원칙은 개인과 더 가치 있는, 즉 덜 쉽게 만들어진 물건들이 관련된 그의 재산 사이의 연결 고리보다 더 중요하게 보일 것이다. 발달 초기에는 가치 있는 물건들만 전해지고,[98] 유럽의 민간 신앙에서는, 물려받은 물건들이 여전히 특별한 마법적 가치를 지니고 있다.[99] 원인과 결과 사이의 관계를 역전시키는 것은 마술적 신화의 보편적인 특성이다.[100]

또 다른 중요한 문제가 여전히 해결되어야 한다. 첫째, 수집가와 사냥꾼 사이에서, 둘째, 가장 원시적인 형태의 괭이hoe 문화 수준에서, 토지 소유의 원초적 형태는 무엇인가? 가장 원시적인 사람들 사이에서, 토지는 공동 사냥터이고 부족 전체의 재산이며, 도망치는 동물들이 상당한 거리를 두고 쫓기는 것을 고려할 때, 우리는 이런 형태의 경제에서는 공통적이고 멀리 떨어진 국경만이 가능하다는 것을 깨닫는다. 만약 전체 지역이 개인이나 가족으로 나누어지면, 지속적인 국경 위반은 피할 수 없을 것이다. 앞서 언급한 몰이사냥 역시 자연스럽게 통합 사냥터에 대한 인식으로 이어진다. 플레처Fletcher는 "북미 인디언들 사이에서 처음에는 토지가 재산으로 여겨지지 않았다. 공기와 마찬가지로, 그것은 종족의 삶에 없어서는 안 될 조건이었다. 그런 이유로 개인도 작은 집단도 독점적 권리를 주장하지 않았다.[101]"라고 기록했다. 쿠르나이족에서, 토지는 부족에 속하고 이 사실에서 발생하는 권리는 모든 사람이 동등한 몫을 가진다.[102] 자료의 완전한 동질성을 고려할 때, 추가 자료를 제공할 필요는 없다. 하지만, 가족이나 개인과 같은 소규모 단위에 의한 토지 소유권에 관한 문제를 이 수준에서 검토할 것이다.

    머리Murray강 하류의 부족들과 관련하여, 에어Eyre는 모든 성인 남성들이 자신이 경계를 정확하게 정할 수 있는 토지를 소유하고 있다고 기록하고 있다.[103] 호주 서부에서는, 모든 가족이 토지를 소유하고 있지만, 그들의 관계가 우호적이면 다른 가족들과 함께 사용한다.[104] 스완Swan강을 따라서도 알려진 경우에는 개인 소유지만, 어떤 의미에서 이 토지도 부족에게 속한다. 공동 몰이사냥을 위해 지역의 풀밭에 불을 붙일 때 소유자는 반드시 참석해야 한다. 퀸즈랜드Queensland에 대해서는, 토지 소유자가 사냥 시간을 결정하고, 풀밭에 불을 붙일 때 반드시 참석해야 하며, 또한 이 토지에서 일어나는 의식을 지휘한다는 보완적이고 추가적인 정보가 있다.[105] 따라서 소위 소유자는 자신의 재산과 실질적인 관계보다는 형식적이고 의례적인 관계를 갖는다. 호주의 북쪽 끝에 사는 야라이카나Yaraikana족에 관한 정보는 우리에게 훨씬 더 멀리 떨어진 재산의 개념을 보여준다. 입회식 동안에 모든 남자들은 이를 뺀다. 그러나 이것은 돌망치를 한 번이 아니라 반복적인 타격으로 뺀다. 타격할 때마다 어떤 지역의 이름이 주어지고, 우연히 이가 빠질 때 언급되는 지역은 그 아이의 것이 된다.[106] 이런 형태의 재산은 배타적이지도 않고, 실제적인 의미도 없다는 것이 분명하다. 자신의 이빨이 빠졌을 때, 야라이카나족 젊은이는 다른 것, 즉 개인적인 수호신을 받는다.[107] 노인들은 이빨이 빠질 때 땅에 떨어지는 피를 검사한다. 그들이 그 패턴과 어떤 동물 사이에서 발견한 유사성은 그들이 소년의 개인적인 토템을 지정하게 한다. 따라서 야라이카나족 사이에서, **개인과 지역 사이의 연결은 실제적인 의미가 아니라, 마술-신비적인 의미를 가지고 있는 것으로 보인다. 이 마술적 의미와 토템 사이에는 일종의 연결고리가 있는 것 같고, 자기와 외부 세계 사이의 연결 상징인 눈에 보이는 표시는 신체의 절단된 부분이다.**

베다Vedda족 사이에서, 토지 재산은 전(前) 소유자가 석영 수정 또는 빠진 이빨 하나, 그리고 아마도 머리카락 한 뭉치를 새 소유자에게 줌으로써 이전된다.[108] 우리는 입회식 동안 빠진 이빨이 자기와 외부 세계 사이의 다른 종류의 이전을 중재하는 호주 부족이 있다는 것을 알고 있다. 즉, 빠진 이빨이 나무껍질 밑에 숨겨지면, 이제 이 나무는 그 사람의 나무가 된다. 그 나무의 꽃이 피면 젊은이의 행복을, 나무가 시들면 죽음을 의미한다.[109] 야라이카나족 사이에서 이빨이 땅의 한 구획과 마법적인 관계를 확립하는 역할을 하는 것처럼, 부러진 이빨은 샬럿 베이 Charlotte Bay에서 미래의 아내를 찾는데 사용된다. 입회식 동안 이빨이 빠지면서 여자 아이들의 이름이 낭송되는데, 입에서 이빨이 튀어나오면서 언급되는 이름이 부인의 이름이다.[110]

재산의 개념, 즉 외부 세계의 일부를 자기 속으로 내사하는 것이, 1. 신체의 절단된 부분의 중재를 통해서 일어나고, 2. 성애적 연결과 마찬가지이다(앞에서 말한 토지 재산이 명명된 의식 동안 같은 지점에서의 아내 출현 참조). 그것은 우리가 절단될 수 이고 자체 성애적으로 집중되었던 절단된 신체 부위에서, 재산의 생리학적 원형을 가진다고 추론하는 것이 아마도 너무 지나친 것은 아닐 것이다. 신체의 이런 부분에 들러붙은 공포는 강한 리비도 집중의 특정한 신호이다.[111] 테도라 Theddora족에서는, 소녀가 태어날 때 남자와 약혼한다. 자신의 살아있는 재산인 이것을 보증하기 위해, 남자는 머리카락 한 뭉치를 담보물로 받는다. 만약 소녀가 아내 되기를 거절한다면, 그는 그녀의 머리카락을 물속에 담그기만 하면 된다. 그러면 머리카락이 썩듯이 그 고집 센 소녀도 죽을 것이다.[112] 체로키Cherokee족은 번개 맞은 나무 아래 적들의 가래sputum를 묻는다. 그러면 적들은 6일 이내에 죽을 것이다.[113] 일반적으로 교감 마법으로 분류되는 이런 의식들은 실제로 리비도의 심리성적 psychosexual 발달의 자체성애적 단계에 의해 결정된다. 그것들은 식량의 역할에 의해 제안된, 예를 들어 우리가 위에서 재산의 원시 형태로 지적했던 재산의 이전 및 원초적 역사의 일부를 포함한다.[114] 그것은 생리학적으로나 심리적으로 최초로 내사된 외부 세계의 일부이며, 따라서 공포에 의해 강하게 집중되어 있다. 식량이 사라지면, 그것을 먹던 사람은 죽는다. 절단된 신체 부분의 마법적 중요성에 대한 성애적 기원을 확인하고, 그런 절단된 부분에 의해 외부 세계와의 연결이 확립된 앞에서 언급했던 관습과 유사하게, 다음과 같은 관습을 언급할 수 있다. 북서부 호주에서는, 이제 막 입회한 청년의 떼어낸 포피는 나무껍질 속에 숨겨지거나 청년이 먹는다.[115] 운마티에라Unmatjera족 사이에서, 젊은이는 키 큰 나무속에 포피를 숨기고, 그 장소는 특히 여자들에게 조심스럽게 지켜지는 비밀이다.[116] 이런 관습을 재탄생의 관념과 통찰력 있게 연결시킨 프레이저는, 운마티에라 전통에 따라 알체링가Alcheringa족 조상들이 자신들의 포피를 그들의 난자Nanja 나무에 저장했다는 사실과, 중앙 호주인의 개념에 따라 영혼의 터전이자 환생의 출발점 역할을 하는 것이 바로 이 난자 나무라는 사실에 주목한다.[117]

프레이저의 견해를 확증하는 경향이 많다. 우리의 관점에서, 우리가 신체의 절단된 부분에서 재산의 계통 발생적 원형을 본다면, **개체 발생학적 관점에서 결정적인 중요성은 친밀한 공동체가 종료되고 어머니로부터 분리가 발생하는, 즉 '몸이 외부 세계로 넘겨지는 그 순간'과 결부되어야 한다**고 말할 수밖에 없다. 나머지는 출생과 재산,[118] 즉 토지 재산과 어머니의 몸 사이의 기이한 연관성으로 설명될 것이다.

펜파더강을 따라, 영혼은 초이choi라 불린다. 모든 인간은 안제아 Anjea(소위 자연의 영혼)가 이미 존재하는 생명체를 어머니의 몸속에 집어넣는 바로 그 순간에 시작하는 초이를 가진다. 그러나 태어날 때, 그 초이의 일부는 태반에 붙어있는 채로 땅속에 묻힌다. 안제아는 태반에서, 아니 오히려 그 속에 있는 초이에서 육화되고incarnated 있는 아이들을 계속 형성한다. 탯줄이 잘리면, 다양한 지역의 이름들이 호명된다. 탯줄이 끊어지는 순간 언급된 지역이 그 소년의 미래의 집이고, 그가 돌아다니고 사냥할 수 있는 그의 토지이다. 그가 실제로 마술 행위에 의해 매우 밀접하게 연관되는 이 지역이 종종 그의 실제 출생지에서 수마일 떨어져 있다는 것이 특징이다. 이 가상의 출생지와의 신비한 연관성은 또한 그 이름에서 표현이 발견되는데, 아이들이 "나무에서 나왔다," "바위에서 솟아났다," 또는 "민물에서 솟아났다"라고 불리기 때문이다.[119] 우리가 이용할 수 있는 자료가 충분하지 않기 때문에, 그런 관습이 호주에 널리 퍼져 있었다는 추측을 정당화한다. 보통 아이들은 태어날 때 우연히 날아가는 새, 눈에 띄는 다른 동물, 또는 그들이 태어난 곳에서 이름을 따온다. 인간과 이런 동물들 사이의 마법적 연결에 대한 믿음이 몇몇 경우에 입증되었기 때문에, 우리는 그것이 일반적이며 아마도 지명이 개인의 이름으로 사용되는 이유라고 가정할 수도 있다.[120]

우리는 여기서 완전히 분명하지 않은 토지 재산의 예비 단계를 다루고 있는 것 같다. 가장 그럴듯하게 그것은 외부 세계의 일부와 더 긴밀한 연결의 감각이라고 불릴 수 있다. 이 영적, 신체적 유대도 어떻게든 토템주의와 연결되어 있다. 우리는 다른 곳보다 중앙 호주의 상황에 관해 더 많이 알고 있으며, 여기에서 이런 연결에 대한 통찰력을 얻을 가능성이 가장 높다. 이 모든 부족들은 부족 영토의 경계가 분명하게 정해진 특정 부분을 소유한 지역 집단들로 구성되어 있다. 어떤 개인도 토지를 소유할 수 없으며, 가장 작은 단위는 항상 지역 토템 집단이다.[121] 토템 집단의 구성원들은 작은 무리를 지어 공동 지역을 돌아다니고, 열매를 수집하고, 사냥하거나 물고기를 잡지만, 항상 집단의 영역 안에 머무른다.[122] 현실 원칙의 관점에서, 그것은 토템 집단과 토지 사이의 연결일 것이다. 이것들은 연결이 확립되는 행위들이다. 하지만 이 외부 현실은 무의식 속에서 이 현실과 반대로 나타나는 허구에 바탕을 두고 있다.

부족 지역은 다양한 옥나니킬리아oknanikillia, 즉 토템 센터로 나뉜다. 보통 그런 센터는 어떤 이유에서인지 주목할 만한 풍경 속의 한 지점이다. 그것은, 전설에 따르면 어떤 토템 조상들이 자신의 추링가churinga(호주 중부의 원주민들이 만든 나무나 돌의 조각물로, 신성한 것으로 여겨진다)를 숨기고 환생을 기다리고 있는 수많은 아기-씨앗들child-seeds을 남긴 후에 죽어서 땅으로 들어갔던 고립된 바위 지대, 나무들, 등일 수 있다. 여성이 토템 센터를 지나가고 임신의 첫 징후를 감지하면, 그들은 그 문제의 토템의 아기-씨앗들이 그녀 안에서 새롭게 태어나고 있다고 믿는다. 그런 경우에, 아이는 지역 토템 집단의 일원이다. 예를 들어, 에뮤emu 집단의 센터 근처에서 임신 징후가 느껴지면, 그 아이는 에뮤 토템에 속하게 되고, "작은 에뮤," "에뮤 깃털,"또는 그런 종류의 개인적인 이름이 주어진다.[123] 오늘날, "지역 집단"과 "토템 집단"의 개념은 더 이상 완전히 일치하지 않는다. 왜냐하면 이 여성들이 때때로 자신의 토템 지역을 떠나 다른 토템 센터 근처에서도 돌아다니며 불쾌감을 경험하는 단순한 이유 때문이다. 하지만 한층 더 원시적인 수준에서는 주민들이 덜 밀집되어 있고 다양한 소집단들이 거의 서로 접촉하지 않았을 것이라고 가정할 수 있다. 그러나 오늘날 지역 토템은 지역 집단의 구성원들 사이에서 지배적이다. 즉, 여성들은 보통 자신의 토템 센터 근처에서 임신의 징후를 알아차린다.[124]

그런 토테미즘은 인간과 생물권 사이, 특히 인간과 인간이 자신의 영역을 공유하는 동물 종(種)들 사이에 실제로 존재하는 연결에 대한 마술-신비적 투사라는 전제 없이 거의 설명될 수 없다. 이것은 한 집단의 토템이 원래 그것의 크기나 중요성에 의해 그의 환경에서 눈에 잘 띄는 몇몇 동물 종species이라는 것을 의미한다.[125] 예를 들어, 스트렐로우 Strehlow는 많은 물고기가 있는 연못에서 물고기 토템의 라파타rapata가 그들의 탄생 시간을 기다리고 있다고 적었다.[126] 와라뭉가족이 모든 씨족의 조상들이 오늘날에도 여전히 동일한 씨족들이 점유하고 있는 그 지역을 매우 초기에 돌아다녔다는 것을 그들 부족의 양자 분할 이유로 발전시켰을 때, 그들의 설명은 조금 다르게 표현되어야 한다는 것을 제외하고는 완벽하게 유효하다.[127] **인간 집단과 동물 지리학적 및 영토적 환경 사이의 마술-신비적 연결은 단지 여러 세대에 걸쳐 지역적으로 확립된 행위들의 "심리적" 확장일 뿐이다.** 이 토템 신앙 콤플렉스의 특징적인 요소는 인간과 그의 환경에서 살고 있는 동물들 사이의 광범위한 동일시이다. 왜냐하면 인간 집단의 존재는 캥거루, 에뮤 등, 라파타들의 육화incarnation에 달려있으며, 같은 방식으로 동물 종(種)의 증가는 단지 부족의 인간 구성원들이 행하는 인티치우마 의식Intichiuma rites의 결과일 뿐이기 때문이다.[128] 따라서 이 수준에서, 우리는 만약 여기서 그런 용어가 사용될 수 있다면, 인간과 그가 살고 있는 세계가 서로 호혜적으로 "소유"하는 상황을 가지고 있다.[129] **즉, 외부 세계에 대해 취하는 태도**

의 능동적 요소와 수동적 요소가 무심하게 여전히 같은 콤플렉스에 담겨있다.[130] 발달 과정에서 이런 대립적 태도는 점점 더 분화된다. 수동적인 태도, 환경에 대한 의존감은 다양한 지역 금기, 사이비 종교, 지역 수호신에 나타나는 반면, 그들을 둘러싼 세계에 대한 적극적인 개입 사실은 재산 개념으로 구체화된다.[131]

플로리다에서는, 신성한 장소를 부누하vunuha라 부른다. 틴달로Tindalo족은 여기에서 희생 제물을 바치고, 성지에서 자라는 모든 것은 금기taboo, 즉 영혼의 재산이다. 오직 제물을 바치기 위해서만 그 장소에 올 수 있다. 희생 제물을 가져오는 사람과 동행하는 사람들은 그를 따라 걷는다. 그것을 거행하는 사람이 뒤돌아보지 않을 수도 있는데, 그렇지 않으면 그의 영혼이 부누하에 붙잡힐 것이다.[132] 권력의 영역이 특정 지역에 이르는 특정 존재에 대한 코이타족의 믿음은 아마도 이 금기 또는 금지와 관련이 있을 것이다. 그들이 신성하게 되는 것은 영의 현존, 즉 금기를 통해서이다. 그것들은 보통 곶headlands, 늪, 산들로, 금기시되는 영혼의 속성으로 간주되고, 인간이 전혀 방문할 수 없거나, 특정한 희생 제사가 거행될 때만 방문할 수 있다.[133]

신성하고 영혼에 속하는 것으로 간주되는 영역이 있다는 사실은 아직 자연을 불완전하게 지배하는 심리적 징후로 이해되어야 한다. 인도네시아 사람들은 실제로 토지 재산의 개념을 모른다. 부족, 무리 또는 마을 사람들은 단지 특정 지역의 용익권usufruct만 즐길 뿐이다. 모든 사람이 이 권리를 가지고 있기 때문에, 개인 용익권의 범위를 정하는 것도 공동체의 권리이다. 개인의 무제한적인 재산권은 그 자신이 만든 물건까지만 적용된다. 그리고 이것은 공동체에게도 해당된다. "그러나 노동을 통해 사람들의 재산이 되지 않은 모든 것에 대한 소유권은 인간의 것이 아니라 영혼의 것이다." 그들은 땅속과 물속, 들판과 산속과 덤불

속 모든 곳에서 산다. 지구가 그들의 것이다. 인간의 노동과 독립적으로 존재하게 되는 모든 것이 그들의 재산이고, 인간은 희생을 통해 지구를 사용할 권리를 사야한다.[134] 따라서 특정 장소에 묶인 행동 패턴의 심리적 반응으로 이해되어야하는 그런 마술-신비적 개념은 토지 재산의 실제적인 법적 개념의 전조precursors로 간주되어야 한다. 이 원초적인 콤플렉스는 토지 재산 개념으로 발전하는 능동적이고 실용적인 구성 요소와 다양한 지역적 금지와 숭배 장소를 유발하는 수동적이고 이념적인 요소로 분화된다. 그 용어의 진정한 의미에서 토지 재산은 훨씬 더 높은 수준의 문화 발전에서만 존재하지만, 심지어 가장 원시적인 사람들 사이에서도 우리는 훨씬 나중에야 현실이 되는 이 생각의 첫 번째 개요를 볼 수 있다. 특히 개인과 가족의 토지 재산과 관련하여, 우리는 이런 지역에 묶여있고 이 사실을 형식적으로 나타내는 개인의 발달에서 중요한 단계와 어떻게든 연결된 특정 지역에 관하여 사회의 다른 구성원들의 특정 금지들inhibitions을 다루고 있는 것으로 보인다. 예를 들어, 모든 와찬디Watchandie족은 매년 세 번씩 자신의 출생지를 방문해야하고,[135] 베드포드 곶Cape Bedford에서는 출생지가 부모를 제외한 모든 사람들에게 금기라는 것을 우리는 알고 있다.[136] 이런 신비한 연결에서, 특히 중요한 것은 출생지이다. 중부 호주에서, 개인은 태아embryo 영혼의 육화incarnation가 발생한 지역의 토템에 속한다. 서부와 베드포드 곶에는, 개인과 그의 출생지 사이에 신비로운 연결이 있다. 퀸즈랜드에서 그의 태반이 묻힌 지역은 그의 소유이다. 바스티안에 이어, 우리는 식량이 첫 번째 재산이라는 것을 일찍이 확립했다. 이제 우리는 단지 개체 발생적 관점에서 어머니의 젖이 당연히 신생아의 첫 번째 재산이고, 그의 첫 번째 자궁 밖의 재산이 어머니의 젖가슴이라고 덧붙인다. **이 모든 것은 기억 흔적들의 무의식적 생존을 태아기부터 보아야하는 것은 개체 발**

생적 관점에서 환경과의 보다 친밀한 연결감에 있다는 것을 시사한다. 태아가 어머니의 몸 안에서 차지하는 공간의 배타적 소유자인 것처럼, **개인 또한 자궁 내에서 가장 가까운 환경 부분, 즉 자신의 출생 장소와 더 친밀한 연결을 경험한다.** 이미 호주에서는, 외부 세계와의 신비로운 연결의 개념과 움직일 수 없는 물체로 구성된 개인 재산의 개념이 주로 나무에 붙어 있고, 열매 맺는 나무가 가장 흔한 어머니의 상징 중 하나라는 징후들이 많다.[137] 야라이카나족에서, 토지 재산은 프린세스 샬럿 베이Princess Charlotte Bay에서의 미래의 부인처럼 똑같은 방식으로 이빨이 빠졌을 때 결정된다.[138] 땅을 경작하는 사람들 중에서, 땅과 여자, 특히 첫 번째 여자인 어머니 사이의 연결은 억압된 자들의 귀환에 의해 완벽하게 의식된다. 예를 들어, 북아메리카 사람들은 땅이 좋은 어머니처럼 자신의 자녀들에게 음식을 제공하기 때문에 땅을 어머니라 부른다.[139]

물론 실용적인 의미에서 토지 재산은 가장 원시적인 괭이 문화 수준에서만 존재한다. 여기의 조건들은 모든 원시 민족들 사이에서 완벽하게 동질적이며, 인과 관계 또한 완전히 투명하다. 뉴포메라니아New Pommerania의 바이닝에서, 농장은 가장 중요한 재산이다. "가장 중요한 전제presupposition인 정착 생활이 실종되기 때문에 토지의 개인 재산이 발달되지 않았다." 토지는 주민들의 공동 재산이며, 모든 사람이 숲의 비어있는 곳에서 나무를 베고, 빈터에 나무를 심으며, 자신의 농장에서 수확할 수 있는 권리를 갖는다. 용익권인 농작물은 농장을 시작한 사람의 독점적 재산이며, 예를 들어 어떤 사람이 방치된 사람의 농장에 코코넛을 심었다면 그 열매는 그 사람만의 것이다. 원래 주인이 그 빈터에 다시 심으면, 전체 수확물이 그에게 돌아간다.[141] 카이족에서는, 모든 들이 단 한 번만 사용된다. 수확기에 이미 잡초가 무성하게 자라기 때문에 파푸아족은 그만 두고 다른 땅으로 가야 한다. 수확된 들에는 울창한 덤

불과 대나무가 자라기 시작한다. 6년 또는 8년 후에, 오래된 밭에 새로운 작물을 심을 수 있다. 매년 한 개의 토지가 새로운 밭으로 지정되고, 모든 마을 사람들이 사전에 자신의 몫을 요구한다.[142] 파킨슨Parkinsons도 바이닝족에 대하여 다음과 같이 적는다. "바이닝족은 떠돌이 농부들이다. 그들이 타로토란 밭taro field을 시작하면, 그들은 바로 그 곳에 정착한다. 밭의 수확량이 줄어들기 시작하면, 그들은 때때로 이전 밭에서 꽤 떨어진 새로운 지역을 선택하고 거기에 자신들의 오두막을 짓는다." "토지도 개인의 것이 아니다. 그들이 심은 곳은 한동안 재산으로 여겨지지만, 영구적인 청구권 같은 것은 모르고 상속, 구매, 선물이나 거래를 통한 재산 이전에 대해서도 잘 알지 못한다."[143] 밀른 만Milne bay에서, 부족 정착지와 인접한 지역은 공동 재산이다. 하지만 마을의 정원과 주변 토지는 마을에 사는 토템 씨족에 속한다. 사용하지 않은 숲은 공동 재산이다. 만약 누군가가 그것의 일부를 치운다면, 그 부분은 일시적으로 그의 것이 되지만, 나중에 그 씨족의 영구 재산이 된다. 만약 낯선 사람이 그 부족에 합류하기를 원하면, 그가 그 부족의 토템 중 하나를 받는 조건으로 그에게 땅의 한 구획이 배정된다.[144] 이것은 괭이 문화 이전 수준에서 영토 분배와 토테미즘 사이에서 우리가 입증했던 것과 같은 종류의 연결이다.

플로리다에 소위 "마탕가matanga"라는 소유지도 있는데, 그 마을의 경계는 결코 한 개인에게 속하는 것이 아니라 항상 모계 씨족인 "케마Kema족"에 속한다.[145] 마풀루Mafulu족에서는, 집과 그 집이 서있는 땅은 개인의 소유이지만, 기둥이 썩어 집이 무너지면 그 토지는 공동체로 되돌아간다. 이 유형의 집은 몇 년 동안만 서 있다. 공터는 제한된 의미에서만 개인 재산이며, 사냥과 낚시의 권리는 공동체에 속한다.[146] 보가짐Bogadjim에서도, 주민들이 미개간지의 장점을 잘 알고 있기 때문에, 새로운 농장들이 매년 시작된다. 그들은 공동으로 땅을 개간한 다음 각 가정에 경작지를 할당한다. 여기서 토지가 개별 가족 소유이기 때문에 조건이 더 이상 간단하지 않다. 그러나 농장은 종종 가족의 토지 재산에서 멀리 떨어진 곳에서 시작되기 때문에, 그들은 자신들의 것이 아닌 토지를 경작한다. A, B, C 세 가족 집단이 있는 마을을 가정해 보자. 주어진 해에 공동으로 소유한 농장은 A 가족에 속하는 땅에서, 다음 해에는 B 가족에 속한 토지에서 시작되지만, 소위 소유주는 이 사실에서 특별한 권리를 얻지 못하는데, 이는 작물이 심었던 사람에게 속하기 때문이다. 이것은 그것이 A, B, C 집단의 개별적인 가족에 속한다는 것을 의미하는데, 유일한 제한은 가족 집단이 잔치를 열 때, 가족의 우두머리가 수확량의 일부를 넘겨줄 의무가 있다는 것이다.[147] 이것은 아마도 재산 개념의 비실용적이고 농경 이전의 형태, 또는 더 정확하게 말하면, 십중팔구 원래 토템 씨족인 가족 집단 재산의 유물이다. 한 농경지에서 다음 농경지로 옮겨가는 관행도 원주민들이 토지를 팔 수 있다는 생각에 익숙하지 않다는 로밀리Romilly의 언급을 설명한다. 선물은 원주민들에게 받아들여지지만, 원주민인 그들이 더 이상 자신들의 토지에서 어떤 사업도 하지 않는다는 말을 들으면, 그들은 크게 놀란다.[148] 베르쿠스키Berkusky는 가장 원시적인 인도네시아 부족에 대해서도 마찬가지로 토지가 공동 재산이라고 적고 있다. 토지를 개간하거나 농장을 시작하는 개인만 오직 수확할 자격이 있다. 이것은 놀라운 일이 아니다. 왜냐하면 토지가 너무 풍부하게 존재하기 때문에 토지에 소비된 노동만이 가치를 지니기 때문이다. 토지 자체는 가치가 없다. 그 해에 특정 토지를 경작한 사람은 다음 해에 이미 다른 곳에서 일하고 있으며, 1년 전에 경작했던 토지를 어떻게 해야 할지 모를 것이다.[149]

북아메리카인들 사이에서, 토지는 원래 그 부족의 소유였다. 농업이 시작되면서 가족 재산은 발전했지만, 인디언들이 그 토지를 팔 수 있다는 생각까지는 하지 못했다.[150] 바카이리족에게, 농장은 공동 재산이다.[151] 렝구아족에서, 토지는 전체 부족에 속하며 아무도 자신의 이웃보다 더 큰 몫을 받을 자격이 없다. 숲에서 생산된 것은 모두의 것이고, 소떼들은 공동 초원에서 풀을 뜯고, 토지는 그가 경작하는 한, 개인 소유이다.[152] 일반적으로 말해서, 재산 개념은 일련의 행위들의 연속성을 표현하는 것에 지나지 않으며, 그것이 큰 부대bags의 사냥감이나 물고기들이 마을에 속하고, 농장의 작물은 가족에게, 무기와 도구들은 남자에게, 오두막과 보트는 여자에게, 장난감은 아이에게 속하는 이유이다.[153] 같은 방식으로, 로데지아Rhodesia의 아웸바Awemba에서도 일종의 유목 생활의 특징적 환경이 얻어진다. 토지는 모두의 것이고, 농작물은 숲을 개간한 사람의 것이다. 그 토지는 희박하게 정착되어서 아무도 같은 지역을 두 번 연속 경작할 의무가 없다. 모든 사람은 자신이 수확한 것을 소유하지만, 어떤 경우라도 가치가 없는 땅은 소유하지 않는다.[154] 베르쿠스키는 인구 밀도가 증가함에 따라 토지의 영구적인 소유가 발전했다는 것을 설득력 있게 보여준다. 떠돌이 부족들의 농업이 정착 형태의 괭이 문화로 대체되자마자, 우리는 재산이 현재 확립된 일련의 행동의 심리적 산물로 나타나는 것을 본다.[155] 그리고 이것은 또한 우리가 원시적이라고 말할 수 있는 조건의 상한에 도달했다는 것을 의미한다. 그러므로 우리는 단지 추가적인 발달 노선을 마지막으로 살펴볼 것이다. 플로리다에서는, 신성한 장소인 부누하가 종종 공동묘지이기도 하고, "수호신genius loci"은 죽은 사람의 영혼이다.[156] 생활공간이 줄어들고 유목 생활이 끝나감에 따라, 우리는 인도네시아에서 인간과 대지earth가 더욱 친밀한 통합unity을 형성하게 된다는 것을 관찰한다. 지금 대지가 속한 영혼들은 더 이상 외계의 마귀가 아니라 조상이다. 이 숭배는 현재 살고 있는 세대를 이전 세대와 연결하고, 모든 사람들이 토지 재산의 몫에 대한 그의 실제 주장을 이끌어내는 것은 바로 이것으로부터이다. 그렇기 때문에 그들이 와테벨라Watebela 섬, 플로레스Flores 섬, 숨바Sumba 섬에서 토지를 팔 수 없는 것은 조상에 대한 배려 때문이고, 할마헤라Halmahera 섬에서 토지를 파는 것은 조상들의 계명을 어기는 행위로 간주된다고 말한다.[157] 원시인들이 자신의 조국을 신성하게 여기는 이유는 그것이 조상들의 것이기 때문인데, 이것은 대지의 표면과의 유대에 대한 심리적 배경이 길게 연속되는 아버지에 대한 유아적 태도에서 주어진다는 것을 의미한다. **어머니 대지는 조상들의 것이다. 즉, 어머니는 아버지의 것이다.** 이것은 우리가 토테미즘 단계에서 마법적 연결이 대지에 투사된 것을 발견하는데, 아버지 심상imago의 실제적인 화신embodiment으로서 족장이 갈수록 두드러지게 되기 때문에, 사회적, 경제적 평등이 점차 사라지는 것은 이 심리적 태도 덕분이다. 호주 중부에 있는 한 토템 집단의 족장이 다른 구성원들과 구별되는 유일한 점은 그가 알체링가 부족의 조상 숭배와 더 가까운 관계라는 것이다. 따라서 그는 순종하려는 유아적 성향의 가시적인 대상인 유아기 무의식 속에 살아남은 아버지 이미지의 초점이 된다. 그 부족의 구성원들은 그에 대하여 악마와 토템에 대하여 하는 것과 같은 태도를 가지고 있다. **그것은 억제된 공격성과 부분적인 포기의 태도이다.** 족장은 첫 열매와 원래 부족에 속했던 토지의 일부에 대한 권리를 남겨둔다.[158] 그리고 어머니에 대한 아버지의 권리를 반영하는 이런 상징적인 특권에서, 자본과 사회 계층의 발전이 시작한다.

주석 및 참고문헌

1. G. Grey, *Journals of two Expeditions of Discovery in North West and Western Australia*, (1841) I, 259-299. N. W. Thomas, Natives of Australia, (1906) 103, 104. 이런 종류의 사냥에 필요한 불확실한 결과와 불균형한 노력에 대해서는 A. Oldfield, *On the Aborigines of Australia. Transactions of the Ethnological Society*, (1861) I, 294.와 Kurt von den Steinen, *Unter den Naturvölkern Zentral-Brasiliens*, (1894) 233.와 Koch-Grünberg, *Zwei Jahre unter den Indianern*, (1910) II, 50 ("The great fishtraps … and all the fish caught in them belong to the entire community.")와 E. Nordenskiöld, (1912) 184, 185.를 참조하라.

2. R. H. Mathews, *Ethnological Notes on the Aboriginal Tribes of New South Wales and Victoria*, (1905) 52, 53.

3. J. Murdoch, *Ethnological Results of the Point Barrow Expedition, IX. Annual Report of the Bureau of Ethnology*, (1887/1888) 264.

4. G. F. Angas, *Savage Life and Scenes in Australia and New Zealand*, (1847) II, 231. 사람들은 아마도 이 원시적인 사냥 방법의 잔존을 신화적인 모티프로 보는 경향이 있을 수 있다. 참조; K. von den Steinen, *Unter den Naturvölkern Zentral-Brasiliens*, (1894) 324. *Stucken, Astralmuthe*, (1907) 1.

5. N. W. Thomas, *Natives of Australia*, (1906) 97. A. F. Calvert, *The Aborigines of Western Australia*, (1894) 26.

6. F. Krause, *In den Wildnissen Brasiliens*, (1911) 247.

7. E. Eylmann, *Die Eingeborenen der Kolonie Südaustralien*, (1908) 273, 274. 참조; 또한 "그들은 때때로 추격에 동참한다. … 이 공개적인 몰이사냥은 특정한 규칙에 의해 통제된다. … 동물들은 포위되고, 각 사람은 각자의 위치를 정

하고, 그런 다음 원은 겁에 질린 동물들에게 점차 가까워지지만, 그들 중 탈출하는 것은 거의 없다." A. F. Calvert, *The Aborigines of Western Australia*, (1894) 25. "Boulia 지역에서 에뮤의 무리가 우연히 캠프 근처 안으로 들어오면, 모든 남녀가 소처럼 그들을 둘러싸고 모으는 것과, 나중에 그들을 가장 가까운 물웅덩이로 몰고 내려가는 것을 도울 수 있다." W. E. Roth, *Food, its Search, Capture and Preparation, (North Queensland Ethnography.* Bulletin No. 3, 1901) 26. J. F. Bennet, *Historical and Descriptive Account of South Australia*, (1843) 363, 362. A. Oldfield, *The Aborigines of Australia*, (Transactions of the Ethn. Soc. III) 272. 그 부족의 모든 구성원들과 때로는 이웃한 두 부족도 몰이사냥에 참가한다. H. Ling-Roth, *The Aboriginals of Tasmania*, (1899) 97, 98.

8. W. J. McGee, *The Seri*, (Indian Bureau of American Ethnology, XVII, 1895/96) 190, 191. 아마도 공동으로 개최한 이 몰이사냥은 무리 공동생활의 첫 번째 표현일 것이다. 그들은 아마도 그것에서 발전했을지도 모르는 전쟁보다 더 원시적일 것이다. 그들이 무리를 지어 공격할 때는 늑대의 사냥 기술과의 유사성이 눈에 띈다.

9. J. Murdoch, *Ethnological Results of the Point Barrow Expedition, (IX. Report of the Bureau of Ethnology*, 1887/88) 265.

10. Ch. Kaysser, *Aus dem Leben der Kaileute*. R. Neuhauss: *Deutsch Neu Guinea*, (1911) III, 19.

11. 참고; Alfred Knabenhans, *Arbeitsteilung und Kommunismus im australischen Nahrungserwerb,(Festschrift für Eduard Hahn. LX. Geburtstag. Studien und Forschungen zur Menschen-und Völkerkunde.* XIV, 1917) 79, 80. 낚시에서, 우리는 또한 개인 절차와 집단 절차를 구분할 수 있다. 예를 들어, Euahlayi족의 방법은 개별적이다. 여자들은 연못에 완전히 알몸으로 누워서 새우가 물때까지 기다린다. 그러면 새우를 잡

을 수 있다. K. L. Parker, *The Euahlayi Tribe*, (1905) 110. 얕은 물에서, 그들은 물고기를 간단히 밟는다. N. W. Thomas, *Natives of Australia*, (1906) 89. 또는 그들은 화살이나 창으로 그것들을 때렸다. 앞서 언급한 책과 A. W. Howitt, *Native Tribes of South Australia*, (1904) 461.를 참조하라. K. von den Steinen, *Unter den Naturvölkern Zentral-Brasiliens*, (1897) 223. C. G. Seligman, *The Veddas*, (1911) 333. 가장 기본적인 협력 형태는 나무의 잔가지와 가지를 사용하여 물고기가 연못의 한쪽 끝에서 다른 쪽 끝으로 몰리는 곳에서 만나는 것이다. Eylmann, *Die Eingeborenen der Kolonie Südaustralien*, (1908) 276-277. Spencer and Gillen, *The Northern Tribes of Central Australia*, (1904) 677. A. Oldfield, *The Aborigines of Australia*, (Trans. Ethn. Soc. III) 274. 둑(weirs)과 어살(fishgarths)은 이런 맥락에 속한다. N. W. Thomas, *Natives of Australia*, (1906) 92. K. L. Parker, *The Euahlayi Tribe*, (1906) 109, 110. (모든 부족은 어살을 가지고 있다. 낯선 사람이 물고기를 잡으면, 이것은 도둑질로 간주된다. Nile강 상류를 따라, 호수와 연못은 유럽에 있는 농지와 포도원과 같은 종류의 귀중한 재산으로 존중된다. Ratzel, *Völkerkunde*, [1894] I, 118.) W. E. Roth, *Food, its Search, Capture and Preparation*, (North Queensland Bulletin No. 3, 1901) 23. (그 작업의 다양한 종류의 낚시에 관한 세부 사항들) Morgan, *Houses and House Life of the American Aborigines*, (Contr. to North American Ethnology, IV) 77. "음식 속 공산주의"와 관련하여 "남편과 아내의 공산주의"를 논의하라. F. Somlo, *Der Güterverkehr in der Urgesellschaft*, (Institut Solvay, 1909) 166, 175.에 있는 두 가지 일방적인 견해에 대한 예리한 비판. 또한 Knabenhans, *Arbeitsteilung und Kommunismus im australischen Nahrungserwerb*. (Eduard Hahn Festschrift, 1917) 74.와 Fr. Ratzel, *Völkerkunde*, (1894) I, 117.를 참고하라.

12. K. von den Steinen, *Unterden Naturvölkern Zentral-Brasiliens*, (1894) 206.

13. K. L. Parker, *The Euahlayi Tribe*, (1905) 115.

14. R. H. Mathews, *Ethnological Notes on the Aboriginal Tribes of New South Wales and Victoria*, (1905) 91. J. Fraser, *The Aborigines of New South Wales*, (1892) 51.

15. C. Lumholtz, *Au Pays des Cannibales*, (1890) 145, 189. Ed. Hahn, *Die Entstehung der Pflugkultur*, (1909) 6.를 참고하라. O. T. Mason, *Woman's Share in Primitive Culture*, (1895) 14.

16. 참고; K. Bücher, *Die Entstehung der Volkswirtschaft*, (1911) 27. "개인적인 식량 탐색 수준(Level of individual search for foof)." 하지만 Moszkowski는 *Vom Wirtschaftsleben der primitiven Völker*, (1900) 227.에서 "이 경제 단위 내에는 애당초에 절대적인 공산주의가 있다."라고 적고 있다. H. Schurtz, *Urgeschichte der Kultur*, (1900) 227. "일부에서 문화 발전의 최고이자 가장 바람직한 꽃으로 보는 공산주의는 인류의 더 진보적인 집단에 의해 오랫동안 초월된 것처럼 보이지만, 반면에 여전히 그것을 고수하는 다른 사람들도 있다."

17. M. Moszkowski, *Vom Wirtschaftsleben der primitiven Völker*, (1911) 10.

18. B. Hagen, *Unter den Papuas*, (1899) 243.

19. C. G. Seligman, *The Melanesians of British New Guinea*, (1910) 66.

20. 문화 복합체 이론(Schmidt and Koppers, *Völker und Kulturen*, III, [1924] 참조)의 지지자들이 수행한 다른 방향의 연구 유형에 대한 논의는 다른 곳에서 제시될 것이다.

21. R. Dawson, *The Present State of Australia*, (1813) 326.

22. M. Hodgskinson, *Australia from Port Macquarie to Moreton Bay*, (1845) 222.

23. Spencer and Gillen, *The Native Tribes of Central Australia*, (1899) 16.

24. J. Matthew, *Two representative tribes of Queensland*, (1910) 128.

25. Browne, *Die Eingeborenen Australiens*. Petermanns Mitteilungen, (1856).

26. B. Malinowski, *The Family among the Australian Aborigines*, (1913) 146-148.에 있는 자료를 참고하라. 그는 위에서 언급한 자료들도 인용한다.

27. 반면에 훨씬 더 원시적인 Tasmania인들은 더 큰 무리를 지어 돌아다녔다고 한다. H. Ling Roth, *The Aborigines of Tasmania*, (1899) 105. 원시적 상태에서, Veddas족의 개별 가족은 개별적으로 숲을 돌아다녔다. Seligman, *The Veddas*, (1911) 81. 중앙아프리카의 pygmi족 중에서, 더 큰 부족을 다루고 있는 것처럼 보인다. A. B. Llouy, *In Dwarf Land and Cannibal Country*, (1907) 268.

28. S. 프로이트, *Totem and Taboo*.를 참고하라. Th. Reik, *Probleme der Religionspsychologie*, (1919) 119, Blüher, *Die Rolle der Erotik in dermännlichen Gesellschaft*, (1917) I, II. 그러나 Blüher는 남성 협회의 동성애에서 이차적 요소인 억압을 인정하지 않는다.

29. Moszkowski, *Vom Wirtschaftsleben der Naturvölker*, (1911) 24. 참조; Schurtz, *Altersklassen und Männerbünde*, (1902) 20, 22, 52.

30. Spencer and Gillen, *The Native Tribes of Central Australia*, (1899) 469.

31. Spencer and Gillen, 위의 책. 장인에 대한 조공 지급에 대해서도, B. Spencer, *Native Tribes in Northern Australia*, (1914) 36.를 참고하라.

32. Spencer and Gillen, *The Northern Tribes of Central Australia*, (1904) 610.

33. 우리는 약탈된 것에는 분배 규칙이 적용되지 않는다는 것을 위에서 주장했다. 여기서 우리는 예외를 발견한다. 그러나 사냥감을 다루는 것과 유사한 분배를 지배하는 규칙에 대한 정확한 정보를 어디에서도 찾을 수 없다. 참고; Knabenhans, *Arbeitsteilung*, (Hahn-Festschrift, 1917) 162. "이 수준에서 남자가 여전히 여자보다 모든 종류의 사회적 유대에 훨씬 더 잡혀 있다."

34. A. W. Howitt, *The Native Tribes of South East Australia*, (1904) 756.

35. Howitt, *Native Tribes*, 756, 757.

36. 참고; "사냥꾼은 적은 부분만 먹는다. 나머지는 분배한다." 이런 관습은 "이기적인 사람"은 이타주의의 부족으로 죽는다는 병인론적 신화에 호소함으로써 실행된다. J. Dawson, *Australian Aborigines*. (1881) 22, 23. 추가 자료는 Knabenhans, 앞서 언급한 책. 95-97.를 참고하라.

37. Howitt, 앞서 언급한 책. 758.

38. Howitt, 위의 책. Polynesia인들 또는 다른 자료의 경우에, 이것은 성적 상징에서 뱀장어의 의미를 암시한다. 그러나 여기서는 아마도 관련이 있는 음식으로서의 장어일 것이다.

39. R. H. Mathews, *Ethnological Notes on the Aboriginal Tribes of New South Wales and Victoria*, (1905) 56, 57.

40. Howitt, 앞서 언급한 책, 759.

41. Howitt, 앞서 언급한 책, 760.

42. Howitt, 앞서 언급한 책, 767. 다른 사람의 발에 무언가를 던지는 이런 행위는 유럽에서처럼 물건을 받는 사람의 굴욕으로 여겨져서는 안 된다. Howitt는 이것은 식량이 한 사람에서 다른 사람에게로 직접 전달되는 경우 발생할 수 있는 주문(spell)의 가능성을 피하기 위한 것이라고 설명한다. 심리학적으로 말하면, 주문에 대한 두려움은 주는 사람의 억압된 이기적 충동에 해당한다(물론 사회라는 억압적인 권위). 따라서, 예를 들어, 먹는 동안 사악한 눈에 대한 일반적인 두려움이 있다. E. Crawly, *The Mystic Rose*, (1902) 151, 161. 선물을 받는 것의 마법적 위험에 대해서는 E. Westermarck, *The Origin and the Development of the Moral Ideas*, (1906) I, 593.을 보라. Lengua 인디언들의 환대에 관련하여, Grubb는 "그러나 이 분명한 환대는 표면상으로는 기꺼이 응하더라도 마지못해 베푸는 것이다. 그들은 원

주민 법에 따라 공유하도록 강요받는다"라고 적고 있다. W. B. Grubb, *An Unknown People in an Unknown Land*, (1911) 189. 환대의 신성한 법칙인 환대의 신(dei hospitalis)을 위반하는 사람들에게 복수하는 영혼인 Erinys 는 기분 상한 손님의 투사된 감정이다. Westermarck, 앞서 인용한 책, 585. 를 참고하라.

43. W. B. Grubb, *An Unknown People in an Unknown Land*, (1911) 189.

44. G. A. Wilken, *De Verspreide Geschriften*, (1917) I, 314. (Over de verwantschap en het huwelijeksen erfrecht bij de volken van het Maleische ras.)

45. A. W. Howitt, *The Native Tribes of South East Australia*, (1854) 766. 또한 "잡은 사냥감 자루(bag)가 크든 작든 모든 사람들은 자신의 몫을 받는다. 젊은이들과 노약자들은 최강자들과 다르게 취급받지 않는다."를 참고하라. W. Campier, *Early Voyages to Australia by B. H. Major*, (Haklyut Society, 1959) 103. "행운의 사냥꾼은 자신의 동료들에게 너그럽게 고기를 나눠주고, 자신에게는 비교적 적은 양만 남겨둔다." A. Oldfield, *The Aborigines of Australia*, (Transactions of the E. S. III) 271. 저녁 식사 시간에 지나가는 모든 사람은 초대를 기다리지 않고 그냥 앉아서 자신의 몫을 받는다. "동등한 사람들과 윗사람들에 대한 사람들의 환대가 너무 커서 식량은 거의 공동 재산이라 불릴 수 있었다." G. Mc. Theall, *The Yellow and Dark Skinned People of Africa South of the Zambesi*, (1910) 229. 호주인들의 "Neborak" 과 유사한 관습은 아프리카에서도 발견되는데, 아프리카에서는 그들이 세금 체계라 부를 수밖에 없는 것으로 발전했다. 여기서 우리는 일반적으로 세금의 원초적인 형태 중 하나를 다루고 있는 것 같다(원시적인 희생 제물과 다양한 금기 사항도 포함될 수 있다). 사냥의 전리품은 창으로 동물에게 가장 먼저 치명적인 상처를 입힌 사람의 것이다. "친척이나 마을 구성원에 의해 살해된 동물의 특정 부분에 대한 권리는 여러 친척들, 추장들이나 족장들이 가지고 있다. 아이는 아버지가 죽인 동물의 다리나 어깨를 갖고, 어

머니는 성공한 아들에게서 배의 조각이나 목을 받는다. 가족에게 속하는 이런 맞춤형 부분을 bilelo라 부른다." 씨족장은 머리나 목을 받고 그의 몫을 motamdo라 부른다. 종종 사냥꾼에게는 거의 아무것도 남지 않는다. John H. Weeks, *Among Congo Cannibals*, (1913) 231, 232. 죽은 영양의 콩팥은 족장의 것이고, 뒷다리 하나는 아내들과 공유하고 있는 마을 남자들에게, 한쪽 어깨는 사냥 중에 도와준 사람들에게 가고, 심장은 아버지 것, 나머지가 사냥꾼에게로 간다. J. H. Weeks, *Among the Primitive Bakongo*, (1914) 185. 머리는 사냥꾼 동갑내기들 것이다. 만약 그것이 작은 덤불 동물이라면, 아버지 쪽 맏형이 머리를 받아서 그것을 동생들과 나눈다. 동물의 턱뼈와 뒷다리 하나, 그리고 콩팥은 아버지 쪽 큰 삼촌에게 간다. 사냥꾼이 죽으면, 이 삼촌은 채권자에게 빚을 줄여달라고 요청해야 한다. 즉 "그는 자신의 턱뼈를 잡아당겨야 한다." 죽은 사냥꾼이 빚을 남겼을 때 목을 빌려주고 그 짐을 짊어지기 때문에, 그 동물의 목은 어머니 쪽 여동생들에게 간다. 사냥꾼의 어머니는 가슴을 받는다. 왜냐하면 기쁠 때나 슬플 때 모두 그녀가 두 손으로 자신의 가슴을 치기 때문이다(물론, 진정한 상징은 더욱 심오하다). 사냥꾼의 아내가 남편을 위해 일할 때 허리가 피곤해지기 때문에 동물의 허리는 사냥꾼 아내에게 간다. 몸이 허리에 의지하는 것처럼, 그렇게 온 집이 그 여성에게 의지한다. 할아버지는 가족 전체의 뿌리로 가족의 구성원들은 단지 그의 가지(branches)이고 잔가지(twigs)이다. 그는 가장 강한 근육과 신경이 하나로 합치는 부분인 꼬리 밑동을 받는다. J. Spieth, *Die Ewe-Stämme*, (1906) 384-388. (유사한 상징성은, 비록 무의식적이지만, 분배를 지배하는 호주 규칙의 기초가 될 것이다.) 큰 사냥감을 사냥했을 때, "대지의 주인(lord of the earth)"은 머리를 받는데, 이것은 또한 물소와 코끼리의 꼬리, 땅에 닿는 코끼리의 상아나 죽을 때 무릎을 꿇고 몸을 지탱하는 상아도 마찬가지이다. Pechuel Loesche, *Die Loango-Expedition*, (1907) II, 2. Teil, 218.

46. 이것이 Malinowski의 견해이다. *The Family among the Australian Aborigines*, (1913) 290.

47. Th. Reik, *Probleme der Religionspsychologie*, (1919) 7. G. Róheim, *Australian Totemism*, (1925) 276-280.도 참고하라.

48. B. Spencer, *The Native Tribes of Northern Australia*, (1914) 323.

49. R. H. Mathews, *Ethnological Notes on the Aboriginal Tribes of New South Wales and Victoria*, (1905) 57.

50. J. Fraser, *The Aborigines of New South Wales*, (1892) 54.

51. W. E. Roth, *Tabu and other Forms of Restriction*, (North Queensland Ethnography Bulletin II, 1908) 78.

52. C. G. Seligman, *The Melanesians of British New Guinea*, (1910) 139.

53. 위의 책, 496.

54. Spencer and Gillen, *The Northern Tribes of Central Australia*, (1904) 611.

55. 위의 책, 612. Ch. Wilhelmi, *Manners and Customs of the Australian Natives*. (Royal Society Transactions, 1862) 16. H. E. A. Meyer, *Manners and Customs of the Aborigines of the Encounter Bay Tribe*. J. D. Woods, *The Natives Tribes of South East Australia*, (1879) 187.

56. 이런 과잉 보상이 경멸적인 의미에서 하나가 될 수 있다는 것은 우생학적 관점에서 확실하게 승인될 수 없는 호주의 관습에 의해 증명된다(비록 비밀리에 당연히 균형이 만들어지지만). 그것은 젊은이들이 아내를 갖기 어렵다는 것을 알게 하기 위해 노인들이 자신들을 위해 모든 젊은 여성들을 보유하는 것을 포함한다. 상황은 문명화된 유럽 사람들의 특정 계층에서도 별로 다르지 않다. 즉, 나이 들고 신체적으로 덜 효율적인 남성들에게 유리한 의미심장한 사회-경제적 변화가 일어나고 있다.

57. 참고; "소년들은 또한 13가지의 다른 종류의 사냥감을 먹는 것이 금지되고, 만약 그들이 그것들을 먹으면 조기에 백발이 될 것이라고 한다. 나는 이 관

습이 원래 노인들과 여성들을 위해 대비하려는 의도였다는 것을 의심하지 않는다. 왜냐하면 소년들에 금지된 그 사냥감은 쉽게 얻을 수 있고 영양분이 많은 음식이기 때문이다. 그러므로 그들이 그것을 먹는 것이 허용된다면, 전체 부족이 얻기가 더 어려운 동물은 무시하고 그것들을 먹을 것이기 때문에 아마도 그것들은 곧 멸종될 것이다." G. Taplin, *The Narrinyeri*, (1878) 16.

58. A. W. Howitt, *The Native Tribes of South East Australia*, (1904) 769.

59. New South Wales에서는, 아직 어린아이들에게 음식 금기가 적용되지 않는다. 그들은 그들의 부모나 다른 친척들이 주는 모든 것을 먹을 수 있다. R. H. Mathews, *Ethnological Notes on the Aboriginal Tribes of New South Wales and Victoria*, (1905) 56, 57. 우리가 "허용된" 음식 범주의 근원을 찾아야 하는 것은 부모가 제공한 음식에서이다. 그러나 그런 범주 역시 또 다른 금지된 범주의 존재를 전제로 한다. 아마도 아이는 또한 음식의 더 큰 부분이 어른들에게 간다는 것을 알아차리고, 이 경험은 "신성한," "금기," "금지된" 식량 범주에서 활성화된다.

60. 무의식의 반복 강박에 관해서는, Freud, *The Uncanny*를 참고하라.

61. Encounter Bay에서는, 식량의 분배가 연령별로 진행된다. "특정 종류의 물고기가 풍부한 특정 계절에, 남자들은 종종 그것을 *rambe*(신성한)라고 선언하고, 그 후에 잡은 모든 것을 요리하는 남자들에게 가져와야 하고, 여자들과 아이들은 남자들이 먹고 나서 그들에게 주기로 선택한 것에 접근하여 먹는 것조차 허용되지 않는다." H. E. A. Meyer, *Manners and Customs of the Aborigines of the Encounter Bay Tribe*. J. D. Woods, *The Native Tribes of South Australia*, (1879) 187. 일 년 중 특정 시기에, 물고기는 금기로 선언된다. 이것은 이미 전의식에 뿌리를 둔 무의식적인 노력에 대한 이 기적인 착취로 보인다. 어쨌든, 우리는 남자들을 위해 마련된 음식에서 희생 제물을 받는 신들의 원형을 볼 수 있으며, 이런 유치한 태도에서 이후의 모든 "종교적" 또는 "사회적" 금욕 의식의 뿌리를 볼 수 있다.

62. 신부 구매 관습과의 연관성 또한 경시되어서는 안 되며(위 참조), 금지된 음식 사이의 연결과 관련하여 젊은 남자들이 사냥한 동물의 가장 좋은 조각을 장인에게 주는 관습의 연관성 또한 무시해서는 안 된다. 우리는 여러분들에게 정확히 장인이 입회 의식을 수행하는 Aluridja족의 관습을 상기시킨다. H. Basedow, *Anthropoloical Notes made on the South Australian Government North West Prospecting Expedition*, (Transactions of the Royal Society of New South Wales, XXVIII, 1904) 22. 아내가 어머니의 자리를 대신하듯이, 장인이 아버지의 자리를 대신한다. Reik, *Pubertätsriten der Wilden. Probleme*, (1919)를 참고하라. 사냥되어 살해된 야생 동물과 여성들 사이의 연관성에 대해서는 Róheim, *Die wilde Jagd. Imago*, XII. *Australian Totemism*, (1925) 101.를 참고하라. Dr. H. Goja, *Das Zersingen der Volkslieder, Imago*, VI.

63. 참고; S. 프로이트, *Totem and Taboo*, (1914).

64. 또한 Róheim의 *Psychoanalysis es ethnologia. Ethnographia*, (1918)의 자료와, 더 자세한 내용은 *Australisn Totemism*, (1925) 245.를 참고하라.

65. A. Bastian, *Der Mensch in der Geschichte*, (1860) III, 216.(*Année Sociolo-gique*, X, 446의 비판적인 비평에도 불구하고), 또한 원초적인 재산 형태로서 식물과 동물의 "저장 영양분*(réserves nutritives)*"에 관한 Petrucci, *Les Origines the Naturelles de la Propriété. (Institut Solvay*, III, 1905) 14.의 심오하고 합리적인 논평을 참고하라.

66. Bastian, 앞서 언급한 책, III, 218.

67. Ch. Darwin, *The Descent of Man*, (1898) I, 125.

68. H. Spencer, *The Principes of Sociology*, II, 540.

69. E. Westermarck, *The Origin and Development of the Moral Ideas*, (1908) II, 42 (ex. Kloss, *In den Andamans and Nicobars*, [1903] 240).

70. F. Krause, *In den Wildnissen Brasiliens*, (1911) 280. Assiniboin족에서는 자신이 만든 것은 모두 자신의 재산이다. J. D. Dorsdy, *Siouan Sociology*, (*Bureau of Ethnology*, XV. Report, 1897) 225.

71. *Royal Geographical Society*, II, 195, 196.

72. K. von den Steinen, *Unter den Naturvölkern Zentral-Brasiliens*, (1897) 285. "유목 생활을 하던 초기에는, 개인 장비 외의 재산은 존재하지 않았다." B. Hagen, *Die Orang Kubu auf Sumatra*. (Veröff. Städt. *Völker Museum* II, 1908) 156. Kohler, *Zeitschrift für vergleichende Rechtswissenschaft*, VIII, 86. P. E. Goddard, *Life and Culture of the Hupa*, (Univ. Cal. Rebl. 1903/04) 59.

73. W. E. Roth, *Notes on Government, Morals and Crime*, (N. Q. E. Bull. VIII, 1906) 9.(재산의 표시로서 발자국, 개인 재산은 거의 없음)을 참고하라. J. Fraser, *The Aborigines of New South Wales*, (1892) 67. (시장, 무기, 도구, 재산의 표시). Spencer and Gillen, *Northern Tribes of Central Australia*, (1904) 632. (돌 무기의 교역). A. W. Howitt, *The Native Tribes of South East Australia*, (1904) 718, 719. (무기와 도구의 교환 가치, 거래 가격). R. Andree, *Ethnographische Parallenlen und Vergleiche*, (1889) II, 82, 83. W. E. Roth, *Transport and Trade*, (*North Queensland Ethnography*. Bull. 14, 1910) 17. W. E. Roth, *Huts and shelters*, (Bull., 16, 1910) 60. (부족의 토지 재산은 아래를 참고하라). Kohler, *Zeitschrift für vergleichende Rechtaswissenschaft*, VII, 359.

74. H. Ling Roth, *The Aborigines of Tasmania*, (1899) 27.

75. Ling-Roth, 앞서 언급한 책, 59.

76. Schoolcraft, *Information respecting the Indian Tribes of the United States*, (1853/56) I, 232.

77. W. McGee, *The Siouan Indians*, (*Bureau of Ethnology*, XV. Report, 1897) 177, 178.

78. R. Parkinson, *Dreissig Jahre in der Südsee*, (1907) 398.

79. R. Thurnwald, *Forschungen auf den Saomo-Inseln und dem Bismarck Archipel*, (1912) III, 34.

80. L. T. Hobhouse, *Morals in Evolution*, (1908) I, 332.

81. A. H. Post, *Grundriss der ethnologischen Jurisprudenz*, (1895) II, 602-614.와 Post, *Die Anfange des Staats und Rechtslebens*, (1878) 276-298.도 참고하라. W. Wundt, *Völkerpsychologie*, (1917). *Die Gesellschaft*, II, 86-87. 마술적 장신구 및 재산에 대해서는 93.도 참고하라. L. Dargun, *Ursprung und Entwicklungsgeschichte des Eigentums*, (*Zeitschrift für vergl. Rechtsw.*, V, 1884). I. Wilutzky, *Vorgeschichte des Rechts*, (1903) II, 63. Avebury, *The Origin of Civilization*, (1902) 478, 479.

82. R. Parkinson, *Dreissig Jahre in der Südsee*, (1907) 154.

83. E. V. Palmer, *The Australian Corroboree*. (*Nineteenth Century*, 1906) 317.

84. G. Grey, *Journals of two Expeditions to North West and Western Australia*, (1841) II, 304.

85. Spencer and Gillen, *The Northern Tribes of Central Australis*, (1904) 193.

86. 기호(嗜好), 습관, 오른쪽 머리에 웨이브 넣는 사람을 구분하는 선(線)들. 헝가리의 저지대에서는, 농부가 자신의 노래뿐만 아니라 그들 모두가 자신만의 요정 이야기도 가지고 있다. 그는 또한 다른 사람들의 것도 알고 있지만, 그들이 함께 일하는 동안 특정 동화, 즉 "그의 요정 이야기"만 말한다. Kalmany, *Hagyomauyok*. (Traditions), vol. II, p, VII.

87. A. C. Fletcher, *Property and Property Rights*. F. W. Hodge, *Handbook*

of American Indians North of Mexico, (Bureau Am. Ethn. Bull. XXX, 1910) 308. J. R. Swanton, *Contributions to the Ethnology of the Haida Jesup*, (North Pacific Exp. v, P. I, 1905). "Prerogatives of Families," 105-121. "Crest Songs," 180. "Ceremonials."를 참고하라. F. Boas, *The Social Organization and the SEcret Societies of the Kwakiutl, (Smithsonian Report*, 1897) 336.

88. 페렌치의 *Introjektion*와 *Ubertragung*라는 용어의 의미에서 내사(1901). 우리가 신경증 환자의 정신분석이나 꿈에서 모든 대상이 상징적인 가치를 가지고 있다는 사실, 즉 감정적이고 리비도적인 특정한 내용이 구현된다는 사실을 발견했을 때, 우리는 그 사실에서 계통 발생의 개체 발생적 반복을 관찰한다. 원래 대상의 심리적 통각(apperception)은 만족의 특징에 의해 집중된 것과 동일하다.

89. A. W. Howitt, *The Native Tribes of South East Australia*, (1904) 311, 689.

90. Keysser, *Aus dem Leben der Kaileute*. Neuhauss, *Deutsch New Guinea*, (1911) III, 17.를 참고하라.

91. K. von den Steinen, *Unter den Naturvölkern Zentral-Brasiliens*, (1894) 306-310. 눈에 보이는 세계 전체는 초자연적인 힘 또는 "소유자"에 의해 지배되는데, 그들 각각은 특정 한계 내에서 지배받으며, "iuna"(즉, 그것 또는 그의 "muk", 사람과 또한 소유자나 거주자를 의미하는 단어)이라 불린다. Dr. H. Rink, *Tales and Traditions of the Eskimo*, (1875) 37. 참고; K. Breysig, *Die Völker ewiger Urzeit*, (1907) 435.

92. 여기서, 모든 개인 소유물에 대한 특정 표현("ardi")도 있다. B. Spencer, *The Natives Tribes of Northern Australia*, (1914) 342.

93. H. Basedow, *Anthropological Notes made on the South Australian Expedition*, (Trans. Roy. Soc. South Australia, 1904) 35.

94. A. W. Howitt, *The Native Tribes of South East Australia*, (1904) 450, 458.

95. 이에 대한 더 자세한 내용은, Róheim, *Australian Totemism*, (1925) 143.을 참고하라.

96. K. von den Steinen, *Unter den Naturvölkern Zentral-Brasiliens*, (1897) 292.

97. K. Langloh Parker, *The Euahlayi Tribe*, (1905) 117.

98. Róheim, *Adalekok a magyar nepnithez* (Contributions to Hungarian folk belief), (1920) 64, note 2.

99. 심리 과정의 역전에 관하여, Róheim, *Psychoanalysis es ethnologia*. (*Ethnographia*, 1918) XXIX, 88. L. Kaplan, *Psychoanalytische Probleme*, (1916) 55, 69.를 참고하라.

100. 돌도끼를 제외한 모든 것이 죽은 자와 함께 묻힌다. J. Dawson, *Australian Aborigines*, (1881) 62. A. W. Howitt, *The Native Tribes of South East Australia*, (1904) 455. 어떤 형제는 무기를 상속받는다. W. E. Roth, *Burial ceremonies and Disposal of the Dead*, (North Queensland Ethnography, Bull. No. 9, 1907) 367.

101. A. C. Fletcher, *Land Tenure*. F. W. Hodge, *Handbook of American Indians*, (1910) I, 756.

102. L. Fison, *Land tenure in Fiji*, (*Journ. Anthr. Inst.* X, 351). B. Thompson, *The Fijians*, (1908) 355. "모든 부족은 그 부족의 이름을 따서 불리는 특정 지역을 가지고 있다."를 참고하라. W. Landor, *The Bushmen*, (1847) 212. K. L. Parker, *The Euahlayi Tribe*, (1905) 12.를 참고하라.

103. E. J. Eyre, *Journals of Two Expeditions of Discovery into Central Australia*, (1845) II, 297. 또한, G. Grey, *Journals of Two Expeditions of Discovery in North West and Western Australia*, (1841) II, 232-236.를 참고하라. E. M. Curr, *Recollections of Squatting in Victoria*, (1883) 243.

104. R. Salvade, *Memoires Historiques sur l'Australie*, (1854) 256.

105. J. D. Lang, *Queensland*, (1861) 335, 336.

106. A. C. Haddon, *Cambridge Anthropological Expedition to Torres Straits*, (1904) V, 221.

107. 위의 책, 193. A. C. Haddon, *Head Hunters, Black, White and Brown*, (1901) 19.

108. C. G. Seligman, T*he Veddas*, (1911) 113, 114.

109. J. G. Withnell, *The Customs and Traditions of the Aboriginal Natives of North West Australia*, (Roebourne, 1901) 9. R. Oberländer, *Die Eingeborenen der australischen Kolonie*, (Globus) IV, 281.를 참고하라. Spencer and Gillen, *The Native Tribes of Central Australia*, (1904) 341. Blandowski, *Trans. Phil. Soc. Victoria*, L, 72. F. Bonney, *On some customs of the aborigines of the River Darling*, (Journal Anthr. Inst.) XIII, 128. Ch. Wilhelmi, *Manners and Customs of the Australian Natives*, (1862) 28.

110. W. E. Roth, *Marriage Ceremonies and Infant Life*, (North Queensland Ethnography Bull. 10, 1908) 4.

111. 유기체와 재산에 대해서는, R. Petrucci, *Les Origines naturelles de la Propriété*, (Institut Solvay, Fasc. 3, 1905) 15. "유기체에 의해 만들어진 저장 영양분과 동물 외부의 영양분의 전환"을 참고하라.

112. A. W. Howitt, *The Native Tribes of South East Australia*, (1904) 196.

113. J. Mooney, *Sacred Formulas of the Cherokees*, (VXX, Report, 1891) 392.

114. J. G. Frazer, *Taboo and the Perils of the Soul*, (1911) 126-130.를 참고하라.

115. E. Clement, *Ethnographical Notes on the Western Aborigines*, (*Internationales Archiv für Ethnographie*, XVI, 1904) II.

116. Spencer and Gillen, *The Northern Tribes of Central Australia*, (1904) 341.

117. J. G. Frazer, *Totemism and Exogamy*, (1910) IV, 184.

118. 두 부족 간의 상품 거래는 서로의 접촉을 불안하게 피하는 두 사람에 의해 처리되지만 (밀접한 친밀감에 대한 신경증적 반응), 그중 한 사람이 다른 사람의 "kalduke"(탯줄)를 소유하고 있다. G. Tapin, *The Narrinyeri*, (1878) 33. 탯줄을 뒤집는 것은 재산을 뒤집는 것의 서막이다.

119. W. E. Roth, *Superstition, Magic and Medicine.* (*North Queensland Ethnography Bull.* 5, 1903) 18.

120. J. Dawon, *Australian Aborigines*, (1881) 7, 41.를 참고하라. D. Rudesindo Salvado, *Memorie Storiche dell Australia*, (1851) 310. E. J. Eyre, *Journals of Expeditions into Central Australia*, (1845) II, 324-325, 326. Collins, *An Account of the English Colony in New South Wales*, (1804) 364. J. Fraser, *The Aborigines of New South Wales*, (1892) 4. R. Brough-Smyth, *The Aborigines of Victoria*, (1878) I, 55. G. F. Angas, *Savage Life and Scenes in New Zealand*, (1847) I, 92. J. D. Woods, *The Native Tribes of South Australia*, (1879) 186, 187. Strehlow and Leonhardi, *Die Aranda und Loritijastämme in Zentral-Australien* (Veröffentl. des Völkermuseums Frankfurt a.M. I, 1907) I, 53. Daisy M. Bates, *The Marriage Laws and some Customs of West Australian Aborigines*, (*Victorian Geographical Journal*, XXIII-XXIV) 49. J. G. Fraser, *Totemism and Exogamy*, I, 564.

121. Spencer and Gillen, *The Northern Tribes of Central Australia*, (1904) 27.

122. Spencer and Gillen, *The Native Tribes of Central Australia*, (1899) 16.

123. 위의 책, 124. Strehlow, *Die Aranda und Loritjastämme in Zentral Australien*, (1908) II, 53.

124. 크고 작은 토템 센터, Arunta족의 원시성, 그리고 우리가 토템의 배치를 일차적 또는 이차적 현상으로 보아야 하는지 여부에 관해서는, P. W. Schmidt, *Die Stellung Aranda. Zeitschrift für Ethnologie*, (1908) 882. 를 참고하라. A. van Gennep, *Mythes et legendes d'Australie*, (1905) p. XXXIV. A. Lang, *The Secret of the Totem*, (1905) 75. Arunta족이 오늘날 그들이 점령하고 있는 지역의 원래 거주민일 가능성이 희박해 보이기 때문에, 개별 집단의 분포는 이주 이후에만 일어날 수 있으므로 토템 센터의 배치는 이차적인 것이 틀림없다. 그러나 이것은 위에서 논의된 의미에서 나중에 위치를 옮기는 것을 배제하지 않는다. 이런 문제들과 일반적으로 토테미즘에 관해서는 Róheim, *Australian Totemism*, (1925)를 참고하라.

125. Fr. Gräbner, *Das Problem des Totemismus*, (*Korrespondenzblatt der deutschen Gesellschaft für Anthropologie, Ethnologie und Urgeschichte*, XLI, 1910) 81.를 참고하라. E. Reuterskjöld, *Die Entstehung der Speisesakramente*, (1912) 88. B. Ankermann, *Das Problem des Totemismus*, (*Anthropos*, X/XI) 592. A. C. Haddon, *Address to the Section of Anthropology*, (Roy, Brit. Ass. Adv. of Science, 1902) 745. Haddon은 토템이 원래 부족의 주요 식량을 구성하는 동물의 종이었다고 믿는다. "식량-재산-토템" 개념의 기원선이 어떻게 한 지점으로 수렴하는지 주목할 만하다. 위의 가설은 물론 심하게 중복 결정된 토테미즘 현상을 해결하지는 못한다. *Australian Totemism*, (1925)를 참고하라(그 작품은 실제로 1918년에 쓰였다).

126. Strehlow, *Die Aranda und Loritjastämme in Zentral Australien*, (1908) II, 52. 참조: "원주민들이 이런 성씨(family names)를 자주 지정하는 한 가지 기원은 그것들이 가족이 살고 있는 지역에서 매우 흔한 어떤 채소나 동물에서 유래되었고, 이 때문에 이 동물이나 채소의 이름이 가족에 적용되었다는 것이다." G. Grey, *Journals of two Expeditions to North West and Western Australia*, (1844) H. 225. Grey, *Vocabulary of the Dialect of*

South Western Australia, (1844) 4. R. Brown, *Description of the Natives of King George Sound*, (*Journal of the Royal Geographical Society*) I, 42-44. 신화시대에, Bridge강 상류 지역에는 나중에 사슴으로 변한 사슴족이 살고 있었다. 그런 이유에서 오늘날 그 지역에는 사슴이 가장 많다. J. Teit, *The Lillooet Indians*, (Jesup North Pacific Exp. V) 275.

127. 물론 두-계급 체계가 아니라, 지역과 인간 집단 사이의 연결에 대한 것이다. Spencer and Gillen, *The Northern Tribes of Central Australia*, (1904) 28, 29.

128. Spencer, Gillen, Strehlow, Leonhardi, A. R. Brown, Basedow 등의 책을 참조하라. 더 자세한 내용은 *Australian Totemism*을 참조하라.

129. 재산의 토템적 표시를 참조하라. R. Andree, *Ethnographische Parallelen und Vergleiche*, (1889) II, 82, 및 소위 하위 토템에 대하여. "각 토템이 주장하는 대상들은 mir(토템)이라고도 불리지만, 아무도 그 이름을 따서 명명된 사람은 없다. 그들은 그 사람이 속한 토템에 속하기 때문에 사람에게만 속한다. 따라서 나의 정보 제공자 중 한 명은 Krokitch ngaui였고, 그래서 캥거루가 자신의 것이라고 주장했다. 같은 계급과 같은 토템의 또 다른 남자는 Bunjil이 자신의 것이라고 주장했지만, 그는 Bunjil이 아니고 그것을 이름으로 받아들이지 않는다. 그는 ngaui이지 Bunjil이 아니라는 것이다. 진정한 토템은 그를 소유하지만, 그는 하위 토템을 소유한다." A. W. Howitt, *The Native Tribes of South East Australia*, (1904) 123. "속하다(to belong)"라는 동사는 재산 관계와 더불어 속하는 일반적인 관계 모두를 나타낸다. 그러나 "소유하다(to own)"라는 표현에서 재산의 개념은 매우 분명하게 표현된다. 그래서 우리가 가지고 있는 것은 하위 토템을 가진 부족들, 즉 모든 자연이 하위 토템의 형태로(예를 들어, Wotjobaluk족에서 주요 토템 "태양"은 하위 토템으로 Alpha Crucis, 일반 칠면조, 주머니 쥐, 회색 및 붉은 캥거루, 덩이줄기를 포함한다.) 토템 체계에 통합되어 있는 부족들 중에서, 누군가가 여러 종류의 동물, 심지어 별의 "소유자"이다(토템의

구성원들은 모두 회색 캥거루와 Alpha Crucis의 모든 "소유자"이다). 따라서 이 수준에서, 우리는 아직 실제적인 의미에서 재산을 다루는 것이 아니라 보다 소극적으로 주요 토템(아버지 이마고의 표상)을 통해, 그리고 보다 적극적인 형태로 하위 토템을 통해 자신을 표현하는 더불어 속한 관계만을 다루고 있다. 이런 하위 토템을 통해, 인간은 허구적으로 모든 자연을 자신의 것으로 받아들이며, 이 허구의 재산은 그가 자신의 환경에 집중할 수 있는 실제 영향과 반비례한다. 여기서 우리는 자연에 대한 완전한 의존의 반대인 과잉 보상으로서의 자연 지배라는 허구를 발견한다. 발달 과정에서 우리는 그 허구의 점진적인 축소와 그에 따른 현실의 강화에 주목한다. 토템을 먹는 것에 관한 금지(이 점에서는, Fison and Howitt, *Kamilaroi and Kurnai*, [1880] 169.의 토템과 하위 토템에 대한 다양한 태도를 참고하라)는 분명하게 그렇게 하고 싶은 욕망의 신경증적 이면(裏面)이다. 토템, 특히 토템 씨족의 여성을 소유하려는 소원은 억제에 직면한다. 그녀는 부정적인 재산이다. 우리는 또한 사물을 소유하는 행위에서도 외부 세계에 대한 리비도적 연결의 존재를 보여줄 수 있기 때문에, 우리는 여성이 남성의 첫 번째 재산이라는 호주에 존재하는 남성과 여성 사이의 일종의 계급적 관계에 따른 Malinowski의 견해를 이해할 수 있다(Malinowski, *The family among the Australian Aborigines*, [1913] 288). 여기서 우리는 또한 한편으로는 "집단-성적 문란(sexual promiscuity)-원래의 공산주의"라는 가설의 사슬과 다른 한편으로는 "가족-일부일처제 수준의 개별적 식량 탐색"의 가설 사이의 내적 연결을 지적해야 한다("여성을 공유화"하려는 경향은, 부분적으로 우리 시대의 공산주의자들에게 잘못 전가되었지만, 부분적으로 그들 사이에 존재하는 어떤 것도 전체 운동의 실제적, 무의식적 동기로 이해되어야 한다). 그러므로 우리가 만약 우리의 자료에서 아이들과 특히 소녀들이 부모의 재산이고, 여성이 남편의 재산이라는 것을 발견한다면(신부 구매 관습 참조), 이것은 부모와 자식(또는 남성과 여성) 사이의 관계에서 현실 원칙(권력 관계)의 역할뿐만 아니라, 소유자와 재산 사이의 리비도적 연결의 특징이 된다. H. J. Nieboer, *Slavery as an industrial system*, (1900) 8, 426.을 참고하라.

130. 이것은 어머니의 몸에 대한 양가적인 태도이다. Arunta족의 Nanjaa 나무와 Pennefather강 주민들의 Anjea 지점은 심리적으로나 언어적으로 동일하다(신화적인 출생지). Pennefather강에서, 이것은 정확하게 소년이 사냥할 수 있는 장소이고, Arunta족에게 그것은 사냥할 수 없는 장소이다. 이 양가적인 태도는 오이디푸스 콤플렉스에서 비롯된다(위의 사냥과 성교 참조). Spencer and Gillen, *The Native Tribes of Central Australia*, 133. Roth, Superstition, 18.

131. 재산 개념의 초기 신비적인 형태는 Malinowski에 의해 이미 주목되었지만, 그가 설명하지는 않았다. B. Malinowski, *The Family among Australian Aborigines*, (1913) 144, 146, 150.

132. R. H. Codrington, *The Melanesians*, (1891) 176.

133. C. G. Seligman, *The Melanesians of British New Guinea*, (1910) 183-185. 위험한 지점들은 금기로 여겨졌고, Nuliayoq에 속하는 것으로 여겨졌다. F. Boas, *Second Report on the Eskimo of Baffin Land and Hudson Bay*, (*Bulletin of the American Museum of Natural History*, 1907) 498.

134. H. Berkusky, *Das Bodenrecht der primitiven Stämme Indonesiens*, (*Zeitschrift für vergleichende Rechtswissenschaft*, 1912) 65. 신성한 산의 정령으로서의 조상에 대해서는, Andrian-Werburg, *Der Höhencult*, (1891) 144, 145 및 여러 곳을 참고하라.

135. A. Oldfield, *On the Aborigines of Australia*, (*Transactions of the Ethnological Society*, III, 1865) 252.

136. W. E. Roth, *Tabu and other forms of restriction*, (*North Queensland Ethnography Bull*. II, 1898) 77. 참조; "다른 가족의 아이가 그 사유지에서 태어났다면, 그 아이는 가족 중 하나로 간주되고 그 토지에서 평등한 공유할 동등한 권리를 갖는다. 각 가족은 그것의 소유자와 그의 가족의 이름을 딴 부족 토지의 일부를 상속받아 독점적인 권리를 가지며, 그 토지에서 태

어난 모든 자녀들은 그 토지에 있는 무언가를 따서 이름을 지어야 한다." Dawson, *Australian Aborigines*, (1881) 7.

137. "개인들은 특별히 좋아하는 나무를 자기 것이라고 주장했다." J. Matthew, *Eaglehawk and Crow*, (1899) 90. 특히 꿀이 발견되는 나무들. K. L. Parker, *The Euahlayi Tribe*, (1905) 144.를 보라. R. Brough-Smyth, *The Aborigines of Victoria*, (*Melbourne*, 1878) I, 145. "기혼 여성은 덤불 속에 있을 때 관행에 따라 특정 나무를 선택했는데, 그런 경우에 그 나무는 그 것을 선택하는 사람을 대표하는 것으로 간주되고 항상 신성하게 여겨져야 할 그들의 불가침 재산으로 간주된다." H. Ling-Roth, *The Aborigines of Tasmania*, (1899) 60. Indonesia에서도, 가족 및 사유 재산의 첫 시작은 열매 맺는 나무가 중심이 되었다(부족 재산과 대조적으로). H. Berkusky, *Das Bodenrecht*, (*Zeitschrift für vergleichende Rechtswissenschaft*, 1912) 51, 54. 백조의 알에 대한 특정 재산권에도 특별한 중요성이 부여된다. Fison and Howitt, *Kamilaroi and Kurnai*, (1880) 226, 232.

138. C. G. Jung, *Wandlungen und Symbole der Libido* (*Transformations and Symbolisms of the Libido*), (1910) 250, 254.

139. 상징적 거세로서 입회와 이빨 뽑기에 대해서는 Róheim, *Spiegelzauber*, (1919) 11, 12.를 참고하라. Reik, *Probleme der Religionspsychologie*, (1919) 59. 노인들은 젊은이가 상징적으로 거세한 후에야 여자(상징적으로, 대지)를 받아들일 수 있도록 허용할 것이다. 이 상징적인 거세는 그가 실제 거세를 피하기 위해 가져오는 희생 제물이다. 신경증 환자들의 분석을 통해, 우리는 일부 사람들이 거세에 대한 두려움으로 재산 손실에 반응한다는 것을 알고 있다.

140. A. C. Fletcher, *Land Tenure*, (*Handbook of American Indians*, 1911) 756. "남자가 새 정원을 지을 장소를 선택하면, 그는 그 장소를 표시하고 미리 약속하거나, 원주민들이 말하는 것처럼 그 땅과 약혼한다." A. C. Werner, *The Natives of British Central Africa*, (1906) 179. (이 특정 문제를 다루는 논문을 위해 추가 자료를 준비하고 있다.)

141. F. Burger, *Die Küsten und Bergvölker der Gazellehalbhinsel*, (1913) 52. 그러나 패턴의 보편적 타당성을 과대평가하지 않도록 주의해야 하며, 지역적 차이를 과소평가해서는 안 된다. 예를 들어, Jap Island에서는 토지가 순수한 사유 재산이며, 가족 재산에 대한 생각조차 주민들 사이에 알려져 있지 않다. "가장 척박한 풀밭이라도 주인이 있고, 누구든지 자신의 땅 경계를 정확하게 정할 수 있다." W. Müller, Jap. *Ergebnisse der Hamburger Südsee Expedition*, (1917) I, 249. 그러나 재산이 없는 계급도 이미 거기에 존재한다. 농노들의 "milirai", 위의 책, 250, 751. "산에 있는 사람은 저마다 참나무 한 그루는 가지고 있을 것이고, … 아무도 그곳에 가서 도토리를 줍는 것이 허락되지 않았다." Du Bois, *The Religion of the Luiseno Indians*, (1908) 103.

142. Ch. Keysser, *Aus dem Leben der Kaileute. Nehuauss*, Deutsch Neu-Guinea, (1911) III, 13. "토지로서의 토지는 가치가 없다. 그것의 가치는 오직 그것의 잠재적인 생산물에서만 발생한다. 원시인들 사이에서 가장 중요하게 취급되는 것은 인간의 노동과 그 산물이다." B. Thomson, *The Fijians*. (1908) 364.

143. R. Parkinson, *Dreissig Jahre in der Südsee*, (1907) 158.

144. C. G. Seligman, *The Melanesians of British New Guinea*, (1910) 467, 468.

145. R. H. Codrington, *The Melanesians*, (1891) 62, 63.

146. R. W. Williamson, *The Mafulu of British New Guinea*, (1912) 117.

147. B. Hagen, *Unter den Papuas*, (1899) 197, 198.

148. H. H. Romilly, *From my Verandah in New Guinea*, (1899) 269, 270.

149. Berkusky, *Das Bodenrecht der primitiven Stämme Indonesiens*, (*Zeitschrift für vergleichende Rechtswissenschaft*, 1912) 49, 50.

150. A. C. Fletcher, *Land Tenure*, (Handbook, 1911) I, 756.

151. K. von den Steinen, *Unter den Naturvölkern Zentral-Brasiliens*, (1897) 285.

152. B. Grabb, *An Unknown People in an Unknown Land*, (1911) 188.

153. F. Krause, *In den Wildnissen Brasiliens*, (1911) 323.

154. Gouldsbury-Sheane, *The Great Plateau of Northern Rhodesia*, (1911) 60.

155. Berkusky, *Bodenrecht*, (*Ztsch. für vergl. Rechtsw.*, 1912) 51.

156. Codrington, *The Melanesians*, (1891) 175.

157. Berkusky, 앞서 언급한 책 65, 66.

158. 토지 전체는 족장 중 한 명 또는 다른 한 명이 소유하고, 한 족장 재산의 경계는 다음 족장 개인 재산의 시작이다. H. H. Weeks, *Among the primitive Bakongo*, (1914) 179. "군주, … 또는 대지의 진정한 소유자." E. Pechuel Loesche, *Die Loango Expedition*, (1903) II, 175. "그 땅은 부족의 대표인 족장의 소유이며, 팔 수 없다." E. Torday and T. A. Joyce, *Les Bushongo* (*Doc. Ethn. conc. les. Pop. du Congo Belge* II, I, 1910) 90. 서부 Dene족의 재산은 세습된 재산이나 사냥터와 같은 개인적이고 사적인 것으로, 그 경계는 항상 분명하게 정해져 있다. 그 씨족의 다른 남자들은 tenezas족이 기꺼이 주거나 보유하도록 허용하는 추적의 전리품을 받으면서 그들과 함께 그리고 그들을 위해 사냥하기로 되어있었다." C. Hill-Tout, *British North America*, (1907) 147.

제 10 장

유록의 조개 화폐와 "고통": 프로이트 학파의 해석

Yurok Shell Money and "Pains":
A Freudian Interpretation

S. H. 포신스키

주로 상호 작용 이론의 관점에서 행해진, 유록 의식Yurok ritual에 대한 집중적인 연구 과정(Posinsky, 1954)에서, 저자는 뿔조개dentalium 껍질(유록족의 원주민 화폐)과 *텔로게틀telogetl*(그들 사이에서 주요 원인 또는 질병의 징후인 물질적이지만 살아 움직이는 "고통pains)" 사이의 현저한 유사성에 깊은 인상을 받았다. 손가락 모양이고, 무당이 뽑아서 내보일 때 피 또는 점액으로 덮인 *텔로게틀*이나, "고통"이 유익하기보다는 유해하다는 점을 제외하고는 뿔조개의 모습과 의심스러울 정도로 유사하다는 의견이 제시되었다(위의 책, pp. 161-165). 유록의 가치와 도덕은 금전적 측면으로 표현되기 때문에, 미덕과 금욕은 필연적으로 뿔조개(wealth, 富)로 귀착될 것으로 예상되는 반면, 도덕과 금기의 위반은 피해자의 몸에서 *텔로게틀*(즉, 해로운 뿔조개)을 만들어 낸다.

문헌이 충분히 입증되지 않았기 때문에, 그 문제는 보류되었다. 하지만 자료에 대한 추가적인 고려는 원래의 인상을 확인하지만, 정신분석적 수준의 해석과 다소 다른 가설을 필요로 한다. 즉, 뿔조개와 *텔로게틀*은 각각 유아기 내사물인 젖가슴과(또는) 남근의 긍정적인 측면과 부정적인 측면이다.

신체의 이런 부분들, 또는 그것들의 심리적 표상들은 상징적 동일시, 즉 아브라함(1924, p. 490)이 말한 대로 동화assimilation를 거치며, 그런 상징성은 일반적으로 중복 결정된다overdetermined는 것이 정신분석학적으로 확립되었다. 또한 "손가락, 발, 머리카락, 대변, 엉덩이와 같은 신체의 다른 부위가 그 두 기관을 상징하도록 만들 수 있고"(위의 책), 화폐가 종종 젖가슴-음경 동일시를 상징한다고 알려져 있다. 따라서 오니앙Onians(1951, pp. 124-125)는 *두상돌기caput*("머리"; 우리의 "자본")가 "씨앗"(이익)을 생산하는 화폐를 의미한다고 언급하며, "여성의 젖가슴과 다른 모양의 풍요로움의 형태로 돈 상자를 만드는 관습은 같은 생각에서 비롯된 것 같다"(위의 책, p. 124, n.)라고 적고 있다.

불행하게도, 유록족은 항문 기능에 대한 일차적 자료가 너무 부족해서 조개 화폐shell money와 "고통" 모두의 추가적인 배설물 특성은 추론으로만 해명될 수 있다. 어쨌든, 의식에서 그것들 사이에 존재하는 도덕적인 대조뿐만 아니라, 조개 화폐와 "고통"의 물리적 유사성에 대해서는 이미 언급되었다. 저자는 몇 가지 예비적인 고려 사항들을 다룬 후에, 이 문제로 돌아가서 조개 화폐와 물질적인 "고통"이 **무의식적으로** 젖가슴-남근 동일시를 언급한다는 것을 증명하려고 시도할 것이다.

II

　명백하게 항문기 성격인 유록 문화는 특이한 율법주의적인 경향과 소송을 좋아하는 특이한 특징이 있는데(Kroeber, 1925, 1926), "얼굴," 명예, 위신prestige에 대한 열성적인 관심과 실제든 상상이든 사소한 자극에도 불끈 화를 내는 경향이 있다. 사실, 온화한 수동성과 거의 "광적인manic" 공격성 사이의 교대가 있는 것으로 보인다. 일상생활은 현저한 정도로 의례적이 된다. 잠은 성별로 따로 자고(여성들과 아이들은 "생활 주택living house"에서, 사춘기 이후의 남성은 "땀-집sweat house"에서), 가을비로 시작하여 매년 6개월 동안 성교에 대한 금기가 있고, 신중함, 자제력, 존엄성에 큰 중점을 둔다. 그럼에도 불구하고, 사회는 "긴장된tense," "무정부주의적anarchistic"으로 묘사된다(Kroeber, 1925, pp. 4, 38).

　문화적인 측면에서, 무정부 상태는 생계와 산업 기술의 단순성과 협동, 교환 또는 상호 의존이 거의 필요하지 않은 대규모의 정착 주민의 가족 자급자족에 달려있다. 위대한 세계 재생 의식World Renewal rites과 부(富)를 과시하는 춤Wealth Display dances은 그들의 심리적 결정 요소들과 결과가 무엇이든 간에, 잔치와 춤 예복의 대여를 포함하고, 가족과 지역의 자급자족에 반대한다. 그리고 부를 과시하는 춤의 무례함은 이런 경쟁들이, 마을 간의 구기 경기와 그와 관련된 도박과 같이 강렬하고 파괴적인 경쟁을 생존 지역이나 전쟁을 벗어나 진행되는 사회적으로 통제된 상반된 요소로 방향을 바꾸는 역할을 한다는 사실을 숨기지 않는다.

　해결되지 않은 위신 투쟁은 부와 재산뿐만 아니라, 수많은 상징적 특권과도 계속된다. 따라서 해안 유록족 가운데, 특정 가족들은 바다

사자를 죽일 때 지느러미를 가질 권리와 꼼짝 못하게 묶여있는 고래에서 특정한 수만큼 절단 조각을 가질 수 있는 권리를 소유하고 또 빈틈없이 지킨다. 지느러미 권리는 비록 고통이 없는 것은 아니지만, 양도할 수 있고, 살인에 대한 보상으로 요구되고, 마침내 양도되는 유명한 불화 feud의 기초이다(Spott and Kroeber, 1942, pp. 182-199). 묶여있는 고래의 분배는 대략 지위에 비례하고, 부자들은 가난한 사람들이 사용할 수 있는 양의 두 배를 가져가는 것이 허용된다. 이 문제에서 부자의 특권은 그가 자신의 고래 부분을 집으로 끌고 가는 배낭끈으로 상징된다. 마을의 부자들과 가난한 사람들은 정해진 순서대로 자신들의 할당된 몫을 가지고, 나머지는 이 분배에 포함되지 않은 공동체에서 온 방문자에게 남겨진다. 확립된 절차를 위반하면 말다툼과 살인으로 이어진다. 위신prestige 요소들이 너무 강해서 자신의 정당한 절단을 몇 인치 초과하는 사람은 자신의 건방짐 때문에 죽을 수도 있다.

세계 재생 의식의 번영florescence은 확실히 가족 외의 사회적 또는 정치적 통제의 부재와 관련이 있다. 비록 자료들은 시간적 깊이가 부족하지만, 예를 들어, 케펠Kepel에서의 의식(Waterman and Kroeber, 1938)과 같이 더 복잡한 세계 재생 의식은 미국인들이 캘리포니아로 옴으로써 야기된 혼란에 대한 응답일 수도 있다.

더 깊은 의미에서, 저자가 다른 곳에서 지적한 바와 같이(Posinsky, n. d.), 부에 대한 유록의 과도한 열정은 굶주림에 대한 비현실적인 공포와 같이 유아기 결핍에 대한 반응으로 보일 수도 있다. 따라서 임산부는 열심히 일하고, 조금만 먹고, 장시간의 수면을 피한다. 임신 후반기에, 여성은 태아가 깨어있도록 하기 위해 오후 중반에 복부를 문질러야 한다(이 시기는 가족 내에서 가장 큰 상호 작용의 시기이며, 또한 분명히 큰 마법적인 위험의 시기이기도 하다). 분만 중에, 산모는 입을 꼭 다

물고 있어야 하고, 그렇지 않으면 태아가 엄마의 몸을 떠나지 않을 것이다.[3] 갓 태어난 아기는 처음 5일 또는 10일(또는 그 이상) 동안 젖을 먹이지 않고, "개암나무 또는 잣을 문질러서 우유처럼 보이는 약간의 물만 먹인다."(Kroeber, 1925, p. 45; ef. Erikson, 1943, p. 285) 그 설명은 "만약 아이가 어머니로부터 영양분을 섭취한다면, 유록족은 아이의 턱이 영향을 받아 곧 굶을 것이라고 믿는다."이다(Kroeber, 1925, p. 45).

유아들은 머지않아 수유가 허락되지만, 젖을 뗄 때까지는 다른 어떤 음식도 먹지 않으며, 목욕하는 동안 물을 "몰래" 마시는 것조차 허용되지 않는다. 미국 인디언 기준으로, 젖떼기weaning는 일찍 시작해야 하며, 늦어도 아이의 첫 번째 생일보다 늦지 않아야 하지만, 이상적으로는 6~7개월에 해야 한다. 태어나서부터 걸을 수 있을 때까지, 아이는 오후 중반부터 일몰 때까지 강제적으로 깨어있다. 주된 가족 식사 시간 동안 잠을 자면, 아이는 마법에 걸릴 위험에 처하게 되고, 그로부터 죽음이 뒤따를 것으로 예상된다.[4] 새로운 부모에게 부과된 규정량의 식사와 성적 금기를 서서히 푸는 것은 장려된다. 다리는 태어날 때부터 요람에 그대로 두고, 20일째 되는 날부터 매일 다리를 마사지해 준다. 배변훈련 bowel training은 아이가 걸을 수 있자마자, 형제 중 큰 형제가 배변을 위해 집 밖으로 인도할 때 시작한다.[5]

III

앞에서, 뿔조개 화폐는 클라인 학파의 용어로 "좋은 신체 내용물"이라는 유아기 내사의 긍정적인 측면을 나타내며, 다양한 수준의 성 심리발달에서 파생되는 상징성이 중복 결정된다는 가설을 세웠다. 또한 적어도 의식적으로는, 유록족 조개 화폐가 음식과 성기와는 대조된다고 언급되어 왔다. 따라서 유록족은 뿔조개를 획득하거나 계속 보유하기 위해 적당히 먹고, 자신들의 생식기 자원들을 보존한다. 이것은 그들이 일상적인 행동과 마법에서 실천하는 부를 위한 의식적인 공식이다. 하지만 무의식적으로는, 뿔조개-젖가슴-대변-음경은 지배적인 주제인 항문의 보존력retentivity과 동의성synonymity이 있다.

크뢰버Kroeber(1948, p. 618)는 항문기 유형의 설명이 유록족과 현저하게 부합한다고 언급했다. 그리고 로하임Róheim(1950)은 그들의 항문기 특성을 다음의 공식으로 요약했다. "모든 것을 안에 넣고, **괄약근 도덕성**(Ferenczi)을 뒤로는 구강기로 앞으로는 생식기 영역으로 확장한다. 모든 인간 중에서 가장 인색한 존재, 그것이 바로 내가 유록족이라 부르는 것이다"(p. 272).[6]

하지만, 공허함emptiness의 위험이 있는 것처럼, 그에 필적할만한 모든 것을 붙잡고 있는 충만함fullness의 위험도 있다(참조: Burlingham, 1955). 그리고 유록족을 허약한 심리적 균형에 놓이게 하는 것이 바로 이 딜레마이다. 로하임(1950)은 부(富)에 대한 유록족 열정의 해석에서 이 딜레마의 특정 측면들을 지적했다.

> 남자들은 자신의 어머니에 의해 좌절당했기 때문에 부유한, 즉 **"좋은 신체 내용물들"**(음식, 대변, 태아 등)로 가득 찬 어머니가 되어야 한다. 따라서 그들의 구강기 공격성은 어머니의 몸을 향하고 있으며, 그에 상응하는 복수talio 불안이 뒤따른다. 그들은 "빈털털이", 즉 가난하게 될 것이다. 부자가 되는 것은 **좋은 신체 내용물**, 즉 대변의 상징 속에 안정된 음식으로 가득 차 있는 것을 의미한다. 그것은 또한 마법적으로 그리고 양가적으로 **완전한**, 즉 만족시키는 어머니와 보류하는 나쁜 어머니 모두와 동일하다는 것을 의미한다(p. 275).

그러나 로하임의 해석은 불완전한데, 그 이유는 그가 오직 유록의 부wealth의 영양적인alimentary 특성만을 강조하기 때문이다. 그는 뿔조개와 관련하여 "조개껍질 자체는 아마도 여성의 상징일 것이다"(위의 책)라고 쓰고 있다. 오이디푸스 콤플렉스 이전 수준에서 조개 화폐는 확실히 긍정적인 내사 또는 "좋은 신체 내용물"과 동일하다. 그러나 그것은 또한 이전의 것들을 보강하는 남근 요소를 발달시킨다(마찬가지로, 지금 언급될 것처럼, *텔로게*를 또는 "고통"은 여러 성 심리 단계를 표시하는 구성 요소들과 함께 부정적 내사 또는 "나쁜 신체 내용물"을 구성한다).

뿔조개의 남근적 측면에 대한 가장 강력한 증거는 "생활 주택living house"에서의 성행위에 대한 엄격한 금기에서 나온다.

> 유록족은 뿔조개 화폐와 성별 모임이 본래 대립 관계에 있다는 강한 확신을 가지고 있다. 이것이 여름 짝짓기 계절에 대한 이유이다. 즉, 조개껍질은 부부의 욕망이 충족되는 집을 떠나게 되고, 겨울에는 너무 춥고 비가 와서 밖에서 잠잘 수 없다. 돈을 아끼기 위해, 달리 말하면 돈을 헤프게 쓰는 사람이 되지 않기 위해, 남자는 아내와 접촉한 후에 목욕을 하고, 자연스런 위치에서 벗어나지 않도록 조심한다. 이상하게도 유록족은 하룻밤에 자신의 정력을 열 번 발휘할 수 있는 사람은 유별나게 부자가 될 것이라는 말이 있다. 그러나 현대인이 이 이상을 달성할 수 없다고 생각하는 부족한 사람들은 없다(Krober, 1925, p. 41).

또한 아이들이 원초적인 장면을 목격하는 것을 피하기 위해 집에서 멀리 떨어진 곳에서의 성행위가 필요할 수도 있다.[7] 즉, 부모들은 그들의 유아기 공격성과 성적 호기심을 어린 자녀들에게 투사하여, 결국 어린 자녀들은 잠재적인 식인종cannibals, 관음증 환자voyeurs, 그리고 거세하는 사람castrators이 된다. 흥미롭게도, 구약 성서의 엄격함을 지닌 이 강박적인 회피는 여름 동안 만연하는 제한 없는 자유와 공격적인 과시에 의해 부정되는데, 그때는 식량이 가장 풍부하고 의식 및 무의식적인 적들이 부wealth로 조롱받을 수도, 식량으로 풍부하게 달래줄 수도 있는 때이다. 따라서 의식적인conscious 경쟁자들(그리고 단순한 구경꾼들)은 세계 재생 의식World Renewal rites에서 조롱과 환영을 받는다. 그래서 무의식적으로 기본적인 적들enemies은 원래 부모이지만, 또한 전치displacement와 투사projection에 의해 자녀들이기도 하다.

어쨌든, 기본적인 금기, 조개 화폐(여기서는 정액이나 음경을 지칭)의 가상적 도주postulated flight, 그리고 생활 주택에서의 성행위와 성교 후 목욕 실패에서 필연적으로 초래될 빈곤, 이것들은 뿌리 깊은 거세 불안에서 비롯된 명백한 합리화rationalizations이다. 그리고 항상 그렇듯이, 이 거세 불안은 중복 결정된다. 그것은 오이디푸스 콤플렉스 단계에서 강화되지만, 전(前)오이디푸스 콤플렉스 시기에서 매우 중요하며, 원래의 구강기 외상으로 거슬러 올라갈 수도 있다. 따라서 가난하다는 원래 배고프다 또는 공허하다는 것을 의미하지만, **남근이 없다는 것**을 의미하기도 한다.

다시 말해서, 공허함(굶주림, 사랑의 결핍, 빈곤, 거세, 죽음)에는 위험이 있고, 충만함에 대한 두려움이 있다. 충만함에 대한 위험은 어머니(및 아버지)에 대한 구강기 공격성의 투사와 그에 따른 보복에 대한 두려움에서뿐만 아니라, 충만함과 관련된, 즉 좋은 신체 내용물과 나쁜 신체 내용물 모두를 의미하는 양가감정으로부터도 비롯된다. 따라서 공허함에 대한 두려움은 유록족을 탐욕스럽고 기억력이 좋게 만드는 반면, 충만함에 대한 두려움은 소화 통로를 열어두어야 하는 적당히 먹는 사람으로 만든다. 죽음은 **내장 수축**visceral constriction에 기인하며, 물질적이지만 살아있는 "고통"은 **장애물**이자 **기생충**이다.

지적한 바와 같이, 신체 내용물(및 내면화된 부모 이미지)에 대한 양가감정은 구강기-항문기 기간에 규정되며, 오이디푸스 콤플렉스의 부정적 및 긍정적인 측면에 의해 강화된다. 거기에는 남성이 여성을 기피하는 뚜렷한 경향이 있는 남녀 모두가 있다. 이것은 땀-집의 독점적으로 남성적인(그리고 금욕적인) 분위기에서 동성애자이지만, 목적이 억제되고, 남성에게 향하고 복종하는 것을 동반한다. 사실, 아버지와 아들 사이의 갈등에 관한 증거 부족은 기본적인 불안이 오이디푸스 콤플렉스 이전이고, 어머니의 몸에서 그 내용물들을 강탈하려는 소원에서 성장한다는 것을 나타내는 것으로 보이는데, 이 소원은 다른 사람들에게 투사되고, 오이디푸스 단계의 거세 공포에 의해 강화된다(참조: Jacobson, 1953; Loewald, 1951; Muensterberger, 1955, pp. 14-17).

결과로 초래되는 성격은 강박 신경증에서 발견되는 구성 configuration과 매우 유사하다. 리비도는 가학적 항문기 단계에서 퇴행했거나 고착되어 있다. 과도한 청결함, 성실성 등은 반동형성이다(음식에 대한 유록의 관대함도 마찬가지인데, 이는 주지 않는withholding 어머니와의 무의식적 동일시에서 비롯된다).

이제 이 사회의 긴장, 즉 직계 가족 이외의 개인 이름 사용을 금기시하기까지 하는 일상생활의 무거운 의식화ritualization, 신중함과 자제력의 강조, 그리고 수동성과 공격성 사이의 변동을 이해할 수 있다. 화가 치밀어 오르고, 불화와 소송은 사소한 구실로 시작된다. 그러나 백인의 침입은 무시되었고, 유록족은 여전히 초연하고 무관심했다(그때 그들은 백인 침략자들을 동료-부족 구성원들과 이웃들에게 적극적으로 인도하지 않았다). 그들은 그런 행동이 안전할 때 짜증을 내고 항문기 가학증에 빠지지만, 힘(또는 권위)이 입증될 때는 현저하게 수동적이고 복종할 수 있다. 마찬가지로, 그들은 헤라클레스 같은 성욕Herculean sexuality을 열망하고, 일부는 환상에서, 일부는 여름 축제의 축제 분위기에서 그것을 성취한다. 그러나 그들은 **예비적이고 방어적인 금욕주의**에 고착되어 있다.

예상할 수 있듯이, 항문기 특성은 그들이 성취하는 모든 성기기 성욕을 압도한다. 따라서 "사업을 하는 것do business"은 배변과 성행위 모두를 의미한다(Erikson, 1943, p. 285). 이것은 특히 "개신교" 또는 "청교도" 정신과, 삶에서 "본분을 다하는 것"에 대한 강조와 유사하며, "의무duty"는 배설물을 가리키는 유치한 단어가 되었다. 유록 문화에서 많은 "개신교적" 또는 "자본주의적" 특성이 묘사될 수 있고(Goldschmidt, 1951), 브라이얼리Brierley(1951, pp. 177, 214)가 개신교 또는 청교도 전통을 **성적 본능에 대한 최대의 명예 훼손**과 연관시키는 것은 중요하다. 그렇더라도, 유록족에게 성sex은 위험하고 더러운 일이다. 그러나 그것은 남근기와 항문기 모두의 관점에서 공격적이고 남자답기도 하다. 그럼에도 불구하고, 항문기 모순은 해결될 수 없다. 성기기 성욕은 충만함의 위험을 제거할 수 있지만, 공허함(굶주림, 가난, 거세)을 초래하기도 하기 때문이다.

소화적alimentary 딜레마(충만함 vs 공허함)는 유록 행동의 많은 역설들, 즉 풍요 속에서의 굶주림에 대한 두려움, 적당히 먹고 많은 양의 식량을 축적하려는 경향, 음식에 대한 관대함과 다른 모든 것에 대한 인색함, 반(反)성기기적anti-genital 태도와 주기적인 허락, 그리고 빌리거나 비축함으로써, 적응과 생존의 측면에서 현실적 가치가 없고 결코 소비되지 않지만, 공격적으로 과시되어, 부러움, 손상damage, 그리고 강도robbery의 큰 두려움을 불러일으키는 엄청난 양의 부의 축적을 설명한다.

한편으로는 부와 식량, 다른 한편으로는 부와 성기와의 의식적인 대립은, 충만함과 공허함을 피하려는 무의식적 욕구와 마찬가지로, 부(富) 마법을 수행할 때 음식과 물을 완전히 금해야 할 필요성에 의해, 그리고 부에 대한 생각을 동반해야만 하는 느리고 겸손한 식사에 대한 일반적인 강조에 의해 드러난다.

> 아버지는 아들들에게, 어머니는 딸들에게 먹는 법을 가르친다. 그들은 항상 부자가 되는 것을 먹는 내내 생각하면서, 숟가락으로 음식을 조금씩 떠서 천천히 입에 넣고, 숟가락을 다시 먹는 바구니에 넣고, 천천히 꼭꼭 씹으라고 말한다. 그리고 나서 음식을 삼켜야 하고 아이는 서두르지 않고 숟가락에 손을 뻗을 수 있다. 모두가 부자 생각에 집중할 수 있기 위해 식사 중에는 아무도 말을 해서는 안 된다. 아직 음식이 바구니나 입에 있는 동안에는 더 요구하지 않는다. 아이가 너무 빨리 먹으면, 아버지나 어머니가 조용히 그의 바구니를 가져가고, 아이는 조용히 일어나 집을 떠나야 한다(Erikson, 1943, p. 286).

로하임(1950, p. 273)이 지적한대로, 이것들과 다른 제한들은 어머니(및 또는 아버지)에 대한 추가적인 공격성을 유발하지만, 그것들 역시 기본적인 유아 증오에 대한 더 강한 억압이 필요하다. "고통"은 주로 음식 금기 위반이(또한 근친상간의 환상도) 원인이기 때문에, 뿔조개와 "고통"의 반대 관계 inverse relationship는 더 분명해진다. 느리고, 겸손하며, 공격적이지 않은 식사는 제한하는 어머니를 달래고 어머니의 호의 favors(부, 좋은 신체 내용물)를 얻는 결과를 초래하는 반면, 공격적인 식사는 배고픔, 가난, "고통"(나쁜 신체 내용물)을 초래한다. 따라서 다시 한번 말하면, 유아의 내사와 동일시에 내재된 양가감정은 충만함과 공허함 모두를 회피할 필요가 있다.

문헌은 근친상간 및 근친상간의 회피를 향한 강력한 추진력과 함께 남녀 간의 상당한 적대감을 나타낸다. 유록 신화에 따르면, 인류가 암캐에서 낳았기 때문에, 여기서 일종의 근친상간인 개와의 성행위는 최대의 범죄이며, 그 범죄자를 죽이기 위한 마을 사람들의 공동 대표단을 초래할 것이다. 이것은 아마도 마을이 정치적 단위로 기능하는 유일한 경우이며, 그런 살인에 대해 보상금이 지급되지 않는다. 그렇지 않으면, 자조self-help와 보복이 효력을 발휘한다.

남녀의 엄격한 이분법, 그리고 그것이 반영하는 근본적인 적대감과 거세 불안은 태어나면서부터 시작되고, 많은 문화권에서 그러하듯이, 노년에 조차도 소멸되지 않는다. 따라서 문신을 한 여성의 턱은 죽을 때까지 그녀를 분리하고 따로 떼어 놓는다. "그들은 문신하지 않은 여성이 나이가 들면 남자처럼 보인다고 말한다"(Kroeber, 1925, p. 78). 마찬가지로, 유록 신화의 투사projections에서, 강을 따라 바위의 특정 부분을 점유하는 무명의 **보거woge** 또는 인류 이전의 조상들은 생리 중인 여성이나 시체를 견딜 수가 없다. 그 결과 배 안에 생리 중인 여성이나 시체가 있는 경우, 그 여성이나 시체는 이 지점에서 배에서 떠나 바위 주위를 돌고, 다시 배로 돌아와야 한다.

이 거세 불안의 힘은 지속성으로 나타난다. 금을 찾는 "49년 광부들"[8]이 북서부 캘리포니아로 쇄도한 후에 이어진 집중적인 문화 적응의 세기가 지난 후에, 대부분의 유록 문화는 사라졌지만, 생리 금기는 남아 있다. 즉, "이런 문제에 있어서 남녀 간의 이해가 너무 멀리 떨어져서, 한 정보 제공자는 '착한 소녀'를 생리 중일 때 항상 소년에게 미리 말해서

---

* woge[voh-gə]: "높고 강력한 물의 파도", 또는 "무언가의 큰 물결 모양의 덩어리"(번역자 주)

의례적인ritual 문제와 그에 따른 노동 시간의 손실을 덜어주는 사람으로 정의하였다"(Erikson, 1943, p. 298).

사랑은, 심지어 아내에 대한 사랑조차도, 일탈적인 행동으로 여겨진다. 그리고 개dog에 대한 애정처럼, 그것은 사람의 감정 보유고(또는 특정 신경증에서 언급되는 리비도의 은행 계좌)를 소진시키고 가차 없이 나약함과 가난을 초래한다. 일반적으로 여성에 대한 호의적인 경멸이 표현된다. 유아기의 유기abandonment에 기초하고, 거부 및 성적 상해에 대한 두려움으로 물들여진 이 경멸은 정말로 적대감과 의존이 뒤섞인 것이다. 성기의 목적은, 결혼에서 조차도, 감정적 헌신이 전혀 없으며, 합리화는 여성이 동물보다 조금 낫다는 것이다(인류는 암캐에서 낳지 않았는가? 우리의 여성들에게서 무엇을 기대할 수 있는가? 우리가 그들을 구입하지 않는가?). 따라서 신부 가격의 사회적 중요성은 개정된다. 물론 상업적 거래는 아니지만, 신부 가격은 한 친족 집단이 다른 친족 집단과 관계를 맺고, 한 남성이 자신의 위신과 미래 자녀의 지위를 눈에 띄게 높일 수 있는 수단이다. 그럼에도 불구하고, 신부 가격의 사회적 의미는 적대적인 성적 태도와 겹쳐진다.

따라서 여성들은 열등하지만(손상된, 거세된), 성적으로 유혹적이고, 암캐들처럼 문란하다. 그러나 성욕은 빈곤, 굶주림, 거세로 이어지고, 그 위협은 어머니와 아버지 모두로부터 나온다. 뚜렷한 거세 불안은 수동적-항문기 행동(어머니와의 동일시 및 자기 거세)으로 이어지지만, 이것은 공격적-항문기 행동 못지않게 위험하고 보복적인 가학주의로 이어진다.

비록 여성의 정신이 유록족에 대한 문헌에서 충분하게 탐구되지 않았지만, 적대적이고 허락하지 않는 어머니와의 동일시는 신생아에게 가해지는 비정상적인 박탈감으로 나타나는 것 같다. 의미심장하게도, 아이들에 대한 무의식적인 거부는 20명의 아이들(10명의 소년들, 10명의 소녀들)에 대한 의식적인 소원과 병행된다. 이 주제는 상징적으로 강둑에 놓여 있는 20개의 막대기와 함께 여성 사춘기 의식(Kroeber, 1925, p. 45)에 들어간다. 위대한 생식력fecundity에 대한 여성의 소원은 **비어 있지**(또는 여성도 자신의 아버지와 아들을 동일시하기 때문에 음경이 없지) **않다**는 사실을 보여주는 또 다른 증거인 것처럼 보인다.

성행위가 반드시 야외에서 이루어져야 하기 때문에, 뿔조개들이 성내고 달아나지 않도록 하기 위해, 가장 열정적인 사람들만이 가을 중순에 시작되어 6개월 동안 내리는 차가운 비에 용감하게 맞설 수 있다. 채플과 쿤Chapple and Coon(1942)은 이런 식으로 설명한다.

> 의식적 예물ritual gifts 제도가 정치적 위계 내에서 정교하게 발달되어 있는 북 캘리포니아의 유록족에서는, 예물을 만드는 시기인 겨울 동안에는 성행위가 금지된다(p. 478).

안타깝게도 이런 해석에는, 정치적 위계가 없고, 초기의 정치 조직도 중요하지 않다. 남자들은 경쟁적인 춤을 위해 서로 춤 예복과 다른 가보들을 빌려준다. 그러나 노골적인 선물은 절대 상호적이지 않으며, 주는 사람이 원하는 협력자와 함께 환심을 사려는 의도가 있다.

성행위에 대한 **사실상의**de facto 금기는 나쁜 겨울 날씨와 뿔조개 화폐를 보유해야 할 유록족의 필요성 때문이다. 높은 수준의 손재주를 지닌 좌식 사회는 이런 어려움을 기술적으로 해결할 수 있었지만, 유록족은 신체적인 불편함과 부(富)를 위한 노력으로 강화된 반(反)성기적 anti-genital 태도를 되풀이하여 가르치는 것을 선호하지 않기로 선택했다. 가장 간단한 해결책은 그들이 뿔조개를 생활 주택보다는 땀-집에 보관하는 것일 것이다. 특히 땀-집과 관련된 고결한 행동은 뿔조개로 보상받기 때문이다. 하지만, 미덕virtue은 실제로 금욕주의를 의미한다. 그리고 땀-집은 전적으로 남성적인 반면, 뿔조개들은 남성(남근)의 상징성뿐만 아니라, 여성(영양)의 상징성도 가지고 있다. 또한 결혼한 부부가 물러날 수 있는 별채나 다른 피난처를 세우는 것도 매우 쉬울 것이지만, 실행되지 않았다.

기본적인 거세 불안은 전(前)오이디푸스 콤플렉스 시기에서 비롯되고, 이런 억압된 무력감, 적대감, 죄책감을 강화시키는 부정적이고 긍정적인 오이디푸스 콤플렉스와 함께, 남근적인 어머니 또는 분화되지 않은 어머니와 아버지를 향한 적대감의 결과라는 것이 강조되어 왔다. 현실적 수준에서, 성숙한 남성들의 부(富)는 젊은이들에게 똑같은 적대감과 순종을 심어준다. 젊은이들과 남성들이 사회적으로나 성적으로 여성들보다 우월하기 때문에, 나이든 남성들은 소년들과 젊은 남성들에게 상당한 정도의 존중을 요구한다. 아버지(그리고 아버지의 형제들)의 손에 있는 부와 권력을 고려할 때, 젊은이들은 사회적, 성적 성숙을 이루는데 느리다. 나이든 남성들은 젊은 남성들을 위한 신부를 얻기 위해 자신의 재산을 나누는 것을 주저할 수 있다(같은 가족 내에 결혼할 수 있는 딸이 거의 없으면, 특히 그렇다). 그리고 동시에 나이든 남성들은 스스로 오이디푸스 콤플렉스적 경쟁, 즉 부 과시 춤Wealth Display dances으로의 부와 위신을 위한 끝없는 투쟁에 연루되어 있다.

대가족 이상의 친족 집단이 없기 때문에, 젊은 남자는 보호와 지위를 위해 아버지와 친삼촌에게 매달려야 하고, 남동생, 사촌, 친조카 또는 아버지의 평생 친구에게 유리하게 상속권을 박탈당하기 쉽다. 부가 개인의 노력이 아닌 상속으로 얻어지기 때문에, 모든 연령대의 남자들은 부의 마법을 실행하도록 요구받는다. 특히 젊은 남자들은 뿔조개를 얻기 위해 금식하고, 성관계를 끊고, 열심히 일하고, 모든 금기들을 준수할 것으로 기대된다. 결과는 노년기에만 기대할 수 있기 때문에, 이런 다양한 준수observances는 그 남자들과 입으로 좌절시키고 거세하는 어머니(아내) 사이의 신중한 관계를 제한하고 아버지에게 복종하도록 가르치는 역할을 한다. 따라서 부의 추구는 일반적으로 부유한 가족들과 성숙한 남자들의 권력과 위신을 합리화하는 것 외에도, 평생 동안 사회 통제의 도구로 사용된다.

부 마법wealth magic은 분명히 기원이 구강기이며, 배고픈 유아가 수행하는 것과 유사한 환각적인 소원-성취wish-fulfillment를 포함한다. 비록 통제된 퇴행이 관련되어 있기는 하지만, 주체와 대상 사이의 과대망상적 혼란은 그들의 궁극적인 동일시와 마찬가지로 분명해진다.

유록족이 부를 갈망하는 고집은 대단하다. 그들은 돈에 대한 끈질긴 생각이 그것을 가져올 것이라고 굳게 확신한다. 특히 이것은 땀-집 직업에 종사하는 동안 진실이라고 믿어진다. 한 남자가 땀-집 나무를 모으기 위해 언덕을 오를 때(소원 성취를 가져오는 경향이 있다는 의미에서, 항상 칭찬할 만한 관습), 그는 뿔조개에 마음을 둔다. 그는 오솔길을 따라 뿔조개들을 보거나. 나뭇잎을 먹으며 전나무에 매달려 있는 뿔조개들을 본다. 특히 그가 이 환상의 뿔조개들로 가득한 나무를 보면, 꼭대기 바로 아래 가지를 자르기 위해 그 나무에 올라간다. 이 땀-집에서 그는 아마도 문을 통해 자신을 들여다보면서, 더 많은 조개 화폐money shells를 볼 때까지 쳐다본다. 그가 강으로 내려갈 때, 그것을 응시하고, 마침내 물고기의 것처럼 작용하는 아가미를 가진 연어만큼 커다란 조개를 알아볼 수 있다. 젊은 남자들은 한 번에 10일 동안 이 관습을 겪기를 권고 받았는데, 그동안에 금식하고 최고의 활력으로 힘껏 노력하며, 다른 사람들, 특히 여자들과의 소통으로 그들의 마음을 바꾸지 않도록 하였다. 그러면 그들은 노년에 부자가 될 것이다(Kroeber, 1925, pp. 40-41).

흥미롭게도, 이런 종류의 부 마법은 주로 여성들인 무당의 훈련에서 중요한 부분이다. 남성들의 부 마법은 좋은 어머니와의 환각적인 통합과 동일시를 목표로 하지만, 주술적인 자료는, 곧 뿔조개의 남근적 구성 요소가 똑같이 강하다는 것을 나타낼 것이다. 하지만 현재로서는, 남성과 무당이 그들의 부 마법에서 시행하는 다양한 박탈deprivations이 희생과 속죄가 가장 큰 바로 그런 영역에서(즉, 구강기 및 성기기 금욕주의에 의해) 보상(뿔조개 또는 젖가슴과 남근의 긍정적인 측면)을 달성하는 것을 목적으로 한다는 것을 주목할 수 있다. 따라서 구강기 및 성기기 욕구들은 미래의 어느 시점에 더 적절하게 충족될 수 있도록 연기된다. 하지만 이 유치한 열망은 결코 실현되지 않는다. 그것은 오로지 자신의 딜레마(충만함과 공허함, 가학성과 피학성)를 해결하고자 하는 강박적이고 양가적인 항문기 특성의 욕구에 의해 지시된 타협이다.

뿔조개의 상징성이 성 심리의 각 수준에서 강화되어, 결과적으로 중복 결정된다는 사실을 고려할 때, 기본적인 젖가슴-남근 동일시에 대한 상당한 보완적 증거를 제시하기 쉽다. 따라서 조개 화폐는 연어와 사슴처럼 의인화되고, 대개는 지배적인 두 **보거**인 워페쿠므Wohpekumeu와 풀레쿠크워렉Pulekukwerek에게 귀속되는 광범위하게 특정 제도적 기능들을 때때로 가정하는 문화 영웅인, 펠린치크Pelintsiek("위대한 뿔조개")의 인물로 신격화된다(Kroeber, 1925, p. 74). 가끔 뿔조개들은 여성 역할로 나타나는데, **보거** 시대에서 인간 세상의 시작으로 이행할 그때, 의인화된 조개껍데기는 보트 속으로 들어가고, 상류의 그들 집을 떠나 바다로 내려가 **유록 영토에서 멀어질 때** 노래하고 춤을 추는데, 더 크고 더 가치 있는 조개들은 가장 먼 거리를 간다(Spott and Kroeber, 1942, pp. 249-250). 따라서 신화는 "조개껍데기의 가치를 평가하고, 그것들이 어디에서 발견되는지 말해주고, 그 소중한 것들이 왜 지금 먼 곳에서만 존재하는지를 설명한다."(위의 책, p. 250) 그러나 그것은 또한 **세상이 시작할 때**(태어날 때) 사랑의 대상을 상실한다는 것을 드러낸다. 뿔조개의 젖가슴 같은 특성은, 그것에 대한 향수어린 동경과 함께, "그들이 단판 연체동물univalves의 살을 빨아먹는 낯설지만 부러운 사람들이 사는 세상의 하류와 상류 끝에서 살고 있는 조개들에 대한 그들의 전통을 말할 때" 드러난다(Kroeber, 1925, p. 23).

동시에 구강기 공격성(빨리 먹기, 폭식, 구강성교)은 뿔조개(그리고 연어 및 다른 의인화된 식품들도)를 쫓아낼 것이다. 반면에 연어와 사슴처럼 뿔조개도 거세 공포로 고통 받으며, 생리 중인 여성이 있는 집에 들어가거나 머물지 않을 것이다. 생활 주택에서의 성행위에 대한 금기에서 그렇게도 두드러지게 드러나는 뿔조개의 남근적인 측면은 신성한 이야기에 의해서도 분명해진다. 따라서 원시시대의 중요한 문화 영웅인 워페쿠므("대양을 건너는 홀아비")가 있는데, 그는 끊임없이 여성을 추구했지만 종종 실패했고, "그의 구애의 결과에 따라 좋은 낚시터를 만들거나 손상시켰다"(Kroeber, 1925, p. 73). 이는 성sex과 부wealth 사이 그리고 성과 음식 사이의 의식적인 대조를 뒤집는다. 암캐에게 인류를 낳게 하여, 그의 딸과 근친상간의 죄를 저질렀고(Spott and Kroeber, 1942, pp. 233-235), 제우스의 행동을 연상시키는 거세 및 역(逆)거세 countercastrations에 관련된 사람은 바로 그였다.

> 여성 정복을 갈망하던 그는 아들 카풀로요Kapuloyo를 부인하거나 회피하려 했고, 마침내 청년의 아내와 결혼하기 위해, 높은 나무 위에 그를 버리고 그의 손자 케오머Kewomer의 눈을 멀게 했다. 카풀로요는 탈출

하여, 세상의 모든 뿔조개들을 모으고, 하류로 떠났다. 그러나 강의 어귀 가까이에서, 워페쿠므는 그를 따라잡았고 남자들을 위한 공급량을 다시 채울 만큼 충분한 돈을 되찾았다(Kroeber, 1925, p. 73).

출산을 시작했고, 하늘에서 도토리를 훔쳤고, 인류가 미래에 사용할 수 있도록 언어를 해방시킨 것은 워페쿠므였다. 하지만, 그의 긍정적인 업적에도 불구하고, 그의 성애적인 노력이 너무 강렬해서, 그는 마침내 스케이트 우먼Skate Woman에게 납치(거세)되었다. 그의 처벌의 의미는 우리가 "홍어skatefish가 여자의 내면처럼 보인다"는 것을 알게 될 때 확인된다(Erikson, 1943, p. 272).

본능적인 워페쿠므의 반대는 또 다른 창조적인 **보거**인 풀레쿠크워렉Pulekukwerek(Downstream Sharp)에서 볼 수 있다. 그래서 그가 앉았던 뿔에서 이름을 따왔다(Kroeber, 1925, p. 74). 이 엉덩이 뿔은 항문과 관련하여 전치된 남근을 나타내는 것으로 보인다. 어쨌든, 의인화된 초자아인 풀레쿠크워렉은 담배를 피웠지만 결코 먹지 않고, 땀-집 때문에 여자들을 지나쳤고, 힘과 초자연적인 재능으로 괴물을 연달아 파괴했던 엄숙하고, 정복할 수 없는 인물"이다(Kroeber, 1925, p. 74). 괴물들은 그 자신의 본능이기 때문에, 그가 땀-집을 왜 만들었는지(그리고/또는 여자들을 왜 쫓아냈는지) 분명해진다. 불운한 워페쿠므와는 달리, 풀레쿠크워렉는 "뿔조개와 영원한 춤의 머나먼 땅으로 자발적으로 물러났다. 유록족 그들의 신화에서 존경하는 모든 감탄을 그들은 풀레쿠크워렉에게 아낌없이 쏟아부었다"(Kroeber, 1925, p. 74).

우리는 돈과 부(富)가 굶주림, 가난, 거세를 물리치기 때문에 중요하고, 돈은 다양한 성 심리적 단계에서 젖가슴, 대변, 태아, 또는 남근과 같은 내면화된 좋은 대상을 나타낸다는 것을 자주 주목해왔다. 이런 통합과 동일시에 관련된 공격성과 양가감정은 나쁜 대상인 "고통"의 동시 내면화concurrent internalization를 초래한다. 성기 우위를 달성하지 못하거나 구성 본능을 종합하지 못하면 모순(충만함 vs 공허함; 가학피학성 성애)이 생긴다. 그리고 이것들은 세계 재생 의식에 대한 간략한 고찰에서 더 분명해질 것이다(Kroeber and Gifford, 1949).

이 의식의 내밀한 부분은 연어, 도토리, 야생 사냥감의 마법적인 보충과 관련이 있다. 어떤 의미에서는 전 세계의 기운을 북돋우고 새롭게 하는 것과 관련이 있다. 이런 의식의 세속적이고 절정적인 부분은 잔치를 베푸는 것과 불멸의 부를 과시하는 것에 충당된다. 자부심과 우려를 드러내는 춤 후원자들은, 주로 노먼비 섬Normanby Islands의 *에사-에사 esa-esa*("공짜 기부자")의 방식으로, 많은 방문자들을 위해 엄청난 음식을 제공한다(참조: Róheim, 1950, pp. 151-243, 287; 1955, pp. 55-61). 상속되고 빌린 부를 공격적으로 과시하는 부 과시 춤은 종종 싸움을 야기한다. 이런 시기심과 불쾌감의 폭발이 때로는 우주론적 중요성과 집례 사제의 중재에도 불구하고, 신성한 의식에 지장을 줄 정도로 강렬하다.

공격적인 부의 과시는 잔치를 베푸는 맥락에서 이루어지기 때문에, 그 과시 행위가 오직 구강기의 풍요와 안심reassurance에 의해서만 가능한 것처럼 보일 것이다. 어떤 의미에서, 과시자들은 그들 자신이 겸손하게 먹고 손님들에게 음식으로 가득 채워준다면 먹히지(또는 거세되지) 않을 것이다. 그리고 금욕적인 유록족은 보통 5일, 10일, 또는 그 이상 지속되는 이 장기간의 의식ceremony 동안에만 실용적인 농담, 성적인 자유, 잠시 동안의 축제 분위기를 허용한다. 그러나 이런 축제 행사조차도 그들의 깊은 불안이 없는 것은 아니다. 춤 후원자의 마음에는, 성기적인genital 충동에 대한 항문기 및 남근기 공격성의 승리를 나타내면서 자신들의 부를 과시하고 있는 댄서들이 그것을 부수거나 훔칠 것이라는 큰 두려움이 있다. 식비 지출에 대한 우려도 있다. 지적한대로, 이런 다양한 두려움은 거세 불안뿐만 아니라, 배고픔과 공허함에 대한 두려움을 나타낸다.

그러므로 종종 싸움으로 끝나는 하나의 중요한 의식에서 다음의(그리고 모순되는) 구성 요소들을 볼 수 있다.

1. 음식에 대한 관대함은 유아의 어머니와의 동일시 즉, 좋은 어머니(또는 어머니가 되어야 하는)와의 동일시 측면이다. 그러나 억제하고, 자기애적이며, 나쁜 어머니와의 동일시, 그리고 이런 비참함에 대한 반동형성도 있다. 얌전한 식사처럼, 음식에 대한 관대함은 구강기 공격성의 투사에서 나오는 위험을 예방한다.
2. 항문기 가학성이 실제적인 농담으로 나타나면서, 항문기 보존성(춤을 위한 식량 및 부의 축적)의 승리가 있다.
3. 가학증은 특히 싸움, 성적 자유 등에서, 그리고 강도, 손상, 거세의 보복적인 공포에서 나타나면서, 남근기 부를 과시적이고 공격적으로 표현한다.

조개 화폐에 대한 논의를 끝내기 위해, 구강기 공격성의 위험을 분명하게 하고, 유아적 상황으로 되돌리는 후파Hupa족의 계몽적인 이야기가 있다.

메딜딩Medilding 부자의 손자는 계속해서 입을 벌리고 있었다. 한 무당이 마침내 그 원인을 보고 선포했다. 그 부자의 조상이 죽은 친구나 친척에게 작별 키스해달라고 요구했었다. 그는 무덤으로 내려가, 시신의 얼굴 위로 몸을 굽히고, 입술을 사용하여 코 속에 꽂혀있는 두 개의 뿔조개를 코에서 빼내고, 무덤이 흙으로 가득 찰 때까지 그의 입 안에 전리품을 숨겼다. 보고서에 따르면, 그 부자는 자신의 조상이 실제로 위험을 무릅쓰고 이 행위를 했다고 인정했다. 그리고 무당은 그것이 지금 아이가 입을 벌리고 있는 것과 같은 뿔조개라고 선언했다(Kroeber, 1925, p. 42).

부와 어머니와의 동일시는, 마치 신생아에게 구강기 공격성을 투사하는 것처럼, 출산 후 돌봄의 오랜 지연을 분명하게 설명한다. 조상의 죄 때문에 죄지은 기관에 벌을 받은 후파족 아이처럼, 출생 직후 젖을 먹는 유아는 턱에 병이 생겨 굶어죽을 것이다. 불행하게도, 인생이 시작할 때의 이 외상적인 절식withholding은 이어지는 모든 사건들에 대한 심리적 단계를 설정한다. 부모의 성적 금기를 해제하기 위해 아이의 젖을 일찍 떼고 독립하도록 일찍 밀어붙이는 것은 원래의 외상을 강화시키고 굶주림(나중에는 거세)에 대한 공포를 초래한다. 태아와 유아를 깨어있게 할 긴급한 필요성은 어머니의 무의식적인 죽음 소원을 드러낸다. 그리고 비록 문헌에서 검증되지는 않았지만, 어머니 자신이 아이의 탄생(무의식에서는 항문 출산일 것이다)으로 인해 공허함과 우울함을 느끼기 때문에, 어머니가 처음 5일, 10일 또는 그 이상 동안 젖을 먹이지 않는 것을(개인적 차이는 문화적 패턴에 영향을 미친다) 상상할 수 있다. 그것은 또한 대변-아기-남근의 동일시 측면에서, 분만이 첫 생리기간처럼 거세일 수도 있다. 그리고 자신의 어머니와의 동일시에서, 그것은 그녀 자신의 출생과 어머니로부터의 원래 분리의 반복이다(참조: Orens, 1955).

어쨌든, 유아기의 심리적 외상은 부에 대한 모든 소비적 관심(상실

대상을 회복하려는 욕망)뿐만 아니라, 특이한 정도의 분리 불안(나중에 거세 불안으로 흘러들어가는)에 의해 입증된다. 따라서 자신의 출생지에 대한 강렬한 고착과 급하게 필요하지 않으면 여행을 싫어하고, 집과 강에 대한 숭배, 그리고 집, 나무, 바위에 이름을 붙이는 경향이 있는데, 사실은 환경 전체를 리비도로 집중하는 경향이 있다. 이런 분리 불안의 부정적인 측면은 최소한의 식사, 굶주림과 중독에 대한 두려움, 남녀의 엄격한 분리, 사람이나 애완동물에 대한 리비도 집중의 회피로 표시된다. 한 손으로는 어머니에게 매달리고, 다른 한 손으로는 어머니를 밀어내려는 욕구는 버릇없는 아이가 드러내는 양가감정을 연상시킨다.

지적한대로, 이 딜레마의 해결은 본질적으로 항문기 특성으로 대표되는 불안정한 타협에서 모색된다. 사실상, 일상생활의 수많은 회피와 무거운 의식화ritualization는 그 자체로 항문기 타협의 불안정성을 드러내는 강박 신경증(프로이트, 1907)과 유사하다. 어쨌든, 우리는 부정적인 내사물인 "고통"을 조사함으로써 관련된 공격성과 양가감정을 분명하게 할 수 있다.

IV

이미 언급되었듯이, *텔로게틀* 또는 "고통"은 외관상 손가락 모양을 하고 있는 뿔조개를 닮은 *물질적이고 살아있는* 실체이다. 그러나 그것들은 부정적인 의미를 가지고 있다. 즉, 그것들은 내면화된 "나쁜 대상들"이다. 또한 *텔로게틀*이 질병의 주요 원인이며, 희생자의 몸에서 빨려나와 무당이 보여줄 때, 피나 점액으로 덮여있다는 것도 생각날 것이다.

뿔조개와 마찬가지로, "고통"은 중복 결정되며overdetermined 다양한 성 심리 단계에서 파생된다. 하지만, "고통"에 의해 야기되지 않는 몇 가지 질병이 있는데, 이런 병들은 주술적인 빨기보다는 고백이나 사제의 종교적 방법을 필요로 한다. 모든 경우에, 초기 진단은 무당에 의해 이루어진다. 신체적, 심리적 징후들이 가망 없는 경우, 무당은 치료를 맡지 않을 것이다. 그리고 그녀는 그 병을 "고통"보다 다른 요인들로 쉽게 돌릴 수 있고, 만약에 마법사가 그 병을 일으키고 있다면 사제의 치료나, 보복 조치를 권고할 수 있다.

"고통"은 질병의 주요 원인이 되는 것 외에도, 무당의 힘의 원천이기도 하다. "고통"은 때때로 자신의 노력을 통해 몸속으로 들어가서 그녀를 아프게 하지만, 그것은 또한 그녀에게 환자의 "고통"을 감지하고 제거할 수 있는 동종 요법homeopathic의 힘을 준다. 비록 그녀 자신의 "고통"이 평생의 고통을 일으키지만, 그녀는 그것들을 토할 수 있음으로써 부분적으로 그것들을 지배한다. 그래서 그녀는 그것들을 어떤 개인적이고 사회적인 선(善)으로 바꿀 수 있다. 그 대가로 그녀는 뿔조개로 상당한 보상을 받는데, 곧 언급되겠지만, "고통"과 뿔조개의 공동 획득은 무당 훈련에서 중요한 주제이다.

비록 환자의 "고통"과 무당의 "고통"에는 차이가 없지만, 후자는 종종 그녀의 병을 간청하고 유록 기준에 의해 정상이 아닌 성격으로 여겨진다. 그녀의 입회initiation에 앞서 자신의 성격과 전문 기술을 나타내는 구토를 고려할 때, 그녀는 전환 히스테리가 많이 혼합되어있는 것으로 보인다. 즉, 그녀는 항문기 수준으로의 퇴행보다는 억압과 전치에 더 많이 의존한다(참조: 프로이트, 1915, 1916; Nunberg, 1955). 이것은 또한 일반적으로 그녀의 "고통" 중 일부라는 사실에 의해서도 나타난다(예를 들어, 마법사가 사람의 몸속으로 보낸 것). 어쨌든, 무당은 많은 질병을 일으키는 부정적인 내사물들을 빨아들이고 보여줄 수 있고, 그래서 그녀는 자신의 환자들에게서 증오, 죄책감, 불안을 덜어준다. 순수하게 신체적인 어떤 질병이 관련될 수 있다고 해서, 모든 질병이 그 원인에서 도덕적이거나 초자연적이고, 환자가 심한 죄책감으로 반응하는 상황을 바꾸지는 않는다. 무당이 어떤 심리적 통찰력을 가지고 있든, 그리고 그것이 상당한 것으로 보이든, 그녀는 주로 심리적이고 심신적인 장애(가장 일반적으로, 히스테리적 전치 또는 가학적 항문기 타협에서 생기는 소화기 증상)를 치료하고 있으며, 그녀는 자신이 항상 책임지지 않는 비(非)무속적인non-shamanistic 치료법을 자유롭게 처방한다.

전(前)오이디푸스 콤플렉스 수준에서, "고통"은 내장visceral 장애물과 기생충이라고 이미 제안되었다. 따라서 "고통"은 항상 젖가슴과 뿔조개를 제시하는 복수 형태인 쌍으로 나타난다. 그리고 뿔조개처럼, 그것들은 크기가 다르고, 엉덩이가 튀어나와 있다.[10] 그것들은 "손가락보다 더 크지 않고 종종 더 작으며, 비록 보통은 세로 방향이지만 다양한 모양과 색상으로 묘사되는 작은 것들이다"(Spott and Kroeber, 1942, p. 156). 더 작을수록 뿔조개의 가치가 덜하기 때문에, 고통이 작을수록 덜 강력하다. 뿔조개와 다른 형태의 부wealth를 부러워하고 훔치듯이, 무당들도 서로 부러워하고 다른 사람의 환자들 또는 무속의 초보자에게서 "고통"을 **훔친다**(위의 책, p. 165).

무당들에게만 보이는 "고통"은 공중을 날아다니고, 인간의 몸속에 머무른다. 한 무당의 "고통"은 붉은 머리 딱따구리(부의 대상)를 닮았고, 다른 무당은 검은색이지만 끝이 더 큰 쪽이 빨갛다(위의 책, pp. 219, ff.). 한 무당은 그것을 토한 후에 검사한 자신의 "고통" 중 하나를 묘사하면서, **"그것이 뿔조개처럼 보였다"**고 언급한다(위의 책, p. 160).

질병은 항상 도덕적 또는 초자연적인 인과 관계를 가지고 있기 때문에, 병의 주요 원인(*또는 징후*)인 "고통"은 유사한 병인을 가지고 있는데, 그것들은 금기(주로 음식과 근친상간 금기들)를 어기거나 적대적인 주술로 인해 발생한다. 때때로 질병은 무당에 귀속된다. 그녀가 돈에 대한 탐욕 때문에 누군가에게 "고통"을 보냈다. 그러나 이것은 유록족에서는 드문 일이고, 그 동기가 살인적인 공격성보다는 탐욕이라는 것이 주목할 만하다. 일반적으로 유록 무당들은 질병을 일으킬 수 없으며, 이차 치료에 대한 추가 비용을 청구하기 위해 부분적인 치료(즉, 아픈 사람에게 "고통" 하나를 남기는 것)에만 효과가 있다고 더 일반적으로 믿어진다. 무당들은 질병 진단을 거부하거나 치료 실패 후 비용을 반환하지 않는 경우 소송에 휘말릴 수도 있다. 그러나 일반적으로 질병을 일으킬 수 없기 때문에, 그들은 자신들의 직업을 다른 많은 원시 집단들 사이에서 위험한 직업으로 만드는 보복 공격(그들의 생명과 재산에 대한)을 면한다. 역사적 또는 분포적인 측면에서, 북서 캘리포니아에서 샤머니즘이 왜 독점적인 여성 직업이 되었는지는 분명하지 않다. 그리고 이것은 아메리카 인디언 기준으로 볼 때, 이례적인 것이다. 그러나 무당이 질병을 일으키지 못하는 일반적인 무능력은 그들이 유록족 어머니들처럼 보류하고 있고, 그들이 뿔조개만큼이나 "고통"에 탐욕이 있다는 사실에 달려 있는 것으로 보인다.

특정한 "고통"의 원인인 적대적인 마법은 사람의 부에 대한 단순한 시기심(그리고 그가 병이 나서 그의 모든 뿔조개를 무당들에게 지출하기를 바라는 덧붙인 소원)에서 **우마**uma'a 라고 불리는 전문적이고 매우 강력한 마법 형태에 이르기까지 다양하다. **우마** "고통"의 분명한 남근의 구성요소를 언급하기 전에, 흑 마법black magic은 일반적으로 남성들에 의해 수행되는 반면, 치료적 마법은 거의 전적으로 여성 직업이라는 것을 지적하는 것은 중요하다. 한편, 세계 재생 의식에서 남성들은 식량 공급(및 세계)을 보충하는 반면, 여성들은 기근을 일으키고 "굶주림의 의술starvation medicine"을 통해 세상을 굶주리게 한다(Kroeber, 1925,

p. 4; Spott and Kroeber, 1942, pp. 202, ff.).

우마는 마법사 자신과, 자신과 관련된 특별히 악의적인 "고통"을 모두 설명하는 용어이다. 이것은 중앙 호주의 "뼈 추려내기boning"와 매우 흡사한 일종의 흑 마법이다.

그런가 하면 **우마**라 불리는 신비한 것을 배우거나 구입해서, 그것으로 자신들이 부러워하거나 미워하는 사람을 파괴하는 사람들이 있다. … 때때로 밤에 멀리서, 희생자의 집에 있는 축소 모형 활에서 뜨거운 작은 화살의 끝에 이 물건을 매다는데, 집안 식구 중 한 명이 곧 병에 걸린다. 가끔은 밤에 사악한 심부름 여행을 하는 **우마**를 볼 수 있다. 그는 팔 아래 숨겨진 자신의 매력을 지니고 있을지 모르지만, 그 물건은 강하고, 터져 나오고, 쏘거나, 오르락내리락하는 불꽃이나 푸르스름한 불빛으로 보인다. 이것이 사람에게 들어가면, 그는 죽을 때까지 잠을 잘 것이다. 그러나 어떤 무당들은 그것을 빨아낼 수 있다(Kroeber, 1925, p.67).

중앙 호주의 "뼈 추려내기boning"의 경우와 마찬가지로, **우마**의 두려운(그리고 원하는) 동성애 공격은 치명적인 수면(퇴행, 거세, 죽음)의 결과를 가져온다(Róheim, 1945, pp. 120-134).

무속 초보자의 오이디푸스 콤플렉스적인 꿈은 일반적으로 **우마** 마법사와 "고통"을 회피하는 남근기적 특성을 드러낸다.

그래서, 한번은 다른 사람들이 잠자는 동안, 나는 꿈속에서 **우마**가 오는 것을 보았다. 그의 다리 중 하나는 곧고, 나머지는 무릎을 구부렸는데, 그는 이 무릎으로 마치 자신의 발처럼 걸었고, 한쪽 눈만 있었다. 그래서 나는 소리를 지르며 뛰쳐나와 강을 따라 달려 내려갔다. 내 남자 친척들은 쫓아와서 나를 의식 잃은 상태로 데려왔다. 그리고 나서 나는 3일 밤 이상 동안 춤을 췄다. 이때 나는 네 가지 가장 큰 고통을 받았는데, 그중 하나는 파란색, 하나는 노란색, 다른 하나는 빨간색, 네 번째는 하얀색이다. 내가 **우마**에 대한 꿈에서 이것들을 받았기 때문에, 나는 그것들로 **우마**로 인한 병을 치료한다(Kroeber, 1925, p. 65).

또 다른 무당은 **우마** "고통"에 관하여 다음과 같이 보고한다.

의사가 **우마** 고통을 빨아낼 때, 그녀는 그것을 손으로 잡고, 눈을 감고 연이어 구호를 외치며 노래를 부르기 시작한다. 그러면 고통은 위로 날아오르고, 공중에서 소용돌이치며, 갑자기 그것이 왔던 곳으로 직선으로 날아가, 의사가 누가 보냈는지 말할 수 있는 불의 흔적을 남긴다. 일반적으로 그녀는 **우마**가 다시 자신 안으로 보내질까 두려워 말하지 않는다(Spott and Kroeber, 1942, pp. 165-166).

우마의 비대칭은 남근 악마의 특징이다(참조: Money-Kyrle, 1939, p. 88). 하지만 무당 자신이 사회적으로 인정받는 **남근 어머니**라는 점은 주목할 만하다.

남근의 **우마** "고통"이 보통의 "고통"보다 더 강하고 전문화되어 있기 때문에, 한 특별한 부류의 무당들은 치료 전문화의 논리적 정점을 달성하고, 정신병을 치료할 능력이 있다. "초기의 꿈속에서 뱀을 잡아먹고, 다른 무당들이 볼 수 있도록 그것을 몸에 지니고 다니며, 환자로부터 뱀을 빨아먹는 무당들이 있었다. 그러나 그들이 치료한 병은 물린 상처가 아니라 정신병이었다"(Kroeber, 1925, p. 68). 꿈속에서 뱀의 내면화로부터 힘을 얻은 무당들은 마법적으로 더욱 강해졌을 뿐만 아니라,

다른 무당들보다 덜 전(前)성기적이라고도 의심받을 수 있다. 그러나 이 자료는 이 문제를 더 깊이 탐구하기에는 충분하지 않다.

흥미롭게도, 일탈의 정점은 두 명의 남자 무당(복장 도착자transvestites)에 의해 달성되는데, 그들은 비정상적으로 일탈할 뿐만 아니라, 반복적으로 행동하고 원래의 유아 상황으로 돌아가 기본적인 젖가슴-남근 동일시를 분명하게 한다.

> 뮤렉Murekw에 뜨거운 돌을 다루고 살아있는 방울뱀을 먹는 능력으로 유명한 무당이 있었는데, 그가 죽은 후에도 그의 친척 중 한 명이 그 일을 계속했다. 하지만 그런 힘든 묘기는, 요술이 중요하지 않은 유록 샤머니즘의 특징이 아니다. 그리고 이 두 사람이 모두 남자였다는 것은 중요하다(Kroeber, 1925, p. 68).

그런 행동은 유록 무당들의 특징은 아니지만, 치료 중에 환자들의 "고통"을 빨아내 통합하고, 꿈속에서 "고통"이나 뱀을 통합하는데, 그것들 모두 동기가 동일하다. 여성 무당들의 양성애적bisexual 열망과 유사한 그 자신의 유아적, 동성애적 욕구와는 별개로, 의식적으로 여성 직업에서 여성들과 더 유리하게 경쟁하기 위해서는 남성 무당도 자신의 치료 능력을 과장하고 극화해야 하는 것일지도 모른다. 어쨌든 환자든 무당이든, "고통"을 초래하는 근친상간적이고 유아적인 노력은 점점 더 분명해지고 있다.

우마 악마에 관한 꿈과 환상은 아버지든, 남근 어머니든, 또는 구별되지 않은 부모이든 관계없이, 일반적으로 "고통"과 공격자의 모성 및 부성적 측면을 드러낸다. 왜냐하면 **우마** 마법사는 남근 악마이자 남근 어머니이기 때문이다. 질병은 주술적인 효력과 마찬가지로, 남근 악마의 근친상간적인 공격이나 부모 같은 인물의 식인적cannibalistic 통합(즉, 곧 논의될 음식 금기 위반)에서 비롯된다. 무당들은 흡입 치료에서 유아기 욕동들을 실연해 보이는 반면, 비(非)무당들non-shamans은 항문기 보존성을 제외한 모든 욕동을 부정하려고 시도한다.

상황은 다시 한번 중앙 호주의 마법을 연상하게 하는데, 뱀, 뾰족한 뼈, 또는 석영 수정(때로는 하늘 신의 배설물로 묘사되는 마법의 **난카라** nankara 돌)이 마법사의 몸 안에 보관되지만, 죽이거나 치료하기 위해 다른 사람 속으로 투사될 수 있다(참조: Róheim, 1934, p. 65). 흥미롭게도, 기본적으로 입으로 말하거나 빨기, 즉 어머니의 젖가슴이나 몸에 대한 공격(참조: Glauber, 1953; Róheim, 1955)을 특징으로 하는 유록족의 주술적 치료법은 또한 남근의 침투와 수용성도 특징으로 한다. 치료를 시도하기 전에, 무당은 노래 부르고 춤을 추며, 일시적인 무의식 상태에서 절정에 이를 수도 있는 무아지경 같은 날카로운 통찰력 속으로 빠지게 되면서, 빠는 치료가 시작된다.

> 더 큰 *텔로게*틀 고통은 점액(슬레이틀*sleyitl*)같은 것의 "담요"(**우카** uka'a)에 싸인 의사의 몸에 있다. 의사의 힘이 그녀에게 가해질 때, 그녀의 고통 중 하나가 그녀의 목구멍에서 솟아오르고, 그것의 슬레이틀은 그녀가 환자의 몸 위로 입을 움직일 때 그녀가 환자 속에 있는 *텔로게*틀을 발견하도록 돕는다. 그녀는 **손가락을 서너 개를 목구멍 속으로 집어넣어** 구역질나게 함으로써 고통의 배출을 용이하게 한다. 그런 다음 그녀가 환자를 "빨고"있을 때, **그녀의 입에서 환자의 몸으로 들어가**, 질병을 일으키는 고통을 만날 때까지 안에서 이동한다. 끈적끈적한 두 싸개가 뒤섞이고 의사의 고통이 **의사에게 돌아오고**, 그 뒤로 다른 것을 끌어당긴다. 후자가 그녀의 몸에서 안전해지면, 그녀는 자신의 것

과 같은 방식으로 그것을 끄집어내서 그것이 왔던 곳으로 날아가게 한다(Spott and Kroeber, 1942, p. 156).

비록 구강기 영역으로 옮겨질지라도, 긍정적 및 부정적인 측면에서 오이디푸스 콤플렉스인 이 과정은 전환 히스테리와 유사하고, 무당은 히스테리 환자인 것처럼 보인다. 그들은 자신들의 성기적인(그리고 근친상간적인) 노력을 원시적으로 표현하는 반면, 사회의 더 많은 강박적인 사람들은 하위 단계의 성생활(항문기 가학증)을 위해 성기적인 충동을 포기한다.

우마 꿈속의 무당이 악몽에서 깨어나 강(연어와 생명의 근원; 좋은 어머니)으로 도망친 것처럼, 그럼에도 불구하고 그녀가 통합한 공격적인 아버지(또는 남근 어머니)로부터 자신을 보호하려는 시도로, 빨기 치료에서 아버지와 어머니를 통합하고 일종의 남근 어머니 또는 사회적으로 인정되는 자웅동체hermaphrodite가 된다. 꿈속에서 아버지와의 동일시와 어머니(강)에 대한 양가적인 도피는 그녀의 부정적인 오이디푸스적인 노력과 관련된 동성애의 적대적이고 남근적인 측면, 즉 공격적인 아버지에게 복종하는 것 외에도 어머니의 몸에 침투하려는 소원을 드러낸다. 그리고 그녀는 직업 생활에서 두 가지 목표를 모두 달성하는데, 이는 그녀가 "고통"을 빨아낼 뿐만 아니라, 자신의 고통을 환자의 몸속으로 보내기 때문이다.

현실적인 면에서, 그녀의 치료는 그녀에게 엄청난 부와 권력을 가져다준다. 그리고 그녀는 일반 여성들에게 엄격하게 거부되는 많은 남성적 특권을 누릴 수 있다. 즉, 그녀는 특정 의식에서 춤을 추고, 그녀는 생리 중일 때가 아니면 땀-집에 들어갈 수도 있다. 그녀는 여성에게 요구되는 바구니 모자 대신 머리에 깃털을 꽂고, 그녀는 남자 친척들과 공동

거주자들에게 권력을 행사하고, 담배를 피울 수 있다. 사실, 그 담배 파이프가 바로 그녀 직업의 상징이다. 또한 그녀의 무속신앙 입문이 땀-집을 중심으로 이루어지고, 그곳에서 잠자고 춤추며, 남자들의 부 마법 wealth magic을 연마하는 등의 모습도 곧 볼 수 있을 것이다.

유아기 식인 풍습과 관련된 음식 금기는 "고통"의 의미를 더욱 분명하게 한다. 따라서 현실 또는 환상에서 음식 금기를 어기는 것은 "고통"을 불러올 것이다. 이런 상황은 무당이 되고자 하는 젊은 여성들에게 편리하게 해주고, 그들은 그런 위반으로 "고통"을 간청한다. 다른 사람들은 본의 아니게 "고통"을 받고 그것에 저항한다. 하지만 어느 경우든, "고통"은 질병을 초래하고, 자발적인 샤머니즘 후보자는 자신의 "고통"을 마스터할 수 있기 전에 반드시 장기적인 훈련을 받아야 한다.

무당이 될 사람의 표준화된 "입문 꿈initiation dream"은 **장작을 모으면서 우는 것**(남성 의식의 한 요소, 부 마법)으로 시작하여 유아 시절에 **상실했던 대상**에 대한 **구강기적 긴장**과 향수를 드러낸다.

이것은 무당의 시작에 대한 원주민의 요약이다.

장작을 구하러 가는 한 여성은 아마도 이전에 자신의 마을에 살았던 죽은 사람들을 생각하기 시작하고, 얼마나 풀이 자라고 길이 어두운지 주목하고, 덤불을 치우고 회상하며 눈물을 흘린다. 그녀가 꿈을 꾸고 얼마 지나지 않아, 어떤 사람이 그녀에게 이렇게 말한다. "나는 나무를 모을 때마다 항상 우는 당신이 불쌍하다. 당신은 무당이 되어야 한다. 이것을 먹어라!" 그 여성은 그것이 무엇인지 알지 못하고 주는 것을 먹는다. 그녀는 꿈에서 깨어나 자신이 현실로 생각했던 것이 꿈이었음을 깨닫는다. 그녀의 흉골 밑 부분이 아프고, 그것은 그녀 안에서 자라고 있는 고통이다(Kroeber, 1925, p. 64).

보다 개별화된 "입문 꿈"이 기록되었다.

나는 꿈으로 시작했다. 그때 나는 이미 스레곤Sregon에서 결혼했다. 꿈 속에서는 내가 볼드 힐스Bald Hills에 있었다. 거기에서 나는 피가 묻은 검은 사슴 고기를 나에게 먹여준 한 칠룰라Chilula족 남자를 만났다. 나는 그 남자를 몰랐지만, 그는 코가 짧은 사람이었다. 우리가 도토리를 모은 후 가을에 나는 이 꿈을 꾸었다. 아침에 나는 아팠다. 나를 치료하기 위해 의사를 불렀고, 그가 나를 진단했다. 그런 다음 나는 땀-집으로 가서 열흘 동안 춤을 추었다(같은 책, 65).

"코 짧은 사람"은 남근 악마를 연상시키고, 경멸받는 칠룰라 부족 사람이기 때문에, 그는 "적"이다. 의미심장하게 볼드 힐스라고 불리는 산을 오르는 것은 이것을 근친상간적인 꿈으로 만든다. 그러나 거기에는 남근 어머니가 믿음직한 아이에게 나쁜 고기를 주고 있는 구강기 상황의 반복도 있다.

레모포remohpo 또는 "의사 춤doctor dance"이라고 불리는 열흘간의 춤은 열흘간의 단식(속죄)을 요구한다. 이 기간 동안 무당이 될 사람은 반복적으로 "고통"을 토해내고, 그것을 평평한 바구니에 내보이고, (토속적인 말투로) "그것을 다시 마신다." 뒤를 이어 "고통-요리 춤"인 **우퀘르퀴 테일로기틀ukwerhkwer teilogitl**이 이어진다. 단식과 메스꺼움 같은 요리의 상징성은 공격적으로 이기고, 기본적으로 소화가 안 되는 음식이 관련되어 있음을 드러낸다.

후보자는 젖가슴-남근을 향한 구강기 공격성에 대한 보상으로, 상호 보완적인 임신 및 메스꺼움과 함께 금식할 뿐만 아니라, 다양한 기간 동안 물(어머니 상징)도 삼가야 한다. 의미심장하게도, 비록 훈련받는 후보자가 일반적으로 여성이지만, 자기-유도 구토에 의해 늘어나는 "고통"에 대한 그녀의 숙달은, 생리 중인 여성의 존재에 의해 크게 약화된다는 것이다(참조: Spott and Kroeber, 1942, p. 161). 이것은 여성들이 자신의 전(前)성기적 단계뿐만 아니라, 무속적 부름이 가장 관습적인 시기인 청소년기 생리의 시작부터도 공유하는 사회의 과장된 거세 불안으로 되돌아간 것을 나타낸다. 따라서 입에서 나오는 피투성이거나 끈적끈적한 "고통"은 중복 결정된다. 그들은 성기기 리비도를 구강기 성감대로 옮기는 히스테리적 전치 외에도 전(前)오이디푸스 콤플렉스의 뿌리를 가지고 있다.

앞에서 언급했던 꿈속에서 뱀과, 현실에서 남성(복장 도착자) 무당에 의한 통합은 금지된 욕망의 극적이고 개요적인synoptic 성취를 나타낸다는 것 외에는 더 이상의 논의가 필요하지 않다.

"고통"도 음식 금기를 어긴데서 비롯되기 때문에, 이 사실은 유록질병과 무속적인 구토의 본질을 더욱 분명하게 해준다. 수많은 결과에도 불구하고 기본적 금기는 간단하다. 연어와 사슴고기는 함께 먹을 수 없고, 어떤 경우라도 접촉해서는 안 된다. 보충적이지만 관련된 금기들은 사슴고기를 먹은 후 흐르는 물에 손을 씻는 것을 금지한다. 그렇게 하는 것은 사슴의 영혼을 익사시켜서 합당한 사냥꾼의 올가미로 돌아오는 것을 막는다. 대신에 히브리인의 율법주의로, 손은 바구니나 나무 그릇에서 씻는다. 가장 조심스러운 사람들은 심지어 육지 사냥감을 먹은 후 손을 씻는 것을 삼가고 단순히 닦기만 할 수도 있다. 마찬가지로, 사슴고기가 제공되는 나무 접시는 바구니에서 씻고 결코 개울에서 씻지 않는다.

꿈속에서 의도하지 않게 먹고 결과로 "고통"을 초래하는 신비롭거나 나쁜 음식들은 피나 점액이 뚝뚝 떨어지는 음식이거나, 꿈꾼 사람이 나중에 깨달을 때 그것들이 육지 사냥감과 물고기의 혼합물인 더 나쁜 음식 중 하나이다. 피나 점액이 뚝뚝 떨어지는 음식은 공격적으로 소비되는 젖가슴을 나타낸다. 그것들은 또한 구강기 함입(출산 중 입을 다물어야 할 필요성과 항문 출산이 관련되어 있다는 저자의 이론 참조)을 지칭하기도 한다. 따로 떼어놓아야 하는 음식은 다시 구강기 가학성(어머니의 젖에 송아지를 삶는 것에 대한 히브리인의 금기 참조), 아이에 의한 부모의 통합, 부모에 의한 아이의 두려운 통합(투사에 의한)을 나타낸다. 물의 모성maternal 음식과 토지의 부성paternal 음식의 강박적인 분리는 또한 부모와의 초기 성적 경쟁, 부모와의 동일시, 부모의 교류를 막으려는 강력한 욕망을 나타낸다.

음식 금기와는 별도로, 부(富)에 대한 생각으로 향하는 마음으로, 천천히 그리고 가장 겸손하게 먹는 것을 강조하는 것이 공격적이지 않은 식사를 의미한다는 것은 다시 한번 분명하다. 따라서 공격적이지 않은 식사는 어머니(그리고/또는 아버지)를 진정시키고, 좋은 신체 내용물(뿔조개)을 낳는다. 동시에, 구강기 욕망의 억제 역시 오이디푸스 콤플렉스 욕망의 무의식적인 억압을 나타낸다.[12] 반면에 근친상간적인 환상이나 꿈과 같이 공격적인 식사나 음식 금기의 위반은 필연적으로 나쁜 신체 내용물("고통")의 결과를 낳을 것이다.

통합, 동일시, 오이디푸스 콤플렉스적 경쟁과 관련된 양가감정은 음식 금기에 의해 더욱 분명해진다. 중요하게도, 볼드 힐스의 코 짧은 "적enemy"에게서 피투성이의 사슴고기를 받은 무당 지망자는 같은 이야기에서 사슴고기와 연어 사이를 오락가락하였다.

> 열흘째 되던 날, 춤추고 있는 동안에, 나는 나의 첫 번째 "고통"을 통제할 수 있었다. 그것은 마치 연어 간처럼 생긴 내 입에서 나왔고, 그것을

손으로 잡자 핏방울이 땅으로 뚝뚝 떨어졌다. 이것이 내가 볼드 힐스에서 꾼 꿈속에서 본 것이다. 그때 나는 그것이 단순히 사슴고기라고 생각했다. 고통이 내 몸속으로 들어온 것은 내가 그 사슴고기를 먹었을 때였다(Kroeber, 1925, p. 65).

또 다른 사람은 주술적 부름에 대한 그녀의 큰 저항과 그녀에 대한 가족의 압력에 대해 설명했다.

나의 어머니는 "너는 의사가 되어라"라고 말한다. 나는 "아니야"라고 대답한다. 그러자 어머니는 "너는 의사가 되어야, 많은 돈과 아름다운 옷들을 가질 수 있는 거야. 의사가 아니면, 아무것도 가질 수 없어."라고 말하지만, 나는 다시 "아니야"라고 말한다. 어머니는 아주 거칠게 나를 야단친다. 나는 집을 나와 밖에서 밤을 지내고, 다른 마을에서 낸시와 함께 잠을 잔다(Erikson, 1943, p. 262).

저항을 내비쳤음에도 불구하고, 그 후 얼마 안 되어서 그녀는 한 노파가 바구니에 담긴 "피 묻고 아주 더러운" 물질을 그녀에게 주는 꿈을 꾼다.

그녀는 나에게 바구니를 던지고, 그것이 내 입에 부딪힌다. 나는 물질을 삼키고, 나는 더 이상 감각이 없다. 나는 시끄러운 소리와 함께 잠에서 깨고, 낸시가 나를 깨운다. "너 미쳤구나." 그녀가 말한다. 나는 결코 그날 밤 내가 꿈꾼 것을 말하지 않는다. 나는 다시는 잠을 자지 않는다(위의 책).

그녀는 꿈을 아무에게도 알리지 않고 방어적인 불면증을 겪으면서도, 격렬한 메스꺼움이 시작되고, 마침내 그녀는 무속적 부름을 받아들인다. 흥미롭게도, 그 지역에서 가장 유명한 무당 중 한 사람인 이 무당은 나중에 "그녀를 다시 아프게 하는 몹시 더러운 꿈, 뱀 꿈"에 의해 방해받는다(위의 책, p. 267). 그리고 그녀는 수련 기간을 다시 반복해야 한다.

> 나는 이리저리 뛰어다닌다. 오! 온통 뱀이야. 나는 뱀을 때린다. 내 팔 전체가 뱀이야, 나는 뱀들을 문다. 나는 미치고 싶어. 나는 땀-집으로 가서 춤추며, 모두가 노래를 부른다(위의 책, p. 267).

히스테리가 관련되어 있다는 것은 의심의 여지가 없으며, 두 번째 수련자는 억압의 실패를 나타낸다.

제어되지 않고, 또한 자기-유도적인 무당들의 구토는 더 흥미롭다. 히스테리 증상에서 파생된 전문적인 기술을 가진 무당의 특별한 노련함을 나타낸다. 그러나 제어되지 않은 구토가 유록족에게 혐오스럽기 때문에 그것은 또한 중요하다. 에릭슨Erikson(1943)은 유록의 항문기 특성을 최소화하는 독창적인 가설에 기초하여, 구토에 대한 혐오감이 유록족의 "관tube" 구성을 기반으로 한다고 가정한다. 즉, 그들은 그 지역의 지형을 해부학적 및 생리학적 개념으로 동화시켰고, 제어되지 않은 구토는 강과 연어의 정상적인 방향vectors을 뒤바꾸기 때문에 두려운 것이다.

그런 지리학적 결정론은 단순하게 너무 편리하다. 그것은 유아적 상황을 무시하고 부당한 인과 관계를 물리적 환경 탓으로 돌린다. 지리학이 생리학에 동화되는 한, 그것은 어머니를 상징하는 강을 사전적으로 투사한 결과이다. 그래서 "관" 구성은 환경이 본능적인 용어, 즉 내부 생리학적 및 심리학적인 용어로 이해되고 묘사된 또 다른 유형의 정령 신앙animism을 나타낸다. 달리 말하면, 거기에는 지리적 환경에 대한 내부 경험과 영향의 투사가 있다.

문헌이 충분하게 입증되지는 않았지만, 강과 음식의 방향을 뒤집지 않는 설사가 구토만큼 무서운 것인지 의심될 수 있는데, 변비가 충만함에 대한 두려움을 나타내는 것처럼, 설사와 구토 둘 다 공허에 대한 두려움을 나타낸다(배고픈 곰이 과식하고 나서 변비와 설사로 번갈아 고통 받는 설화에 대하여, Erikson, 1943, p. 286 참조. 덧붙여서 출산과 마찬가지로 설사가 상징적 거세를 구성할 수도 있다는 점도 주목된다).

더욱이, 유록족 심리에 대한 환경적인 설명은 너무 특이하다. 에릭슨의 **임시ad hoc** 가설에 기초하여, **강변이 아닌non-riverine**, 다른 환경에서 구토 등에 대한 유사한 태도를 어떻게 설명할 수 있는가. 반대로, 북서해안 사람들(유록족은 문화적으로 빈곤한 그들의 주변부에 불과한 누트카Nootka족, 콰키우틀Kwakiutl족, 하이다Haida족, 틀링깃Tlingit족 등)처럼, 유록족과 비교할 수 있는 환경에서, 심지어 더 집중적으로 강변에서조차, 전반적으로 유록 태도(그리고 완전히 다른 성격 구조)가 없다는 것을 어떻게 설명할 수 있는가?

오히려 무속신앙 후보자의 두드러진 증상인 제어되지 않은 구토는 다양한 자극을 말하며 중복 결정되는 것으로 보인다. 그것은 일반적으로 어머니를 향한 통합적인 적대감에서 비롯되고, 나쁜 신체 내용물을 입으로 거부하는 결과를 낳는다. 그것은 물론 구강기 거세 및/또는 임신에 대한 환상에 의해 강화되거나, 또는 펠라티오fellatio와 그것의 부정적인 혐오에 의해 강화될 수도 있다. 이 히스테리 증상은 특히 두려운데, 이는 유록족이 자기-통제와 자기-박탈, 보존력과 의식화를 향한 뚜렷한 경향이 있는 항문기 가학성(강박 신경증)으로 퇴행하면서 공동으로 달성한 섬세하고 실패한 타협 때문인 것 같다. 따라서 무당이 아닌 사람들 사이에서, 구토, "고통" 또는 다른 위장 질환들은 양가감정에 대한 승리와 항문기 타협의 실패를 나타낸다. **퇴행**이 실패하면서, 무당의 추가 억압력이 도입된다. 반면에 주로 히스테리 환자인 무당 자신은 **억압**과 자신의 성기적 노력의 **전치**에 의존하고, 치료 시간 동안 잠시만 구강기 특성으로 퇴행한다. 무당의 자기-유도 또는 자기-제어된 구토는 이 두려운 히스테리 과정을 의식 절차의 안전한 영역에 두어, 환자의 양가감정과 죄책감을 쫓아내는데 사용된다.

젖가슴-대변-태아-남근의 동의성으로 볼 때, 병든 사람이든 무당이든 구토의 기저에는 추가적인 분식(糞食, coprophagous) 환상이 잠재되어 있을 수 있다. 그러나 이것은 문헌의 불충분함 때문에 문서화하는 것은 불가능하다. 어쨌든 뿔조개와 "고통"에 대한 젖가슴-남근의 의미는 초보 무당의 훈련에서 더욱 분명해진다. 꿈속에서 금지된 음식이나 금지된 혼합물을 먹은 후, 그 젊은 여성은 물질적이고 살아있는 "고통"이 자신의 내부에서 자라고 있음을 발견한다. 청했든 아니든, 금기를 어기는 꿈은 병을 가져오고 치료가 필요하다. 어떤 경우에는, 젊은 여성이 무속적 부름에 저항하고 불편을 느끼게 하는 "고통"을 빨아낸다. 그런 선택은 분명히 젊은 여성의 성격과 그녀의 가족에서 얻는 상황과 관련이 있다. 예를 들어, 무당이라는 직업이 상속은 아니지만, 일부 모계로 내려오는 가정이 있다. 가족의 압력 외에도, 특정한 일탈적인 특성들이 후보자를 차별화하기 시작한다. 즉, 이런 자아 일탈과 약점은 부적절한 대상-관련성과 함께 과도한 졸음, 구토, 그리고 가변적인 정도의 동성애로 요약된다. 게다가 힘든 초보자는 2년 이상이 걸리기 때문에, 그들이 나중에 결혼할 수도 있지만, 일반적으로 사춘기 소녀들에게 부름이 온다. 이미 결혼했다면, 부름을 받을 때 아이가 없어야(그 자체가 두려운 조건) 한다.

어쨌든, 예비 의식은 후보자의 자격을 시험하고, 그 후에 장기간의 수련 기간이 시작된다. 초보자는 10일 동안 음식과 물을 삼가고, 땀-집에서 잠을 자고 춤을 추며, 자기-유도 구토 훈련을 받고, 각종 의식에서 자신의 능력을 발휘한다.[13] 그녀는 자신의 "고통"에 대한 지배력을 습득하고 있을 뿐만 아니라, 더 많은 고통들을 얻고 있다.

지적한대로, "고통"에 대한 주술적인 추구는 남성들의 부 마법 wealth magic과 유사하다. 둘 다 음식 및 성행위를 금하고, 땀-집을 위해 나무를 모을 때 큰 소리로 우는 것 등이 동반된다. 사실, "고통"과 뿔조개의 특별한 유사성, 즉 그것들의 무의식적인 유사성은 특히 무속 수련자의 부 마법에 의해 분명해진다. 그래서 한 무당이 그녀의 수련 기간에 대해 다음과 같이 보고한다.

> 그 겨울 내내 나는 땀-집 나무를 모으기 위해 매일 높은 산등성이에 올라갔고, 매일 밤 땀-집에서 보냈다. 그동안 나는 물을 마시지 않았다. 때때로 나는 강을 따라 걸으면서 조약돌을 입에 넣고 뱉어내기도 했다. 그리고 나서 나는 "내가 의사가 되면, 빨 것이고, 고통은 이 돌처럼 시원하게 내 입속으로 들어올 거야. 나는 그것에 대한 대가를 받을 거야."라고 혼잣말을 했다. 날이 밝으면, 나는 땀-집 문을 마주 보고 "기다란 뿔조개가 나를 들여다보고 있어"라고 말하곤 했다. 내가 나무를 모으러 올라갔을 때, 나는 "뿔조개가 내 앞에 갔어, 그 흔적이 보여"라고 계속 말했다. 바구니에 나무를 가득 채웠을 때, 나는 "내가 들고 있는 커다란 뿔조개는 매우 무거워"라고 말했다. 내가 나뭇가지로 땀-집을 청소하기 전에 강단을 닦을 때, 나는 "뿔조개들이 보여, 뿔조개들이 보여. 나

는 그것들을 내 양쪽으로 쓸고 있어"라고 말했다. 그래서 내가 무엇을 했든, 나는 끊임없이 돈에 대해 이야기했다(Kroeber, 1925, p. 65).

동시에 그녀는 추가적인 "고통"을 얻고 있다(참고: 위의 책, pp. 65-66).

남자들의 부 마법에서처럼, 우리는 구강기 긴장과 젖가슴을 향한 울음소리를 본다. 다시 말하지만, 주체와 대상의 혼란과 함께 환각적 소원-성취가 있는데, 이것 역시 항문기에 그 기원을 두고 있다. 남자들의 부 마법에서, 그 결과는 노년기에 추정되는 뿔조개의 획득으로 제한된다. 그러나 무속 초보자는 "고통"과 뿔조개를 동시에 추구하고 있다. "고통"과 뿔조개라는 두 주제는 수련자로서 눈에 띄고, 무당은 환상과 현실 모두에서 변함없이 두 가지를 모두 받는다. 사실, 모든 치료의 초대("고통"을 추출하기 위한)는 협상 기간이 선행되는데, 그 기간에 장래 환자의 친척들이 마지못해 무당에게 뿔조개 한 줄 또는 두 줄의 지불 금액을 제시한다.

남자들과 무당들의 부 마법은 구강기적이고 통합적이다. 대부분의 유록 마법처럼, 그것은 "단순한 행동을 하거나, 원하는 것을 반복해서 말하는 것처럼, 가장 조잡하게 직접적인 종류이다. 이 다소 꾸밈없는 의지적인 유형의 마법이 사용되는 무수한 경우들은 일반적으로 의식적으로consciously 일으킨 것처럼 보이는 긴장을 드러낸다. 평균적인 캘리포니아 인디언의 느슨한 수동성과 무관심한 게으름과는 현저하게 대조되는 이 감정적인 긴장은 다른 문제들에서도 뚜렷하다. 따라서 다른 남자들과의 태도와 관계에서 억제력과 자제력은 유록족에 의해 끊임없이 지지되고 실행된다"(Kroeber, 1925, p. 4). 크뢰버의 서술적 요약은 배고픔과 소원-성취에서 항문기 가학성과 긴장된 양가감정으로의 전환을 나타낸다. 비록 자기-유도되고 의식화되었을지라도, 즉 제어된 퇴행일지라도, 부 마법은 구강기 욕구가 지배적이지만 항문의 보존력과 남근의 능력에 봉사하는 유아기 역할의 재연replaying을 구성한다.

어머니(강)로의 도피, 조약돌에 의한 입과 입술의 자극(참고: 살아있는 뱀 먹기와 남자 무당들의 뜨거운 돌 저글링), 울음소리와 뿔조개의 환각, 이 모든 것들이 뿔조개의 구강기적 측면을 드러내는 반면, 남성적인 땀-집과 뿔조개의 연관성은 조개 화폐의 남근적인 특성을 나타낸다. 그럼에도 불구하고, 환각된 구강기 만족은 유아기와 남성의 부 마법 모두에서 실패한다. 그리고 그것은 오직 무당들의 부 마법에서만 고통스럽게 실현되는데, 뿔조개와 "고통"이 동시에 내사되기 때문이다. 그 결과 원래 배고픔이었던 고통스런 자극이 어머니에게 투사되고, 어머니는 차례로 배고프게 되고 입으로 공격적이 된다. 이것은 아마도 널리 퍼진 유록의 박해에 대한 두려움의 개체 발생적인 전조일 것이다(참조: Nungerg, 1955). 따라서 무해하지만, 멸시받는 물건(개, 뱀, 개구리 등의 살)이 사람의 음식에 숨겨져 있는 **오폭ohpok**이라 불리는 일종의 흑마법에 의한, 강물이나 낯선 곳에서 온 물을 마심으로써, 그리고 돌보는 유아의 투사된 공격성으로 가득 차있는 기생적인 "고통"의 통합에 의한 중독에 대한 깊은 두려움이 있다(Kroeber, 1925, p. 67). 여성들이 독점적으로 수행하는 "굶주림 의술starvation medicine"은 비록 그것을 강화하는 편집증적 투사보다 역사적인 현실에 더 가깝더라도, 같은 두려움을 드러낸다.

부 마법이 드물게 한창일 때는 주식인 연어와 도토리, 그리고 이차적으로 사슴이 소비자의 발밑까지 배달된다는 실제적인 사실에 비추어도 이해할 수 있다. 이것은 오직 사람이 올바르게 생활하고 모든 금기 및 의식을 준수할 때만 발생하며, 식량 공급의 실패는 도덕적 또는 초자연적인 위반에 기인한다. 그러므로 현실은 유아기에서 파생되는 의지적 마법을 강화하고, 또한 이미 비대해진 초자아(Super-Ego)를 강화시키기도 한다.

또한 박해하는 어머니는 다시 전형적인 환각인 주체와 대상과의 혼동과 함께, 뿔조개의 지속적인 "주시하기looking in"로 나타나는 것으로 보인다는 점에도 주목할 수 있다. 뿔조개 "주시하기"는 환각된 젖가슴뿐만 아니라, 원초적 장면도 암시한다. 그리고 꿈속에서처럼, 성적 호기심은 주체에서 대상으로 전치되는데, 이 경우에는 뿔조개로 전치된다(참조: 생활 주택에서 성행위를 하는 경우의 가상적인 뿔조개 도피). 이 전치는 "고통"과 마찬가지로, 뿔조개가 주체의 일부이고, 또한 주체의 투사임을 다시 암시한다.

특정 무속 초보자들이 그들의 마법에 열중하는 것을 주목함으로써 보충적인 통찰력을 얻을 수도 있다. 이것은 완전히 자발적이고 상당히 드문 일인데, 유록족은 일반적으로 신체적 훼손을 혐오하기 때문이다. 그것은 남성들의 부 마법에는 없고, 오직 한 가지 유형의 남성적인 행동에만 유사하다. 따라서 만약 남성이 생리 중인 여성과 성관계를 가졌다면, 이는 가장 위험한 의례적인 위반 중 하나이며, 정화 의식 중에 자신을 찔러야 한다(Erikson, 1943, p. 267). 그 두 가지 유형의 행동에는 아마도 유사점이 있을 것이다. 남자는 희생과 속죄, 즉 상징적 거세나 전치된 거세를 통해 거세를 피한다.[14] 반면에 무당은 남성의 성기를 얻기(유지하기보다는) 위해 희생하고 속죄한다. 두 경우 모두, 방어적 피학증이 가학적으로 사용된 사람들의 보복 공격을 막아준다.

또한, 부 마법의 특징(음식과 물을 삼가는)인 강렬한 금욕주의를 고려할 때, 전(前)오이디푸스 콤플렉스 상황도 드러난다. 그리고 원래 대상인 박탈하는 어머니에 대한 공격성은 이제 피학적으로 주체에 가해진다. 동시에, **탁월한**par excellence 남근 어머니인 무당의 심리적 및 사회적 양성애는 중복 결정된 "고통"과 뿔조개의 의미를 분명히 한다. 그녀는 공격적인 구강애로, 그리고 그녀의 성기적 리비도를 전치함으로써 뿔조개와 "고통"을 얻는다. 반면에 보통 사람들은 항문기 단계로 퇴행하고, 만약 그들이 "건강"하기를 원한다면 "고통"과 뿔조개를, 구강기적 및 성기적 욕구를, 충만함과 공허함을 포기해야 한다.

유록족의 오이디푸스 콤플렉스는 역기능적으로 작용함으로써 굶주림과 빈곤, 또는 거세로 끊임없이 자아를 위협하는 비정상적으로 금지하는 초자아를 초래한다. 따라서 일탈적인 히스테리 환자만이 지불할 수 있는 대가(평생의 "고통" 또는 나쁜 신체 내용물)를 치르고, 좋은 신체 내용물을 쌓을 필요가 있다.[15]

V

결론적으로, 자료들은 조개 화폐와 "고통"이 각각 유아기 내사물인 젖가슴과(또는) 남근의 긍정적인 측면과 부정적인 측면이라는 가설을 뒷받침하는 것으로 보인다. 심리 성적 발달의 다른 단계에서 강화되기 때문에, 상징성은 각각의 경우에 중복 결정된다. 일반적인 인상은 무당들 사이에서 가장 두드러지는 "전환 히스테리"의 다양한 혼합물과 함께 집단적인 "강박 신경증"으로 특징지어지는 긴장되고 심하게 의례화된 사회의 인상이다.[16]

주석 및 참고문헌

주석

1. 북서부 캘리포니아 해안과 내륙 인디언 부족.

2. 참조; Money Kyrle, 1939, pp. 86-91.

3. 입과 질(vagina)의 심리적 동일시가 여기서 드러난다. 그리고 아마도 구강 임신에 관한 유아기의 환상일 것이다. 어쨌든, 태아의 딜레마를 피하기 위해 가능한 출구(입구?) 하나가 닫힌다.

4. 식사 시간(식사)과 요술의 상관관계는 뿌리 깊은 구강기 공격성과 동해(同害)복수법(talion) 불안을 나타내며, 이어지는 논의에서 점점 더 분명해질 것이다.

5. 배변훈련에 대한 다른 세부 사항이 부족하다.

6. Erikson(1943)은, 비록 유록족을 비참하고, 강박적이며, 의심스럽다 등으로 묘사하지만, 유록족의 항문기 특성은 받아들이지 않는다. 그의 반대에 대한 상세한 고려는 너무 멀다. 저자는 이 문제를 다른 논문에서 다루었다(Posinsky, n. d.).

7. 마찬가지로, 아이들은 부모가 살아있는 동안 성에 대해 이야기하는 것이 허용되지 않는다. 그렇게 하는 것은 "욕설"과 조롱을 포함하는 이중 범죄이다(참조: Erikson, 1943, pp. 270, 288).

8. 1849년의 금광 경기(gold rush) 때 금광을 찾아 California로 몰려간 사람들.(번역자 주)

9. 유록족의 이웃 부족.

10. 짝을 이룬 "고통"의 성별은 그들이 남편과 아내 또는 짝으로 묘사될 때 더욱 분명해진다.

11. 한 환자는 "그녀가 빨 때, 마치 그녀의 턱이 척추를 통과하는 것 같았지만, 아프지는 않았다"라고 보고한다(Erikson, 1943, p. 261).

12. 구강기에서 성기기로의 발달 과정이 구강기 부정과 성기기 부정의 관계를 이해하는데 기본이지만, 그 과정은 전적으로 단일 방향적인 것은 아니다. 오히려 이차적이고 소급적일지라도, 순환 사상자(casuality)나 피드백도 발생하고 있다. 따라서 구강기 및 항문기 문제들은 분명히 남근기 또는 오이디푸스 콤플렉스 단계로 옮겨진다. 그러나 남근 조직 또한 이전 단계에 올바르게 영향을 미친다.

13. 특정 선택 사항이지만, 비용이 많이 드는 "대학원" 예식은 평판이 높아지고 수수료가 더 커진다.

14. 그 역시, "생리를 한다."

15. 정상성(normality)의 여러 기준을 고려할 때, 비록 그들의 일탈이 사회적으로 패턴화되어 있더라도, 무당들이 사회적 적응 측면에서 일탈한다는 것은 흥미롭다, 그러나 그들은 사회적으로 더 잘 적응하는 더 많은 항문-강박증 환자들보다 더 성기적(비록 그것이 전치된, 히스테리성 성기 성욕일지라도)으로 보인다.

16. 인용 부호는 우리가 동질성이 아닌 유사성을 다루기 때문에 사용된다. 비록 심리적 메커니즘이 유사하더라도, 그들의 기능은 다르다. 강박적이거나 히스테리적인 유록족은 성기적 우위를 희생하더라도 사회적으로 행동하고 있다. 우리 문화에서 그런 행동은 역기능적이고 반사회적이다.

참고문헌

Abraham, K.: (1924) "A short study of the development of the ilbido, viewed in the light of mental disorders." In: *Selected Papers of Karl Abraham*. Hogarth. London. 1948.

Brierley, M.: (1951) *Trends in Psycho-Analysis*. Hogarth. London.

Burlingham, D., et al.: (1955) "Simultaneous analysis of mother and child." In: *The Psychoanalytic Study of the Child*, X. International Universities Press. New York.

Chapple, E. D., and Coon, C. S,: (1942) *Principles of Anthropology*. Holt. New York.

Erikson, E. H.: (1943) "Observations on the Yurok: Childhood and World Image." *University of California Publications in American Archaeology and Ethnology*, 35. Berkeley, Calif.

─── (1945) "Childhood and traditions in two American Indian tribes." In: *The Psychoanalytic Study of the Child*, I. International Universities Press. New York.

─── (1950) Childhood and Society. Norton. New York.

Freud, S.: (1907) "Obsessive acts and religious practices." In: *Collected Papers*, 2. Hogarth. London. 1924.

─── (1915) "Repression." In: *Collected Papers*, 4. Hogarth. London. 1925.

─── (1916) "On the transformation of instincts with special reference to anal erotism." In: *Collected Papers*, 2. Hogarth. London. 1924.

Glauber, I. P.: (1953) "A deterrent in the study and practice of medicine." *Psychoan. Quart.* 22: 381-412.

Goldschmidt, W. R.: (1951) "Ethics and the structure of society: an ethnological contribution to the sociology of knowledge." *Am. Anthropologist*, 53: 506-524.

Jacobson, E.: (1953) "Contribution to the metapsychology of depression." In: *Affective Disorders* (P. Greenacre, editor). International Universities Press. New York.

Klein, M.: (1932) *The Psycho-Analysis of Children*. Hogarth. London.

―――― (1948) *Contributions to Psycho-Analysis, 1921-1945*. Hogarth. London.

Kroeber, A. L.: (1925) *Handbook of the Indians of California*. Bulletin 78, Bureau of American Ethnology. Smithsonian Institution. Washington, D. C.

―――― (1926) "Law of the Yurok Indians." *Atti del XXII Congresso Internazionale degli Americanisti*, Vol. II. Rome.

―――― (1948) *Anthropology*. Harcourt, Brace. New York.

Kroeber, A. L., and Gifford E. W.: (1949) "World Renewal, A Cult System of Native Northwest California." *Anthropological Records*, No. 13. University of California Press. Berkeley, Calif.

Loewald, H. W.: (1951) "Ego and Reality." *Int. J. Psychoan.* 32: 10-18.

Money-Kyrle, R.: (1939) *Superstition and Society*. Hogarth, London.

Muensterberger, W.: (1955) "On the biopsychological determinants of social life." In: *Psychoanalysis and the Social Sciences*, 4. International Universities Press. New York.

Nunberg, H.: (1955) *Principles of Psychoanalysis*. International Universities Press. New York.

Onians, R. B.: (1951) *The Origins of European Thought*. Cambridge University Press. Cambridge, England.

Orens, M. H.: (1955) "Setting a termination date—an impetus to analysis." *J. Am. Psychoan. Asso.*, 63: 651-665.

Posinsky, S. H.: (1954) *Yurok Ritual*. Ph.D. Dissertation, Department of Anthropology, Columbia University, New York. University Microfilms. Ann Arbor.

―――― n. d. "The problem of Yurok anality." *Am. Imago*.

Róheim, G.: (1934) *The Riddle of the Sphinx*. Hogarth. London.

——— (1945) *War, Crime and the Covenant*. Medical Journal Press. Monticello, N. Y.

——— (1950) *Psychoanalysis and Anthropology*. International Universities Press. New York.

——— (1955a) "Some aspects of Semitic monotheism." In: *Psychoanalysis and the Social Sciences*, 4. International Universities Press. New York.

——— (1955b) *Magic and Schizophrenia*. International Universities Press. New York.

Spott, R. and Kroeber, A. L.: (1942) "Yurok Narratives." *University of California Publications in American Archaeology and Ethnology*, 35. Berkeley, Calif.

Waterman, T. T.: (1920) "YUROK Geography." *University of California Publications in American Archaeology and Ethnology*, 16. Berkeley, Calif.

Waterman, T. T., and Kroeber, A. L.: (1934) "Yurok Marriages." *University of California Publications in American Archaeology and Ethnology*, 35. Berkeley, Calif.

——— (1938) "The Kepel Fish Dam." *University of California Publications in American Archaeology and Ethnology*, 35. Berkeley, Calif.

제 3 부

항문기 이론 영역 외의
돈에 대한 정신분석학적 연구

Psychoanalytic Studies of Money
Outside the Realm of the Anal Theory

제 11 장

돈의 감정적 사용
Some Emotional Uses of Money

윌리엄 카우프만

    돈이 비록 정상적이고 비정상적인 많은 다른 행동 패턴에 대한 중요한 자극일지라도, 대부분의 심리학자들과 정신과 의사들은 이 주제에 대해 거의 체계적인 관심을 기울이지 않는다. 이것은 부자든 가난한 사람이든, 대부분의 사람들이 개인적인 금전 문제 해결에 대해 의식적이거나 무의식적으로 다소 지속적으로 관심을 갖고 있다는 사실에도 불구하고 그렇다.

    나는 지난 12년 동안 개인적인 내과 진료 과정에서 내가 보았던 3세부터 84세까지 1,000명 이상의 환자들에 대한 연구에서, 돈과 금전 거래의 개념이 우리의 행동, 우리의 포부, 우리 자신과 가족들, 그리고 다른 사람들에 대한 감정적인 반응들에 의식적이거나 무의식적으로 영향을 미치면서, 어떻게 우리의 삶에 통합되는지 추적할 수 있었다.

    개인에게 돈의 상징적 의미와 그가 돈을 사용하는 방식은 그의 문화, 종교, 부모와 교사의 태도, 그의 인생 경험(대중 통신 매체의 영향 포함), 그가 알고 있는 사람들의 사례, 그리고 그의 개인적인 장단기 목표에 의해 결정된다.

돈은 우리가 실제로 원하는 많은 것들과 서비스로 바뀔 수 있다. 우리가 정서적 안전이라고 부르는 것의 대부분이 돈의 적절한 사용에 의해 건전하게 뒷받침된다. 심지어 우리가 부모의 사랑과 애정이라고 부르는 것의 일부조차도 자녀들의 유익을 위해 현명하게 소비하는 그들의 능력에서 비롯된다.

감정적으로 잘 균형 잡힌 돈 사용을 위해서는 개인이 자신의 현재와 미래를 위해 현실적으로 계획할 필요가 있다. 그가 일하는 노력은 단순한 생활수준 유지 이상을 할 수 있는 소득으로 환산되어야 한다. 만약 그가 충분한 소득을 얻는데 감정적인 장벽이 없다면, 그가 하는 각각의 지출은, 어떤 의미에서 그의 현실 기능을 추가로 테스트하고, 그 자신과 다른 사람들에 대한 태도를 평가하며, 기분과 감정의 변동을 나타낸다.

돈의 적절한 사용은 개인 내부에 행복감과 감정적 안정감을 만들어낸다. 돈의 부적절한 사용은 그 사람이 자신의 욕망과 양심 사이의 갈등과 비정상적인 금전-행동money-behavior의 결과에 직면할 때 심각한 감정적 위협이 된다. 깊은 무의식적 동기는 그가 자발적으로 자신의 돈을 건설적인 방법으로 사용하는 것을 방해할 수 있다. 그런 사람들은 소득이나 경제적인 여유와 관계없이, 종종 우리 시대의 가장 흔한 심신 질병 중 하나인 돈-병money-sickness에 걸린다.

우리의 성인문화에서 금전 거래에 대한 감정적 측면의 복잡성을 묘사하기 위해, 나는 자라나는 아이의 돈과 돈 개념에 대한 적응을 간략하게 검토할 것이다.

돈에 대한 아이의 생각은 보통 5세가 될 때까지 모호하다. 돈에 대한 그의 첫 번째 지식은 그가 엄마의 주머니를 몰래 뒤지다가 작은 동전들과 지폐를 발견하면서 우연히 올 수도 있다. 그는 돈을 보고, 동전을 짤랑거리며, 지폐를 만진다. 그리고 나서 그는 돈을 입에 넣고는 그 맛이 별로라고 재빨리 결정할지도 모른다. 그래서 그는 그것을 뱉어내고 나머지는 버린다. 낯선 사람들이 그것을 잡으려고 서로 다투면 아이는 그것을 즐긴다. 그의 감정적 만족은 말 그대로 돈을 버리는데서 온다.

3세부터 5세까지는 부모의 지시에 따라 판매원에게 동전을 건넴으로써, 적절한 시간에 적절한 환경에서 적절한 사람에게 돈을 줌으로써, 아이는 돈보다 더 바람직한 것을 얻을 수 있다는 것을 점차 배운다. 아이가 돈이 마법의 속성을 가지고 있다고 믿는 것은 바로 이 단계인데, 그의 부모가 단지 손을 오른쪽 주머니에 넣는 것만으로도 무진장한 돈 창고처럼 보이는 것을 끌어당길 수 있고, 그것으로 그들이 원하는 것은 무엇이든 살 수 있기 때문이다.

5세부터 9세까지의 어린이들은 1센트, 5센트, 10센트 동전들을 마음대로 다루는 법을 배우고, 상징적 의미와 금전 거래에 대한 가장 중요한 감정적 반응들을 발달시키기 시작한다. 그는 아이스크림, 사탕, 쿠키와 같은 특정한 보상 음식을 살 수 있다는 즐거움을 배운다. 나중에 그는 돈으로 장난감, 만화책, 특정한 옷, 그리고 영화나 서커스 입장권을 얻을 수 있다는 것을 깨닫는다.

돈이 아이의 마음속 즐거움과 연관되기 때문에, 부모들은 이제 돈을 다양한 바람직한 행동 형태의 습관 발달을 강화하기 위한 보상으로 사용할 수 있다. 아이가 최초로 사랑과 돈을 연결하는 것은 이때이다.

용돈이나 선물 형태의 자녀 소득은 부모가 정한다. 종종 부모가 그에게 추가로 돈 주기를 거절하면, 자녀는 무심결에 "당신은 나를 더 이상 사랑하지 않습니다!"라고 말할 수도 있다. 이 시점에서, 아이는 여전히 그의 부모가 돈을 무제한으로 제공할 수 있지만, 그들 자신의 이유로 그에게 돈을 주지 않고 있다고 믿는다. 부모가 이 상황을 어떻게 처리하느냐에 따라, 아이는 자신이 원하는 만큼의 돈을 갖지 못하는 초기 상황에 잘 적응할 수도, 나쁘게 적응할 수도 있다.

아이가 금전적인 한계가 있다는 것을 알게 되면, 그는 돈을 감정적으로 사용하는데 있어 기본적인 딜레마 중 하나를 해결해야 한다. 즉, 그 돈으로 무엇을 할까? 여섯 살 된 한 어린 소년이 나에게 "돈은 가지고 있는 것도 좋지만, 쓰는 것도 좋아요!"라고 말했다. 아이들 각자는 저축하거나 소비하는 이 양면적인 상황에 대한 자신만의 해결책을 찾아야 한다. 그리고 이것이 그가 성인일 때의 돈사용 패턴을 결정할 것이다.

이때쯤이면, 심부름을 하거나 간단한 일을 함으로써 소득을 늘릴 수 있다는 것을 배울지도 모른다. 그는 부모가 줄 때까지 끈질기게 잔소리를 해서 부모를 꾀거나, 성가시게 해서 돈을 얻어낼 수도 있다.

아이의 사회생활이 발달하면서, 그는 불안하게 하는 것들을 알게 된다. 어떤 아이들이 자신보다 더 많은 돈을 가지고 있어서, 그들을 부러워한다. 그는 자신이 다른 사람들만큼 많은 돈을 가질 수 없다는 사실을 현실로 받아들여야 하거나, 아니면 그것과 싸울 수도 있다. 하지만 다른 아이들이 자신보다 훨씬 더 적은 돈을 마음대로 쓸 수 있다는 것을 발견하면 그는 약간의 감정적인 위안을 얻고, 이것은 그에게 우월감을 준다. 이미 형성된 돈에 대한 그의 감정은 그가 자신보다 더 많은 돈을 가진 아이들과 노는 것을 선호하는지 아니면 더 적은 아이들과 노는 것을 선호하는지 결정할 것이고, 이것은 그가 경제적 지위 측면에서 항상 반응할 수 있는 사람들과의 미래 관계를 위한 발판을 마련한다.

점차적으로 "내 것과 네 것"에 대한 아이의 생각은 더욱 뚜렷하게 구별된다. 그는 이런저런 근거에 따라서만 자신의 돈을 다른 사람들과 나눌 수 있다. 그러나 이 어린 나이에도, 아이는 자신의 놀이 집단에서 다른 아이들에게 돈을 줌으로써 사랑과 우정을 사려고 할 수도 있다.

그가 물질적인 소유가 바람직하다는 것을 점점 인식하게 되면서, 그는 왜 그의 부모가 친구들의 부모만큼 멋진 것들을 많이 가질 수 없는지 두드러지게 궁금해 할지도 모른다. 그리고 나서 그는 무엇이 근본적이고, 외상적traumatic이며, 거의 재앙적인 진실인지를 알게 된다. 즉, 그의 부모는 전능하지 않다는 것이다. 그들의 구매력에는 한계가 있다. 이런 깨달음은 자라나는 아이들에게 종종 강한 불안과 분노의 감정을 만들어 낸다.

보통은 그의 아버지가 주된 임금 노동자이기 때문에, 아이의 분노는 주로 그를 몰아세운다. 그는 아버지를 발로 차고, 물거나, 주먹으로 때릴 수도 있다. 아니면 집을 나가려 할지도 모른다. 부모들은 보통 아이의 분노, 불안, 가벼운 우울증, 분노, 짜증, 깊은 불안감, 그리고 기타 심신 질환의 원인을 인식하지 못한다.

이 동요하는 아이에게 가장 필요한 것은 안심과 사랑, 그리고 그의 모든 기본적인 필요와, 심지어 사치품까지도 처리할 충분한 돈이 있다는 것과, 또한 사랑하는 부모가 잘 돌볼 것이기 때문에 그는 걱정할 진정한 이유가 없다는 것을 점차 깨닫게 된 이해이다.

그러나 가장 자주 일어나는 일은 자신의 아이가 자신과 이웃, 친구 또는 낯선 사람 사이에 불리한 경제적 비교를 했기 때문에 부모가 격분한다는 것이다. 아버지는 아이에게 가혹하고 징벌적이 됨으로써 보복한다. 그는 아이의 모든 금전 사용을 비판해서 그 아이가 불안하고 두려워하는 금전 사용자가 될 수도 있다. 돈과 경제적 안정에 대한 부모의 무의식적인 불안이 아이들에게 옮겨가는 것은 이 시기이다. 이 시점부터, 아이들은 남은 인생에 악영향을 미치는 돈 사용에 대한 비정상적인 태도를 발달시킬 수 있다.

　5세에서 9세 사이의 감정적으로 불안정한 아이는 부유한 아이들로부터 물러나거나, 금전적인 호의를 기대하면서 그들에게 복종하거나, 부유한 아이로부터 자신이 원하는 것을 빼앗거나, 그의 부(富)에 대해 벌주려는 공격적인 행동으로 돈에 관한 자신의 갈등을 해결하려고 할 수도 있다. 그는 자신이 마음대로 쓸 수 있는 돈과 같거나 더 적은 돈을 가진 사람들로 자신의 우정을 제한할 수도 있다. 아니면 부모의 용돈만 받을 수 있는 경우보다 더 독립적이 되기 위해 가능한 한 많은 돈을 저축하거나 벌려고 노력할 수도 있다. 그는 한 소년이 한 것처럼, "내가 왜 돈을 원하죠? … 돈이 없으면, 돈을 잃을 수도 없는데"라고 강조하면서 돈에 대해 무관심한 척할지도 모른다. 백일몽을 꾸는 몇몇 아이들은 상상 속 친척들의 엄청난 부를 환상하고, 무한한 상상 구매력의 즐거움을 맛봄으로써 그들의 기본적인 돈 문제에 대한 현실적인 해결책에서 탈출한다.

　하지만, 아이는 부모나 형제들의 돈을 발견하고, 그것을 자신의 용도로 유용하는 사소한 금전 범죄를 저지름으로써 자신의 돈 문제를 해결하려는 유혹을 받을 수도 있다. 그들이 이렇게 할 때 이런 아이들은 어느 정도 자신들의 권리 안에 있다. 그들은 아주 많은 것들을 가족의 다른 구성원들과 공동으로 사용하기 때문에, 돈도 가족 내에서 공통적인 재산이라고 쉽게 추정할 수 있다. 어느 정도는, 돈을 훔치는 이런 아이들 중 많은 수가 무의식적으로 부모에게 거절당했다고 느끼고, 부모가 그들에게 주지 않았다고 믿는 사랑을 돈으로 살 수 있는 물건들로 대체한다. 이전에는 이런 아이들 대부분이 다른 사람들의 돈이나 재산을 훔치는 것을 배제하는 정직성을 발달시키기 위해 일정 기간 동안 교육을 받을 수 있었다.

하지만 오늘날에는 라디오, 텔레비전, 영화, 만화책의 영향을 받은 9세 이하의 어린아이들이 아마추어와 전문적인 재능 모두의 범죄 활동에 참여함으로써 자신들의 기본적인 금전 갈등을 해결하는 걱정스러운 경향이 있다. 아마추어들은 다른 아이들을 강탈하거나, 심부름시킨 사람들에게 거스름돈을 적게 주거나, 상점에서 사소한 물건을 훔친다. 그러나 어떤 아이들은 자신들이 필요하다고 느끼는데, 부모가 기꺼이 주지 않거나 줄 수 없는 돈을 얻기 위해 복잡하고 대담한 강도를, 심지어 금고 열기를 계획하고 성공적으로 실행하기도 했다.

아이의 첫 번째 금전 범죄를 그의 부모, 교사들 또는 교정 공무원들이 처리하는 방식은 궁극적으로 사회적으로 용인되는 삶을 스스로 만들 수 있는 개인의 능력과 현저한 관계가 있을 것이다.

어린아이가 성장하여 청소년기에 접어들면서, 점점 더 경제적 계층의 차이를 알게 된다. 돈에 대한 그의 욕구가 커진 것은 그의 성-자각 sex-awakening의 일부이다. 청소년은 결국 이성에게 자신의 매력을 높이기 위해 자신이 사용할 수 있는 많은 돈을 쓴다. 그는 부모에게 의존하고 있지만, 점점 더 독립을 주장하기를 원하기 때문에, 자신이 필요하다고 생각하는 모든 돈을 줄 수 없다는 것 때문에 부모에 대한 이전의 분노가 다시 활성화된다.

청소년이 마음대로 사용할 수 있는 다양한 해결책들은 대부분 어린아이들을 위해 이미 설명한 것들의 변형이다. 어린 시절 초기에 자신의 금전 문제에 대한 건설적인 해결책을 개발한 사람은 좋은 현실 기능을 가진 현대 청소년의 금전 문제에 직면하고 미래의 교육과 고용을 위한 실행 가능한 계획을 수립한다. 자신의 금전 문제에 대한 잘못된 감정적 해결책을 가진 청소년은 거의 틀림없이 문제가 많은 성인 생활을 하게 될 것이다.

이어지는 성인들의 돈의 감정적 사용에 대한 나의 논의는 개인이 마음대로 할 수 있는 최저 생계 수준 이상의 수입을 가지고 있다고 가정한다. 주요 분류는 관찰 당시 개인의 지배적인 금전 행동을 나타낸다. 그런 행동은 평생 동안 고정되거나, 자발적으로 또는 심리 치료를 통해 바뀔 수 있다.

돈의 감정적 사용

A. 감정적으로 잘 균형 잡힌 돈 사용

B. 강박적인 비(非)지출Compulsive Nonspending

　1. 보수적인

　2. 경제적인

　3. 절약하는dollar-stretcher

　4. 인색한stingy

　5. 구두쇠tight-wad

　6. 수전노miser

C. 강박적인 지출Compulsive Spending

　1. 유아적인infantile

　2. 어린애 같은childish

　　　a. 수동적-의존적

　　　b. 적대적-공격적

　　　c. 안전-구매

　3. 꿈꾸는 듯한dreamy

    4. 자기애적narcissistic

        a. 자기-장식

        b. 과시적인 지출

        c. 사회적으로 경쟁적

        d. 애정-구매

    5. 비용-계정expense-account

    6. 자기-연민, 자기-보상

    7. 도박

    8. 염가품 사냥bargain-hunting

    9. 과시하기 위해 절약하기

D. *우유부단Indecisive하거나 무서워하는Frightened 돈 사용*

E. *경제적 지위의 부정*

    1. 부유한 척

    2. 가난한 척

F. *보상으로서 돈 사용*

    1. 건설적으로, 사회적으로 유용한 활동을 장려하기 위해

    2. 파괴적으로, 비윤리적이고 불법적인 활동을 조장하기 위해

G. *징벌적인Punitive 사용*

H. *자선적인Charitable 사용*

I. *죄의식적 사용*

J. *물신적Fetish 사용*

K. *전이Transference 관계에서의 돈 사용*

L. 노인들의 돈 사용

M.　　기분　　　　정신증

　　1. 행복한　　　조증　　　　　과소비
　　2. 슬픈　　　　우울증　　　　소비 감소
　　3. 의심스러운　편집증　　　　소비 감소
　　4. 꿈같은　　　분열증　　　　불규칙하고 예측할 수 없는 소비

N. 돈의 포기 Renunciation

감정적으로 잘 균형 잡힌 돈 사용

　이 사람은 저소득, 중간, 또는 고소득 계층일 수 있다. 그는 좋은 현실 기능을 보여주는 방식으로 단기 및 장기 목표를 위해 자신의 소득을 책정한다. 음식비, 의류비, 렌트비, 저축해야 할 돈이 있고, 감정의 안전핀으로서 지금 바람직해 보이는 사소한 일에도 죄책감 없이 쓸 수 있도록 여분의 돈이 따로 마련되어 있다.

　이 사람은 합리적인 저축과 보험을 허용하면서, 가능한 한 높은 생활수준을 유지한다. 그의 소득 변동은 지출, 차입, 저축의 현실적인 조정으로 충족된다. 그의 신용은 좋지만 그것을 남용하지 않는다. 그는 합리적인 사업상의 위험을 감수할 용의는 있지만, 투기하지는 않는다. 그는 돈을 인색하게 쓰거나 낭비하는데 휘말리지 않는다. 그는 자신의 금전적 자원을 다른 가족 구성원들과 공평하게 공유한다. 그렇게 할 필요가 있다면, 그는 다른 사람들의 이익을 위해 경제적 희생을 할 수 있다.

　일반적으로 그는 어린 시절에 그의 부모 및 형제들과 좋은 관계를

유지해 왔으며, 심각한 불안과 긴장으로부터 자유롭다. 그의 부모는 그에게 금전 문제를 해결하는 합리적인 방법을 가르쳐주었고, 성인기에는 유연하지만 도달할 수 있는 경제적 목표를 수립했으며, 이를 달성하기 위해 다른 사람들과 공정하게 경쟁할 용의가 있다. 그는 자신보다 더 많은 돈을 가진 사람들이 많다는 것을 시기하지 않고 받아들이며, 종종 자신보다 경제적으로 운이 없는 사람들을 돕는다.

강박적인 비(非)지출

이 사람은 자신의 저소득, 중간, 또는 고소득 계층 내에서 꽤 좋은 생활수준을 유지할 만큼 충분한 돈을 번다. 그러나 그는 경제적 불안정에 대한 내면의 두려움이 너무 커서 지출을 억제한다. 그는 자신이 만족하는 최소한의 지출 수준과 최대한의 저축률을 찾아 무의식적인 두려움과 싸우려고 한다. 시간이 지남에 따라 그의 소득과 금융 적립금이 많아져서 더 이상 경제적 불안정의 내적인 두려움에 대한 어떤 현실적인 이유가 없을 때조차도 그는 계속한다.

감정적으로 경직된 이런 지출 억제 유형은 보수적, 경제적, 절약하는, 인색한, 구두쇠, 수전노의 서술적 용어로 이어진다.

보수적인 지출자conservative spender는 자신의 돈의 가치를 얻는데 관심이 있고 그 이상은 아니지만, 그의 구매를 필수품과 몇 개의 사치품으로 제한한다. 경제적인economical 사람은 가장 싼 가격으로 자신이 원하는 상품과 서비스를 찾으려는데 많은 시간과 노력을 소비하는 저렴한 물건을 찾는bargain-minded 사람들이다. 그는 가격을 위해 기꺼이 품질을 희생한다. 절약하는 사람dollar-stretcher은 자신이 만들 수 있는 것은 아무것도 사지 않고, 다른 사람들의 완성품이나 서비스에 대한 지출을 피하기 위해 여가 시간 동안 계속 일하고 있다. 인색한stingy 사람은 자신이 필요로 하거나 즐길 수 있는 것들, 그리고 그가 확실히 감당할 수 있는 것들을 자신에게서 박탈함으로써 자기-처벌적이다. 구두쇠tight-wad는 지갑에서 꺼내는 돈마다 그것이 마치 상실의 슬픔을 금할 수 없는 사랑하는, 죽은 친구인 것처럼 후회하면서, 그가 꼭 써야할 때에만 지출함으로써 자신의 신체적 욕구를 만족시킨다. 수전노miser는 자신의 육체적 욕구를 충족시키기 위해 하는 것보다 돈을 더 아끼고, 다른 사람들에게 숨기려 하는 돈, 예금 전표, 은행 통장, 그리고 다른 부의 상징들과 실제적으로 접촉함으로써 엄청난 만족을 얻는다.

강박적인 비(非)지출자compulsive nonspender는 무의식적으로 다른 사람들이 자신의 돈을 빼앗을 것을 두려워하기 때문에, 다른 사람들과 좋지 않은 관계를 형성한다. 인간 접촉의 따뜻함, 범위 및 빈도의 내림차순 척도는 보수적인 사람들에서 시작해서 종종 은둔자 같은 존재로 이어지는 것에 만족하는 수전노로 끝난다.

무의식적으로 사랑에 굶주리고 돈에 굶주린 이런 사람들은 궁극적으로 그들의 거부감을 유발하는 방식으로 대인 관계를 형성한다. 주는 것보다 받는 것이 더 축복받은 것이라고 무의식적으로 결정된 그들의 생각은 그들을 사회적으로 "사기꾼chiselers"이나 "식객spongers"과 동일시한다. 거절은 아무도 그들을 진정으로 좋아하지 않는다는 그들의 믿음을 재확인시켜주는데, 이것은 결국 다른 사람들과의 감정적인 고립을 그 어느 때보다 더 완벽하게 만든다.

이런 사람들 대부분이 어린 시절에 사랑과 애정을 박탈당했고, 가난과 처벌, 그리고 엄격한 통제를 경험했다. 상징적으로 돈은 그들이 결코 가져본 적이 없고 만족할 수 없는 갈망인 사랑, 애정, 그리고 안전을 나타낸다.

종종 강박적인 비(非)지출 패턴을 강제로 이탈시키는 것은 어떤 것이라도 심각한 불안, 공황, 우울, 그리고 많은 다른 종류의 심신 psychosomatic 질환을 유발할 수 있을 뿐만 아니라, 심지어 사소한 경제적인 불운에도 현실적으로 적응할 수 있는 개인 능력의 완전한 붕괴를 일으킬 수도 있다.

강박적인 비(非)지출자들은 자신들이 이해할 수 있는 유일한 형태의 사랑, 즉 자신에게 적은 비용으로 갑작스럽고 많은 양의 금전 적립금의 증가를 약속하는 자신감 있는 남성들에게 특히 취약하다. 그 사기극이 완성되면, 피해자들은 점점 더 괴로움이 커지면서 이전보다 훨씬 더 낮은 수준의 지출로 바뀐다.

(원래 감정적으로 잘 균형 잡힌 돈 사용을 했던 몇몇 사람들은 1929년 경제 불황기에 그들의 경제적 재원을 잃은 후, 강박적인 비지출자가 되었다.)

강박적인 지출

감정적으로 강박적인 소비자는 지출에 대한 자신의 가장 사소한 욕망을 즉시 만족시킬 수 있을 때만 편안하다. 종종 그가 구매하는 물건이나 서비스를 구매할 현실적인 필요가 없다. 어떤 사람들은 단지 지출하기 위해 돈을 쓰고, 다른 사람들은 골동품, 보석, 옷, 또는 특이한 음식과 같은 특정한 자기만족 품목을 위해 강박적으로 지출한다. 만약 강박적인 소비자가 자신의 돈 중 일부를 저축해야 한다면, 그는 마음대로 지출을 재개할 수 있을 때까지 불안해지거나, 심지어 아플 수도 있다.

이런 사람들은 소득이 적거나 중간, 또는 많다. 그들의 인생에서 주된 문제는 그들이 지출하는데 필요한 모든 돈을 결코 얻을 수 없다는 것이다. 어떤 사람들은 막대한 월급을 벌기 위해 열심히 일하고, 자신들이 버는 모든 것을 지출한다. 다른 사람들은 빚을 지게 된다. 여전히 다른 사람들은 그들이 필요로 하는 돈을 얻기 위해 비윤리적이고 불법적인 활동에 의존해야 한다.

강박적인 지출에는 많은 감정적인 이유가 있고, 많은 종류의 강박적인 소비자들이 있다. 종종 돈을 헤프게 쓰는 사람은 돈의 힘으로부터 그리고 무의식적으로 그에게 훨씬 더 중요한 것으로부터 일시적인 관능적인 만족을 얻기 위해, 즉 스스로 자초한 빈곤의 결과로서 수동적-의존적 지위로 되돌아가기 위해 돈을 없앤다. 그런 많은 강박적인 소비자들은 가족 구성원이나 친구와 신뢰할 수 있는 경제적 관계를 유지하고 있는데, 이들은 이 도움이 필요할 때마다 재정적으로 그를 구조하러 온다.

이런 많은 강박적인 소비자들의 역사는 그들의 어린 시절 초기에 사랑과 애정 대신 자유로운 돈 선물로 죄진 것처럼 대체했던 너무 방임하는 부모가 그들을 과잉보호했다는 것을 보여준다. 보통 한 부모는 엄격했지만, 다른 한 부모는 그의 엄격함에 대해 과도하게 보상했다. 그 아이의 용돈은 관대한 그의 부모로부터 비밀리에 추가 금액이 주어짐으로써 지속적으로 늘었다. 그 아이는 자신이 가지고 있는 모든 것을 쓰는 것을 배웠는데, 이것은 분명히 그에게 쓸 수 있는 더 많은 돈을 가져다줄 것이 확실하기 때문이다. 그리고 동시에 그는 그의 지출 비율에 대한 부모의 불안을 조장함으로써 그를 사랑하지 않는 것에 대하여 그의 부모를 처벌할 수 있었다. 지출하는 돈의 지속적인 보충은 그가 두 가지 구매 가운데 하나를 선택해야 하는 좌절감을 견디는 법을 배우지 못하게 했다. 그는 미래에 사용하기 위해 돈을 저축할 수 있다는 것을 결코 배우지 못했다.

다른 강박적인 소비자들은 어린 시절에 돈도 사랑도 갖지 못했다. 성인기에 그들의 이기적인 지출은 그들 자신에게 사랑과 비슷한 것을 제공하는 동시에 친척들이 갚아야 할 빚을 만드는 무의식적으로 중복 결정된 수단이다. 이런 지출 행동은 남편이 자신의 필요를 충족시키고 아내와 자녀들을 벌주기 위해 가계비에 필요한 돈을 지출할 때 빈번하게 발생하는 가정 문제의 원인이다.

많은 강박적인 소비자들은 돈 자체보다 외상 거래charge accounts와 기한부 지불time-payment 구매를 훨씬 더 좋아하는데, 이것이 일시적으로 무제한적인 소비력과 동일하기 때문이다. 지출에서 오는 즐거운 흥분은 구매에서 얻는 즐거움을 능가한다.

많은 강박적인 소비자들은 유쾌한 성격과 입담이 좋아서 다른 사람들의 환심을 사기가 쉽다. 만약 지불할 돈이 필요하면, 그들은 갚을 생각 없이 돈을 빌리고, 종종 같은 사람을 반복해서 계속 희생시킨다. 이것이 실패하면, 그들은 지출에 필요한 돈을 얻기 위해 자신들의 성적 매력에 의지해야 할 수도 있다. 이것은 매춘이나 은행 계좌와의 결혼을 필요하게 만들 수도 있다.

그가 필요한 돈을 사용할 수 있을 때까지 자발적으로 엄청난 절약과 저축의 기간을 겪으면서 고통 받는 정직한 유형의 강박적인 소비자가 있다. 주기적으로 그는 돈이 다 떨어질 때까지 원하는 것은 무엇이든지 살 수 있다는 강렬한 관능적인 즐거움을 즐기면서 흥청망청 돈을 쓴다.

모든 강박적인 소비자들이 기꺼이 일을 하는 것은 아니다. 어떤 사람들은 공격적이고 적대적인 사람들로, 궁극적으로 자신들의 소비하는 돈을 무력으로 획득한다. 이런 사람들은 개인영업에서는 거의 볼 수 없지만, 법정에서는 종종 볼 수 있다. 이런 유형은 생계를 유지하기 위한 인내심이 거의 없는 미성숙하고 가학적인 사람이다. 그는 결코 자신이 필요하다고 생각하는 만큼 많이 벌 수 없다. 그는 마치 부자인 것처럼 살기를 좋아한다. 그는 안정적인 직장을 유지하는 불편함을 직면하기보다는, 높은 급여를 줄 고용주 찾기를 희망하면서, 한 직장에서 다른 직장으로 가볍게 움직인다. 결국 그는 모든 종류의 비윤리적이고, 부도덕하고, 불법적인 사업에서 돈을 얻는다.

그는 겉만 번지르르한 자동차와 화려한 옷을 즐긴다. 그러나 그가 가장 좋아하는 것은 가진 사람으로부터 돈을 빼앗는 강렬하고 즐거운 흥분이다. 사람들을 강탈하는 과정에서, 그는 피해자들을 때리는 것을 즐긴다. 때로는 심지어 자신의 공격적인 분노로 그들을 살해하기도 한다. 절도, 무장 강도, 매춘 알선, 매춘, 도박, 공갈, 마약 밀매, 갈취 등이 그의 범죄 유형이다.

그가 사회적 모험에서 성공하고 법망을 피하는 한, 그는 자신이 갈망하는 돈과 흥분을 가지고 있다. 그는 자신이 원하는 돈을 강제로 빼앗았던 대리 부모parent-surrogate를 상징적으로 공격했기 때문에, 무의식적인 욕구를 감정적으로 만족시킨다.

만약 그가 잡혀서, 재판받고, 수감되면, 실제로는 자신이 해친 사회에 의해 지원과 보호를 받는다. 그리고 이들은 투옥에 대해 양가적인 감정을 갖는다. 어떤 면에서 투옥은 그들에게 안정감과 소속감을 준다. 그러나 마침내 감옥살이는 반사회적인 활동을 증가시키는 또 다른 자극으로 작용하여, 자신의 형벌sentence을 마친 후에는 훨씬 더 악랄한 범죄를 저지르고, 종종 살인에 이르게 된다. 이런 사람들은 때때로 성격 장애가 있는 것으로, 정신병적 성격으로 묘사되고, 일부는 실제로 정신증 환자이다.

그들의 역사는 종종 거부하는 부모, 가난, 빈민가 환경에서의 양육을 보여주지만, 항상 그런 것은 아니다. 일부는 엄격함이 사랑을 대신한

고소득층 가정 출신이다.

　일부 감정적으로 미성숙한 사람들은 열심히 일하려고 하지만, 월급날에 부모나 대리 부모에게 돈을 주고 그 보답으로 수동적-의존적인 아이와 상징적으로 동등한 방식으로 보살핌을 받을 것을 기대하면서, 그들의 모든 돈을 강박적으로 지출한다. 훌륭한 월급을 받는 미혼 남녀는 개인적인 용도로 단지 명목상 지불 금액만을 받는 것에 만족할 수도 있다. 그의 부모는 그에게 옷을 사주고, 먹여주고, 의사 진료비를 지불하며, 그가 대부분의 시간을 집에서 그들과 함께 보내기를 요구할 수도 있다. 보통 부모가 죽은 후에 결혼하면, 그는 배우자와도 같은 유형의 관계를 맺으려 한다. 본질적으로 이런 사람들은 어린 시절의 감정적 안전 유형 복사본facsimile을 사기 위해 돈을 받는 즉시 모든 돈을 기꺼이 쓰고, 이것이 달성되면 그들은 만족한다.

　풍요로운 환상의 삶을 사는 몽환적인 사람들은 강박적인 지출로 자신들의 가난을 부정하려고 한다. 그들은 신중하지 못한 채권자들을 바보로 만드는 어떤 거만함을 가지고 있다. 이런 사람들은 젊은 시절에 종종 돈과 사랑을 박탈당했고, 부모에게서 거절당하고 과도한 처벌을 받았다. 그들은 자신들이 구입한 비용을 지불할 수 없기 때문에 되풀이해서 법과 문제가 생긴다. 마지막으로, 용돈을 얻기 위해 그들은 쓸모없는 수표를 건네거나, 사소한 범죄를 저지르거나, 도박을 하거나, 돈을 위해 성적으로 자신을 줄 수도 있다. 그들이 악화됨에 따라, 알코올 중독과 그들의 행동에서 점점 더 두드러진 정신 분열증적 반응 패턴이 나타난다. 많은 사람들이 우리 시city의 감옥을 채우는 만성적인 범죄자가 된다. 일부는 마침내 정신병원에 수용되고 치료를 받는다. 몇몇은 심지어 미친 살인까지도 저지른다.

　자기애적인narcissistic 강박적 소비자는 옷, 보석, 미용 또는 성형

수술을 위해 자신의 돈을 지불할 수 있다. 그가 관심을 갖는 것은 모두 자신의 외모를 가꾸고 다른 사람들의 감탄을 불러일으키는 것이다. **과시적인**show-off 소비자는 많은 청중들을 가져야 하는데, 그가 가장 즐기는 것은 그의 지출의 사치스러움이나 특이함으로 사람들을 놀라게 하는 것이기 때문이다. 그는 자신이 갈망하는 홍보를 제공해줄 기관이나 단체에 돈을 주는 것을 좋아한다. **경쟁적인**competitive 소비자는 자신의 사회적 집단에서 다른 사람들보다 더 많이 소비함으로써 사회적 명망을 유지하기 위해 자신의 돈을 지출한다. **애정을 구매하는**affection-buying 강박적 소비자는 자신의 열등감을 강화할 수 있는 곳이라면 어디에서든지 사랑을 사려고 한다. 그는 자신이 갈망하는 애정을 주는 대신 더 많은 지원금을 계속 고집하는 미성숙한 사람들과 종종 친구가 되기 때문에, 그의 노력은 자기 패배적이다. 이 강박적인 소비자는 종종 주기적인 알코올 중독에 빠지기도 하는데, 그 기간 동안 그는 사람들이 돈을 얻기 위해 서로 다투는 것을 보기 위해 돈을 버린다.

자신들이 번 돈을 감정적으로 잘 균형 있게 사용하는 일부 판매사원들과 임원들은 회사 계정을 강박적으로 지출함으로써 특별한 만족을 얻는다. 그들은 다른 사람을 희생시키면서 호화로운 주인이 되는 느낌을 즐긴다.

자기 연민에 빠지는 사람은 오직 약간 우울할 때만 강박적으로 지출한다. 때로는 그럴만한 충분한 이유가 있다. 그럴 때, 그는 아무도 자신을 사랑하지 않는다고 느낄지도 모른다. 그는 기분이 좋아질 때까지 자신에게 선물을 퍼부을 수도 있다. 나는 외과 수술을 위해 입원하는 동안 자발적이고 자필로 쓴 과장된 쾌유 소원과 함께 꽃, 과일, 그리고 다른 선물들을 몰래 자신에게 보낸 몇몇 환자들을 알고 있다.

때때로 남편과 말다툼을 한 여성은 우울해서 자신이 필요하지도 않고, 결코 사용하지 않을 수도 있는 값비싼 모자를 여러 개 사는 것으로 스스로에게 보상해야 한다. 그녀가 물건을 구입하면, 남편에 대한 분노가 사라지고, 자신의 우울함도 사라진다.

도박꾼들은 이미 자신들이 가지고 있는 것을 잃을지도 모른다는 가능성에 흥분하는 강박적인 소비자들이다. 그들은 기본적으로 적은 노동으로 큰 수입을 얻으려는 욕망을 가지고 있다. 돈을 잃음으로써, 그들은 이런 욕망에 대해 스스로를 처벌한다. 그들이 이기면, 돈을 아낌없이 지출하고, 특히 술, 담배, 음식, 그리고 성의 즐거움을 즐긴다.

염가품 사냥꾼들Bargain hunters은 단지 값이 싸다는 이유만으로 필요하지도 않은 물건들을 산다는 점에서, 종종 강박적인 소비자들이다.

유아적인infantile 소비자는 말 그대로 돈을 버리는 사람이다. 유아와 아주 어린 아이들에게는 이 행동이 정상적이다. 일부 알코올 중독자, 정신병 환자, 그리고 노쇠한senile 사람들은 돈을 버리고 이것이 일으키는 소동을 지켜보는 것에서 만족감을 얻는다.

우유부단하거나 두려워하는 돈 사용

때때로 개인은 초기의 금전 경험에 의해 너무 좌절해서 돈 지출과 관련하여 문제 해결 능력이 부족한 이력을 가진 경우가 있다. 보통, 그가 어렸을 때 돈을 어떻게 썼는지에 상관없이, 틀렸다는 말을 들었다. 그리고 자신이 잘못한 것이 없다고 생각했을 때조차도 그는 예측할 수 없는 간격으로 돈 사용의 실수에 대해 벌을 받았다.

성인이 되었을 때, 그는 종종 돈을 마음대로 지출하기를 두려워하는 위축되고 불안한 사람이다. 그는 자신의 돈을 쓰는 방식으로 다른 사람들을 기쁘게 하고 싶어 하며, 주로 판매원들을 기쁘게 하기 위해 구매한다. 그는 이런 목적을 위해 돈을 지출하는 것이 다른 사람들이 자신을 비웃는 원인이 될까봐 두려워하기 때문에 자신이 원하는 것을 스스로 박탈한다. 그는 보통 일에 대한 보수가 낮고, 직장을 잃는 것이 두렵고, 그들의 인정을 얻기 위해 다른 사람들에게 기꺼이 돈을 빌려준다.

그의 모든 금전적인 행동은 돈 지출에서 실수하는 그의 습관을 영구화하는 경향이 있고, 따라서 그의 자신감 부족을 더욱 정당화한다.

경제적 지위의 부정

부유한 척Pretended wealth. 이런 사람들은 종종 자신의 출신을 부끄러워한다. 그들은 때때로 재산을 잃은 적이 있는 잘사는 가정 출신이다. 그들은 공정하거나 불공정한 이익을 얻기 위해 진짜 부유한 사람들을 자신에게로 끌어들이기를 바라면서, 자신들이 부유하다고 다른 사람들이 느끼게 하기 위해 돈을 지출한다. 결혼은 종종 그들 자신을 "더 좋게" 하고 싶어 하는 그런 사람들의 목표이다. 물론 그들은 자신들의 자금 부족으로 심각하게 제약을 받고 있어서, 겉모습front을 유지하기 위해서는 속임수나 불법에 의지해야 한다.

가난한 척Pretended poverty. 이런 사람들은 동정을 받고, 수동적-의존적인 지위를 갖기를 원한다. 그들은 자신들의 돈을 절약할 수 있도록 지원금 받기를 원한다. 그들은 숨겨진 금융 적립금monetary reserves의 잠재력을 은밀하게 즐긴다. 많은 사람들은 불가사의한 적들이 자신의 재산을 빼앗으려고 위협하고 있다는 편집증적인 두려움을 가지고 있다. 그들은 가난해 보임으로써 강도로부터 보호받을 것이라고 믿는다.

그들은 은행을 불신하고 종종 돈을 몸에 지니거나 자신들의 집에 숨긴다. 그들은 자기-처벌적이고 자기-부정적이다.

보상으로서 돈의 감정적 사용

돈의 소유자는 금전적 보상을 사용하여 건설적이거나 파괴적인 목적을 위해 다른 인간의 행동을 조작할 수 있다.

건설적으로 사용될 때, 금전적 보상은 개인과 집단에서 사회적으로 바람직한 활동들을 장려한다. 그런 보상은 아이의 바람직한 행동 특성을 강화시킬 수 있다. 그것은 성인들의 일상 업무를 지켜준다. 그것은 교육을 개선하고, 생활수준을 높이고, 건강과 복지를 개선하고, 예술 및 과학 분야의 창조적인 활동을 장려하는데 사용될 수 있다. 금전적 보상의 적절한 사용은 심지어 재활이 될 수도 있다.(훌륭한 연구에서, 피터 페퍼Peter A. Peffer 박사는 정신병원에서 적절하게 선발된 환자들이 금전적 보상을 위해 일할 수 있을 때 발생하는 놀라운 이점에 대한 간결한 그림을 제시했다.)

불행하게도, 금전적 보상은 비윤리적이거나, 불법적 또는 부도덕한 활동을 조장하기 위해 파괴적으로 사용될 수도 있다. 뇌물은 종종 개인의 반사회적인 행위에 대한 저항을 무너뜨리기 위해 자주 사용된다. 그리고 관련된 금액이 충분히 커짐에 따라 이전에 정직했던 많은 사람들이 유혹에 굴복한다. 이것은 모든 사람이 자신의 대가를 가지고 있다는 냉소적인 생각으로 이어진다. 금전만을 고려한 관점에서 붕괴점은 개인의 윤리적, 도덕적 훈련의 견고함과 불법적인 경제적 이득에 대한 욕망에 반대하는 그의 양심의 힘을 나타내는 척도이다.

감정적으로 징벌적인 돈 사용

일부 부모들은 불복종을 이유로 상속권을 박탈하겠다고 위협함으로써 그들의 성인 자녀들을 통제한다. 많은 수동적-의존적인 성격은 이런 식으로 자신을 통제할 수 있게 한다.

때때로 돈 선물은 경쟁적인 업무 행동에 도움이 되는 정상적인 인센티브를 방해하기 위해 사용된다.

조부모가 손자에게 돈과 돈으로 살 수 있는 사치품을 퍼부어서 손자의 애정을 그의 부모로부터 멀어지게 하려고 시도할 수도 있다. 지배를 위한 이런 투쟁은 돈 많은 조부모에게 유리하고, 상징적으로 손자들의 사랑과 애정을 살 때, 자신의 자녀들을 처벌할 수 있게 한다.

아버지에게 정부mistress가 있다는 것을 알게 된 한 소녀는, 무의식적으로 아버지를 처벌하고 동시에 어머니에게 행한 잘못을 상징적으로 바로잡고 싶은 욕망으로, 갑자기 흥청망청 돈을 쓰기 시작했다. 그녀는 많은 새로운 외상 계정을 개설했고, 어머니를 위해 그녀의 아버지에게 청구된 비싼 선물들을 샀다.

자선적인 사용

많은 사람들은 돈이 필요하거나 아픈 사람들과 나누는 것이 돈 많은 사람들의 의무라고 믿기 때문에 자선 단체에 기부한다. 어떤 사람들은 다른 사람들의 인정을 받고, 그들 자신에 대한 홍보를 얻기 위해 그렇게 한다. 많은 사람들이 죄책감을 달래기 위해 자선 단체에 기부한다.

죄의식적 사용

개인은 의식적으로 또는 무의식적으로 자신이 저지른 실제 또는 상상의 반사회적인 행위에 대해 상징적 또는 실제적으로 보상하기 원할 수 있다. 그렇게 하기 위해, 그는 자선 단체, 기관 또는 개인에게 적거나 큰 액수의 돈을 줄 수도 있고, 심지어 탈루된 세금 중 일부를 지불할 수도 있다. 그는 이것을 익명으로 할 수도 있고, 비록 아무도 자신의 동기를 의심하지 않더라도 그는 자신의 이름을 선물이나 배상과 연관 짓고 싶을 수도 있다.

물신Fetish 및 제례적Ritual 사용

어떤 특정한 동전이나 특정한 액수의 지폐는 행운의 물건으로 사용될 수 있고, 개인의 자립심과 마음의 평화는 그가 항상 소지하는 금전적인 물신을 가지고 있는지 여부에 달려있는 것처럼 보인다. 때때로 개인은 특히 최초에 돈을 발견한 것을 포함하여, 이 돈을 가지고 있는 것과 행운의 사건을 연관시킨다. 다른 때에는 특정 목적을 위해 충분한 자금이 부족했을 때 발생했던 이전의 난처한 상황의 재발 가능성을 피하기 위해 특정 금액의 충분한 금액을 소지할 수도 있다.

어떤 사람들은 스트레스를 받을 때 반복적으로 돈을 세게 된다. 그들의 삶의 위기가 자신이 받아들일 수 있는 방식으로 해결되면, 그들은 더 이상 돈을 셀 필요가 없다.

전이 관계에서 돈의 감정적 사용

긍정적인 전이 관계 동안, 치료자는 자신의 서비스에 대한 수수료를 받는데 아무런 어려움이 없으며, 감사하는 그의 환자는 그에게 멋진 선물까지도 퍼부어줄 수도 있다.

하지만, 부정적인 전이 동안에, 환자는 치료자에 대해, 특히 비용과 관련하여 강렬한 적대감을 느낀다. 상징적으로 의사는 그에게 비용을 청구하는 대신 환자에게 돈을 주어야 하는 부모 대리인으로 환상된다. 이런 강렬하지만 비현실적인 감정들은 환자가 제공되는 전문적인 서비스에 대해 공정한 비용을 충분히 감당할 수 있음에도 불구하고, 의사의 비용 청구에 대해 신랄한 토론을 시도하도록 유도한다. 나중에 환자가 감정적인 관점을 되찾으면, 치료자에 대한 자신의 공격 강도에 대해 아마 후회할지도 모른다.

아내의 진료비를 자주 내는 사람이 남편이기 때문에, 그가 요금이 너무 비싸다고 거짓으로 주장할 때 잠재된 아내에 대한 부정적인 감정이 외면화exteriorized될 수 있다. 그가 정말로 의미하는 것은 그의 아내가 이 비용을 지불할 가치가 있다고 느끼지 않는다는 것이다.

때때로 온건하거나 부유한 환경에 있는 사람은 음식이나 의복에 대한 어떤 특정한 청구서를 지불하기를 거부하는 경우를 제외하고는, 그의 소비에서 균형을 잘 맞출 것이다. 그것은 마치 그가 부모 대리인으로서 그의 채권자들이 이런 구체적인 항목들을 자신에게 빚졌다고 느끼는 것 같다. 그는 소송을 제기하고 징수하는 것이 얼마나 어려운지 알고, 고의적으로 돈 지불을 보류함으로써 그들을 처벌한다. 그런 사람은 그가 진 빚을 갚도록 강요하는 사람들을 나쁘게 말한다.

때때로 자신에게 감정적 및 재정적 독립을 선언한 자신의 아들에게 부정적인 전이 반응을 보이고 있는 어머니(드물게 아버지)는 아들과 거의 비슷한 나이의 남성들에게 전문적인 서비스를 요청하고, 법으로 자신의 청구서를 해결하도록 강요될 때까지 완강하게 지불을 보류한다.

노인들

노인들은 그들의 경제적 자원을 성공적으로 관리하는 것이 점점 더 어렵다는 것을 알게 될 수 있고, 돈의 사용과 관련된 사소한 문제들조차도 그들이 해결해야 할 때 종종 감정적으로 혼란스러워질 수 있다.

때때로 이런 종류의 노인은 다른 사람들과 수동적-의존적인 관계를 갖기를 원하는데, 그들은 그가 돈 문제에 관심을 기울일 필요가 없도록 그의 보살핌을 대신한다. 그런 사람은 평생 돌봄의 대가로 자신의 모든 경제적 자원을 다른 사람들에게 기꺼이 넘길 수도 있다.

일부 노인들은 만약 그들이 자신의 자금 통제권을 다른 사람들에게 내줘야 한다면 불안하고, 두렵고, 우울해진다. 이런 사람들은 항상 돈이 주는 힘을 누려왔고, 비록 다른 사람들이 그들의 일을 관리할지라도, 그들은 항상 그들 자신이 최종 결정을 내린다고 느끼는 것을 좋아한다.

일부 노쇠한senile 노인들은 그들의 가족들이 비용을 절약하거나 자금 통제권을 얻기 위해 자신들을 없애려 한다고 상상할 때 강렬한 공포 반응을 일으킨다. 이런 공포는 결국 가족 환경에서 관리하기 어려운 자기 방어적인 행동을 불러일으킬 수 있다.

몇몇 노인들은 말 그대로 돈을 버리거나, 백지 수표에 서명하거나, 낯선 사람들에게 선물을 줄 수도 있다. 그들은 실제적이거나 상상적인 경멸을 위해, 자식이나 친척들의 상속을 박탈하는 징벌적 유언장을 만들 수도 있다.

재정적으로 부유한 일부 노인들은 너무 불안해서 자신의 재원을 비참할 정도로 비축해야 한다. 다른 사람들은 그들이 이전에 거부했던 많은 즐거움과 사치를 말년에 즐기기 위해 지출 규모를 갑자기 늘린다.

정신증 환자

성인의 현실 기능 붕괴의 첫 번째 징후는 그의 부적절한 돈 사용 또는 부적절한 금전 거래일 수 있다.

의기양양하거나 조증manic이 있는 사람은 지출에 있어서 무모한 사람이다. 그의 관심은 사고의 연속성에 틈의 단절과 함께, 한 가지에서 다른 것으로 뛰어넘는다. 그는 모든 것을 크게 구매하는 경향이 있지만, 거래가 이루어지기도 전에 다른 금전 거래를 하는데 관심이 있다. 그는 가족이나 친구들의 호소로 지출에 더 신중하도록 유도될 수 없다. 사실, 이것은 그를 화나게 하고 그의 돈 지출 비율을 증가시킬 수 있다. 성적 문란, 폭식 및 폭음은 그의 광란orgies의 지출의 중요한 부분이다. 그의 소득과 지출이 균형을 이루는 한, 법적 어려움은 없을 것 같다. 때때로 조증 단계 동안 남자는 성공적인 사업 프로젝트를 시작할 수 있다. 더 자주 그는 자신의 재원만 낭비할 뿐이다. 그는 치료를 받든 안 받든, 조증 단계에서 회복할 수도 있고, 아마도 경제적인 마인드를 갖게 되면서 다시 돈을 더 균형 잡히게 사용할 수도 있다. 아니면 우울증 국면에 빠질 수도 있다.

우울증을 앓는 소비자는 거의 아무것도 지출하지 않을 수 있고, 지출할 때마다 더 우울해진다. 때때로 우울증이 시작되기 직전에, 환자는 자신의 실제 또는 상상의 반사회적 행위에 대한 상징적인 보상을 위해 자신의 돈 일부를 죄진 것처럼 사용한다. 우울증을 앓는 사람은 계속 일하고 돈을 벌 수 없다. 그는 가난하고, 가치가 없으며, 사랑받지 못한다고 느끼고, 종종 먹기를 거부할 수도 있다. 몇몇 사람들은 돈을 배설물이나 흙과 동일시하는 것 같다. 만약 우울증을 앓는 사람이 자발적으로 또는 치료를 통해 회복된다면, 그는 점차적으로 정신증 이전의 돈 사용을 다시 발달시킬 것이다.

편집증 환자는 누군가가 자신에게 과도한 요금을 부과하거나 강탈할지도 모른다고 생각하는 방식으로 돈을 쓸 수 있다. 그는 돈을 여러 주머니에, 신발에 감추고, 자신의 겉옷이나 속옷의 은밀한 비밀 장소에 넣고 꿰맬 수도 있다. 그의 구매력 과시가 강력한 상상의 적들로부터의 공격으로 이어질 수 있다는 두려움 때문에, 그의 지출이 크게 제한된다. 편집증적 망상이 고착될수록, 그는 다른 사람들과 더 잘 지낼 수 없게 된다. 이 집단에서 일부 감정적으로 아픈 사람들은 솔직히 편집증적 분열증 환자가 된다.

정신분열증 환자는 돈을 불규칙하게 사용한다. 그는 자신의 돈으로 무엇을 하는지에 대한 기억이 없을 수 있고, 돈으로 한 일의 결과에 무관심한 것처럼 보일 수도 있다. 그는 자신이 좋아하는 비싸고 완전히 유용한 물건을 살 수도 있고, 또는 쓸데없는 물건을 사서 그만큼 좋아할 수도 있다. 그는 나중에 폭행하고 죽이는 사람에게 돈을 지불할 수도 있다. 아니면 낯선 사람을 공격하고 강탈할 수도 있다. 그의 지출 행동은 예측할 수 없고, 인식할 수 있는 현실 기능이 없다. 차도가 있는 그런 정신분열증 환자들은 돈 문제들에 관한 조언을 따르려는 사람들과 수동적-의존적 관계를 유지하려고 노력한다. 하지만 그렇더라도, 설명할 수 없는 지출이 발생한다.

개인의 초기 생활 경험으로 시작하여, 그의 돈 사용은 궁극적으로 사회적으로 용납되거나 용납될 수 없는 금전 행동으로 이어지는 다양한 본능적, 감정적, 지적 반응의 대상이 된다. 결국 비정상적인 금전 행동은 다양한 종류의 심신 질환을 일으킬 수 있다. 게다가 정신 질환은 개인이 돈을 부적절하게 사용하게 되는 원인이 될 수도 있다.

돈-병money-sickness은 심리-경제적인 문제의 스트레스에 대한 과도한 반응으로 시작되는 임상적으로 명백한 개인의 심신 건강 장애이다. 두통, 불안 상태, 히스테리성 마비, 강박적 반응 패턴, 공황 반응, 우울증, 행동 장애, 위장과 심폐 및 근골격계의 기능 장애와 같은 형태를 취할 수 있다. 돈-병이 자주 발견되지 않는 한 가지 이유는 대부분의 의사들이 개인의 심리-경제적 행동을 연구하는데 관심이 없었기 때문이다. 의사 자신은 환자의 비정상적인 심리-경제적인 행동을 인식하거나 조사하는 것을 무의식적으로 방해하는 자신의 돈 사용과 관련하여 해결되지 않은 감정적 문제를 가지고 있을 수 있다. 그는 자신의 환자가 돈을 어떻게 사용하는지 묻는 것이 무례하거나 불필요하다고 생각할 수도 있고, 그는 그런 질문들을 "너무 개인적인 것"으로 분개하고 오해할 수도 있는 자신의 환자를 불쾌하게 하고 싶지 않다. 이런 이유들로, 의사는 보통 환자의 심리-경제적인 과정을 더 자세히 들여다보지 않고 청구서를 보내고 치료비를 받는 것에 만족한다. 환자가 치료 시간 동안 자신의 재정적인 문제들에 대해 자발적으로 말하지 않는 한, 이 문제는 결코 탐구되지 않을 수 있다. 그 대신, 환자는 증상, 문제가 있는 대인 관계, 불행한 성생활, 그리고 꿈에 대해 끝없이 말할 수 있는데, 이 모든 것들이 심리-경제적인 문제들에 부차적인 것일 수 있다.

돈-병의 경우, 의사는 환자의 은행가나 재정 고문이 될 수는 없다. 그러나 그는 환자의 관심을 스트레스에 시달리는 현대 생활 문제의 금전적인 뿌리로 향하도록 도울 수 있다. 환자와 치료자 사이에 좋은 라포르rapport가 형성될 수 있을 때, 치료 초기에 환자의 광범위한 금전 문제를 논의함으로써 회복을 향한 진전이 얼마나 빠르게 이루어질 수 있는지 놀라울 수 있다. 만약 환자가 새로운 관점을 얻고 그의 금전 문제들의 본질과 이것들이 그에게 어떻게 심신적으로psychosomatically 영향을 미치는지에 대한 통찰력을 얻도록 도움을 받을 수 있다면, 그는 종종 자신의 기본적인 감정적 문제들을 치료하는 좋은 해결책을 개발할 수 있을 것이다. 이것은 직업의 변화, 저축하고, 빌리고, 빌려주고, 소비하는 습관의 변화, 가족 구성원들과의 재정 관계 변화, 경제적 목표의 변화, 또는 다른 유형의 적절한 심리-경제적인 조정을 요구할 수 있다.

의사는 환자의 정서 장애의 심리-경제적 측면을 항상 건강에 동시에 악영향을 미칠 수 있는 다른 유해한 원인과 관련하여 고려해야 한다. 의사는 환자의 건강 악화에 영향을 미치는 모든 요소들을 평가하여, 이 요소들이 적절한 관점에서 나타나고 환자를 한 사람으로서 치료하는데 적절한 가중치가 부여되도록 노력해야한다.

그러나 우리의 모든 관심을 진단과 치료에만 집중하는 대신, 우리의 목표 또한 아이들의 비정상적인 심리-경제적 행동 패턴의 발달을 예방하는 것이어야 한다. 이것은 부모들이 자신의 심리-경제적인 문제들을 이해하고 해결하고, 자녀들이 건강한 금전 행동 패턴을 발달하도록 돕는 방법을 배우도록 도와줌으로써 이루어질 수 있다.

만약 우리가 이런 일들에서 성공할 수 있다면, 우리는 우리 세상이 훨씬 더 살기 좋은 곳이 될 것이라는 것을 발견할지도 모른다. 개인 건강의 향상뿐만 아니라, 오늘날 우리를 괴롭히는 많은 사회적 미해결 문제들에 상응하는 해결책이 있을 것이기 때문이다.

요 약

　　돈은 정상적이고 비정상적인 많은 인간 행동 패턴에 중요한 자극이다. 부자든 가난한 사람이든, 대부분의 사람들은 개인적인 금전 문제 해결에 의식적이든 무의식적이든 어느 정도 지속적으로 관심을 가지고 있다.

　　저자는 12년 동안 내과의 개인 진료에서 관찰했던 3세부터 84세 사이의 천 명 이상의 환자들에 대한 연구에서, 돈과 금전 거래의 개념이 우리의 행동과 우리의 포부, 그리고 우리 자신과 가족, 다른 사람들, 심지어 우리의 물리적 환경에 대한 감정적 반응에 의식적 또는 무의식적으로 영향을 미치면서, 어떻게 우리의 삶에 통합되는지를 추적할 수 있었다.

　　아이가 돈에 대한 초기 갈등을 해결하는 방식에 따라 성인의 기본적인 성격과 성격 특성, 포부, 그리고 행동 패턴의 일부가 결정될 것이다. 성인의 현실 기능에서 첫 번째 붕괴는 돈이나 금전 거래의 부적절한 사용으로 나타날 수 있지만, 반면에 개선의 첫 번째 징후는 돈을 적절하게 사용할 수 있는 능력이 돌아오는 것일 수 있다. 현실적이든 비현실적이든 자신의 금전적 문제에 대처할 수 없는 결과로 감정적 및 심신적 장애를 일으키는 많은 사람들은 심리치료를 통해 도움을 받을 수 있다.

　　의사는 항상 환자의 정서적 또는 심신적 장애의 심리-경제적인 측면을 질병에 동시에 영향을 미칠 수 있는 다른 유해 원인들과 관련하여 고려해야 한다. 의사는 환자의 건강 악화에 영향을 미치는 모든 요소들을 평가하여, 이것들이 적절한 관점에서 나타나고, 환자 치료에 적절한 가중치가 부여되도록 노력해야 한다.

제 12 장

돈의 숨겨진 얼굴들
The Hidden Faces of Money

스마일리 블랜튼

    돈에 대한 당신의 태도money-attitudes는 얼마나 건전한가? 돈이 당신의 하인인가, 아니면 주인인가? 당신이 중년으로 접어들면서, 당신이 돈을 관리할 것인가, 아니면 돈이 당신을 관리할 것인가?
    어리석은 질문인가? 전혀 그렇지 않다. 내게 상담 받으러 오는 사람들 가운데 놀라운 비율의 사람들이 자기 돈이나 다른 사람들의 뒤틀린 돈 개념 때문에 곤경에 처해있다. 실제로 감정적 부적응이 그렇게 숨김 없이 드러나는 생활 영역은 거의 없다.
    돈에 대한 태도는 종종 중년기에 심각한 문제가 되는데, 이는 숨겨진 긴장이 마침내 방어를 돌파하기 때문일 뿐만 아니라, 단순하게 이 기간 동안 일반인들의 돈 관여도가 최고조에 달하기 때문이기도 하다. 그는 젊은이나 노인들보다 훨씬 더 많이 벌고, 더 많이 쓰며, 더 많이 빌리고, 더 많이 걱정한다.

어떤 사람들은 돈 관리에 재능이 있는 것처럼 보인다는 것은 우리 모두에게 분명하다. 그들은 크든 작든 그들이 가진 모든 자금을 잘 활용한다. 다른 사람들은 이런저런 종류의 돈 문제들 때문에 영원히 차별 대우받거나 불행하게 된다. 두 유형 사이에 기본적인 차이가 있는가? 나는 있다고 생각한다. 한쪽은 돈을 교환의 매개체로 여기고, 그 이상은 아니다. 다른 한쪽은 돈을 다른 어떤 것의 상징이 되게 한다.

이 "다른 어떤 것"이 무엇인지는 개인에 따라 크게 다르다. 어떤 사람들에게는 돈이 권력의 상징이 된다. 그들은 다른 사람들을 자신들의 의지에 굴복시킬 수 있도록 돈을 모으려고 노력한다. 어떤 사람들에게는 돈이 남성성을 나타낸다. 그들은 아주 무의식적으로 자신의 성적 또는 창조적인 능력이 감소될 것을 두려워하기 때문에 그것과 헤어지기를 싫어한다. 사랑에 굶주린 일부 사람들에게 돈은 애정과 동일시된다. 만약 그들이 임금 인상을 요구하고 그것을 얻지 못한다면, 그들은 아무도 자신을 사랑하지 않는다고 느끼기 때문에 절망에 빠진다. 어떤 죄지은 영혼들은 그들의 양심이 돈을 가질 자격이 없다고 말하기 때문에 돈을 버리려고 한다.

내가 이 책 전체에 걸쳐 반복적으로 말했듯이, 그런 숨겨진 동기의 흔적을 찾기 위해 자신을 점검하는 이상적인 시기는 마침내 자신을 분명하게 볼 수 있는 지혜와 자기 정직성을 가지고 있고, 여전히 비교적 쉽게 변화할 수 있는 유연성을 유지하는 중년기 초기이다. 금전적 태도에 관한 한, 이것은 두 배로 중요하다. 왜냐하면, 왜곡된 관점은 당신뿐만 아니라, 여러분 주변에 있는 여러분의 가족, 여러분의 부양가족, 여러분의 직원들에게도 현저한 영향을 미치기 때문이다.

돈에 대한 태도 체크 리스트

그런 태도를 대략적으로 확인하기 위해, 여러분에게 몇 가지 다소 개인적인 질문을 하고, 여러분은 그 질문에 솔직하게 대답해주기 바란다.

1. 당신은 당신이 필요하고 충분히 살 수 있는 물건을 사는 것이 어려운가?
2. 당신은 신중하다는 이유로 당신 자신이나 당신 가족의 평범한 즐거움을 부정함으로써 삶을 지루하게 만들고 있는가?
3. 당신은 나라가 망하고 있다는 확신으로 이 경고를 정당화하는가?
4. 당신의 벤처 사업이나 금융 투자의 결과가 지속적으로 나빠지고 있는가?
5. 당신은 돈을 낭비하고 분수에 넘치는 생활을 하는 경향이 있는가?
6. 도박이 단순한 기분전환 이상의 의미가 있는가?
7. 당신은 계속해서 최대 능력까지 일하지 않으면, 재앙이 닥칠까봐 두려운가?
8. 당신은 항상, 특히 당신이 존경하거나 애정을 갈구하는 사람들에게 당신이 받는 것보다 더 많은 선물을 주는가?
9. 당신은 돈만 더 있으면 모든 고민이 사라질 것이라고 생각하는가?

10. 당신은 돈 버는 능력이 사람을 판단하는 건전한 척도라고 생각하는가?

분명히, 이것들은 숨은 뜻이 있는 질문들이다. 그러나 그것들 중 어느 것에 대한 긍정적인 대답도 재평가와 재조정의 필요성을 나타낼 수 있다. "아마도"라는 각각의 "예" 뒤에는 돈이 단지 한 사람에게서 다른 사람으로 구매력을 이전하기 위한 편리한 도구에 그치지 않고, 깊은 무의식 속에서 다른 것과 동일시되었을 가능성이 숨어있다.

처음 세 가지 질문을 생각해 보자. 이것들은 돈과 관련된 가장 일반적인 부적응, 즉 현명하게 지불할 수 없거나 경우에 따라서는 전혀 지불할 수 없는 증거를 탐지하기 위해 고안되었다.

일주일도 채 지나지 않아서 어떤 불행한 여성이 절망에 빠져 내 사무실에 왔는데, 그녀 자신의 감정적인 문제가 있어서가 아니라, 남편의 엄격함이 온 가족을 혼란으로 몰고 있기 때문이다. 그런 경우의 어려움은 거의 결코 돈이 부족해서가 아니다. 일반적으로 모든 합리적인 목적을 위해 충분하고도 남는다. 문제는 돈줄을 쥐고 있는 사람이 "신중함"이나 "훈육"을 빙자하여 구두쇠처럼 행동하고 있다는 것이다.

그런 경우에 범법자는 항상 자신의 인색함을 정당화하기 위해 일련의 주장을 가지고 있다. 불경기가 임박하고, 달러의 가치가 꾸준히 하락하고 있다. 그의 아내는 돈을 관리하는 방법을 모른다. 그의 아이들은 잠재적으로 낭비벽이 있다. 만약 다른 모든 것이 실패한다면, 그는 논란의 여지없는 고대의 진술 즉, "너도 알다시피, 돈은 나무에서 자라지 않는다!"에 기대게 될 것이다.

그런 정당화는 그에게 전적으로 타당해 보인다. 그는 암묵적으로 그 정당화를 믿는데, 그것이 그와 논쟁하거나, 그를 바꾸는 것이 매우 어려운 이유이다. 그는 자신이 의식적으로 신중하게 선택한 이유가 대부분 무의식 속에서 돈이 주기 싫은 것, 차마 잃을 수 없는 어떤 것의 상징이 되었다는 사실을 감추고 위장하기 위한 잘못된 이유라는 사실을 알 수 없고, 알려 하지도 않을 것이다.

무엇이 구두쇠를 만드는가?

모든 사람들이 알고 있듯이, 우리 정신과 의사들은 성인의 성격 특성들이 어린 시절에 형성된 패턴의 반영이라고 믿는다. 아기들과 어린 아이들은 완전히 자기중심적이다. 그들은 욕망의 충족을 지연시키는 것은 무엇이든 분개하고, 외부의 권위를 원망한다. 아이가 첫 번째로 겪는 권위와의 심각한 갈등은 보통 부모가 그에게 배설 습관을 통제할 것을 요구할 때 발생한다. 만약 이 훈련이 너무 엄격하거나 너무 가혹하면, 또는 비록 아이가 협조에 대해 너무 후하게 칭찬을 받더라도, 인상은 성인의 삶 내내 위장된 형태로 지속될 수 있는 그의 성격의 수용적인 진흙 위에 만들어진다.

때때로, 아이가 이런 규제 시도를 충분히 강력하게 분개한다면, 그는 협조하기를 거절할 것이다. 그는 늦출 것이고, 보류할 것이며, "주지 give"않을 것이다. 만년에, 이런 보유 특징들은 돈과 관련하여 전면에 떠오를 수 있다.

그것이 항상 돈인 것은 아니다. 나는 끈과 골판지 박스를 모으는 매우 부유한 여성을 알고 있다. 그녀는 방 두 개를 그것들로 가득 채웠다. 그녀가 꽤 진지하게 말하는 이유는 언젠가 그것들이 필요할 수도 있기 때문이다. 그녀의 작은 기벽quirk은 충분히 해롭지는 않지만, 극단적으로 치닫게 되면 결과적으로 그것은 오래된 신문부터 빈 병까지 모든 것들을 모으는 공포에 사로잡힌 은둔자들이 차지하고 있는 더럽고 쓰레기로 가득 찬 집의 끔찍한 사례들 중 하나가 될 수도 있다.

그런 사람들에 대해 기억하고 숙고해야 할 중요한 것은 바로 **그것들이 하룻밤 사이에 그렇게 되지 않았다**는 것이다. 인색하고 친밀하며, 병적인 절약의 습관이 그들 안에서 서서히 자라났다. 만약 그들이 정직한 자기 평가를 위해 충분히 일찍 시간을 내었다면, 그들이 얻거나 보유하는 것보다 주는 측면에서 생각하라는 목사, 사제, 또는 랍비의 충고를 마음에 두었다면, 그들은 여전히 변화될 수 있을 만큼 충분히 유연한 동안에 자신들의 사고 패턴을 바꾸었을지도 모른다.

때때로 어린 시절에 형성된 패턴들이 무의식적인 성인의 두려움이나 분노에 의해 강하게 강화된다. 이것의 전형적인 사례가 얼마 전에 재단에서 우리에게 전해졌다. 이 사례에서 가장(家長)은 열두 살에 어쩔 수 없이 취직해야 했던 자수성가한 남자였다. 순전한 추진력과 결단력으로, 그는 상당한 성공을 거두었고, 지금은 그의 인생에서 가장 행복한 시기이어야 할 중년을 서서히 지나가고 있다. 그러나 사실 그는 매우 불행한 사람이었다.

최근에 그는 운이 좋은 투자를 해서 자신의 정규적인 연간 수입보다 더 많은 만 달러 이상의 이익을 올렸다고 우리에게 말했다. 그러나 종종 그러듯이, 여분의 돈이 행복을 가져다주지는 않았다. 그것은 문제를 가져왔다.

이 남자에게는 부모가 스코틀랜드 출신인 아내가 있었다. 그들은 종종 딸과 손자들에게 오래된 나라가 얼마나 아름다운지를 이야기했고, 기회가 된다면 그곳에 가보라고 권했었다. 지금이 기회인 것 같았지만,

남편은 그런 여행을 갈 여유가 없다고 완고하게 주장했다. 그 결과로 가족 간의 갈등이 생겼다. 아내와 아이들은 가장이 불친절하고 불합리적이라고 느꼈고, 마침내 그들은 그 논쟁을 우리에게로 가져왔다.

우리는 그 남편에게 "만약 당신이 여행을 가지 않는다면, 당신은 그 여분의 돈으로 무엇을 할 것입니까?"라고 물었다.

그는 투자할 계획이라고 말했다. 그리고 이것이 신중한 행동이라고 덧붙였다.

"글쎄요," 우리가 말했다. "당신이 그것을 투자해서 일 년에 4~500달러의 추가 수입을 얻을 수 있다는 것은 사실이지만, 이 중 일부는 세금으로 사라질 것이다. 게다가 당신은 꼭 그 돈이 필요하지도 않습니다. 당신의 아내와 자녀들에게 그들이 항상 보고 싶어 했던 곳을 방문하는 만족감을 주는 것보다 이 여분의 수입을 갖는 것이 당신에게 더 중요한가요? 그들의 기쁨과 감사가 당신에게 돈보다 더 가치가 있지 않은가요? 그렇지 않다면, 당신이 의식적으로 인식하지 못하는 은밀한 불안이나 원한에 지배당하고 있는 것은 아닐까요?"

그는 정직한 사람이었고, 가족을 사랑했기 때문에, 그는 마지못해 그럴 수도 있다는 것을 인정했다. 그리고 나서 약간의 조사를 통해 그는 항상 스코틀랜드 혈통에 대한 아내의 자부심을 질투해왔다는 사실이 드러났다. 그의 집안은 동유럽 출신이어서 아내 집안처럼 명성을 갖지 못했거나, 아니면 그렇게 생각했다. 그가 정규 교육을 받지 못한 것도 열등감의 한 요인이었다.

기본적으로 그는 아내와 아이들이 그보다 우월하다고 생각하는 것을 무의식적으로 두려워했기 때문에 여행비용의 지불을 거절하고 있었고, 스코틀랜드는 그 우월성의 상징이었다. 그러나 그의 의식적인 마음은 그의 거절을 관련된 모든 사람들의 최선의 이익에 기초한 현명하고 신중한 결정으로 보았다. 그것은 숨겨진, 개인적이고 신경증적인 불안을 외부 상황으로 투사하는 한 남자의 사례였다. 물론 그것은 항상 일어나는 일이다.

그 가족은 스코틀랜드로 갔고, 그 어느 때보다도 더 행복하고 더 단합된 모습으로 돌아왔다. 왜일까? **그것은 한 중년 남자가 자기 인식을 찾았고, 얻었기 때문인데, 그에게서 행복을 빼앗고 있던 보이지 않는 힘에서 자신을 해방시킬 시간이 아직 남아있는 동안에 그것을 얻었다.**

그 이야기는 해피엔딩으로 끝났다. 유감스럽게도 나는 그렇지 않은 많은 사람들을 목격했다. 너무 자주, 만약 중년 동안 억제되지 않고 발전하도록 허용한다면, 이 병적인 "신중함"은 너무 강해져서 어떤 것도 그것을 바꾸거나 저지할 수 없다. 나는 점점 더 많은 돈을 벌려는 강박적인 추진력과 오직 그것을 지키려는 그의 결심과 일치하는 한 백만장자를 알고 있다. 그는 자신의 아이들에게 용돈을 주지 않을 것이다. 그는 자신의 아내에게 집안일을 하게 한다. 그는 직원들에게 가능한 한 급여를 적게 준다. 그는 낡은 옷을 입는다. …

그런 인류의 표본specimen은 비극적이면서 무섭다. 그는 대부분의 사람들이 자신을 경멸하게 되었다는 사실에 무관심한 것 같다. 그는 취미도 없고, 기분전환 오락도 없다. 거미줄의 중심에 있는 거미처럼, 그는 새로운 돈벌이 계획과 모험을 끊임없이 지켜본다. 그에게는 다른 어떤 것도 중요하지 않은 것 같다. 미다스Midas처럼 그는 날마다 사랑도 없이 금으로 둘러싸인 채 살아간다.

돈을 버리고 싶은 욕구

구두쇠들의 저울 다른 한쪽 끝에는 어떻게 해서든 자신의 돈을 없애기로 결심한 것처럼 보이는 사람들이 있다. 다시 말하면, 그들이 일반적으로 그들 자신과 세상에 제공하는 설명은 근본적인 진실과 거의 일치하지 않는다.

우리 체크리스트의 질문 4는 지속적인 사업 실패나 재정적 손실을 다루었던 것을 기억할 것이다. 모든 정신과 의사들은 그런 손실의 희생자들이 그들에게 완전히 숨겨져 있는 힘에 의해 추진되고 있는 사례들을 만나게 된다.

가장 흔한 것 중 하나가 강한 죄책감이다. 우리의 양심은 우리가 도덕 원칙을 위반했을 때 처벌을 요구하고, 종종 자기 스스로에게 가한 처벌이 돈지갑을 향한다. 나는 한때, 외견상 침착하고 멋있는 삼십대 중반 여성을 알고 있었는데, 그녀의 아버지가 그녀를 위해 꽤 많은 재산을 처리해 주었다. 어느 순간 그녀가 어떤 거래에서 아버지의 판단에 의문을 제기하자, 그는 화를 내며 이후로는 그녀가 자신의 일들을 직접 처리하라고 그녀에게 말했다. 그녀는 넘겨받았고, 몇 달 안에 그녀 재산의 거의 절반을 잃었다.

그 이유는 경험 부족이나 잘못된 판단 때문이 아니었다. 그녀는 아버지와의 불화에 대해 죄책감을 느꼈고, 다툼의 원인이었던 돈을 없애는 것으로 자신을 벌하고 있었다. 이것이 그녀에게 지적되었을 때, 그녀는 아버지와의 화해를 구할 정도로 충분히 분별력이 있었고, 돈 손실을 멈췄으며, 서서히 재정적 피해를 복구하기 시작했다.

때때로 사람들은 다른 누군가에게 자신을 돌보도록 강요하기 위한 노력의 일환으로 돈을 낭비하거나 심지어 그들 자신의 일을 고의로 방해할sabotage 것이다. 얼마 전에 역시 삼십대 중반의 미혼 여성이 재단으로 우리를 찾아와 곤란에 처했다고 말했다. 그녀는 빚이 있었고, 직장도 없었고, 그녀를 도와줄 친구도 없었다. 그것은 정말 아주 애처로운 사연이었다. 하지만 그녀는 교육을 잘 받았고, 몸이 건강하고, 똑똑해 보였다.

알고 보니 이 여성은 수년 전에 이혼한 부모의 유일한 자녀였다. 부모들은 모두 재혼했다. 그들은 딸을 좋은 학교에 보냈고, 그녀가 20대일 때 작가로 시작할 수 있도록 용돈을 주었다. 그러나 시간이 지나고, 그녀의 글이 성공하지 못한 것으로 판명되자, 그들은 그녀에게 직업을 가지도록 강력하게 권했다.

그녀는 항상 가능한 한 이것을 피했다. 그러다가 어쩔 수 없이 일하러 가야할 때면, 그녀는 항상 성적이 좋지 않았다. 그녀는 결코 제시간에 오지 않았고, 임무 수행에 실패했다. 결국 그녀는 항상 해고되었다.

게다가, 그녀는 이 짧은 취업 기간 동안, 어리석은 사치에 빠져들곤 했다. 그녀는 더 비싼 아파트로 이사 갔고, 할부로 차를 샀다. 마침내 몹시 화가 난 그녀의 아버지는 그녀가 흥하든 망하든 그녀와 끝났다고 말했다. 겁먹은 그녀가 우리에게 와서, 그녀의 아버지가 마음을 바꾸도록 우리가 설득해주기를 원했다.

이 사례에서 위장camouflage은 다소 얇았지만, 그 여성도 그녀의 부모도 그것을 꿰뚫어 볼 수는 없었다. 잠재적으로 유능한 사람의 그런 의도적인 태만과 사치는 분명히 그녀가 어렸을 때 거부당했다고 느꼈던 관심과 보호를 그녀의 부모가 자신에게 제공하도록 강요하기 위해 고안되었다. 사실상 그녀는 "나 좀 보세요, 나는 너무 약하고, 너무 어리석고, 너무 무력해요. 와서 나를 곤경에서 구해주세요. 나에게 관심을 가져주세요. 비록 금전적인 형태로 주더라도, 나에게 사랑을 주세요!"라고 말하고 있었다.

　이 여성은 나이로는 37세였지만, 감정적으로는 여전히 길을 잃고 당황한 아이였다. 여기에 그녀는, 중년의 문턱에 서서 단지 자신의 깊은 곳을 충분히 볼 수 없다는 이유만으로 암울하고 외로운 미래를 마주하고 있었다. 일단 그녀에게 그녀의 기본적인 동기에 대한 통찰력과 자립의 필요성에 대한 직설적인 상식이 주어지자, 그녀는 더 잘하기 시작했다. 사람들은 변화하고, 일단 자기 인식의 열쇠를 얻으면 자신들이 직면한 문제들을 풀기 시작한다.

　이 여성은 사랑에 굶주려있었기 때문에 돈을, 그리고 자신의 삶 전체를 잘못 관리하고 있었다. 나는 사람들이 복수를 위해 돈을 잘못 관리하는 경우도 보았다. 내가 한때 알고 지냈던 아주 부유한 남성이 50대 후반에 심각한 심장 질환을 앓았다. 우연히 들은 말을 통해, 그는 친척들이 자신의 돈을 상속받기 위해 그가 죽기를 간절히 기다리고 있다는 것을 확신하게 되었다. 그는 항상 주식 시장에서 성공한 투자자였지만, 지금은 크게 투기를 시작했고, 비참한 결과를 낳았다. 그의 재산은 급속하게 줄어들었고, 만약 그가 갑자기 죽지 않았다면 완전히 사라졌을지도 모른다. 그의 많은 동료들은 그의 이전 사업 감각과 기술을 갑자기 상실한 것처럼 보였던 것, 즉 자신이 화가 나서 불운 탓으로 돌린 손실에 대해 어리둥절했다. 실제로 일어났던 일은, 그가 상상했던, 그가 죽기를 기다리며 주변에 앉아있었던 "독수리 친척들vulture-relatives"을 좌절시키려는 그의 강한 무의식적 욕망이 반영된 것이었다. 이 남자는 자신도 모르게 돈을 보복의 무기, 복수의 무기로 사용하고 있었다.

　우리 대부분을 포함해서 일용할 양식을 얻기 위해 정직하고 성실하게 노력하는 사람들에게, 일부 사람들이 돈을 없애고 싶은 숨겨진 욕구에 의해 움직인다는 생각은 터무니없어 보인다. 그러나 그것은 사실이다. 만성 도박꾼들은 종종 이 범주에 속한다. 겉보기에는 그들이 쉬운 방법으로 돈을 벌려고 노력하는 나약하고 게으른 사람들처럼 보인다. 사실 그들은 종종 잃고 싶은 무의식적 욕망에 지배된다. 그렇기 때문에 당신의 상습적인 도박꾼 대부분이 자신이 이기고 있을 때 절대 그만두지 않는다. 그것은 또한 일부 사람들이 도박을 멈추고 싶다고 의식적인 마음속으로 결정할 때조차도, 그들이 도박을 멈출 수 없음을 설명한다.

정신의학적 관점에서 볼 때, 브리지(bridge, 카드놀이의 일종)나 포커 poker에서 때때로 몇 달러를 따거나 잃거나, 골프 경기나 축구 경기의 결과에 친선 내기를 하는 것은 잘못된 것이 아니다. 그러나 강박적인 도박꾼은 그런 가벼운 기분전환 오락에 결코 만족하지 않는다. 그는 운명 또는 행운의 여신이 자신에게 특별한 호의를 베풀도록 강요하기 위해 필사적인 투쟁을 벌이고 있는데, 이는 아마도 그가 어렸을 때 어머니가 자신에게 그렇게 잘해주지 않았다고 느꼈기 때문일 것이다.

그의 의식적인 마음속에서, 그는 자신이 반드시 이겨야 하고 궁극적으로 이길 것이라고 확신한다. 그러나 그의 무의식적인 마음속에서는, 자신이 잃을 것이라는 것을, 행운의 여신이 그에게 친절하지 않을 것이라는 것을 알고 있다. 그래서 그는 아주 오래전에 "잔인한" 부모가 관대하지 않다고 느꼈던 것처럼, 행운의 여신이 불친절하고 관대하지 않은 것으로 드러나도록 패배의 "부당성"이 그에게 찾아오기를 열망하며 재앙을 향해 거침없이 밀고 나간다.

만약 그런 역설이 도박꾼들에게나, 그 문제에 대한 보통 사람들에게 믿을 수 없어 보인다면, 그것은 단지 우리들 대부분이 일상생활에서 무의식이 수행하는 엄청난 역할을 결코 직시하지 않기 때문이다. 그러나 이성과 논리가 끝나는 곳에서는 무의식이 이어진다. 그것이 강박적인 도박꾼에게 일어나는 일이다. 그는 의식적으로 통제할 수 없는 힘에 의해 움직이고 있다.

도벽 환자들도 종종 강한 무의식적 충동에 의해 동기가 부여된다. 어떤 사람들은 그들이 억누르거나 잊으려 노력했던 실제 또는 상상의 범죄 때문에 붙잡혀 처벌 받기를 바라면서 물건을 훔친다. 다른 사람들은 가족에게 불명예를 안겨줌으로써 자신의 부모를 벌주기를 원한다. 동기가 항상 모호할 필요는 없다. 틀림없이 많은 경우에 도둑은 단순히 이익을 위해 훔친다. 그러나 도둑이 훔친 돈이나 물건이 필요하지 않을 때, 숨겨진 힘이 작용하고 있을 가능성이 있다.

그런 숨겨진 충동의 희생자는 일단 그들이 통제권을 장악하면 그것들을 식별하기가 어렵다, 그러나 보통의 지적인 사람이 문제를 일으킬 수 있는 경향tendencies에 대해 자신을 조사하고, 근본적인 동기를 조금 더 깊이 살피는 것은 충분히 가능하다.

7번 질문을 예로 들어보자. 당신은 정말 필요한 것보다 더 열심히 일하는가? 당신은 그렇게 열심히 일하지 않는 것이 두려운가? 만약 그렇다면, **왜** 그런지 스스로에게 물어보라. 그것이 정상적인 야망이고, 출세하고 싶은 자연스런 욕망인가? 그것이 어린 시절에 당신 안에 심겨졌을지도 모르는 가난과 불안에 대한 비이성적인 두려움인가? 그것은 돈이 행복에, 또는 공동체에서 당신의 지위에 필수적이라는 확신인가? 당신이 가진 적이 없었던 것들을 자녀들에게 주기 위해서인가? 당신은 스스로에게 결정적인 답을 줄 수 없을지 모르지만, 적어도 당신은 자신의 내면을 들여다보며, 자기 인식을 더듬어 볼 것이고, 이것은 그 자체로 성숙의 신호이다.

아니면 8번 질문을 예로 들어보자. 때때로 당신은 우정을 사기 위해 돈을 사용하려고 시도할 수 있는가? 사람들이 당신을 좋아하게 하려고? 그런 질문에 대한 대답은 때때로 혼란스러울 수 있는데, 특히 솔직한 대답인 경우 더욱 그렇다. 그러나 당신은 그들에게 요구했기 때문에 더 넓고 더 깊고 더 현명한 사람이 될 것이다.

우리 대부분이 중년이 지나면서 가장 하기 어려운 일 중 하나는 돈에 적절한 가치를 부여하는 것이다. 물론 이것은 끊임없이 변화하는 상황에 따라 다르다. 예를 들어, 다섯 명의 자녀를 둔 남자에게 1달러는 동일한 소득을 가진 총각보다 더 중요하다. 100달러의 갑작스런 지출이 백만장자에게 별 의미가 없을 수도 있지만, 일용직 노동자에게는 매우 심각한 문제가 될 것이다.

사실은, 당신이 돈이 많을수록, 그것이 당신에게 덜 중요하게 보여야 하지만, 항상 그런 것은 아니다. 나는 오스카 와일드Oscar Wilde의 말처럼, 모든 것의 가격과 무(無)nothing의 가치를 아는 사람들을 영원히 만나고 있다.

나는 아주 부유한 50대 중반의 한 남자를 기억하는데, 그는 고생하면서 그의 태도를 바꾸지 않으면 안 될 때까지 이 범주에 속했었다.

이 남자에게는 매우 불행한 결혼 생활을 해온 외동딸이 있었다. 그녀의 남편은 재산 사냥꾼으로 최악의 유형이었다. 그는 아내에게 잔인하고 아내를 학대했으며, 두 자녀에게는 불친절했다. 정말 싫은 나머지 아내는 마침내 이혼 소송을 제기하기로 결정했다. 그러자 남편은 장인이 5만 달러를 주지 않는 한, 이혼에 이의를 제기하고 아이들의 양육권을 위해 싸울 것이라고 선언했다.

남편은 5만 달러를 주면 아이들에 대한 모든 청구권을 포기하고, 다시는 아내를 괴롭히지 않을 것이라고 말했다. 당연히 그의 장인은 화가 났다. 그는 사위의 제안이 협박이라고 말했는데, 그것은 사실이었다. 그는 절대로 그것에 굴복하지 않겠다고 맹세했다.

나는 딸이 어려움을 헤쳐 나가도록 도와주려고 노력해왔고, 그래서 그 사건의 모든 세부 사항들에 대해 잘 알고 있었다. 내가 보기에 그 소녀의 아버지는 관련된 현실에 대해 다소 어리석은 견해를 가지고 있는 것 같았다.

"만약 당신에게 5만 달러를 준다면 어떨까요?" 내가 그에게 물었다. "당신은 그 금액의 열 배를 잃을 수도 있지만, 여전히 당신은 필요로 하는 것보다 더 많은 돈을 가지고 있습니다. 당신은 이미 집, 자동차, 그리고 다른 재산과 관련하여 당신이 원하는 모든 것을 가지고 있습니다. 당신 딸의 행복과 손자 손녀들의 복지에 비하면 5만 달러가 무엇인가요?"

그는 나를 험상궂게 쳐다보았다. "당신은 돈이 나무에서 자란다고 생각하는 것 같군요!"라고 그가 말했다.

"아닙니다," 나는 말했다. "나는 그렇게 생각하지 않습니다. 그렇지만 나는 이것이 행복(혹은 적어도 불행으로부터의 자유)을 당신의 전체 재산의 일부로 살 수 있는 경우의 놀라운 예라고 생각합니다. 사람들이 물건의 무게를 쟀던 구식 저울 중 하나를 상상해보세요. 한쪽에 5만 달러에 대한 수표를 마음속에 그려보세요. 다른 한쪽에는 여러분 모두를 비참하게 만들고 있는 이 악당이 영원히 사라지는 것을 마음속에 그려보세요. 이제 정말 망설일 것이 있나요?"

그는 꽤 오랫동안 망설였다. 그러나 결국 그는 자신의 입장을 다시 생각했다. 그는 비록 그런 압력에 굴복하는 것이 싫었지만, 받는 가치가 대가보다 훨씬 더 크다는 결론에 도달했다. 그는 수표를 썼다. 그리고 딸의 행복을 되찾았다.

아마도 우리들 중 그렇게 큰 규모의 가격과 가치 사이에서 선택해야 하는 사람은 거의 없을 것이다. 그러나 우리들 대부분은 수십 가지의 작은 방법으로 매일 같은 선택에 직면한다. 예를 들어, 내 친구가 있는데, 그는 극장표 두 장에 15달러나 20달러를 쓰는 것을 아무렇지도 않게 생각하지만, 극장 맞은편 차고에 차를 두기 위해 1달러 정도를 더 쓰는 것보다 차를 5블록 떨어진 곳에 주차하고 그의 아내를 빗속을 걷게 할 친구이다. 이것은 내가 보기에는 다소 어리석어 보인다. 나는 비록 그것의 경제적 영향은 미미할지라도, 한 면도날로 면도를 열 번 하려고 고집하는 사람들을 알고 있다. 그들의 얼굴 불편함이 그만한 가치가 있을까? 나는 그렇게 생각하지 않지만, 그들은 계속 시도한다.

얼마 전에 내가 좋아하는 골프를 즐기고 있을 때, 어떤 사람이 내가 쓰고 있는 훌륭한 선글라스를 어디서 샀는지, 가격이 얼마인지 내게 물었다. 나는 그에게 내가 어디서 샀으며, 덧붙여 그것이 한 쌍에 45달러였다고 말했다. 그는 가격에 몹시 놀랐다. "어떻게 그럴 수 있죠?" 그는 나에게 물었다.

"아주 간단해요." 나는 말했다. "나는 눈이 한 쌍밖에 없거든요."

같은 날 소나기가 와서 우리는 경기를 중단해야만 했다. 유감스럽게도, 네 명 중 한 명은 우리가 9홀만 경기했기 때문에, 그가 그의 캐디에게 약속한 18홀 사용료의 절반만 빚졌다고 주장했다. 나머지 사람들은 비가 캐디의 잘못이 아니라고 지적했지만, 그는 단호했다. 결국 나머지 사람들이 캐디 비용의 나머지를 지불했다. 그 남자는 몇 푼을 절약했을지 모르지만, 세 명의 친구를 잃었다. 그는 자신이 돈을 관리하고 있다고 생각했지만, 틀렸다. 그의 돈이 그를 관리하고 있었다.

돈을 즐기는 기술

다행스럽게도, 우리 대부분은 도벽 환자도 도박꾼도 아니고, 구두쇠도 낭비하는 사람도 아니다. 또한 우리가 중년기에 주기적으로 숨길 수 없는 신호를 우리 자신과 우리 습관에서 냉정하고 침착하게 점검하면 그렇게 되지 않을 것이다. 그러나 우리 대부분이, 만약 우리가 약간의 시간을 두고 생각한다면, 돈에 대해 더 현명해지는 법을 배울 수 있을 것이다.

내가 자주 겪는 너무나 인간적인 실패는 행복과 관련된 돈의 중요성을 과장하는 경향이다. 수많은 환자들이 나에게, 만약 돈이 더 있었더라면, 모든 문제들이 사라졌을 것이라고 진지하게 말해왔다. 얼토당토않은 이야기이다. 생계 수준이나 그 이하에서, 돈 부족이 현실적이고 무서운 위협인 것은 사실이다. 그러나 적절한 소득 수준이라고 일컬어지는 것 이상에서 추가 자금은 기본 문제를 거의 해결하지 못한다. 사실, 나는, 내 사무실 의자에 앉아서, 종종 여윳돈이 문제를 해결하는 것보다 더 많은 문제들을 일으키지 않는지 궁금해 하는 경우가 종종 있었다. 리처드 버튼Richard Burton이 3세기 이전에 그의 「우울의 해부학Anatomy of Melancholy」에서 말했듯이, 부자들은 돈을 소유하기 보다는, 돈에 의해 소유된다.

돈이 모든 문제를 해결하는 것은 **아니며**, 만약 당신이 이 사실을 진정으로 받아들인다면 인생과 행복 추구에 대한 당신의 전체적인 접근 방식이 미묘하게 바뀔 수도 있다. 우리 미국인들은 대체로 돈을 잘 버는데, 그것에는 아무런 문제가 없다. 사람은 생산적이라는 것을 자랑스러워해야 하고, 소득 능력은 생산성의 반영이다. 미국인들은 또한 지구상에서 가장 관대한 사람들이며, 이것 또한 자랑스러워할 만한 것이다. 그러나 우리가 때때로 다른 나라의 적들뿐만 아니라, 가끔 우리의 친구들로부터 받는 비판에는 어느 정도 진실이 있을 수 있다. 우리는 주로 그의 달러-가치로 사람을 판단할 가능성이 있고, 인생의 성공을 돈벌이나 돈벌이 능력과 혼동하는 경향이 있다.

우리의 대 실업가들은 서둘러 일을 시작하면서 "시간은 돈이다"라고 말하는데, 그들은 우리 대부분이 감탄하는 동의로 고개를 끄덕인다는 확신을 가지고 말한다. 그러나 시간은 돈이 아니다. 시간은 훨씬 더 소중한 것이다. 시간은 우리 모두가 절대적으로 공평하게 공유하는 유일한 선물이다. 주어진 어느 날이든, 다른 어떤 사람보다 더 많은 시간을 가진 사람은 없다. 인생의 진정한 성공은 돈이 아니라, 우리가 시간을 사용하는 방법에 달려 있다. 이런 깨달음에 도달하는 것은 아마도 중년 동안 우리를 강화시키고 안정시킬 새로운 철학의 발전을 향한 긴 발걸음이 될 것이다.

　　돈은 우리가 적절하게 사용한다며, 시간을 잘 활용하는데 도움이 될 수 있다. 그러나 얼마나 많은 사람들이 이것을 할 수 없는지 놀랍다. 나는 우리 모두가, 돈이 아무리 그들에게 도움이 되더라도 땅속에 묻어두어도 괜찮을 재력가들을 알고 있다고 확신한다. 나는 중년의 모든 사람들이 일주일 동안 매일 아침 자신에게 "내가 경제적으로 안정될 만큼 충분한 돈을 벌 **때**, 또는 내가 필요한 것보다 더 많은 돈을 상속받는**다면**, 나는 그것으로 만족을 얻을 것이다. 그리고 나는 나의 가족과 친구들도 그것에서 즐거움을 얻는 것을 보게 될 거야!"라고 단호하게 말하는 것이 좋을 것이라 생각한다.

　　돈을 유용성이나 즐거움으로 바꾸기 위해서는, 거의 항상 돈을 지출할 필요가 있다. 내가 "거의 항상"이라고 말한 이유는 어떤 사람들은 분명히 돈을 쓰는 것보다 저축하는데서 더 많은 즐거움을 얻기 때문이다. 나는 우리가 재단에서 치료했던 한 신사를 기억하는데, 그는 25센트, 50센트, 1달러의 은화가 가득 담긴 빨래통washtub 하나를 지하실에 보관하고 있었다. 그는 양팔을 돈에 넣어 팔꿈치까지 올리고 돈을 손가락 사이로 흘려보내며 스스로 아주 즐거운 시간을 보냈다. 그는 이것이 다소 어리석다는 것을 조금 겸연쩍게 인정했다. 그러나 이 특별한 활동이 아무에게도 해를 끼치지 않았기 때문에, 우리는 그가 그것을 그만두라고 주장하지 않았다. 우리는 단지 그가 돈을 더 생산적인 용도로 사용할 수 있다는 것을 알게 하려고 노력했고, 마침내 그렇게 하는데 성공했다.

어떤 독자들은 "글쎄요, 돈이 가득 찬 빨래통은 **내** 문제 중 하나가 아닙니다. 나는 잉여 현금이 없기 때문에 잉여 현금을 재밋거리로 전환할 걱정이 없습니다."라고 이의를 제기할지도 모른다.

아마도 없을 것이다. 특히 당신이 만약 중년기 문턱에 있다면. 그러나 당신은 결코 모른다. 나중에 있을 수도 있다. 나는 단지 현명한 사람은 경직된 경제 습관이 너무 뿌리내리게 하지 않을 것이며, 돈에 대해 분별력이 있으면서도 가끔은 꼭 필요하지 않거나 심지어 경솔한 목적을 위해 그것을 사용할 수 있을 만큼 충분한 유연성을 유지할 것이라고 제안하고 있을 뿐이다. 내 생각에, 가끔 저녁은 양 갈비 대신 스파게티를 사먹고, 그 차액을 글라디올러스 한 다발에 쓰거나, 심지어 영화 한 편으로 자신을 대접하는 주부가 신중함이나 엄격한 자기-부정이라는 이름으로 계속해서 자기 자신의 작은 즐거움을 부정하는 주부보다 더 건강하고 행복한 사람일 것이다.

나는 돈을 헤프게 쓰는 철학을 추천하고 있는 것도 아니고, 사람들이 분수에 넘치는 생활을 하려고 애쓰는 것을 보고 싶은 것도 아니다. 그러나 자신의 분수에 가까운 어떤 것에도 맞춰 살기를 거부하는 사람들에게는 한심하고 화나게 하는 무언가가 있다. 그들은 정말로 삶에서 도망친 사람들이고, 돈의 지출이 그들을 어떻게든 더 작게 만들고, 그들에게서 활력을 빼앗고, 그들의 수명을 단축시킬 것이라는 무의식적이고 비(非)합리적인 두려움의 희생자들이다.

그리고 무엇을 위하여? 넓은 세상을 탐험하고, 연극을 보고, 책을 읽고, 연주회를 듣고, 골프를 치고, 취미를 개발하고, 사람들을 돕고, 지역사회를 개선하고, 수천 가지 다른 방식으로 당신의 인격을 풍요롭게 하고 넓혀라. 왜 당신은 이 문제 있는 지구를 떠날 때 확실히 가져갈 수 없고, 또 그것의 모두 또는 미국 정부Uncle Sam가 허용하는 만큼이 다소 과분한 자녀들의 손에 부어졌을 때, 그들의 독창력initiative과 자기 의존self-reliance을 빼앗을지도 모르는 금덩어리들을 맹목적으로, 신경증적으로 계속 쌓고 있는가? 여윳돈은 그저 그렇게 중요하지 않다!

확실히 종교는 항상 이것을 알고 있었고, 그것을 가르치려고 노력해 왔다. 진정한 행복을 찾고 있던 부유한 젊은 귀족이 지금까지 세상에서 가장 현명한 사람에게 접근했다. "내가 무엇을 해야 할까요?" 그 젊은이가 말했다. "내가 어떻게 찾을 수 있나요?"

그 대가Master의 충고는 격렬했다. 그는 실제로 "당신의 재산을 나누어 주어라"라고 말했다. "그것이 나타내는 잘못된 가치들을 없애라. 그런 다음에 내게 와서 나와 함께 참으로 가치 있는 것들, 영적인 것들에 집중해라."

그 젊은이는 그럴 수 없었다. 그는 "슬프게 떠났다," 그리고 우리 모두는 그가 어떻게 느꼈을지 알고 있다. 기독교 윤리의 이타심 selflessness과 시장(市場)의 치열한 경쟁 사이의 갈등은 우리 대부분이 인식하는 것보다 더 깊은 인간 정신에 불화들discords을 낳으면서 여전히 우리와 함께 있다. 그러나 우리 모두는 우리의 삶에서 잘못된 가치를 제거하려고 노력할 수 있다. 우리는 그런 개선을 가능하게 하는 자기-인식self-knowledge을 위해 노력할 수 있다. 그것이 인간에 관한 경이롭고 고무적인 점이다. 우리는 언제든지 멈출 수 있고(그것을 막기 위해 무엇이 있을까?), 우리 자신을 꾸준히 바라볼 수 있으며, 만약 우리가 보는 것이 마음에 들지 않는다면 그것을 바꾸기로 결심할 수 있다. 변화는 하룻밤 사이에 오지 않을 수도 있다. 그러나 변화를 바라는 소원은 첫 번째이자 단연코 가장 긴 단계이다.

어느 누구도 돈의 중요성을 최소화해서는 안 된다. 그것은 일상생활의 필수적인 측면이다. 그러나 그것은 이해되고 통제되어야 하는 측면이다. 모든 태도와 마찬가지로, 돈-개념은 천천히 형성되며, 고정되고 경직되기 전에 한동안 모양을 만드는 플라스틱 상태로 남아있다.

그런 다음, 어느 시점에, 가급적이면 중년 초에, 돈과 관련된 극단주의의 흔적이 있는지 스스로 조사해보라. 축적가hoarder와 구두쇠는 극단주의자들이다. 돈을 헤프게 쓰는 사람과 허비하는 사람도 마찬가지이다. 기억하라. 돈이 단지 교환의 수단으로 남아있는 한, 그것은 유용한 하인이다. 문제가 시작될 수 있는 것은 오직 그것이 다른 무언가의 상징이 되도록 내버려 둘 때이다.

이 척도에 비추어 당신의 돈에 대한 태도를 확인해 보라. 돈이 당신을 관리하게 두지 말고, 돈을 관리하는 법을 배워라.

제 13 장

"염가품 사냥꾼들"의 정신 병리학
Psychopathology of "Bargain Hunters"

에드문트 버글러

"염가품 사냥꾼bargain hunter"은 당장 필요하지는 않지만, 싸게 살 수 있는 상품에 거부할 수 없이 끌리는 사람이다. 이런 유형의 사람에게 윈도우 쇼핑은 단순히 방향의 문제 이상으로, 그것은 매력적인 상황이다. 그런 사람과 이용당하고 싶지 않은 보통 사람 사이의 차이점은 전자에게는 가격이 유용성보다 더 중요한 반면, 후자에게는 필요가 첫 번째 고려 사항이라는 것이다. 따라서 많은 결혼 생활의 전형적인 다툼은 "당신은 그 쓰레기가 필요했나요?" "예, 나는 가격을 거부할 수 없었고, 게다가 언젠가는 사용할 수 있어요"이다.

염가품 사냥꾼에게 구매 행위는 합리적인 상황이 아니라 지혜의 싸움이다. 그는 판매자를 능가하려고 노력하는 반면에, 판매자는 그에게 본의 아니게 "잘 속는 사람sucker", 즉 승리의 자기애적 착각을 주려고 한다." 많은 사람들이 필요 때문이 아니라, 거래를 위해 구매한다는 사실을 모든 상인은 직관적으로 아는데, 그는 이 사실을 근거로 "판매"를 한다. 인간의 나약함을 비웃는 므두셀라Methuselah[1]만큼 오래된 농담이 있는데, 예를 들어, 골동품의 염가품 사냥꾼이 골동품 가게에서 전문가가 귀중품으로 인정하는 접시에서 우유를 핥고 있는 고양이를 보고 있다. 그는 고양이에만 관심이 있는 척하고 그 고양이를 5달러에 구입한다. 그런 다음 그는 고양이를 위해 그 접시도 달라고 요구한다. 그 똑똑한 딜러 역시 순진한 척하고, "나는 미신을 믿는데, 그 접시가 나에게 행운을 가져다줍니다. 이번 주에 이미 고양이 52마리를 팔았거든요"라고 말하며, 그 접시 주기를 거절한다.

염가품 사냥꾼에 대한 분석은 그들이 지속적으로 다른 사람들보다 한 수 앞설 필요성을 공통적으로 가지고 있다는 것을 보여준다.[2] 내가 분석했던 한 염가품 사냥꾼은 내면의 자기에게 해로운 성향 때문에 사업을 엉망으로 관리했다. 그녀는 자신에게 했던 어떤 부당함에 대해 끊임없이 흥분했지만, 그것은 무의식적으로 그녀 자신을 자극했다. 그녀는 학대받는 아이의 상황을 자신도 모르게 생활 속에서 낭송했다. 그녀의 모든 철학은 작은 동요로 표현되었는데, 그녀는 그것을 만들었고 열정적으로 낭송했다.

> 어머니는 식료품 저장실에 계시고,
> 아버지는 홀에 계시고,
> 그래서 나는 지문을 찍는다.
> 응접실 벽에
> 채찍질이 끝나면,
> 고통은 사라지지만,
> 거실 벽에 있는 손도장들은
> 머무르고 머물 것이다.

달리 말하면, 그녀는 의식적으로 자신을 의로운 분노에 반응하는 무고한 희생자로 간주하면서, 스스로 유발한 굴욕의 기억까지 치료했다. 그녀의 "채찍질 굴욕"에 대한 객관화(거실 벽에 있는 지문)는 그 자체로 그녀의 초자아를 향한 변명alibi이었다. 즉, "나는 피학성애자가 아니야! 엄마는 정말 나한테 잔인해요." 이 여성은 거의 모든 것을 한 다스씩 가지고 있었다. 한번은 그녀가 크리스마스에 친척에게 핸드백을 사줘야 했을 때, 그녀는 핸드백이 부족해지고 있다는 이유로 이미 많은 핸드백 재고를 몇 개 더 늘렸다.

두 번째 환자는 자신이 소유한 거의 모든 것들을 흥정을 통해 모았다. 그는 여가 시간을 경매를 찾는데 보냈다.

세 번째 환자는 자신이 분석을 하지 않아도 흥정을 할 수 있다고 믿었다. 그는 수수료에 대해 크게 분개했고, 특히 자신의 흥정하는 경향을 분석하려는 시도를 "시간 낭비"로 간주했기 때문에, 수수료를 줄이려는 시도가 값비싼 시간 낭비일 뿐이라는 불쾌한 발견을 한 뒤에야 그것을 받아들였다. 이 남자는 자신의 기본적인 어려움에 대한 예비 해석을 한 번 받고, 나머지 분석 작업을 스스로 할 수 있기를 헛되이 바라면서 10번의 약속 후에 분석을 떠났다.

네 번째 환자는 싼 물건들을 모으는데 관심을 돌렸다. 내가 그를 알았을 때, 그는 책과 도구들을 모으고 있었다. 그는 곧 이것들에 흥미를 잃었지만, 그것들을 위한 흥정이 "이상한 즐거움"이었다고 인정했다.

다섯 번째 환자인 상습적인 흥정꾼은 중고품가게에서 현미경을 본 적이 있는데, 그는 그것을 꼭 가져야 한다고 느꼈다. 많은 협상 끝에 그는 보증금을 걸었는데, 실제로 그것을 가질 경제적 여유가 없어서 나중에 죄책감만 들었다. 특히 그는 그것이 필요 없었고(그는 주식 중개인이었다), "불경기"라는 이유로 그의 아내에게 경제 설교를 하고 있었기 때문이다. 당연히 그의 아내는 그가 구입한 물건뿐만 아니라, 유사한 다른 물건들도 그의 구매를 비난하기 위한 충분히 이점으로 이용했다.

여섯 번째 환자인 부유한 여성은 너무 인색해서 비록 구매는 하지 않고 상점에서 끊임없이 흥정에 몰두했지만, 그녀는 결코 자신의 옷을 사지 않는다. 그녀는 또한 역설적이게도 인색한 시어머니의 "물림 옷들"은 받았다. 이 여성은 우연히 한 가게에서 다른 가게의 똑같은 드레스보다 몇 달러 더 낮은 가격의 비싼 드레스를 보게 되었다. 그녀는 "저항할 수 없는 충동"에 따라 그것을 샀다.

염가품 사냥의 공통분모를 찾는데 있어, 우리는 먼저 그 구매 purchase가 상징적인 의미를 가질 가능성을 배제해야 한다. 그런 의미는 예외적인 경우에만 찾을 수 있다.[3] 사실, 사례 4로 언급된 수동적-여성적인 남성의 도구들은 그에게 유사 남성성pseudo-masculinity의 상징적 의미를 가지고 있었다. 사실 현미경을 구매한 사람은 구매 당시 관음증적 갈등의 한복판에 있었다. 그러나 이런 고려 사항들이 중요한 경우에도, 그들은 기본적인 흥정인 "중독"을 설명하지 않는다. 흥정의 즐거움은 그 물건을 얻고 싶은 진정한 소원이 없을 때조차도 그것의 장치들이 자동으로 작동하는 정도까지 멀리 갈 수 있다. 지혜의 싸움이 중요하다.

우리는 또한 이런 만성적인 흥정꾼들이 대가없이 무언가를 얻고 싶어 할 가능성을 고려해야 한다. 그들이 기생충적인 존재일 수도 있지 않을까? 이에 답하기 위해서, 우리는 우선, "구강기" 발달 단계의 무의식적인 내용을 조사해야 하는데, 내 생각에는 이 모든 사람들이 여기에 고착되어 있는 것 같다. "나는 갖고 싶다" 또는 "나는 거절당하고 싶다"가 그들 내면의 소원일까? 내 생각에는, 임상적 사실들[4]에 의해 반복적으로 입증된 구강기 신경증 환자는 다음의 세 징후를 구성한다.

1. 자신들의 행동에 의해 그들은 무의식적으로 실망을 불러일으키고, 따라서 전(前)오이디푸스 콤플렉스의 엄마를 통해 경험했다고 추정되는 실망을 반복한다.

2. 그들은 자신들이 실망감을 불러일으켰다는 것을 의식적으로 인식하지 못하고, 자기 방어에 공격적일 수도 있다고 믿는다.

3. 실망하고 스스로 구축한 적과 싸운 후에, 그들은 피학적인 자기-연민에 빠진다.

이 세 징후에서는 오직 "의로운 분노"와 눈물겨운 자기-연민의 감정만 의식된다. 자기-연민에서 발견된 최초의 도발과 피학적 즐거움은 억압된다. 그러므로 우리는 그들의 소원이 "나는 갖고 싶다"가 아니라, "나는 거절당하고 싶다"라는 것을 알 수 있다.

내 생각에는, 내가 임상적으로 관찰해온 모든 염가품 사냥꾼들은 구순기로 퇴행된 신경증 환자들이다. 흥정은 "구강기 메커니즘"의 세 징후 중에 두 번째 단계에 해당한다. 즉, 염가품 사냥꾼들은 마치 나쁜 현실(엄마 대체물)이 거절하고 싶고 공격성에 압도되어야 하는 것처럼 행동하는데, 이것은 흥정 과정의 끈기에서 나타난다. 말하자면, 그것은 자기 치료의 시도를 나타내는데, 흥정꾼 자신의 무의식이 실패하려고 의도했기 때문에 실패한다. 그의 내면적 생활양식의 일부는 그가 피학적인 즐거움을 즐기기 위해서 장기적으로 잘 속는 사람sucker이 되어야 한다는 것이다.

흥정을 유독 좋아하는 남자들은 보통 겉보기에는 약한 남성성이나 여성 성격의 특성을 지닌 수동적인 유형으로 보인다. 더 깊은 분석은 그들이 구강기적으로 퇴행되었다는 것을 보여준다.

흥정하는 기술은 그 자체로 한 수 앞서는 공격적 즐거움이 발휘된다는 것을 나타낸다. 흥정꾼은 먼저 그것의 결함 등에 대해 여러 시간 동안 논쟁하면서 그 물건을 얕잡아본다.[5]

> 그러나 흥정의 방법으로, 나를 주목하라,
> 나는 머리카락의 1/9을 트집 잡을 것이다.
> (『헨리 4세』*King Henry IV*, p. 1, A. 3, Sc, I)

그는 유리한 구매를 하는 것보다 협상에서 더 많은 즐거움을 얻는다. 그가 모르는 것은 다음의 사실들이다.

1. 그의 흥정은 무의식적으로 거절하는 나쁜 엄마의 대체물을 향한 유사pseudo 공격을 나타낸다.
2. "나는 값싼, 그래서 조잡한 물건을 살 만큼 부자가 아니다"라는 옛 속담이 경험적으로 옳다.
3. 불필요한 획득에 돈을 투자하고, 찾아 돌아다니는데 과도한 시간을 쓴다는 점에서만 본다면, 그는 결국 잘 속는 사람이다.

그들이 구입한 물건들에 대한 이런 사람들의 태도가 이상하다. 그들은 짧은 시간 동안 그것들을 대단히 즐긴 후에는 그것들에 관심이 없다. 오직 그들이 한 수 앞선다고 주장했던 기억만이 즐거운 것으로 남아 있다. 재치 있는 환자의 말을 인용하자면, 그것은 "장난감 목마Tristam Shandy"가 아니라, 방어 메커니즘을 타고 떠나는 과거로의 "감성 여행"이다. 도스토예프스키Dostoevski는 게임을 향한 "치유된" 도박꾼의 동일한 태도를 언급했다.

> 지금도 글을 쓰면서, 나는 가끔 게임을 생각하는 것을 좋아합니다. 나는 그저 앉아서, 내가 어떻게 판돈을 걸고 어떻게 이겼는지, 세부 사항들을 상상하는데 몰두하느라 많은 시간을 보냈습니다.[6]

그는 자신의 편지 중 하나에서, "중요한 포인트는 게임 자체입니다. 맹세코, 내가 돈이 절실하게 필요하다는 사실에도 불구하고, 그것은 돈에 대한 욕심이 아닙니다."라고 외친다.

요약하자면, 염가품 사냥꾼은 염가품을 사는 것이 아니라, 유사-공격적 방어 기제에 대한 대가를 지불한다. 그는 **심벨린Cymbeline**[7]에서 야키모Jachimo의 충고를 따라 "흥정이 감기에 걸려 굶지 않도록" 신속하게 행동하지만, 결국에는 항상 흥정이 실망스럽다는 것을 발견한다. "속기 쉬운 사람에게 결코 휴식을 주지 말라"는 필드Field 씨의 조언이 그에게 적용될 수 있다. 실제로 그는 자신에게 빵도 주지 않았다. 그는 자신이 믿는 것보다 더 많은 돈을 지불하지만, 내면의 피학적인 애착에 대한 그의 방어 메커니즘에 대해 지불한다.

주석 및 참고문헌

1   노아의 홍수 이전시대에 969세까지 살았다는 유대의 족장(族長)(창세기, 5:27).(번역자 주)

2   이것은 필요할 때만 구매하는 사람뿐만 아니라, 불필요하게 구매하는 사람에게도 적용된다. 내 환자 중 한 명은 남편에게 그가 원하는 담배 라이터를 사주려고 시작했는데, 그것 대신에 우산을 샀다. 왜냐하면 그것이 더 나은 "염가품"이었기 때문이다. 물론 그녀의 선택에는 상징적으로 위장된 의식적 및 무의식적 공격성도 포함되었다.

3   내 경험에 따르면, 특히 여성의 경우, 구매가 남근적(phallic) 의미를 갖는다는 현재의 생각은 거의 확인되지 않는다. 나는 또한 이것들이 항상 존재하는데도, 수집이 오직 항문기적 성향에 대한 표현을 제공한다는 생각이 의심스럽다. 수집가와 염가품 사냥꾼 사이에는 명확한 차이가 있다. 전자는 Freud와 나중에 A. V. Winterstein이 보여주었듯이, 심지어 그것이 그에게 갖는 신경증적 중요성 때문에, 그 물건에 대해 돈을 더 많이 지불한다. 후자는 자신이 구매한 물건에 특별한 관심을 갖지 않고, 전적으로 판매자를 능가하는 방어 메커니즘으로 관심을 돌린다. 염가품 사냥과 수집은 함께 발견될 수는 있지만, 유전적으로 다르다.

4   이 메커니즘은 나의 책 "불행한 결혼과 이혼(Unhappy Marriage and Divorce)"(Int. Universities Press , 뉴욕, 1946.)과 "작가들의 정신분석에 대한 임상적 접근(Clinical Approach to the Psychoanalysis of Writers)"(Psychoan. Rev. , 31, No. 1, 1944.)에 요약되어 있다.

5   흥정에는 여러 가지 형태가 있다. 소도시 염가품 사냥꾼이 대도시의 비인간적인 백화점에서 맞닥뜨린 곤경(impasse)은 재미있다.

6   자세한 내용은 "도박꾼의 심리학"(The Psychology of the Gambler, Imago, XX, 1936.)과 "도박꾼-오해받은 신경증 환자"(The Gambler—A Misunderstood Neurotic), J. Crim. Psychopath ., IV, 3, 1943.)를 참조하라.

7   Shakespeare의 로맨스 극.(번역자 주)

제 14 장

돈의 정신분석학적 연구
A Psychoanalytic Study of Money

앙드레 아마르

프로이트Freud는 「정신분석학 강의Introductory Lectures on Psycho-analysis」에서 "정신분석학을 과학으로 특징짓는 것은 그것이 다루는 재료가 아니라, 그것이 작동하는 기술이다. 그것은 신경증 이론 못지않게, 문명의 역사, 종교의 과학과 신화에 그것의 본질을 해치지 않고 적용될 수 있다. 그것이 목표하고 성취하는 것은 다름 아닌 정신생활에서 무의식적인 것의 발견이다"(Freud, *전집*, vol. XVI, p. 389)라고 썼다. 이 진술은, 사회 현상이 분석될 수 있는가? 그리고 어떻게 해야 하는가?의 두 가지 문제를 제기한다. 그러므로 우리는 정당성에 관한 질문과 방법에 관한 또 다른 질문을 검토해야 한다.

첫 번째는 이미 부분적으로 답변되었다. 전설, 신화, 사회적 및 종교적 징후들은 정신분석적으로 해석되어 왔다. 민속학자와 사회학자는 단순히 사실들에 주목하는 것을 넘어서자마자, 그들이 관계에 대한 설명을 시도하자마자, 그들은 정신분석적 본질에 대한 해석을 제안해야 한다. 물론 단지 그런 해석의 존재가 그들의 타당성을 의미하지는 않는다. 그들은 합법적인가? 개인 분석은 피분석자와 그의 환경과의 관계를 다룬다. 일반적으로 말해서, 신경증은 세상에 살면서 개인이 겪는 어려움으로 정의될 수 있다. 갈등은 매우 다양한 형태를 취할 수 있다. 그러나 그것들의 본질이 무엇이든, 한 가지는 확실하다. 즉, 환경은 획일적인 개인들의 집단이 아니라, 구조화된 사회 전체로 구성되어 있다. 피분석자와 그의 환경 사이의 관계가 조화롭든 조화롭지 못하든, 그것들은 성격상 사회적이며, 돈, 직업, 일, 재산, 결혼, 가족, 계층 구조, 시민 및 정치 기관이라 불린다. 피분석자의 행동이 궁극적으로 사랑, 반감antipathy, 또는 불안에 의해 결정된다고 해서, 사회에 살고 있는 개인들과 관련하여 질병과 치료가 나타나고, 그런 개인들이 특정한 기능을 가지고 있다는 사실이 바뀌지는 않는다. 생리적 장애가 사라졌을 뿐만 아니라, 피분석자가 다시 한번 현실에서 발판을 마련할 수 있게 되었기 때문에, 분석이 성공적이라고 간주된다. 그러나 여기서 우리의 관심을 끄는 현실은 물리적 또는 화학적인 현실이 아니라, 인간적인 현실이다. 그리고 모든 개인은 오직 사회적 모임에만 존재한다. 치료는 특정인에 대한 치료를 의미하지만, 사회적 관계 네트워크에 침투해야 한다.

반면에, 모든 사회적 또는 정치적 현상은 심리적 기질substrate에 달려 있다. 어떤 집단이 단지 기계적 압력 때문에 존재하거나, 사회적 유대가 특별한 성질을 가지고 있어서 물리적 원인으로 환원될 수 없다. 그러나 경험 자체가 이런 대안을 없애준다. 즉, 대인 관계는 심리적이다. 물론 경제적 필수품이나 생물학적 요구 사항들을 과소평가할 수는 없지만, 그런 요구와 제약들은 결코 직접적으로 처리되지 않고 항상 다수의 사회적 중재자를 통해 처리된다. 개인은 자연을 직접 다루는 로빈슨 크루소Robinson Crusoe가 아니다. 그는 항상 집단적 유기체의 일부이며, 심지어 초보적인 단계에서도 노동의 분업, 기능 분화, 경제적 조정을 포함하는 생산 시스템이다. 그러나 부분과 사회 전체의 응집력이 제도와 메커니즘의 창출에만 의존하는 것이 아니다. 그것은 또한 우리가 평상시에는 알지 못하지만 경제 위기나 정치 혁명 같은 분열 현상이 발생하는 순간 쉽게 눈에 띄는, 결속시키는 에너지도 필요하다. 그런 일이 일어나면, 제도와 메커니즘은 단순히 사라지는 것이 아니라, 그것들에서 생명이 빠져나간다. 그것들은 쓸모없는, 죽은 물체가 된다. 보이지는 않지만, 진정한 유대가 깨졌다. 매력과 혐오의 새로운 힘이 사회관계를 바꾸고, 새로운 신념과 도덕이 낡은 것을 대체한다. 요컨대 인간의 새로운 이미지가 등장한다.

따라서 사회와 인간은 매우 밀접하게 얽혀있어서 개인은 집단에만 존재하는 반면, 인간은 개인 자체와 마찬가지로 심리적인 흐름에 의해 이리저리 움직여진다. 정신분석적 조사가 세상의 구조를 밝혀내는 것은 개인을 경유해서, 그리고 개인을 통해서이다. 표면적인 묘사를 넘어서는 사회학적 조사는 집단을 심리적인 실체로 파악한다. 여기 있는 개인과 저기에 있는 집단을 내용물과 그릇container으로 구별할 수 있는 것으로 보는 것은 추상적으로 생각하는 것이다. 현실은 개인도 집단도 아닌, 그의 발전을 형성하고 겪는 인간의 본성이다.

사회 현상에 대한 정신분석적 해석이 타당하다고 생각한다면, 절차적인 문제가 남아있다. 분명히 이것은 발견이 반드시 이루어질 기술을 규정할 수 있다는 것을 의미하지는 않는다. 그것들은 어떤 과학적 분야에도 존재하지 않는다. 어떤 방법을 사용하든, 발견은 항상 연구자보다 먼저 나타난다. 생각하는 기술이 없듯이, 발견하는 기술도 없다. 우리는 조사될 현상에 접근하는 방법을 정의하려고 시도할 뿐이다.

예를 들어, 러시아 혁명, 서구 자본주의, 잉카인들의 종교와 같은 사회적 현상은 결코 별개로 나타나지 않는다. 그것은 항상 외부에서는 아무런 의미가 없는 역사적 복합체의 일부이다. 어려움은 현상을 맥락에서 제거하지 않고 분리하는데 있고, 그것들을 모호하게 하지 않고, 그것의 모든 조건들을 고려하는데 있다. 중요한 것은 그것의 외형이 아니라, 내면의 통일성을 파악하는 것이다. 그러나 이 내면의 통일성을 어떻게 파악해야 하는가? 통일성은 물론 동일성이나 동질성도 손에 쥘 수 있는 것이 아니다. 인간 현상은 항상 복잡하고 분화되어 있다. 따라서 이것은 관계적, 즉 구조의 통일성이어야 한다. 우리는 이로써 기본적인 규칙을 추론할 수 있다. **인간 현상은 오직 그것이 사회 구조라고 언급될 때만 분석될 수 있다.**

이 문장을 더 명확하게 하기 위해, 우리는 구체적인 예를 사용할 것이다. 우리가 가장 강력하고, 가장 빠르고, 가장 현대적인 기관차 앞에 서있다고 상상해보자. 이 기계의 기술적 완성도가 어떻든지, 기관차는 단순한 외관으로 전락하면 아무런 의미가 없다. 그것의 산업적 및 경제적인 틀과 분리되면, 그것은 짐승 같은 존재이다. 그러나 실제로 기관차는 철길을 의미하고, 그것은 이동해야 할 거리를 의미한다. 그것은 또한 화물 기차를 의미하고, 그것은 운송되어야 할 무언가를 의미한다. 특정 과학적, 산업적인 단계를 의미하는 에너지원이다. 일단 그것이 역사적, 사회적 연결고리로 다시 통합되면, 기관차는 특정 경제 문명뿐만 아니라, 문명의 의미와 그 목표, 즉 질량과 속도에 대한 숙달mastery도 드러낸다.

따라서 개별 현상을 설명하는 것은 사회 구조이지, 그 반대가 아니다. 그것의 특별한 역사적 순간 동안 유럽의 지적, 사회적, 도덕적 상태는 산업 발명품들, 공장과 실험실의 협력, 생산 수단의 집중, 경제적 경쟁의 더 깊은 의미를 설명한다. 유럽의 확장은 과학적 및 경제적인 이중 공격성의 결과였다. 개인적, 물질적, 유형적인 대상은 심리-사회적 구조의 외적 표현일 뿐이다. 만약에 인간 현상이 그것이 발달한 환경과 결부되어야 한다는 것을 인정한다면, 이 환경 구조가 어떻게 밝혀질 수 있는지에 대한 의문이 남는다. 여기서 두 번째 기본 규칙이 등장한다. 즉, **사회 환경 구조는 그것이 생산하는 작품에 의해 드러난다.** 그리고 사회 전체가 정적static이 아니라, 동적dynamic이거나, 더 정확하게 말하면 역동적인dynamogenic 것이 사실이다. 모든 인간 집단은 외부 세계에서 자신을 생산하고 눈에 보이는 창조물을 통해 자신을 표현하려는 경향이 있다. 그러나 작품은 구조화된 창작물이다. 정치 제도, 경제 메커니즘, 예술적 또는 시적poetic 업적, 사원temples, 공장, 책, 도로, 대성당, 이 모든 것이 작품이며, 그 구조가 그것들의 주변 구조와 맞물려 있는 인간 관계의 초점이다. 반면에, 대중 운동은 어떤 종류의 구조도 가지고 있지 않기 때문에 작품이 아니다. 대신에, 그것들은 어떤 종류의 구조도 폐지하는 경향이 있다. 한 작품은 다른 작품들을 참고하기 때문에 항상 무한한 깊이를 가지고 있다. 창조자인 창조적인 천재들은, 비록 그들이 단지 자신들의 반대를 표현하기를 원할지라도, 짐이 없는 여행자가 아니라 과거 전체의 짐을 짊어진 개인들이다. 그들은 상속인이지, 버린 아이foundlings가 아니다. 칸트Kant 또는 데카르트Descartes처럼, 비록 백지상태tabula rasa에서 출발하는 것처럼 보이는 사람들조차도, 그들 시대의 힘의 선에 따라 자신들의 방향을 맞춘다. 그들은 과거를 무효화하는 것이 아니라, 그것을 조명해보거나 비난한다. 자본주의는 마르크스Marx에 의해 비난받았고, 심리-사회적인 강박은 프로이트에 의해, 우리의 우주론적 세계 그림에 대한 가정은 코페르니쿠스Copernicus, 뉴턴Newton, 아인슈타인Einstein에 의해 비난받았다. 모든 작품은 연쇄적으로 연결되어 있다. 그것은 기술, 경제, 종교, 과학의 특정한 상태를 가리킨다. 작품은 사회적 관계를 말하며, 이런 사회적 관계 뒤에는 공격성, 죄의식, 불안 등의 기본적인 심리적 표현들이 나타난다. 이런 방식으로 계층화된 영역에 의한 조사가 이루어질 수 있다. 그것은 현상에서 작품으로, 작품에서 사회적 관계로, 사회적 관계에서 기본적인 심리적 요소로 옮겨갈 것이다.

그러나 이 분석의 심층적인 밑바닥에 도달했을 때, 단지 노력의 일부만 끝난다. 남아있는 것은 이런 심리적 구성 요소들이 특정한 지역적 및 시간적인 조건 아래에서 취한 특별한 형태이다. 그 현상은 역사에 다시 통합되어야 한다. 하강 후에는 상승이 뒤따라야 한다. 이 두 번째 단계는 첫 번째 단계보다 훨씬 더 중요한데, 그 목적이 일시적으로 그것에서 제거된 것을 현실로 되돌리는 것이기 때문이다. 과학이라는 이름에 걸맞은 연구는 일단 분석이 완성되었다고 끝나는 것이 아니다. 발견된 것은 하위 부분인 전체에 다시 재통합re-integration되어야 한다.

자연과학에서, 이 재통합은 **법칙law**, 즉 시간에 관계없는 상수constant의 형태를 취한다. 그러나 인간 과학에서는 상수란 없다. 모든 현상들이 특정한 현상들이기 때문이다. 일반화하려는 모든 시도들은 소용이 없다. 그것들은 결국 한가한 수다와 진부한 말로 끝난다. 유일하게 가능한 재통합은 본질적으로 일시적이다. 모든 사회적 정신분석은 필연적으로 역사적 재통합으로 끝난다. 이것이 원circle이 닫힐 수 있는 유일한 방법이며, 연구 목적을 위해 역사적인 흐름에서 제거된 특정 현상이 다시 생성 과정 속 제자리로 돌아갈 수 있는 유일한 방법이다.

이것은 사회 현상에 대한 모든 정신분석이 변증법으로 보완되어야 한다는 것을 의미한다. 분석은 기본적인 심리적 힘이 잘 작용하는 지면에 도달할 때까지 갱도를 파낸다. 그런 다음 변증법이 다시 표면으로 거슬러 올라가, 그 특수성 속 현상을 회복하고 진정한 역사적 의미를 부여한다. 우리 생각으로는, 이것이 사회 현상을 조사하는 적절한 방법이다. 우리는 인간 과학에서 해야 할 일이 많이 남아있다는 것을 잘 알고 있다. 그것은 아직 걸음마 단계이다. 만약 우리가 이 방향으로 나아가고 싶다면, 우리는 방법론적인 탐구와 구체적인 사례 연구를 지속적으로 결합해야 한다. 이런 식으로, 우리는 점차 특정한 문제들에 특정한 사고방식을 집중시키는데 성공할 것이다. 우리가 하나의 인간 현상, 즉 돈의 현상에 대한 분석을 시도한 것은 바로 이런 정신에서이다.

돈

1. 정신분석

우리는 우리가 경제 및 화폐 이론과 신용 메커니즘에 대해 아무것도 모른다고 가정할 것이다. 따라서 돈의 본질에 관한 모든 선험적 판단을 제거함으로써, 모든 일반 보통 사람들에게 돈은 주로 그가 걱정하는 어떤 것이라는 사실이 남아있다. 돈은 끊임없는 경계가 필요하다. 가난해지려면, 자제력을 잃기만 하면 되지만, 부자가 되기 위해서는 탐욕greed이 필요하다. 돈과 우리의 관계는 다른 어떤 것으로도 축소시킬 수 없는 긴장을 요구한다. 상대방이 우리와 정면으로 부딪치는 것은 돈을 통해서이다. 금전적 행위는 항상 공격적이다.

그러나 이 행위를 하기 위해서는 공격성만으로 충분하지 않다. 유효한 행동은 우리의 행위에 적합한 구조를 가진 세계에서만 가능하다. 돈이 우리 삶의 중요 부분이라는 것은 돈이 우리의 개인적인 경험의 대상일 뿐만 아니라, 이 경험이 그 목적을 위해 구조화된 사회적 우주 속에서만 가능하다는 것을 의미한다. 그리고 돈에 진정한 의미를 부여하는 것은 그것의 전체성totality과 복잡성complexity 면에서 이런 구조이다. 우리가 우리의 움직임에서 방해받지 않는 한, 우리는 그것을 모른다. 그것을 발견하기 위해서는, 우리가 갑작스러운 불편을 감지해야 하고, 우리가 그것의 작용에 사로잡히고 삼켜지고 있다는 것을 느껴야 한다. 이것이 바로 갑작스러운 대량 매도로 인해 주가가 폭락했던 1929년 10월 어느 날 월스트리트Wall street에서 발생했던 일이다. 이 "검은 금요일Black Friday"은 유명해졌다. 그 순간들을 살아온 사람들은 처음에는 아무도 이 위기의 깊이와 심각성을 인정하지 않으려 했던 것을 기억한다. 장기간의 호황 이후 불가피하게 "기술적인 조정"에 대한 이야기가 있었다. 메커니즘이 막히고, 과열되고, 더러워졌기 때문이라고 그들은 말했다. 필요한 것은 훌륭한 수리공이었고, 모든 것들이 정상으로 돌아올 것이었다. 죽어가는 사람 옆으로 의사들이 불려오듯이, 전문가들이 차례로 불려왔다. 사실은 전 세계가 지리멸렬해지고 붕괴되는 반면 더 다른 세계, 즉 호전적인 독재 정권 세계가 생겨났다는 것이다. 경제 메커니즘은 그것과 아무 상관이 없었다. 위기가 발생하고 확산된 것은 자본주의가 작동시킨 메커니즘이 기능하지 않았기 때문이 아니라, 그것들이 정확히 기능했기 때문이다. 예금의 축적, 주가의 상승 강세bullishness, 투기, 그리고 신용의 확장을 허용했던 바로 그 메커니즘들이, 또한 예금 인출, 시장 침체, 신용 위축을 허용했다. 그들은 다만 지금은 문이 열리거나 닫힐 수 있고, 누군가가 문을 밀거나 당긴다면 그 문을 통해 들어오거나 나갈 수 있는 것과 같은 의미에서 반대 방향에 있다는 것을 제외하고는, 호황기에 일했던 것처럼 위기 속에서 일하고 있었다. 메커니즘은 그 자체로 중립적이고, 냉담하며, 단순한 전달 기관이다. 그것은 돈이 스스로 드러나는 것을 허용하지만, 그렇다고 그것이 돈은 아니다. 그것은 에너지가 흐르는 통로요, 돈이라 불리는 에너지이다.

하지만, 돈은 물리적인 힘이 아니라, 경제적인 힘이다. 물리적인 힘이 일단 해방되면, 정지의 위치로 이동함에 따라 힘이 약해진다. 주어진 시스템에서, 에너지는 평형 상태로 향하는 경향이 있다. 경제적인 힘은 생물학적이다. 그것은 외부 세계로부터 새로운 에너지를 끌어냄으로써 스스로를 재구성하려고 한다. 이런 식으로 돈은 소비하는 끝없는 순환 속에서 돈을 재생산하고, 일을 통해 세상을 변화시킨다. 즉, 그것은 파괴하고, 혼란에 빠뜨리고, 금지하고, 동시에 창조한다. 이 용어의 철학적 의미에서, 모든 경제적인 힘은 부정적이다. 즉, 그것은 존재하는 것을 파괴하기 위해서가 아니라, 오히려 존재하게 될 것에 흡수되도록 하기 위해서 존재하는 것을 부정한다. 그러므로 돈에는 부정적인 요소가 포함되어 있다. 이 시점에서 우리는 "당치 않은 소리. 부정적인 돈이라니, 말도 안 돼!"라고 외치고 싶은 유혹을 받는다. 경험이 우리에게 정반대의 것을 가르쳐주고 있지 않은가? 돈 많은 남자들은 항상 실제적이고, 현실적이며, 긍정적이라고 주장하지 않는가? 우리는 막다른 골목에 이른 것 같다. 우리가 돈을 있는 그대로 본다고 가정해보자. 돈이 무엇으로 구성되어 있는가? 금속 조각으로? 그러나 엄청난 지불 금액에 비하면, 그것들의 분량은 극소수이다. 아니면 예금과 청구서인가요? 그러나 이것들은 단지 채무와 청구권을 나타낼 뿐이다. 우리는 돈이 여기 이 책이 가지고 있는 그런 종류의 존재를 가지고 있지 않다고 결론 내려야 한다. 돈은 물건이 아니라, 채무와 청구권의 표시이다. 그것은 빚지는 어떤 것이다. 그것이 있는 곳에는 마이너스 기호를 수반한다. 그것이 포함하고 있는 부정은 그것을 표현하는 표기법으로 드러난다. 이것은 복식 부기

double entry bookkeeping에 의해 충분히 증명된다. 실제로 유입된 돈은 현금 계정의 차변 란에 기재되어 있다. 자본금, 준비금, 이익, 즉 기업이 소유하고 있는 것은 채무 항목으로 대차대조표상에 부채로 기재되어 있다. "받는 자는 빚을 진다." 그것은 14세기에 공들여 정확하게 만든 기본 규칙이며, 오늘날에도 여전히 초심 회계사들을 혼란스럽게 한다.

이 규칙은 오직 한 개인이 관여하는 곳에서조차, 무언가를 받는 기능과 소유의 특성을 구별하는 속임수trick를 사용하는 경우에만 유효한 것으로 인정될 수 있는 것이 사실이다. 재산을 소유한 사람이 받은 돈을 포함해서, 모든 돈은, 그 사람이 비록 자신일지라도, 그 사람이 누군가에게 빚을 지고 있기 때문에 차변으로 기재해야 한다. 간단히 말해서, 표기법은 모든 재산과 부wealth에 마이너스 기호를 부여하는데, 이것은 단지 정확한 계산을 위한 편리한 장치인 부기bookkeeping의 관례일 뿐이라고 말할 수 있다. 그러나 사실은 수세기 전에, 현대 경제학이 탄생했던 바로 그 시점에 선택된 것이 이 시스템이라는 사실이 남아있다. 그런 집념과 그런 충실함은 우리의 경제적 사고에 너무나도 확고하게 뿌리박혀 있어서, 마침내 우리가 보지 못하게 된 심오한 이유들 외에는 설명될 수 없다.

그리고 자본주의와 부채가 함께 간다는 것을 누가 모르겠는가? 자본주의는 발달의 모든 단계에서 신용의 확장, 즉 점차 거대한 비율을 차지하는 일반화된 부채를 동반했다. 자본주의의 모든 위기는 그 원인이 무엇이든지, 항상 부채 사슬의 오작동, 덜컹거림, 단절로 나타났다. 신용을 철회하는 것은 이러니저러니 신체적 또는 도덕적 개인이 아니다. 관련된 것은 모든 대명사 가운데 가장 애매모호한 것으로만 표현될 수 있는 일반적인 과정이다. "그들은" 자신감을 잃었고, "그들은" 무슨 일이 일어나고 있는지 알려달라고 요구하며, "그들은" 의논하고 결정하고 싶어 한다. 그런데, 결정Decision은 "위기Crisis"라는 단어의 어원적 의미이다. 그리고 이것이 일어나는 순간, 모든 메커니즘이 정지된다. 과도한 부채에 기반을 둔 이 문명은 지금까지 알려지지 않았던 인간형인 사업가를 만들어 냈다. 상인들이 항상 존재해온 것은 사실이지만, 그들은 전사들warriors, 사제들, 노예들을 기반으로 하는 사회 조직에 필수적이지 않은 보조적인 제품들만 취급했다. 오늘날까지도, 사업가는 우리 세계의 핵심이었다. 만약 과학이 항상 산업의 요구에 따르지 않았다면, 만약 실험실이 공장의 공급자가 아니었더라면, 우리의 과학은 추상적이고 투기적으로 남아있었을 것이다. 우리는 운송 시스템의 시작, 에너지원의 발달, 운하의 건설, 선로의 건설에서 사업가를 발견한다. 발달되어야 할 에너지의 추가 양자quantum, 도달되어야 할 더 빠른 속도, 정복되어야 할 더 많은 공간이 항상 존재한다. 일에 대한 이런 히스테리는 경제적 열광의 가속화에 기여했다. 몇 세대 전에, 페리숑Perichon 씨는 50세가 되었을 때, 자신의 가게를 닫고, 자신이 번 돈으로 인생을 즐길 수 있었다. 우리 시대의 사업가는 결코 부의 획득을 멈추지 않는다. 그는 그것을 추구하다가 죽는다. 그가 그것을 늘리면 늘릴수록, 그의 부채는 더 커진다. 휴식도 없이, 쉴 틈도 없이, 마치 악마 같은 저주가 금전 행위monetary act 위에 놓여 있는 것처럼, 사업가는 영원히 빚지고 불가능한 구원을 찾는 것처럼 일한다.

영원한 부채, 불가능한 구원, 이런 말들이 이상하게 우리 안에서 울려 퍼진다. 그것들은 우리에게 다른 드라마인 원죄 드라마, 즉 인류에게 가해진 형벌인 남성의 노동과 여성의 고통을 상기시킨다. 감히 그것을 인정하기 어렵다. 즉, 자본주의 역사는 신학적 신화 패턴을 따른다.

자본주의는 합리주의에 의해 야기된 지적 혁명intellectual revolution의 결과로서만 구체화될 수 있었다. 자연 현상의 조사에 수학적 측정을 도입하면서 17세기 과학적 사고에 중대한 변화를 가져왔지만, 이런 지적 전환intellectual turn은 경제 사상에도 그것의 흔적을 남겼다. 그러나 인간의 노동을 부채와 청구권 사이의 관계로 전환하고, 우리가 기업이라고 부르는 평가의 중심에서 처음으로 수행된 것처럼, 그것을 양적으로 평가하는 것은, 분석 기하학analytic geometry의 원칙에 따라 경제 세계를 정리하는 것과 같지 않은가? 만약 합리주의 사상이 세상을 측정하는 것으로 스스로 제한했다면, 그것은 세상 안에서 어떤 것도 바꾸지 않고 단지 그것을 표현했을 것이다. 불안해하는 공론가pedant처럼, 그것은 정확히 글자 그대로 세상을 수동적으로 바꾸었을 것이다. 그러나 합리주의는 단순한 전위transposition가 아니라, 지금까지 묶여있던 에너지를 방출함으로써 변형의 원리가 되었다. 합리주의의 첫 번째 행위는 인간의 해방이었다. 그것은 그가 그 용어의 법률적 의미에서 성년임을 선언했다. 그것은 그를 신학의 보호에서 해방시켰다. 그렇다고 하나님이 부인된 것은 아니다. 그는 전혀 다른 종류의 불행한 일을 겪었고, 그는 증명되었다. 인간을 위해 존재하기 위해, 하나님은 논리적 추론의 과정에 의해 추론되었다. 알렝Alain은 데카르트에 대해 논평하면서 "나는 내가 원하기 때문에 하나님을 만든다."라고 썼다. 그러나 이 지적인 하나님, 즉 세상에서 쫓겨나 형이상학적인 천국으로 추방당한 하나님은 더 이상 살아있는 인간과 가까이에 있지 않는, 간단히 말해 죽었다. 동시에 인간의 의식은 다수를 차지했고, 그것은 인간의 지배와 책임의 충만함을 의미한다. 원죄는 그 의미를 잃었다. 모든 사람들은 자유롭게 태어났으며, 그동안 불완전의 짐을 지고 있을지라도, 그 역시 힘이 있었다. 그는 자신의 운명의 주인이 되었다.

이것이 원죄로부터 해방된 유럽의 **사상thought**이 더 이상 구원의 신화에 기반을 둘 필요를 발견하지 못한 이유이다. 그러나 이것은 유럽인의 **정신**psyche이 그것의 구성 요소인 죄책감에서 해방되었다는 것을 의미하지는 않는다. 그러나 이 죄책감은 더 이상 쓸모가 없었다. 그것은 이제 옛 신화를 대신할 또 다른 신화에 활력을 불어넣을 준비가 되어 있었다. 구원salvation 신화를 진보progress 신화로 대체한 것이 이 기능을 수행했다. 이런 보호자guard에 대한 이데올로기적 변화는 18세기에 일어났고, 구체적인 행위, 공예, 응용 예술, 육체노동을 선호하는 백과사전주의자들이 이 새로운 종교의 사도들이었다. 그러나 이 새로운 종교는 오래된, 이미 존재하는 역선lines of force의 윤곽을 따랐다. 우리 시대의 경제 발전은 이전 시대의 이 모든 신비한 에너지로부터 이익을 얻었고, 죄인의 희생에 기초한 세상은 인간의 고통에 기반을 두고, 구원하는 구속자가 없는 세상으로 대체되었다.

2. 변증법

죄의 짐을 떨쳐버리고, 궁극적인 구원을 위해 노력해야 하는 이 심오하고 끈질긴 필요성은 자본주의 세계의 흥망성쇠를 모두 설명한다. 우리의 문명은 진정한 에너지 전달에 그 기원을 두고 있다. 종교를 향했던 모든 심리적 긴장이 방향을 바꾸어 경제로 향했고, 우리 사회에서 돈의 역사가 이런 전환의 다양한 단계를 드러낸다. 아르파공Harpagon[1]이, 할 수 있는 것은 돈 쓰는 것을 멈추는 것뿐이었다. 그랑데Grandet 신부는 발명했고, 확대했고, 착취했고, 정복했다. 세자르 비로토César Birotteau는 토지 투기에 몰두하기 위해 자신의 직업을 포기했다. 그러나 발자크Balzac의 소설에서는, 돈을 위한 싸움은 여전히 사람과 사람의 싸

---

[1] 프랑스의 희극 작가인 몰리에르(Molière)의 희곡 「수전노」(1668)에서 매우 비참하고 이기적인 사람으로 등장하는 주인공.(번역자 주)

움인 결투의 형태를 유지하고 있다. 졸라Zola의 소설에서 은행가인 사카르Saccard는 이미 차별화되지 않은 엄청난 투자 자본을 조작하고 불안정한 재무 구조를 만든다. 돈이 점점 더 추상화되었다. 그것은 실제로 명확하고 유형적인 부wealth가 아니라, 우리가 회계 상황에서 보는 것과 같은 보다 산술적인 차이를 나타낸다. 그 이유는 자본주의 체제에서 경제 활동의 성패는 일정한 계산 방법의 기능이기 때문이다. 사람들은 대차대조표로부터, 즉 특정 계산 시스템의 결과로부터 개인이 부자인지 가난한지, 신용이 있는지 파산했는지를 말할 수 있다. 추상적이고 일반적인 가치가 구체적인 유용성을 대체했다. 1929년 10월 월스트리트가 붕괴된 날, 주가의 갑작스런 폭락은 온 국민의 잔인한 빈곤을 초래했다. 그럼에도 불구하고, 다음 날 들판, 광산, 저장 시설, 건축 현장에 있는 세상의 구체적인 부(富)는 전혀 변하지 않았다. 이 빈곤은 어디에 있었는가? 그것은 사물의 파괴로 나타난 것이 아니라, 가치의 감소로 나타난, 즉 산술적 빈곤이었다. 자본주의 경제는 가치의 차이라는 완전히 추상적인 개념에 기반을 두고 끝까지 그 발전을 추구해왔다.

그리고 실제로 자본주의가 발전함에 따라, 사람들은 교환되는 제품들의 실질적인 현실에서 추출하는 가치의 차이를 조작하는 것이 목표인 활동의 증가와 확장에 주목한다. 이것이 환율과 중개 거래의 전부이다. 그것들은 실제적이고 새로운 창조물을 포함하지 않는다. 금융 시장을 방문하는 사람들은 이 전체 발전을 요약하는 용어인 "옵션options"에 익숙하다. 그러나 자연스런 경향에 의해, 매일의 차이와 변동은 미래로 확장된다. 투기의 독특한 특징은 현재와 미래, 확실성과 개연성이라는 두 가지 다른 시간적 순간을 가진 계산이란 점이다. 모든 투기꾼은 다른 모든 사람들을 상대로 도박을 하고, 주어진 사건에 의해 만들어진 평균 의견에 근거하여 계산한다. 물건 자체는 괄호로 묶이고, 단지 핑계pretext

로 작용한다.

그러나 그것은 가치를 감소시키기에 충분하지 않았다. 가치는 그것을 보류하거나 파괴함으로써 결정되었다. 놀랍게도 우리는 사업가와 자본주의 이론가들이 경제 위기에 대한 해결책을 찾았을 때 무엇을 해야 할지 몰랐다는 것을 관찰할 수 있다. 생산을 제한하고, 경작중인 토양을 줄이고, 포도나무를 뽑아내고, 밀의 성질을 바꾸고, 저장품을 파괴하는 것 외에는 아무 일도 일어나지 않았다. 그 국면의 끝에서, 자본주의 체계는 생산 증가와 이익률의 유지를 조화시킬 수 없다. 무슨 수를 써서라도 이 이익률이 유지되려면, 인위적인 부족, 결핍이 만들어져야 한다. 차이의 개념에 바탕을 둔 이 시스템은 자살, 자기-파괴로 이어진다. 돈의 세계는 부조리로 끝난다. 즉, 자본주의 경제는 오직 할 수 있는 것보다 자발적으로 적게 할 때만 살아남을 수 있다. 그것은 유일한 탈출구가 자기-부정인 막다른 골목으로 스스로를 교묘하게 조종했다.

경제 위기는 부르주아 사회의 악몽이다. 심지어 전쟁조차도 덜 불길해 보인다. 전쟁 또는 더 나은 전쟁 준비는 에너지에 대한 자극으로, 완전 고용을 위한 요소로, 사회적 유대의 형성으로 작용한다. 반면에, 경제 위기는 일반화된 암, 즉 사회 전체를 공격하는 부패로 나타난다. 창고와 곡물 저장고, 자본재와 자산, 환어음과 무역, 인간 자신, 모든 것이 생명을 잃게 된다. 사회는 위기를 완충하는 굳게 결합시키는 에너지가 있어야만 살아남을 수 있다. 하락하는 모든 가치들 중에서 인간의 노동은 제로에 가장 근접하는 것이다. 실업은 죽음보다 더 나쁘다. 왜냐하면 실업은 사회생활의 해체를 의미하는 반면, 합법적이고 의례적인 기구 apparatus로 인한 죽음은 여전히 사회적 행위이기 때문이다. 그러나 붕괴하고 분쇄되는 사회는 폭력에 그 기원을 두고 있는 새로운 집단, 새로운 정치적 허풍을 낳는다. 실업의 끝에는 공포와 살인이 도사리고 있다.

부르주아 사회가 살아남으려면, 어떤 대가를 치르더라도 화폐 과정을 계속 유지해야 한다. 수요를 창출하고, 자금조달 방법을 고안해야 한다. 그것은 영구적인 인플레이션의 한가운데 있으며, 오직 그 가격에서만 살아남을 수 있다. 국가는 지출의 위대한 프로그래머이다. 국가가 일을 위임하고, 그 일을 받은 사람은 일을 주는 것이 배려의 행위가 되기 때문에 국가에게 감사한다. 오늘날, 일은 더 이상 부채를 상쇄하지 않는다. 일이 부채를 증가시킨다. 이제 사람이 빚진 것은 국가이고, 국가는 최고 채권자가 되었다. 그 말의 진정한 의미에서, 우리는 비합리적인 경제에 처해 있음을 알게 된다.

이 비합리성은 오늘날 사람과 국가 사이의 관계가 점점 더 감정으로 특징지어진다는 것을 의미한다. 정치적 공포는 우리 시대의 가장 비극적인 주제가 되었다. 옛날에 종교 생활이 제기했던 모든 양심의 문제, 모든 의심, 회한의 감정과 나쁜 양심의 가책, 모든 철회는 정치 생활로 옮겨졌다. 우리는 종교와 뚜렷한 유사성을 보이는 내전의 시대로 접어들고 있다. 우리는 정치적 구원을 위해 사활을 건 투쟁을 벌이고 있으며, 그 구원은 신학적 구원의 윤곽을 띠고 있다. 종교 재판의 정신은 이미 분명하게 보인다. 인간은 더 이상 정치 교회political church와 좋은 사이가 아니다. 그는 자신의 행동, 자신의 말, 자신의 생각, 자신의 마음속 깊이 품고 있는 생각에 영원한 죄의 상태로 있는 자신을 발견한다.

이 과정에서 돈이 추상적으로 상실되었다. 원래 돈은 물질적인 부를 이루었지만, 나중에는 부의 상징이 되었다. 오늘날 돈은 단지 생산을 평가하기 위한 기호일 뿐이다. 그러나 돈은 그렇게 스스로를 잃으면서 역사적 과제를 완수했다. 돈은 종교적 사고에서 가져온 신화인 죄책감의 신화를 정치적 평원으로 끌어올리는 역할을 했다. 국가는 질투하는 하나님, 즉 매일 자신의 분노를 표현하는 이 세상의 구체적이고 물리적인 신을 대신했다. 그러나 우리는 정치적인 이교주의paganism에 빠져들고 있다. 그리고 피는 희생이나 돈으로도 갚을 수 없는 빚의 대가price가 될 것이다.

제 15 장

경제학의 정신분석
Psychoanalysis of Economics

파울 쉴더

    처음에 제목에 관하여 몇 마디 하자면, 인간의 삶에서 심리학의 관점에서 접근할 수 없는 현상은 없다고 생각한다. 그러나 완벽하게 정확하려면 자연에 접근할 때 그런 진술에 단서를 달아야 한다. 자연인으로서 우리는 자연 속에서 행동하고 있다. 동시에 자연은 자연의 섭리에 따른다. 우리가 자연에 적응하는 방식과 자연이 우리 앞에 놓는 문제들에 우리가 대처하는 방식은 심리학의 영역에 속한다. 우리가 여기서 말할 수 있듯이, 자연은 있는 그대로의 자연이다. 우리가 자연과 외부 세계에 무언가를 할 때, 바깥세상의 사건들은 다른 경로를 취한다. 이것은 앞으로 무슨 일이 일어나든지 우리 자신의 심리와 행동의 표현이라는 것을 의미하지는 않는다. 우리는 또한 문화 과정의 결과로 생성된 많은 제도, 관습, 생활 습관들이 우리가 그것들을 만든 순간에 독립적이 되었다고 말할 수 있다. 우리는 여기서 독일 철학자 헤겔Hegel의 "객관적 정신

(*Objectiver Geist*)"을 다룬다. 헤겔Hegel은 문화적 성취가 단순히 외부 세계에서 인간 행동의 결과일 뿐이라고 생각하지 않고, 다양한 형태의 문화적 성취에서 자신의 법칙에 따라 나타나는 창조적 정신을 믿었다. 마르크스Marx와 엥겔스Engels의 변증법적 유물론은 헤겔의 개념에 결정적으로 영향을 받았기 때문에 이런 헤겔의 사상을 염두에 두어야 한다. 우리는 여기서 비록 행동하는 인간에 의해 생성되었지만, 상대적으로 독립적이 되어, 자신의 길을 가고, 더 이상 마음대로 쉽게 바뀔 수 없는 사회 문화적 삶의 현상들을 다룬다. 문화 현상은 그런 관점에서 연구되어야 한다.

좁은 의미에서 심리적인 현상들을 연구할 때, 우리는 삶의 상황들이 심리적 패턴을 만든다는 것을 알 수 있다. 그런 순수하게 심리적인 반응 양식이 한번 발생해서 만족감을 줌으로써 그 가치를 증명했다면, 그것은 고착되는 경향이 있어 거의 자신만의 삶을 살고 있다. 그런 지속적인 패턴들은 우리가 원하든 원하지 않든 우리의 행동에 영향을 미친다. 이것은 브로이어Breuer와 프로이트Freud의 첫 번째 이론의 기초가 되는 기본적인 통찰력이다. 그들에 따르면 억압된 경험은 역동적인 가치를 계속 유지한다. 블로일러Bleuler와 융Jung은 콤플렉스를 억압의 힘에 의해 의식의 주요 흐름에서 배제된 심리적 경험이라 불렀다. 그때 콤플렉스는 다소 독립적인 삶을 산다. 프로이트는 콤플렉스를 감정적 가치가 큰 관념과 사고로 더 적절하게 정의했다. 블로일러는 마침내 깊은 심리적 통찰력으로 **기회 장치(Gelegenheits Apparate)**에 관해 말했는데, 이것은 상황의 스트레스 아래에서 생성되어 분명한 기능을 수행하는 기관에 필적하는 패턴으로 결정화된 이 심리학적 태도를 의미한다. 어머니에 대한 소년의 사랑이 매우 크고 소년이 어머니에게 다소 의존할 때, 자식으로서의 의존 패턴이 만들어진다. 그것은 개인과 독립적으로 지속될 수 있다. 어떤 방식으로든 초기 어린 시절에 발달된 패턴과 관련되어 나중에 유사한 상황이 발생하면, 자체의 장점에 따라 그 상황을 정당화하는 행동이 아니라, 무의식적으로 비판과 경험을 침식하는corroding 영향에 노출되지 않았던 그 소년과 어머니와의 관계에 의해 만들어진 유아적 기구에 맞는 행동을 유발할 것이다. 패턴은 비록 개인 경험의 영역에 놓여있지만 더 이상 개인이 직접 도달할 수 있는 범위 안에 있지 않다. 이것은 소위 무의식의 영역이다. 과학뿐만 아니라 문화의 모든 표현에서도 수백만 개의 그런 패턴들이 더 많은 경험과 비판에서 제거되었음이 분명하다.

습관이 만들어지고 발달되면, 그것에 기초한 행동은 분명히 심리적인 요구와 과정의 표현이다. 하지만 습관과 요구는 또한 행동에 의해 수정될 때까지 지속되는 외부 세계에서 영구적인 변화를 남기는 행동으로 이어진다. 심리적 태도의 결과는 외부 세계의 일부가 되었다. 예를 들어, 우리는 난방이 되는 집에 살고 옷을 입는다. 사람들이 왜 자신들이 입는 옷의 종류를 구매하는지 단순히 개인의 심리적 관점에서 이해하는 것은 불가능하다. 개인이 구매하는 양복은 대부분 양복을 구매하는 개인과는 관계없는 경제 과정의 결과이다. 우리가 입는 양복은 우리의 이후 행동을 결정하는데 한 몫을 한다. 게다가 그것은 또한 결정적인 사회적 중요성도 가지고 있다. 집, 아파트, 보석, 파티, 여행도 비슷한 관점에서 생각할 수 있다. 심리적 태도 때문에 우리는 외부 세계를 변화시키고, 또 이런 변화들은 우리의 행동에 지속적인 영향을 미친다. 그것들은 우리의 심리적 태도가 변화되었을 때조차도 계속된다. 심리적 태도의 산물은 특정한 태도가 사라진지 오래되었을 때에라도 지속되고, 그런 산물은 그 자체로 이전의 태도로 돌아가라는 경고admonition를 담고 있을 수 있다. 그 산물은 그것을 만든 개인뿐만 아니라 그것과 접촉할 수 있는 다른 어떤 개인에게도 영향을 미친다. 오래 지속되는 대상의 심리적 영향은 장기적으로 상당히 많을 수 있다. 이것은 심지어 한 세대에서 다른 세대로까지 미칠 수 있는 영향이다.

우리를 둘러싸고 있는 물질문화material culture는 우리가 실제로 살고 있는 것과는 다른 심리적 영역에 속하는 행동의 산물이다. 그것은 우리 조상들의 문화와 문명 패턴에 의한 지속적인 영향을 나타낸다. 또한 한번 만들어진 물체는 사전에 예측할 수 없는 방식으로 자체적으로 진행된다. 내가 총을 만들었을 때, 내가 총을 쏠 필요가 있다. 대포는 더욱 더 많은 사람이 필요하고, 내가 대포 두 대를 가지고 있을 때, 그것들은 대포를 다루는 사람들을 감독할 장군을 요구한다. 마침내, 내가 원하든 원하지 않든, 대포는 쏜다. 예술가들은 항상 자신들이 만든 조각상이 그 자체의 생명을 얻을 것이라는 생각에 매료되어 왔다. 예를 들어, 나는 마세릴Masereel의 소책자인 「The Work」를 언급하는데, 이 책은 그것을 만든 사람의 놀라움에 살아난 거대한 조각상의 모험을 묘사하고 있다. 물질문화는 비록 심리적 태도에 의해 창조되었지만 더 이상 개인 창작자의 심리에 직접적인 영향을 받지 않는 세계의 일부가 되었고, 심지어 그가 영향을 받기를 원하든지 원하지 않든, 개인에게 영향을 미치기도 한다.

우리가 사는 집, 우리가 입는 옷, 그리고 우리가 자라온 화폐 시스템은 비록 매우 다른 상황에서 만들어졌을지라도 우리의 심리에 영향을 미친다는 것은 의심의 여지가 없다. 우리는 경제생활에서 발생하는 모든 것들을 심리적 상황과 동기의 관점에서 이해해야 한다. 우리는 심리적 요구에 의해 만들어진 것들이 단지 심리적인 것에 불과하다고 생각하는 실수를 범해서는 안 된다. 그것들은 우리의 심리적 태도의 일부가 되었다. 우리의 심리적 태도가 외부 세계의 사건들에 의해 얼마나 영향을 받는가는 또 다른 문제이다. 우리가 경제생활에서 발견하는 모든 것들은 반드시 우리가 만들지는 않았지만, 심리 작용과 관련이 있다. 더 넓은 의미에서 새로운 한 시대의 문화는 개인과 외부 세계와의 관계에 관한 부족, 국가, 인류의 역사와 인간의 세상 활동 결과를 합한 전체이다. 하나의 개인은 존재하지 않기 때문에, 우리는 한 개인에 대해 이야기해서는 안 된다. 개인들은 집단으로만 존재하고, 그들은 비슷한 문제와 갈등을 가지고 있다. 그들은 자신의 성적 성향과 싸우고, 자신의 공격성에 맞서 싸우며, 어려울 수도 있지만 이웃들과 친척들을 사랑하려고 노력한다. 한 개인의 문화적 발달은 심리적, 경제적인 요소들에 달려 있다. 우리의 일은 분명히 우리의 심리적 태도의 결과이다. 하지만 그 일이 성취되면, 그것은 그 나름대로의 길을 간다.

1845년에 쓰였지만 출판하려고 하지 않았던 「포이어바흐[1]에 관한 명제들the theses on Feuerbach[2]」에서, 마르크스는 "사회생활은 본질적으로 실용적이다. 이론을 신비주의로 오도하는 모든 신비들은 인간의 실천과 이 실천의 이해에서 합리적인 해결을 찾는다."

포이어바흐를 포함하여 지금까지 현존하는 모든 유물론의 주된 결점은 물체, 현실, 감각이 오직 대상이나 관조contemplation의 형태로만 인식되고, 주관적이 아닌 인간의 감각 활동, 실천으로 인식되지 않는다는 것이다.

뿐만 아니라, 마르크스는 "따라서 포이어바흐는 '종교적 정서' 자체가 사회적 산물이고, 그가 분석하는 추상적인 개인이 실제로는 특정한 사회 형태에 속한다고 보지 않는다."라고 결론을 내렸다.

그러므로 우리가 심리학에 대해 말할 때, 우리는 특정한 목적을 가진 인간 행동을 의미한다. 종교적인 감정은 개인의 실천과 관련이 있다. 종교적 신념은 전체적인 사회적, 경제적 상황에 따라 장려되거나 단념

된다. 그런데, 이것 역시 머레트Marrett가 원시적인 믿음에 대한 자신의 연구에서 얻은 의견이기도 하다. 비록 개인이 실제적인 설계 없이 신념을 가지고 있다고 가장할지라도 이론적인 신념은 없다.

　이 공식은 내가 몇 년 동안 수행한 연구와 일치한다. 그 자체에 운동성, 즉 행동을 포함하고 있지 않은 어떤 지각도, 어떤 상상도, 행동이 아닌 어떤 생각도 없다. 우리가 물체를 볼 때, 지각은 눈 근육과 신체의 이전과 이후의 움직임에 기초한다. 운동성이 없으면 우리는 전혀 볼 수 없을 것이다. 운동성 없는 지각은 중요하지 않다. 지각과 움직임은 분리될 수 없다. 우리는 심리학에서 지각이나 움직임을 하나의 단위가 아니라, 감각-운동sensori-motor 단위, 또는 더 나은 감각-운동-생장sensori-motor-vegetative의 단위로 여겨야 한다. 심지어 감각-운동-생장의 단위가 성격의 일부인 특정한 전체 상황에서만 그 의미를 갖기 때문에 이 공식조차도 불완전하다. 우리가 개인으로서 경험할 수 있는 것은 무엇이든지, 우리는 행동으로 살고 그 행동은 우리가 지각하는 세계에 그 기초를 두고 있다. 포이어바흐가 자신의 논의의 중심에 욕망desires을 두었다면, 마르크스는 행동actions을 두었다. 일반적으로 리비도와 자아 본능이나 욕망에 대해 말하는 것보다 행동에 대해 말하는 것이 더 정확하다.

　또 다른 문제가 즉시 발생한다. 인간은 어떤 이유로 행동하는가? 행동의 진정한 동기는 무엇인가? 인간은 자신의 행동의 동기를 알고 있는가? 아니면 행동의 근거도 모른 채 행동하는가? 그들은 자신들이 무엇을 하고 있는지 의식하고 있는가? 마르크스는 이런 질문들에 대해 아주 분명한 방법으로 대답했다. 그의 의견에 따르면, 그는 인간이 행동 이면의 진정한 추동력인 경제적 요구에 의해 움직인다고 말한다. 이런 경제적 요구들이 완전히 이해되지는 않는다. 놀라운 통찰력으로 그는 인간이 자신의 행동에 대한 경제적 동기를 스스로에게 숨기기 위해 사상 체계를 발달시킨다는 것을 깨달았다. 마르크스는 이런 사상 체계를 이데올로기라 부른다. 지배 계급의 이데올로기와 억압받는 계급의 이데올로기가 있다. 개인들은 자신의 이데올로기에 근거하여 실제로 그들 행동 뒤에 있는 것과 다른 동기를 가지고 있는 척 행동한다. 마르크스는 여기서 무의식의 문제를 자신의 방식으로 보았다. 그의 공식에 따르면 무의식이 경제적 요구에 의해 지배되는 반면, 프로이트의 무의식은 리비도적 요구에 의해 지배된다. 하지만 마르크스는 인간이 아이를 갖는다는 의미에서뿐만 아니라, 개인이 먹고, 입고, 거주하기 위해 살아야 한다는 의미에서도 스스로를 재생산해야 한다고 강조했다. 엥겔스는 음식에 대한 요구가 무기한으로 연기될 수 없고 옷과 집에 대한 요구 또한 시급한 반면, 성충동은 즉각적인 만족을 요구하지 않는다고 언급하면서 매우 유사한 결론에 도달했다.

    마르크스주의의 기본적인 주장은 개인이 계속 살기를 원한다면 경제적인 욕망과 요구들이 충족되어야 한다는 것이다. 따라서 경제 과정은 분명히 자신을 재생산하기 위한 노동자의 기본적인 필수품, 즉 효율적으로 일할 수 있기 위하여 충분하게 먹고, 가족의 다른 구성원들이 일할 수 없다면 자신의 가족에게 식량을 공급하는 것에 의존한다. 정신분석학이 이 관점을 크게 소홀히 해왔다는 것을 인정해야 한다. 최근의 발달 정신분석학에서만 자아와 자아 본능에 대해 더 많이 말해 왔다. 하지만 프로이트는 그 이슈를 흐리게 하고, 그것들이 개인을 이미 정해진 파괴로 몰아간다고 말함으로써 자아 본능을 평가 절하했다. 정신분석학에서 음식과 배고픔의 만족에 대한 필요성은 구강기 리비도로 나타난다. 정신분석학적 문헌의 많은 부분을 살펴보면, 사람은 배고프기 때문에 먹고 생명을 유지하기 위해 음식을 원한다고 생각하지 않고, 먹는 것이 구강기 리비도를 만족시키는 교활한 방법이라고 생각할 것이다. 입이 리비도적 기능을 수행한다는 것을 의심할 이유가 없다. 하지만 그것의 기본적인 기능은 개인의 생명을 보존하고 늘리는 것이다. 리비도 이론의 구강기 영역으로의 지나친 확장은 본능에 대한 정신분석학적 이론의 몰락의 시작이다. 프로이트에 따르면, 죽음 본능이 즉시 경험되지 않기 때문에 그것은 마침내 범성욕주의pansexualism로 이어진다. 프로이트가 자신의 연구를 시작했을 때, 그는 개인이 스스로를 보존할 필요가 있다는 것을 당연하게 여겼다. 생명에 대한 그들의 의지 뒤에 문제들이 있을지도 모른다는 생각이 그의 마음에 두드러지게 들어오지는 않았지만, 그는 특히 인간의 성적sexual 문제들에 대한 연구에 더 많이 헌신했다. 개인들은 자기 자신과 다른 사람들에게 성적 충동을 숨기는 이유가 있는 것 같다. 하지만, 인간이 자신의 경제적 동기에 대해 명확하지 않다고 말하는 마르크스의 말은 옳다. 프로이트는 현재 경제적 생존을 위한 인간의 소원을 자아 본능이 아니라, 다양한 리비도적 추진력과 그것들의 복잡성 사이의 중간 방법을 찾으려고 노력하는 조직으로서의 자아로 설명할 의향이 있었을지도 모른다.

다소 유명한 이론은 자본가가 자신의 모든 자본을 한꺼번에 사용할 수 있고 따라서 최대의 쾌락과 만족을 얻을 수 있다고 말함으로써 그가 투자한 자본에 대한 이익을 받을 권리를 설명했다. 하지만 그 자본가는 이 즉각적인 쾌락을 스스로 부정하고, 즉시 소비하지 않는 자본에 대한 이자를 받음으로써 자신의 절제에 대하여 보상받는다. 그러나 그런 이론은 자본의 축적 뒤에 있는 동기를 은폐할 수 있는 지배 경제 계급에 의해 고안된 이데올로기이다. 이 이론에 책임 있는 사람은 분명히 자신의 동기를 완전히 알지 못했고, 그를 믿었던 많은 사람들도 그런 이론을 수용하게 된 동기를 알지 못했다. 자본가는 분명히 쾌락과 권력을 원할 뿐만 아니라, 다른 사람들과 자신에게 친절하고 정의로운 사람으로 보이기를 원한다. 게다가 그를 반대하는 사람은 누구나 정의의 원칙에 어긋나는 일을 한다. 그러므로 그는 자신의 이상 앞에서 자신을 정당화하는데 성공한다. 처음에 우리의 전(前)의식 속에 단절된 형태로 출현하는 꿈은 꿈의 순서에서 논리적 결함을 은폐할 뿐만 아니라 도덕적 성격에 의해 비난받는 잠재된 꿈 사고를 더욱더 가려주는 이차 가공secondary elaboration을 거친다. 현재의 경제적 상황에 의해 이익을 얻는 사람은 누구나 자신의 이익에 내포된 것이 무엇인지 알고 싶어 하지 않고 자신의 진정한 동기와 계급의 동기를 덮을 수 있는 이데올로기를 발전시킨다. 한 자본가는 다른 자본가와 비슷하게 생각한다. 한 계급이 특정 이데올로기를 발전시킨다. 지배 계급은 특정한 이데올로기를 가지고 있는데, 열등한 위치에 있는 계급도 그렇다. 지배 계급은 필연적으로 인간 사이의 큰 차이를 강조하는 이데올로기를 발전시킬 것이다. 때때로 민족은 사실에 대한 정당한 이유 없이 자신들이 다른 사람들보다 훨씬 우월하다고 생각한다. 인종과 계급 이데올로기는 서로 매우 자주 섞이고 다소 위험한 혼합물을 형성한다. 하위 경제 계층에 속하는 사람들이 자신의 계급에 우월감을 부여하는 이데올로기를 발전시키기는 어렵다. 지배하지 않는 인종에 속한 사람들은 아마도 모든 인간이 평등하다고 주장할 것이다. 배경과 열등한 정치적 또는 경제적 상황 속으로 밀려나는 인종, 계급, 그리고 개인들은 항상 평등을 추구할 것이다. 정신과 의사들과 심리학자들 가운데 일부는 인간 유형의 변화를 강조할 것이다. 유대인 정신과 의사들과 심리학자들은 한 집단으로서 인간 사이에 근본적인 차이가 없다고 믿는 경향이 있다. 내향적인 사람들과 외향적인 사람들 사이의 차이에 그토록 관심이 많았던 융Jung은 유대인이 아니며, 그의 후기 이론에서는 나치 이데올로기와 매우 근접했고, 유대인과 아리아인의 심리치료가 다르다는 것을 강조함으로써 자신의 개념을 확장시켰다. 그는 분명히 자기 민족의 우월성에 대한 이데올로기를 고수한다. 복잡하고 때로는 난해한 옌슈Jaensch의 유형 심리학은 다시 독일 민족의 위대함에 대한 그의 믿음과 매우 밀접한 관련이 있다. 이데올로기는 단지 배경일 뿐만 아니라, 소위 객관적인 과학적 추구의 원동력이기도 하다. 일반적으로 계급과 민족 이데올로기가 유형 심리학에 미치는 영향을 의심하지 않을 것이다.

마르크스와 프로이트의 심리학은 깊은 내적인 연결을 가지고 있다. 이상하게도 둘 다 유대인이다. 그들 심리학적 유사성은 유대 민족의 특정한 사고 특성 때문이라고 생각할 수도 있다. 나는 소위 인종의 차별적 심리학의 많은 부분이 신화의 영역에 속한다고 생각하는 경향이 있다. 하지만 마르크스와 프로이트는 둘 다 지배 인종이 아닌 인종에 속하고, 그런 인종의 구성원들이 다른 인간들을 이해하는 것은 바람직할 수도 있다. 그들은 인간의 동기에 관해 무언가를 알아내고, 심리학자가 될 수 있는 더 좋은 기회를 가질지도 모른다. 마르크스와 프로이트는 모두 개인이 의식하지 못하는 요구들에 부응한다는 것을 발견했다. 하지만 마르크스의 이데올로기는 성적 행동뿐만 아니라, 경제적 및 사회적인 힘도 포함한다. 강세accent는 후자에 있다. 프로이트는 우리 안에 있는 양심의 힘인 초자아의 중요한 함축적 의미를 소개했다. 초자아는 동일시에 기반을 두고 있고, 개인의 사회적, 성적 행동을 상당 부분 무의식적으로 규정하며, 후자에 강세가 있다. 마르크스는 가장 넓은 의미에서 경제력, 자기-보존 및 재생산에 중점을 둔 반면, 프로이트는 리비도적인 (성적인) 힘에 중점을 두었다. 마르크스는 정신분석학이 전(前)의식이라 부르는 재료에 더욱 관심이 있었는데, 그것은 인식의 특성을 갖지 않고 의식적 사고와 동일한 규칙을 따른다는 것을 의미한다. 프로이트는 의식적 사고의 법칙과 다른 사고의 법칙을 따르는 초자아(양심)의 무의식적 부분을 강조한다.

나는 여기서 정신분석학이 돈과 일에 관하여 말하는 것을 언급하고자 한다. 불행하게도 정신분석학적인 문헌들은 이 근본적인 문제에 그다지 많은 관심을 기울이지 않았다. 프로이트는 자신의 책「문명과 그 불만Civilization and Its Discontents」에서 이것에 관해 몇 가지 언급했고, 빈터슈타인Winterstein은 이 주제에 관한 작은 글을 썼다. 일을 함으로써 변화된 외부 세계에서 무언가가 이루어진다는 것이 충분히 인정되지 않았다. 이렇게 되면, 우리는 더 이상 일에 대한 완전한 힘을 갖지 못한다. 그것은 독립적이 되었다. 일은 진정한 "투사projection"이다. 일단 그 일이 완성되면, 우리는 행동으로 이어지는 노력에서 해방된다. 그것은 외부 세계의 일부가 되었다. 그것은 아마도 유일하게 진정한 투사일 것이다. 개별적인 노력이 대상의 일부가 되었다. 질베러Silberer는 실질적으로, 정신분석학적 개념에 따라 다뉴브 강이 그렇게 존재하지만 단지 소변과 생수의 투사일 뿐이라고 생각해서는 안 된다고 말한 적이 있다. 하지만 다뉴브 강은 존재하며, 그 방향이 일과 행동에 의해 바뀔 수 있다. 마르크스, 엥겔스, 레닌Lenin은 일과 행동을 그들 철학의 중심에 두었다. 경제 시스템은 그렇게 "진정한 투사"에 의해 도달한 현실의 독립적인 부분이다. 우리는 스스로 경제 시스템을 만들지 않았다. 아마도 우리 조상들도 그랬을 것이다. 그러나 경제 시스템은 언급된 조각상처럼, 돌아다니며 우리가 새로운 행동으로 그것을 변화시키지 않는 한 우리가 무엇을 원하든 원하지 않든 상관하지 않는다.

샤를로테 뷜러Charlotte Bühler는 많은 전기들biographies을 비교하고 다양한 전기에서 일과 업적의 역사를 강조하는 책,「인간 삶의 과정 *Der Menschliche Lebenslauf*」을 저술했다.

이것은 매우 중요한 진전이다. 그의 작품에 대한 분석이 없는 어떤 개인에 대한 심리학적 분석은 불완전하다. 그 아이가 일을 하고 있는가? 나는 그렇게 믿고 싶다. 우리는 외부 세계를 바꾸고 싶을 때 일에 대해 말한다. 아이는 그렇다. 아이는 자신의 노력을 개의치 않는다. 하지만 우리가 변화를 만들어내는데 필요한 노력을 염두에 두어야만 일에 대해 말하는 것은 잘못된 것이다. 자신의 필요와 욕망에 따라 자신의 환경을 선택하고 그것들을 변화시키는 것이 인간의 근본적인 경향이다. 세상은 어떤 변화에도 저항한다. 때로는 그 저항이 경미할 때도 있고 가끔은 심할 때도 있다. 우리는 세상과 싸워야 하고 세상을 강요해야 할지도 모른다. 우리는 그것들을 재배열하기 위해 구조물을 파괴하고 해체해야 한다. 만약 그 구조가 저항한다면, 후속 구조에 필요하고 유리한 것보다 더 많이 파괴할 수도 있다. 무언가를 하기 위해서 우리는 적극적이고 때로는 공격적이어야 한다. 활동성과 공격성은 아주 본질적으로 외부 세계의 변화를 암시하는 일의 기초이다. 공격성 증가의 원인과 결과를 연구하는 것은 흥미롭다. 강박 신경증 환자들은 공격적인 성향의 증가를 보인다. 그 공격성은 성적 갈등으로 물들어 있다. 증가된 공격성이 성적 영역으로 나오거나 넘어서는 것을 가학성애sadism라 부른다. 강박증 환자는 가학적이다. 그는 일을 시작하거나, 완성하지 못하거나, 세부 사항에 너무 많은 주의를 기울인다. 결국 그는 전혀 아무것도 할 수 없다. 그는 활동성, 공격성, 그리고 자신의 일에서 다소 억제되어 있다. 심지어 그가 마침내 무언가를 했어야 했을 때조차도, 그는 그것을 취소하거나 상징적으로 취소하기 위해 반대로 할 수도 있다. 어린 시절의 환경과 관련된 강한 가학적인 충동들에 의해 공급된 세상을 향한 그의 욕망과 에너지는 세상에서 파괴적인 변화를 시도한다. 그것들은 강력하고 잔인한 초자아에 의해 억압되기 때문에, 시작된 행동은 중단되거나 취소되거나 모순된다. 그 일은 아직 미완성이거나 취소된 채 남아있다. 더욱 노골적인 것은 우울한 경우의 일에서의 금지이다. 여기서 우리는 그 개인이 살인을 저지를까봐 감히 움직이지 않는다는 것을 발견한다. 그는 초자아가 저항하는 살인과 탐욕으로 구성된 공격성의 강력한 욕망을 가지고 있다. 일은 무자비한 공격성의 상징이 되고 따라서 금지된다. 모든 행동은 식인 행위만큼이나 금지된다. 어떤 유형의 일에 대한 금지에서도 우리는 개인의 초자아가 용납하지 않는 가학성애와 공격성을 발견한다. 원시인들은 살기 위해서만 일을 한다. 사람은 육식성이므로 먹기 위해 죽여야 한다. 공격성은 또한 원시 농업과 식료품 수집에서도 역할을 한다. 만약 성 에너지가 다 소모되지 않는다면, 그것은 일, 특히 성의 공격적인 요소로 이어진다. 문명이 직접적인 공격성과 성적 공격성을 억압했을 때, 그것은 또한 사용되지 않은 에너지를 일에 이용하려고 한다. 개인이 얼마나 일을 해야 하는지에 대한 의문이 즉시 제기된다. 이것은 경제학자들과 심리학자들에게 매우 흥미로운 질문이다. 현재로서는 매우 열심히 일하는 사람들에게는 그다지 큰 필요성은 없다. 하지만 경제 발전의 초기 단계에서 개인과 공동체는 오직 열심히 일해야만 살아남을 수 있었다. 과거로부터 오는 이상ideal은 우리에게 "초과 근무overtime"를 강요한다. 우리의 초자아는 우리가 일해야 한다고 요구한다. 이것은 아마 한때, 2, 3세기 전에는 매우 필요했을 것이다. 더 이상은 아니다. 베벨Bebel의 오래된 책은 사회주의 국가에서 하루에 두세 시간 이상의 노동이 더 이상 필요하지 않을 것이라는 생각을 상세하게 설명하고 있다. 이것은 단지 육체노동의 필요성만을 고려한다면 아마도 사실일 것이고, 베벨의 시대보다 오늘날 더 사실일 것이다. 하지만 우리는 오래된 패턴에 부담을 느끼고 있다. 과거는 우리에게 물질문화뿐만 아니라, 이데올로기도 제거하기 어렵게 만들었다. 현대 문명에서 일에 대한 관심과 일에 대한 찬사가 증가하는 것은 아마도 리비도의 빗나간 편향과 일에 대한 직접적인 충동 때문일 것이다. 이것이 정신분석학적 해석일 것이다. 하지만 이것은 임의적arbitrary이다. 그것은 그것이 활용될 수 있도록 세상을 변화시키려는 인류의 일반적인 관심을 소홀히 하는 것이다. 아마도 원시인은 아직 그것들을 활용하는 법을 배우지 못했기 때문에 진정한 일 에너지를 성적 및 공격적 채널로 빗나가게 할지도 모른다. 심지어 강박 신경증과 우울증의 경우에도, 개인은 자신이 처리할 수 있는 것보다 더 많은 양의 일 에너지를 손에 쥐고 있는 자신을 발견할 수 있다. 이것은 결국 초자아에 의해 차단되는 원시적인 채널로 편향되어야 할 수도 있다.

다른 모든 문화와 마찬가지로 우리의 문화는 유용한 측면 외에도 현재에 적용하지 않는 관념, 의례, 물질적 구조의 시스템을 포함하고 있다. 본질상 부식성 회유주의corroding ciriticism로부터 보호되는 이데올로기는 일반적으로 물질적인 상품goods과 물질문화보다 더 구식이다. 쓸모없는 도구들은 곧 제거된다. 불행하게도 이것은 쓸모없는 관념에 대해서는 사실이 아니다. 한 벌의 옷에 관하여 자신을 속이는 것보다 이념에 관하여 자신을 속이는 것이 더 쉽다. 남성복은 비록 추하기는 하지만, 어떤 유용한 목적을 달성한다. 남성복의 추함은 역사적으로, 이념적으로 결정된다. 쓸데없는 종교적 이데올로기를 없애기는 어렵다. 우리는 이런 현상을 이념적 지연ideological lags이라고 부를 수 있다. 이와 같은 문제들은 단지 특정 개인에게 무슨 일이 일어나고 있는지를 연구하는 것만으로는 이해될 수 없다. 우리는 이 개인과 그의 노력, 그리고 이데올로기의 관계를 그 시대의 경제적, 정치적 상황과 관련하여 살펴보아야 한다. 이데올로기들은 집, 거리, 하수도와 같은 식으로 거의 외부 세계의 일부이다. 그것들은 특정한 문화적 조건들과 연관된 특정한 필요에서 생겨났다.

　우리는 어딘가에서 식량을 가져와야 한다. 우리는 우리가 필요한 식량을 얻기 위해 동물이나 식물의 연속성을 파괴해야 한다. 우리가 필요한 것보다 더 많이 비축할 때, 우리는 미래를 주의 깊게 살핀다. 어린아이들과 원시인들은 제한된 시계time horizon를 가지고 있다(로하임 Róheim과 비교). 소유란 미래에 사용하기 위해 무언가를 갖는 것을 의미한다. 하지만 호주 중부의 원시 부족들조차도 그들의 창과 집, 그리고 그들의 의식용 기구들을 가지고 있다. 정신분석학은 우리의 무의식적인 사고에서 때때로 대변feces이 귀중한 재산으로 취급된다는 것을 보여주었다. 이 반응은 꿈속의 어린아이들과, 신경증 증상으로 나타난다. 대변은 때때로 돈을 대신하고, 돈은 대변을 대신한다. 이 연결은 강박 신경증 환자 사례에서 매우 분명하게 볼 수 있고, 나는 이런 정신분석학적 발견들이 옳다는 것을 조금도 의심하지 않는다. 이 연결에 대한 해석은 더 복잡한 문제이다. 처음부터 정신분석학은 인간이 주로 자신의 신체에 관심을 가지고 있었으며, 신체의 모든 부분과 그것들과 관련된 것은 무엇이든지 매우 가치 있는 것으로 간주한다고 느꼈다. 따라서 대변은 일차적 가치로 간주된다. 나는 이런 공식들에 의심을 가지고 있다. 개인들은 다른 사람의 신체와 외부 세계보다 자신의 신체에 더 관심이 없다. 차이가 있다면 외부 세계에 대한 그들의 관심이 자신의 신체에 대한 관심보다 우선한다. 무언가를 간직하고 싶으면 그것을 자신의 몸에 넣는 것이 더 안전하다. 이런 관점에서 볼 때, 몸 안에 있는 것들은 가치의 상징이다. 하지만 몸 안에 있던 것은 이미 외부 세계에 존재했었다. 내가 직접 조사한 결과에 따르면, 아이들은 자신의 몸 내부가 음식으로 구성되어 있다고 믿는다. 대변도 유사한 관점에서 가치가 있을 수 있다. 정신분석학은 외부 세계에서 일어나고 있는 것이 몸 안에서 일어나고 있는 것의 상징이라고 느낀다. 하지만 우리가 우리 몸의 외부와 내부를 외부 세계에서 일어나고 있는 것의 상징으로 경험한다고 말할 수도 있다. 세상을 향한 인간의 거대한 충동을 무시해서는 안 된다.

수년 전에 나는 위의 주제와 관련된 자료를 포함하는 사례 기록을 출판했다. 이 여성은 병에 걸리기 몇 년 전에 자궁을 제거했다. 그녀는 발기부전이었지만 다른 여성들과 어느 정도 성관계를 가졌던 남편과 끊임없이 싸웠다. 이것은 당연히 환자를 매우 화나게 했다. 편도선염 후에 그녀는 환각성 정신병에 걸렸다. 그녀는 남편이 거세되는 환각을 느꼈다. 그녀는 거세에 대해 매우 걱정하는 척했지만, 마음속으로는 기쁨을 느꼈다. 그녀는 또한 다른 남자들의 거세를 마음에 떠올렸다. 환상 속에서 일단 거세하기 시작하면 그렇게 쉽게 멈추지 않는다. 그녀는 자신의 성욕에 대해 심하게 자책했다. 그녀는 자신의 대변에서 말과 개가 발견되었다고 말하는 목소리를 들었다. 그 의미는 그녀가 이 동물들을 그녀의 항문 속으로 들여왔다는 것을 의미했다. 그녀는 이런 비난에 굴복했고 엄청난 죄책감을 느꼈다. 그녀가 회복에 가까워졌을 때, 그녀는 자신의 남편과의 혼전 관계에 대해 자신을 비난하는 다른 목소리를 들었다. 그녀의 상태가 호전되었을 때, 그녀는 그 병동에서 최고의 일꾼 중 한 명이 되었다. 그녀는 죄책감이 너무 강해서 그것들을 덜어주기 위해 일해야 했다. 마침내 그녀는 자신이 너무 나빠서 일만으로는 충분한 속죄가 아니라고 느꼈고, 에스키모인에게 팔려서 혹독한 추위에 노출된 채 하루 종일 일해야 할 것이라고 느꼈다. 그녀는 추운 기후에서 자신의 성욕을 잃을 것이라고 생각했다. 반면에 그녀는 에스키모인들은 성적 요구에서 다소 지나치다고 믿었기 때문에 무의식적으로 성적 만족을 기대했다. 그동안 그녀는 아주 힘차게 병동을 청소했다. 그녀의 심리적 과정 덕분에 병동은 더 깨끗한 모습을 갖게 되었다.

성적 죄책감과 성적 더러움은 위생의 기원과 밀접한 관련이 있을 수 있다. 본질적으로 공격적인 일은 공격성에 대한 자기-처벌이다. 또한 죄책감과 항문의 만족은 분명히 관련이 있고, 청결 충동은 다시 일함으로써 스스로를 벌주는 것이다. 그 환자는 또한 일을 통해서도 매우 답답한 자신의 가난을 덜어주려 노력했다. 따라서 평가 작업은 일반적으로 성과 관련된 가학성, 공격성, 죄책감과 특히 항문기 특성이 두드러진 심리적 요소들에 지속적으로 의존한다. 하지만 이것은 경제적 의미에서의 노동이 다른 뿌리가 없다는 것을 증명하지는 않는다. 세상을 지배하려는 충동이 있다. 소유에 대한 소원, 권력의 경험, 그리고 시계time horizon의 증가 등을 고려해야 한다. 게다가 일단 비축 과정이 시작되면, 그것은 언급된 심리적 요인들에 의해 증가한다. 대변은 자기 몸의 일부였다. 사람은 그것에 대한 어떤 힘을 가지고 있으며, 그것들은 음식의 유물로서, 그리고 자기 몸의 일부로서 약간의 가치를 유지한다. 하지만 그것들은 시계가 매우 제한적일 때만 가치가 있다. 프로이트와 마르크스에 관한 오스본Osborn의 책은 우리와 유사한 측면에서 문제들을 다루고 있다.

우리는 이제 정치 경제학의 몇 가지 기본적인 개념에 대한 정신분석으로 방향을 돌리자. 경제학을 공부한 사람들은 "사용-가치use-value"와 "교환-가치exchange-value"라는 용어를 안다. 사용-가치의 예는 물이다. 물은 매우 중요하다. 우리는 물 없이는 살 수 없고, 어떤 형태로든 모든 사람이 사용해야 한다. 물의 사용-가치가 매우 크다는 사실에도 불구하고 그다지 비싸지 않다. 사실 그것은 우리가 공짜로 얻을 수 있는 몇 안 되는 것들 중 하나이다. 이것은 여전히 교환-가치가 없는 매우 중요한 사용-가치이다. 교환-가치가 매우 낮은 이런 유형의 다른 많은 사용-가치가 존재한다. 사용-가치는 즉각적인 정신 생리학적 요구와 매우 밀접한 관련이 있다. 그러나 교환-가치는 그렇지 않다.

우리는 물건의 교환-가치를 금으로 측정한다. 금으로는 많은 것을 할 수 없다. 금은 훌륭하고, 내구성이 있으며, 교환-가치를 측정하기 위해 우리가 원하는 부분과 작은 단위로 나눌 수 있다. 그럼에도 불구하고 이 금은 긴급한 필요를 충족시키지 못한다. 단지 장식품으로서 역할을 할 뿐이다. 무엇이 사용-가치를 교환-가치로 만드는가? 마르크스는 "사용-가치로서 상품은 무엇보다도 다른 성질qualities을 갖고 있지만, 교환-가치로서 상품은 단지 다른 양quantities일뿐이며, 결과적으로 극소량의 사용-가치도 포함하지 않는다."라고 적었다. 모든 교환-가치는 어느 정도 사용-가치와 관련이 있지만, 모든 사용-가치가 교환-가치인 노동의 근거가 될 수는 없다. 노동은 분명히 정신 생리학적이다. 그것은 개인이 처음에 리카르도Ricardo[8]에 의해, 나중에는 마르크스에 의해 주어져야 한다는 것을 의미한다. 사용-가치는 노동, 즉 일work에 의해 교환-가치가 된다. 자연에서 발견되는 물질에 충분한 양의 일을 추가함으로써 사용-가치는 교환-가치가 된다. 자연의 원료는 가공되어야 하고, 형태가 바뀌어야 하거나 최소한 한 곳에서 다른 곳으로 옮겨져야 한다.

진정한 교환-가치는 오직 하나뿐이고, 이것은 바로 일이다. 교환-가치를 생산하는 경향이 있는 일을 노동이라고 부를 수도 있다. 노동은 분명히 정신 생리학적이다. 그것은 개인이 정신 생리학적 유기체로서 일해야 한다는 것을 의미한다. 개인은 자신을 재생산해야 한다. 즉, 음식과 의복 및 주택의 보호를 받아야 한다.

마르크스에 따르면, 상품을 분배하는 적절한 방법은 일을 통해 교환-가치를 만든 개인이 그 가치를 갖도록 하는 것이다. 이런 일은 발생하지 않는다. 7시간, 8시간, 10시간, 15시간 일하는 사람은 자신이 생산한 가치 전부를 얻지 못한다. 가치는 동결되거나 구체화된 노동이다. 자본가는 노동자에게 단지 노동자와 그 가족의 삶을 유지하기에 충분한 만큼의 생산된 가치의 일부만을 제공한다. 하지만, 7-8시간 근무 이후의 경우에는 그럴 수도 있다. 노동자가 7시간 이상을 일하면, 그는 잉여 노동을 하고 자본가가 인수하는 잉여 가치를 창출한다. 이 세상의 재물 riches은 일에 의해 생산되고, 그것을 생산한 사람들은 그것의 일부만을 얻는다. 이 마르크스의 공식을 자세히 논의할 필요는 없다.

나는 노동자의 재생산이 정신 생리학적 기능이라는 점에 주목하고 싶다. 만약 그가 충분한 급여를 받지 못한다면, 그는 일과 삶에 필요한 힘을 유지할 수 없고 자신의 가족을 부양할 수도 없다. 조만간 노동자가 사라질 것이다. 이것은 인류의 역사 동안 때때로 일어났다. 우리의 현재 문명에서도, 만약 재생산을 온전한 수명까지의 삶으로 간주한다면, 노동자가 얻는 교환-가치의 양은 충분하지 않다. 비록 그들이 서서히 굶을지라도, 충분한 음식을 얻지 못하는 사람들이 분명히 많다. 그들이 받은 의료 서비스가 충분하지 않을 수 있다. 게다가 그들은 생활 조건 때문에 질병에 더 많이 노출되어 있다.

누군가가 당신을 위해 일할 때, 당신은 그가 살 수 있도록 그를 지원해야 한다. 가치를 생산하기 위해 노동자를 사용하는 사람에게는 그가 돈으로 무엇을 하는지가 중요하지 않다. 자본가가 여기에 관련된 과정을 전혀 의식하지 않다는 것을 깨닫는 것은 중요하다. 그는 자신이 잉여-가치를 얻는다는 것을 깨닫지 못한다. 그는 자본을 위험에 빠뜨리기 때문에 보상을 받을 자격이 있다고 느끼고, 자신을 위해 일하는 노동자는 큰 보상을 받을 자격이 있다고 느끼지 않는다. 그는 심지어 짧은 시간만 일하고 좋은 보상을 받는다면, 그것이 노동자 자신에게 좋지 않다고 느낄 수도 있다. 이 원칙은 경제 문헌에서 찾아볼 수 있으며, 노동자는 지속적으로 배고픔에 위협받지 않으면 일하지 않을 수 있고, 노동을 유도하기 위해서는 최저 생활수준이 유지되어야 한다고 명시되어 있다. 얄팍하게 위장된 유사한 이데올로기가 오늘날에도 선호될 수 있다.

자본가는 실제로 위험에 노출되어 있다. 그는 자신이 제품을 판매할 수 있는지, 그리고 창출된 잉여-가치가 경쟁으로 잃지 않을지, 그렇지 않으면 교환-가치를 잃지 않을지를 알지 못한다. 그는 심지어 자신의 자본 일부 또는 전부를 잃을 수도 있다. 그의 위험과 두려움은 차례로 노동자에 대한 그의 심리적 태도에 영향을 미칠 것이고, 그는 자신의 걱정에 대해 추가적인 보상을 받을 자격이 있다고 느낄 수도 있다. 그는 반드시 노동자들의 이데올로기와 매우 다른 이데올로기를 개발해야 하고, 그들은 서로를 이해하지 못할 것이다.

사용-가치, 교환-가치, 그리고 잉여-가치의 개념은 심리학적 개념과 밀접하게 관련된 개념이다. 하지만 그들은 외부 세계의 객관적인 요소들을 기술하고, 그들이 언급한 자료는 헤겔의 "객관적 마음objective mind"에 속한다. 사적인 토론에서 나는 헤겔의 용어를 사용했다는 비난을 받았다. 하지만 이 용어는 역사적 가치뿐만 아니라 심리적 과정이 제도에서 창조적인 몫을 한다는 사실도 지적한다. 이 용어를 사용한다고 해서 헤겔에 대하여 그 용어가 갖는 철학적 함의를 따라야 한다는 것을 의미하지는 않는다는 것을 명심하는 것이 좋다.

고전 경제학자들과 마르크스의 함의를 유사한 관점에서 분석하려고 노력해야 한다. 한계 효용의 문제는 심리학적인 문제이다. 예를 들어, 우리가 수천 달러를 가지고 있는 한, 10달러는 큰 의미가 없다. 하지만 모든 돈이 지출되고 10달러만 남았을 때, 10달러는 한계 효용의 중요성을 갖는다. 주어진 상황에서 인간의 필요 문제가 가장 중요해지고, 모든 가치는 전체 상황에 따라 달라진다.

소위 "차등 임대료differential rent"의 문제는 다시 심리학적 관점에서 가장 잘 이해되는 경제학의 문제이다. 개인이 가치가 거의 없는 토지에 산다면, 임대료가 비쌀 수 없다. 개인은 토지를 경작하는 동안 자신을 재생산할 수 있어야 한다. 만약 이것이 더 이상 가능하지 않다면, 그 토지는 더 이상 투자 가치가 없다. 생존의 문제가 다시 한번 나타난다.

자본에 대한 이자 지급의 근거에 관한 이론들은 비슷한 관점에서 고려되어야 한다. 이자를 받는 사람은 일하지 않고도 교환-가치를 받는다. 자본을 주는 사람은 생산 기구를 빌려주고, 그가 일할 도구를 제공한다. 만약 그가 자신의 도구를 너무 많이 요구해서 노동자가 자신을 재생산할 수 없다면, 노동자가 그 도구를 위해 자신의 노동을 제공하는 것은 분명히 의미가 없을 것이다. 따라서 자본가는 다른 개인이 생산 기구를 사용하도록 함으로써 잉여-가치를 얻는다.

이런 경제학의 기본 개념들 각각은 수많은 책에서 논의되어 왔다. 그 문제들을 자세히 따를 수는 없지만, 동일한 심리적 원리가 경제 과정의 모든 단계에 깔려 있다. 개인은 외부 세계로부터 생존 수단을 얻어내기를 원하고, 미래를 위해서도 이 생존을 확보하기를 원한다. 하지만 그는 계속 미래의 생존을 확보할 수 있는 일의 결과가 강제적으로 또는 그의 일의 잉여-가치를 없애는 경제적 상황에 의해 빼앗길지도 모르는 위험에 놓여있다.

경제 과정은 단순히 현재의 분석만으로는 이해될 수 없고 과거로 확장되어야 한다. 따라서 경제학 이론은 머지않아 경제 과정의 역사 이론으로 확장된다. 헤겔은 이 문제를 "변증법"으로 해결하려고 했다. 그는 존재한다고 가정하는 절대자(개념)가 먼저 존재한다는 이론을 발전시켰다. 절대자는 그것이 무엇을 의미하든지, 스스로를 자신에게서 소외시키고, 자신을 이해하지 못하는 자의식self-consciousness이 없는 자연이 된다. 마침내 절대자로부터 자신을 소외시킨 이 세계는 역사적 발달

속에서 헤겔의 철학에서 분명한 자의식이 되는 인간의 자의식을 되찾는다. 헤겔에게 세상은 정신의 자기 소외self-alienation의 결과이다. 그러므로 진정한 실존은 주로 마음의 실존이며, 세계는 마음속 과정의 파생물이다. 마음의 발달에는 내면의 움직임이 있다. 이 철학은 헤겔과 동시대 사람들에게 엄청난 매력을 가져왔고, 칸트Kant 이후의 철학 역사는 헤겔의 개념에 의해 크게 지배되고 있다. 세상은 정적인static 것으로 생각되지 않는다. 진행 중인 과정들이 있고 나선형으로 진행하는 발달이 있다. 이 진행은 긍정에서 부정으로의 변화로 설명되며, 이후 더 높은 수준의 위치로 이어진다. 헤겔의 철학은 정반대의 가설에 의해 지배된다. 이 철학은 마르크스에게 큰 인상을 주었고, 그는 이 변증법에서 경제 법칙의 발달을 이해하는데 귀중한 도구를 발견했다. 마르크스에 따르면 경제학은 공동체의 재산 소유와 함께 시작한다. 그 후에 개인의 노력을 기반으로 개인 소유가 발생했다. 개인 소유는 자본주의 기업을 위해 노동력을 빌린다. 조만간 자본주의적 소유는 대중의 공동 소유로 대체되어야 할 것이다. 이것은 다시 한 상황에서 반대 상황으로의 변화이고, 이 상황이 더 높은 수준으로 되돌아오는 것이다. 마르크스는 이 원칙들, 즉 "변증법"의 일반적인 타당성을 확신한다.

그러나 헤겔의 변증법과 마르크스의 변증법 사이에는 큰 차이가 있다. 헤겔의 변증법은 정신, 마음, 절대적 개념에서 출발한다. 마르크스주의 변증법은 유물론적이다. 그들은 현실 세계에서 시작한다. 엥겔스는 헤겔의 변증법이 세상을 머리 위에 두고 있지만, 마르크스는 그것을 발 위에 두었다고 아주 적절하게 말한다. 하지만 마르크스와 마찬가지로 헤겔의 변증법은 논리에 대한 근본적인 오해에 바탕을 두고 있다. 인간은 반대로 생각하기를 좋아한다. 예를 들어, 프로이트는 꿈이 매우 자주 사물을 그 반대로 표현한다고 지적했다. 예를 들면, 불의 꿈은 물, 즉 소변에 대한 관심을 나타내는 경우가 많다. 그는 한 단어가 서로 반대되는, 예를 들어, 높고 낮은 두 가지 사실이나 두 개의 관계를 의미할 수도 있음을 강조하는 논문을 썼다. 그의 전(前) 제자인 슈테켈Stekel의 손에서, 이 상반된 생각은 심리 과정의 근본적인 요소로 간주되는 양극성 개념에서 꽃을 피웠다. 그러므로 상반된 생각에는 어떤 매력과 유혹이 있는 것 같다. 일반적으로 변증법의 가치를 논하기 전에 엥겔스(*Anti-Dühring*)에서 직접 인용하는 것이 바람직하다고 생각한다.

어떤 대수적(代數的, algebraical) 크기, 예를 들어, a를 고려해보자. 만약 이것이 부정되면, 우리는 -a(마이너스 a)를 얻게 된다. 만약 -a에 -a를 곱함으로써, 그 부정을 부정하면, 우리는 a^2, 즉 더 높은 수준에서, 제곱된 원래의 긍정적인 크기를 얻는다. 이 경우에서도 양수를 곱해서 동일한 a^2에 도달할 수 있고, 그래서 역시 a^2를 얻는 것에는 아무런 차이가 없다. 부정된 부정은 a^2에 확고하게 자리 잡고 있기 때문에 후자는 항상 두 개의 제곱근, 즉 a와 -a를 갖는다. 그리고 부정된 부정, 즉 음의 제곱근을 제거하는 것이 불가능하다는 사실은 2차 방정식에 도달하자마자 매우 분명한 의미를 얻게 된다.

그것은 역사에서도 마찬가지이다. 모든 문명인들은 토지의 공동 소유로 시작되었다. 농업이 발달하는 과정에서, 어떤 원시적인 단계를 거친 모든 사람들과 함께 이 공동 소유는 생산의 족쇄가 되었다. 그것은 폐지되고 무효화되었고, 더 길거나 더 짧은 일련의 중간 단계들 이후에 사유 재산으로 변형되었다. 그러나 토지 자체의 사유 재산에 의해 야기된 농업 발달의 더 높은 단계에서, 사유 재산은 결국 크고 작은 토지 소유권을 가진 오늘날의 경우처럼, 생산에 대한 족쇄가 되었다. 그것은 또한 취소되어야 한다는 요구, 다시 한번 공동 재산으로 변형되어야 한다는 요구가 필연적으로 일어났다. 그러나 이 요구는 예전의 원래 공동 소유의 회복을 의미하는 것이 아니라, 생산에 장애가 되기는커녕, 오히려 처음과는 반대로 생산을 모든 족쇄에서 해방시키고 현대의 화학적 발견과 기계적 발명을 충분히 활용할 수 있는 가능성을 제공하는 훨씬 더 높고 더 발달된 형태의 공동 소유 형태를 제도화하는 것을 의미한다.

그렇다면 부정의 부정은 무엇인가? 지극히 일반적이고, 이런 이유로 지극히 포괄적이고 중요한 자연, 역사, 사상의 발달 법칙은, 우리가 보아왔듯이 동물과 식물의 왕국, 지질학, 수학, 역사, 그리고 철학에서 유효하다.

특히 포이어바흐에 관한 책에서 엥겔스가 그 문제에 대한 더 나은 통찰력을 보여주고 세상이 이미 만들어진 것이 아니라, 과정으로 구성되어 있다는 생각을 유지하는 다른 구절이 있는 것은 사실이다. 게다가 그것은 그 반대가 상대적 타당성만을 가지고 있다고 말한다. 하지만 반대의 중요성을 강조하고, 경험에서 만난 다양성을 경직되고 공허한 공식으로 대체하는 것이 무슨 소용이 있는가? 진실과 거짓, 선과 악, 필연과 우연을 반대되는 실체로 보는 대신, 사물 자체와 그것들의 의미를 살펴보아야 한다.

그러면 명제와 그 반대가 사물의 구조를 더 깊게 통찰하는데 도움이 되지 않는 거절이나 수용의 매우 조잡한 표현이라는 것을 알게 될 것이다. 변증법에서 실재reality의 변형은 지나치게 단순화되어 있고, 변증법적 유물론은 마르크스와 엥겔스가 가정했던 것처럼, 신뢰할 수 있는 도구가 아닐 뿐만 아니라 쓸모도 없는 도구이다. 불은 물의 반대가 아니며, 사물의 다양성에 접근하고 싶다면 반대 이론 전체를 바꿔야 한다. 일부 마르크스주의자들은 이 용어를 유지하기 원하지만, 경제학은 단지 정적static인 것이 아니라 지속적인 과정이라는 것을 지적하고 싶을 뿐이다. 이 후자의 진술은 분명히 사실이지만, 변증법과는 아무런 관련이 없다. 문학에서 우리는 사람들이 완벽한 영웅이나 철저히 악당으로 나타나는 성격 묘사에 대해 의심스럽다. 우리는 그런 성격 묘사가 인간 경험의 중요한 측면을 무시한다고 마땅히 의심한다. 나는 철학, 정신분석학, 그리고 경제학에서 반대되는 것들을 조심하라고 결론 내릴 수 있다. 우리는 좀 더 미묘한 방법으로 경제학의 과정을 연구해야 한다. 반대로 생각하는 것은 원시적인 사고방식이고, 그것은 사고나 사물을 충분하게 조사하지 않고 어떤 사고나 사물을 수용하거나 거부하는 것을 의미한다.

정신분석학은 개인의 무의식적 태도가 그들의 운명을 결정한다는 것을 강조하는 것을 좋아한다. 하지만 프로이트는 해부학과 외부 환경에 놓여있는 운명이 있음을 인정했다. 하지만 그 자신과 기성세대의 정신분석가들 대부분은 개인이 다소 무력한 사회적, 경제적 과정의 힘을 분명히 과소평가했다. 프로이트가 그의 발견으로 시작했을 때 부르주아 사회의 규칙들은 꽤 잘 확립된 것처럼 보였다. 노동자 계급의 어려움은 상당히 과소평가되었다. 특히 정신분석 운동 초기에는 부유한 사람들만이 그 절차에서 이득을 얻을 수 있었다는 것은 분명하다. 심지어 현재조차도 경제적으로 낮은 계층에 대해 수행되는 정신분석 작업의 양은 미미하고 불충분하다. 의사들은 매우 자주 계급 이데올로기 자체에 사로잡혀 있다. 그렇지 않더라도 그들은 경제 과정의 기본과 그것의 정치적 결과를 바꿀 수 없다. 심리치료는 개인에게 최소한의 생존 이상이 보장될 때만 의미가 있다. 오직 개인이 자신에 대해 더 잘 통찰하고 사회적 환경에 더 잘 적응하도록 하는 것이 가능하지 않은지를 물어볼 수 있을 때에만 가능하다. 하지만 심리치료가 박해받는 유대인이나 공격받는 중국인들을 도울 수 없고, 인류의 큰 재앙인 전쟁에도 속수무책이다. 그러나 이 문제는 개개인이 대중과 사회적, 정치적, 경제적 과정과 맺는 관계라는 근본적인 문제로 이루어지기 때문에 더 깊은 논의가 필요할 것이다. 마르크스와 레닌조차도 경제 과정의 최종적인 해결에 도움이 될 수 있는 개개인의 통찰력에 의존한다. 이 사람들 중 어느 누구도 분명히 그들의 개별적인 행동이 경제적 과정을 진행하는데 불필요하고 쓸모없다고 느끼지 않았다.

인간이 경계선-최소-생존에서 어떻게 행동하는지를 사회-정신의학 연구에서 결정하는 것은 매우 흥미로울 것이다. 오랫동안 가정 구제 Home Relief를 받아온 사람들은 무엇을 하는가? 적응의 문제는 무엇인가? 오랫동안 실직해온 사람은 무엇을 하며 즐겁게 지내는가? 경제적 문제들과 심리적 문제들이 완전하게 분리될 수 없다. 우리가 경제적 문제를 다룰 때, 우리는 구체화된 작업에 관심이 있으며, 이것은 우리 용어의 정의에서 진행 중이고 활동 중인 작업 조건들 및 심리적 요인들과 대조되어야 한다. 구체화된 작업과 활동 중인 작업 사이의 관계를 고려할 때, 중요한 심리적 문제가 발생한다. 따라서 경제적 문제에 대한 최종적인 이해는 오직 먼저 인간의 필요와 행동 심리의 관점에서 작업을 이해할 때만 도달할 수 있음을 바로 알 수 있다.

주석 및 참고문헌

주석

1 포이어바흐(Feuerbach, Ludwig, 1804-1872), 독일의 유물론 철학자.(번역자주)

2 Marx가 1845년에 처음 발표한 포이어바흐에 대한 열 하나의 테제.(번역자 주)

3 에리히 옌슈(Erich Rudolf Jaensch, 1883-1940), 직관상에 근거한 성격 유형학을 발표한 독일의 심리학자.(번역자 주)

4 허버트 질베러(Herbert Silberer, 1882-1923), Freud를 중심으로 Jung, Adler와 함께 비엔나에서 활동한 정신분석학자, 저서: "신비주의와 그 상징주의 문제"(번역자 주)

5 샤를로테 뷜러(Charlotte Bühler, 1893-1974), 베를린에서 태어나 유럽과 미국에서 활동한 발달 심리학자.(번역자 주)

6 페르디난트 아우구스트 베벨(Ferdinand August Bebel, 1840-1913), 독일의 사회주의 정치가로 1869년 독일 사회민주주의 노동자당의 창시자 중 한 사람.(번역자 주)

7 게자 로하임(Géza Róheim, 1891-1953), 헝가리의 정신분석학자이자 인류학자.(번역자 주)

8 데이비드 리카르도(David Ricardo, 1772-1823), 영국의 경제학자.(번역자 주)

9 빌헬름 슈테켈(Wilhelm Stekel, 1868-1940), 오스트리아의 의사이자 심리학자로, S. Freud와 함께한 초기 정신분석학자 중 한 사람.(번역자 주)

10 독일의 철학자이자 경제학자인 칼 오이겐 뒤링의 부르주아적 사이비 사회주의를 체계적으로 비판한 엥겔스의 고전적 논박서(1878). 원제는 "Herren Eugen Dühring's Umwälzung der Wissenschaft"인데, 후세 사람들에 의해 "안티-뒤링"으로 불렸다.(번역자 주)

참 고 문 헌

물론, 절반 정도 완전한 참고문헌조차도 제공하는 것은 불가능하다. 에밀 번스Emile Burns가 편집한 "마르크스주의의 핸드북The Handbood of Marxism"(International Publishers, New York City)에는 이 논문에서 직접 인용된 대부분의 구절들이 포함되어 있다. 루벤Reuben Osborn의 책 "프로이트와 마르크스"(Equinox 공동 출판사)는 이 강의와 유사한 문제를 다루고 있다. 샤를로테 뷜러의 "인생행로Der Lebenslauf"(라이프찌히, Hirzel, 1933)를 더 참고하라. 정신분석학 문헌은 내 책 "심리치료Psychotherapy"(Norton, 뉴욕, 1938)에서 인용된 것을 찾을 수 있다. 또한 게자 로하임Géza Róheim, "원시 문화유형의 정신분석Psychoanalysis of Primitive Cultural Types"(국제 정신분석학 저널, 13: $1/2$, 1-4월, 1932, 1-224.)를 비교해보라. 오이겐 블로일러Eugen Bleuler, "간헐적 장치 및 반응에 대하여Uber Gelegenheitsapparate and Abreagieren"(Zeitschr. f. Psychiatrie, 76, 1920). 머레트R. R. Marett, "원시 종교에서의 믿음, 소망, 그리고 자비Faith, Hope and Charity in Primitive Religion"(New York, Macmillan, 1932). 빈터슈타인W. A. Winterstein, "일의 심리학Zur Psychologie der Arbeit"(Imago, 18, No. w, 1932, 137-150.) 쉴더P. Schilder, "대뇌 피질 뇌염에서 정신병의 심리학Psychologie einer Psychose bein Corticaler Encephalitis"(Z. Neur., 118, 3, 1929, 327-346.)

후기

미다스 콤플렉스
Midas Complex

> 만약 돈의 정신분석이 존재하려면, 돈 콤플렉스가 종교의 본질적 구조, 또는 종교, 악마에 대한 부정을 가지고 있다는 가설에서 출발해야한다. 돈의 정신분석적 이론은 돈이 셰익스피어의 "보이는 신", 루터의 "이 세상의 하나님" 이라는 명제를 확립함으로써 시작해야 한다.
> – N. O. 브라운

I

　노먼 브라운Norman O. Brown이 1959년에 촉매적인 연구인 「죽음에 맞서는 삶Life against Death」을 발표했는데, 이는 우리 세대의 가장 중요한 정신분석학적 연구로, 정신분석학 역사에서 새로운 장을 위한 길을 열었을 뿐만 아니라, 돈의 항문기 이론에 대한 완전히 새로운 관점도 열었다. 그의 출발점은 프로이트Freud의 「성격과 항문성애Character and Anal Erotism」(참고문헌 1)와 그것에서 비롯된 모든 연구(참고문헌 2-8)가 거짓이거나 최소한 부적절하다는 것이었다. 그는 오직 로하임Róheim(참고문헌 13-15)과 하닉Harnik(참고문헌 9)만이 항문성애에 대한 적절한 해석에 접근했다고 생각했다. 항문성애, 항문기 성격, 항문기 신경증을 배변훈련에서 도출하려는 노력은 천박하고 순진했다. 세 가지 현상 모두에 대한 올바른 견해는 항문기 특성과 전치displacement 현상, 오이디푸스 콤플렉스와 거세 콤플렉스, 특히 죽음 본능 사이의 연관성에서 찾아야 할 것이다. 항문기 특성은 가학적일 뿐만 아니라, 근본적으로 파괴적이어서 피학적이기도 하며, 사회적으로 파괴적인 요소를 돈의 형태로 포함하고 있었다. 항문기 역설의 핵심 인물은 종교와 그 반대인 마귀 같은 것, 특히 악마의 모습에서 찾아야 했다. 우리가 프로이트(제1장 참조)에서 이 개념을 접한다 할지라도, 브라운은 마틴 루터Martin Luther에 대한 성격 분석과 개신교에 대한 해석에서 그것을 새로운 실체로 제시했다. 루터는 "화가들은 마귀를 검고 불결하게 그린다."라고 말했고, 브라운은 마귀의 색이 항상 검은색이었는데, 그 이유는 그가 살고 있는 집 때문이 아니라, 검은색과 오물, 오물과 대변 사이의 연관성 때문이라고 덧붙인다. 그는 계속해서 마귀의 유황 냄새도 그의 항문기 특성이라고 말한다. 마녀들의 안식일 절정은 악마의 엉덩이에 키스하는 것이다. 검은 덩어리(오물과 대변의 동일시로서 다시 검은색) 중, 대변과 다른 역겨운 물질들의 혼합물이 항상 벌거벗은 여성의 엉덩이에 반죽되어 있다. 단테Dante는 사탄의 항문을 세상의 "정지 점still point"으로 지목했고, 보쉬Bosch는 그의 저주받은 영혼들이 항문에서 떨어지는 변소 위에 악마를 그렸다. 루터는 당대의 다른 어떤 사람보다 더 즉각적이고, 강력하며, 설득력을 가진 마귀를 경험했기 때문에, 그 시대를 대표하는 가장 중요한 인물이었다. 그는 「탁상 담화Table Talks」에서 악마와의 만남을 결코 상징과의 만남이 아니라, 항상 악취를 풍기고 방귀를 뀌는 살아있는 존재와의 만남으로 반복해서 묘사했다. 루터가 그에게 퍼부었던 잉크는 얄팍하게 위장된 항문기 특성이다. 그는 반복해서 마귀에게 엉덩이에 키스하고, 바지 속에 똥을 싸서 목에 두르라고 지시했다. 그는 자신의 변bowels을 그(악마)의 얼굴에 싸거나 자신이 속한 그(루터)의 엉덩이 안에 집어넣을 것이라고 위협했다. 그리고 마침내 그는 방귀로 악마를 쫓아냈다.

　브라운은 이 모든 것에서 루터가 악마를 자신의 항문기 특성의 화신incarnation으로 인식했다고 추론한다. 그러므로 그의 위대한 깨달음이 변기 위에서 일어났다는 것은 거의 놀라운 일이 아니다. 악마 안에서 그는 자신이 두려워하고 있는 것, 즉 물질에 대한 그의 의존성을 증오하고 경멸했다. 선사시대의 모(母) 종교mother religions에서 그리스의 헤르메스Hermes를 거쳐 기독교 악마에 이르기까지 일련의 땅속에 사는 지하 신들chthonic gods의 순서는 물질적 생산 능력과 무역의 순서에 해당한다. 보들레르Baudelaire와 블레이크Blake가 나중에 본질적으로 사탄적인 무역의 성격을 강조했듯이, 루터는 이미 악마를 상인과 죽음 모두와 동일시했다. "따라서 루터는 악마의 분주한 불안과 그의 모든 기술의 숙달을 강조한다. 반대로 악마를 의인화된 죽음 본능으로 보는 루터의 악마 개념은 고리 대금업자를 살인자로, 고리 대금업을 독일을 죽이는 전염병으로 보는 그의 시각을 지지한다"(브라운, "죽음에 맞서는 삶 Life against Death", p. 220). 그러므로 자본주의에 대한 루터의 가장 심오한 진술은 "돈은 그것을 통해 만물을 만드는 악마의 말이며, 하나님께서 참된 말씀을 통해 창조하셨던 방식"(위의 책, p. 221)이라는 문장이다. 루터의 사탄 왕국의 구조는 "본질적으로 자본주의적이다. 즉, 우리는 마귀의 재산이다"(앞서 언급한 책, p. 221). 그러므로 트뢸치Troeltsch, 토니Tawney, 좀바르트Sombart, 베버Weber, 그리고 프롬Fromm이 개신교와 자본주의 사이의 심리적 연결 고리가 질서의 하나님으로서의 하나님 모습이라고 주장한 것은 틀렸다. 오히려 그 연결 고리는 악마이다. 그가 "이 세상의 왕이기 때문이다." 세상은 그가 없이는 살아갈 수 없다. 즉, 고리 대금업, 탐욕, 인색함, 부를 축적하려는 욕망, 또는 절도theft 없이는 살아갈 수 없다. 세상은 마귀의 여관이고, 우리는 그의 노예들이다. 이 세상을 평화롭게 걷고 싶은 사람은 누구나 돈의 손님이어야 한다. 그러나 우리의 육체는 악마에게 속하지만 우리의 영혼은 그렇지 않다. 그 결과 영혼은 자유로운 반면, 육체는 악마에게 경의를 표한다. 피할 수 없는 현실로부터의 탈출로서 수도원 제도에 대한 루터의 비평은 구원을 얻을 수 있는 유일한 곳으로 이 세상을 지목했다. 그리스도가 십자가에 굴복했듯이, 개신교도들도 이 세상의 삶, 특히 돈의 획득에 항복한다. 십자가를 진다는 것은 가톨릭 신자들이 생각하는 것처럼, 참회나 선행을 하는 것을 의미하는 것이 아니라, 돈을 버는 죄와 짐을 떠맡는다는 것을 의미한다. 따라서 개신교 신자들이 자신의 소명에 헌신하는 것은 악마와 죽음 모두에 항복하는 수단이다. 개신교의 타락은 교회 내의 "자유주의자들"이 자신의 소명에 대한 헌신을 하나님의 말씀에 대한 순종이라고 잘못 해석하면서부터 시작되었다. 즉, "정신분석학적 관점에서, 만약 악마가 죽음이고, 자본주의가 악마라면, 현대 개신교와 자본주의와의 동맹은 죽음 본능에 완전한 항복을 의미한다."(앞서 언급한 책, p. 224)

돈 콤플렉스는 마귀적인 것이고, 마귀적인 것은 하나님의 유인원 God's ape이다. 그러므로 돈 콤플렉스는 만물에서 하나님을 찾으려는 시도인 종교 콤플렉스의 계승자이자 대체물이다. 정신분석학적 용어로, 현대 세속주의는 프로이트가 종교가 파생되었다고 말한 오이디푸스 콤플렉스로부터의 해방이 아니다. 그것은 오이디푸스 콤플렉스에서 비롯된 투사projections를 영혼의 세계에서 사물의 세계로 옮기는 것일 뿐이다(위의 책, p. 240). 따라서 마르크스주의자들을 포함해서 돈을 합리적으로 설명하려는 모든 시도들은 시작부터 불행에 처하게 되는데, 이는 세 가지 이유 때문이다. 첫째, 합리성은 부르주아 사회와 마르크스주의가 의미하는 것과 정반대이기 때문이다. 그들이 합리적인 사고와 합리적인 행동으로 간주하는 모든 것은 정신분석의 통찰력에 따르면 비합리적이다. 둘째로, 돈은 근본적으로 무의미하고, 쓸모없고, 효과가 없기 때문이다. 돈의 독특한 특징은 바로 이 무감각함과 무의미함이다. 그러므로 그것은 결코 자본가에 의한 노동자의 합리적이고 의도적인 착취에 결코 봉사할 수 없고, 그 대신 두 사람 사이에 둘 모두에게 파괴적인 순전히 신경증적인 유대를 만든다. 셋째로, 돈은 결코 현실적이고 물질적인 만족을 가져다줄 수 없기 때문이다. 어른들에게 만족은 유아기의 갈망을 충족시키는 것이지만, 돈은 유아기의 소원이 아니다.

좀 더 자세하게 말하자면, 브라운은 다음과 같이 주장한다.

1. 정확하게 말하자면, 억압의 산물인 이성reason은 정신의 "합리적인" 활동을 가장 할 수 없는 측면이다. 모든 형태의 사고, 특히 "절약하는 계산"은 항문과 관련하여 동기가 부여되고, 따라서 합

리적인 행동의 척도와 유용한 활동의 지침으로서 특히 믿을 수 없다.

2. 선사시대의 개 이빨dog teeth부터, 원시인들의 조개껍질 및 돌 화폐(특히, 비록 바다 속으로 가라앉았지만 가치를 상징하는 얍Yap 섬의 큰 돌 수레바퀴)부터 금, 지폐, 그리고 우리 시대의 "인출권 drawing rights"까지 모든 화폐는 합리적으로 이해할 수 없고 사용 가치가 없다. 조개껍질, 금, 은과 같은 일부가 장식품으로 가공될 수 있다는 사실은 그것들이 유용한 물건이 아니라 항상 잉여물, 즉 폐기물을 나타내며 잉여-생산 사회가 발전했을 때만 나타났을 뿐이라는 결과를 명시한다. 그러나 잉여-생산 사회는 필요한 것에 대한 기준을 잃고 대신 잉여의 불필요한 노동을 수행하기 때문에 본질적으로 역설적이다. 즉, "인간 정신에는 사람을 비-향락non-enjoyment과 일(거래 *negotium*, 비-여가non-leisure)에 전념하게 하는 무언가가 있다. … 인간이라는 동물the human animal의 구조에는 그에게 과잉으로 생산하도록 강요하는 무언가가 있지만, 분명하게 그 강박은 인간이라는 동물이 필요한 것과 불필요한 것을 구별하지 않는 한에만 적용될 것이다. 그것은 돈 콤플렉스의 필수적인 부분이고, 불필요한 것과 필요한 것을 혼동하기 위해 일해야 하는 강박이다. '경제적 필요성'에 대한 막연한 논의 속에는 여전히 혼란이 지배하고 있다. 그러나 필요한 것의 핵심은 식량의 필요성이다. 그러므로 우리는 식량에 속한 미덕을 식량이 아닌 것에 귀속시키는 것이 돈 콤플렉스에 내재되어 있다고 말할 수 있다. 프로이트의 간결한 공식에 따르면, '배설물이 자

---

1 IMF 가맹국이 국제수지의 위기가 닥쳤을 때, 그 출자액에 부응해서 자국통화와 교환으로 타국통화를 차입할 수 있는 권리.(번역자 주)

양물aliment이 된다.'(앞서 언급한 책, pp. 256-257).

3. 잉여는 노동의 분업division을 통해서만 얻을 수 있고, 노동의 분업은 그의 모든 능력의 균형 잡힌 사용에서 비롯되는 인간의 모든 만족을 없앤다. 모든 전문화specialization는 몸과 마음의 다른 능력을 방치한다는 것을 의미한다. 기관들이 사용되지 않으면 확실히 시들듯이, 노동의 분업에 내재된 전문화와 방치는 인간을 육체적, 정신적 질병으로 몰아간다. 마크Mark는 "또한 육체와 정신의 일부 손상은 노동 분업 전체로도 나눌 수 없다"라는 "우울한 결론"에 도달했다(앞서 언급한 책, p. 260). 그래서 우리는 노동 분업이 여전히 시행되는 한 계급 없는 사회에서도 질병과 신경증으로부터의 완전한 해방을 기대할 수 없다.

우리가 노동 분업을 합리적으로 여긴다는 사실은 물질적으로 유용한 것도 합리적이라는 우리의 일반적인 착각의 일부이지만, 실제로 이것은 "마귀 숭배demonolatry"이다. 고대 사회에서처럼 잉여를 하나님께 바치는 대신, 우리는 잉여를 만드는 과정이나 제품을 신으로 숭배하기 시작했다. 그러나 자본주의적 합리성도 사회주의적 합리성도 비합리적인 충동을 없애지는 못한다. 그것은 단지 신성한 전통의 구속을 제거함으로써, 그들이 통제에서 벗어나게 할 뿐이다. 이런 소외alienation는 화폐 경제와 유사하다. 그것의 뿌리는 일에 대한 강박에 있는데, 이것은 사람을 사물에 종속시키고 그것들의 활용을 혼란스럽게 하는 동시에 인체의 평가절하를 초래한다. 이런 강박은 항문기 성격에서처럼 탐욕과 경쟁, 공격성과 소유욕에 대한 인간의 추진력을 감소시킨다. 돈에 대한 욕망은 모든 인간의 원래 욕구들을 대체한다. 착각을 일으키는 부(富)

의 축적은 실제로 인간의 빈곤화이다. 결과는 구체적이고 완전한 인간은 호모 에코노미쿠스homo economicus의 추상화로 대체된다. 즉, 인간의 본성이 비(非)인간화된다. "그리고 이 비인간화된 인간 본성은 비인간적인 의식을 만들어내고, 그의 유일한 통화currency는 근면하고, 냉철하게 합리적이며, 경제적이고, 단조로운 마음인, 현실적인 삶과 분리된 추상적 개념일 뿐이다."(위의 책, p. 238). 자본주의는 우리를 너무 둔하고 일방적으로 만들었기 때문에, 사물들이 물질적으로 유용하다는 순진한 착각illusion을 줄 때만 우리를 위해 존재한다. 그리고 이 착각은 결국 다른 사람들의 작업 생산물을 전용함appropriation으로써 우리가 만족할 수 있다는 잘못된 가정에서 비롯된다.

물론 이런 생각들 중 일부는 소외된 강제 노동과 상품의 물신주의적fetishist 특성에 대한 마르크스Marx의 개념을 연상시키지만, 브라운이 노동 분업 및 잉여 생산에서 산업에 이르기까지 인간 발달의 전체 흐름에 의문을 제기함에 따라, 그는 인간이 해방되기 위해서는 마르크스에게 없어서는 안 될 것처럼 보였던 모든 것의 기둥인 진보 및 합리적 지식의 가능성에 의문을 던진다. 브라운에 따르면, 사회주의는 자본주의의 근본적인 악을 없앨 수는 없지만, 단지 그것을 더 합리적으로 만들뿐이다. 이 근본적인 악은 물질적 소유가 만족을 줄 수 있고 생산 수단을 보다 합리적으로 사용하는 것이 진보라는 개념이다. 그와 반대로 자연을 지배하려는 시도는 모든 불만의 근원이며, 이는 어떤 물질적 진보로도 근절될 수 없고 다만 인간의 죄책감에 대한 부담만 가중시킬 뿐이다. 이 죄책감의 개념이 브라운 사상의 핵심이다.

그는 인간을 "약속할 수 있는 동물"로 정의한 니체Nietzsche의 정의로 죄책감guilt 문제에 대한 설명을 시작한다. 그것은 조상들을 알고 있기 때문에 약속할 수 있다. 다른 사람들에게 무언가를 약속할 수 있는 인간의 능력은 과거와 미래의 연결 고리이다. 그러나 그것은 또한 "건강하지 못한 변비를 과거와 관련시키고," 항문기 성격은 "아무것도 '제거'할 수 없다." 따라서 약속할 수 있는 능력은 계산하고 계산될 수 있고, 빚을 지고 빚을 갚을 수 있는 능력이기도 하다. 모든 언어에서 "죄책감"과 "빚debts"의 개념은, 예를 들어, 영어에서 "ought"와 "owe"처럼 밀접하게 연결되어 있다. 계약과 의무, 가격과 보복은 밀접한 관련이 있다. 경제(채권자와 채무자의 관계)와 도덕(죄책감과 속죄의 관계) 두 영역 모두 잔인함을 발산한다. 따라서 문화는 선조들에게 진 빚이다. 문화가 성장함에 따라, 그들에 대한 부채감도 높아진다. 기독교 신학에서, 그것은 갚을 수 없는 빚의 개념으로 절정에 이른다.

    죄책감은 우리에게 선한 사람에 대한 억압된 증오이며, 사랑과 증오의 분리할 수 없는 혼합에서 비롯된다. 사랑하는 부모로부터 "착하다", 즉 성인들 사회에 받아들여진다는 말을 듣는 모든 아이들은 자신에게 너무 많은 포기를 요구하는 부모를 무의식적으로 미워하기 때문에, 평생의 죄책감을 막는 이런저런 만족을 포기해야만 한다. 그러나 동시에, 아이는 부모들이 자신을 위해 희생한 것을 알고 있기 때문에 그들을 사랑한다. 따라서 현재 삶의 완전한 즐거움에 대한 억압은 불가피하게 억압이 발생한 조상들에 대한 공격성을 풀어준다. 하지만 사랑받는 사람들에 대한 공격성은 죄책감이다. 그리고 과거에 대한 빚을 더 많이 갚을수록, 현재 삶의 즐거움에 대한 개입이 더 공격적이게 된다. 과거에 대한 새로운 공격성은 새로운 죄책감을 유발한다. 즉, 과거의 눈사태는 끊임없이 현재를 묻겠다bury고 위협한다.

    이 죄책감의 부담을 줄이기 위한 인간의 가장 오래된 방법 중 하나는 선물을 주는 것이다. 사람은 잊어버리고 싶기 때문에 준다. 심리적 동기는 경제적인 것이 아니라, 단순한 자기희생이다. 이런 이유로 돈은 경제학보다 종교와 훨씬 더 밀접하게 연관되어 있다. 상호간의 선물은 신들에게 주는 신성한 선물의 불경스런 형태이다. 사람이 신들에게 희생 제물을 바칠 때 죄책감을 줄이는 것이 신들의 기능인 것처럼, 사람이 그에게 희생 제물, 즉 선물을 가져다줄 때 죄책감을 떠맡는 것이 동료 인간의 기능이다. 따라서 인간 사회는 집단적 수단을 통해 개인 삶의 물질적 조건들을 개선하기 위해 발전한 것이 아니라, 상호 관계의 과정을 통해 개인의 죄책감을 공유하기 위해 발전했다. 반면에 이런 식으로 죄책감을 없애지는 못하는 것은 사실이지만, 속죄의 착각은 위안이 된다. 인간 사회는 죄책감을 공유하기 위한 제도로만 이해될 수 있다. 그러나 무의식적인 관념은 현실 세계에 투사된 외부 지각으로만 의식될 수 있기 때문에, 오직 사회 조직만이 의식으로 올릴 수 있고, 따라서 억압된 죄책감을 완화시킬 수 있다. 그러므로 사회 조직은 상징적이고, 공유된 죄책감의 고백이다.

 물론 이 모든 추론은 원초적 아버지를 죽이고 삼키는 원초적인 죄에 대한 프로이트의 논제로 거슬러 올라가는데, 이는 로하임의 작업에서도 중심적 역할을 한다. 그러나 로하임은 이 프로이트의 은유를 역사적 사실로 보는 반면, 브라운은 훨씬 더 독창적이다. 그는 이전 세대의 경험에 대한 기억 흔적들로 구성된 고대 유산에 대한 프로이트의 개념을 명시적으로 거부하고, 대신에 모든 사람이 스스로 만들어내는 원초적인 죄책감, 즉 "관리할 수 없는 자신의 생명력인 이드Id를 억압으로 격리시키기" 위해 유아기 자아가 무(無)에서ex nihilo 만든 환상fantasy을 가정한다. 유아기의 자아가 신체적 생명력을 억압하기 위해 성적 조직을 만든 것처럼, 성인의 자아가 이런 원초적인 억압에서 벗어나 "즐거움의 왕국kingdom of enjoyment"으로 들어갈 수 있을 만큼 충분히 강할 때까지 성인의 삶은 유아기의 환상 세계에 묶여 있다.

이런 유아기의 성적 환상들이 실제 사건을 반영하지 않는 것처럼, 돈 역시 현실성이 없다. 왜냐하면 그것의 상징적 가치에 해당하는 것이 실제로는 존재하지 않기 때문이다. 그것은 무의식적 죄책감의 산물에 지나지 않으며, 그런 감정은 부모에 대한 어떤 특정한 유아기의 비행에 뿌리를 둔 것이 아니라, 모든 세대 간 관계의 필수적인 침전물이다. 그러나 이런 통찰은 단순히 근거 없는 것처럼 보이기 때문에 이런 죄책감의 현실 가치를 과소평가하는 오류를 범하게 해서는 안 된다. 왜냐하면 사람은 자신이 속한 국가의 통화를 사용해야 할 의무가 있는데, 신경증 나라에서는 죄책감이 신경증의 통화이다. 이런 의미에서 돈은 항상 신경증의 물질적 형태이지만, 모든 형태의 돈이 항상 신경증의 물질적 형태도, 똑같이 신경증적인 것도 아니다. 예를 들어, 초기의 의식 consciousness에서는 빚지고 있다는 느낌과 신에게 희생 제물을 바치고 이웃에게 선물을 줌으로써 빚을 갚을 수 있다는 착각이 공존했다. 우리 시대의 부르주아 의식에서 죄책감은 훨씬 더 두드러지는데, 무의식은 우리에게 죄책감의 부담을 갚을 수 없다고 말한다. 이는 특히 부르주아 세계의 파산을 최초로 인정한 루터 시대 이후로 분명해졌다.

부르주아 사회의 역사는 결과적으로 경제적 과정을 신의 통제로부터 해방시키는 것이다. 늘어난 죄책감은 경제의 세속화를 만들었고, 그 세속화는 노동이 구원한다는 위로가 되는 착각을 파괴했다. 루터의 말에 따르면, 사람은 행위로 의롭게 되지 않는다. 그러나 동시에 부르주아 계급은 노동에 대한 강박을 주장한다. 부르주아 계급의 종교인 개신교는 심지어 노동을 십자가에 대한 필수적인 항복으로 언급함으로써 노동의 필요성을 강화시킨다. 결과는 구원에 대한 어떤 희망으로도 완화되지 않는 죄책감에 의해서만 추진되는 경제이다. 그리스도가 우리를 구원할 수 있다는 착각은 사라졌지만, 아담이 타락했다는 착각은 사라지지 않았다. 이것이 부르주아 사회의 인간이 노동을 함으로써 자신을 처벌해야 한다고 믿는 이유이다. 부르주아 계급은 즐기지 않는 활동만을 진정한 노동으로 간주하는 것이 특징이다. 훨씬 더 많은 시간과 에너지를 요구하는 예술가와 과학자들의 더 어려운 노동은 즐거움과 만족을 가져다주기 때문에 "진정한" 노동으로 받아들여지지 않는다. 결과적으로 경제는 경제 논리를 따르는 것이 아니라, 죄책감의 논리를 따른다. 그것은 자유주의적인 개신교뿐만 아니라, 부르주아 합리주의와 반-부르주아 노동자 운동도 죄책감 문제의 존재를 부정하기 때문에 죄책감에 의해 걷잡을 수 없이 추진되는데, 이런 부정의 결과로 죄책감은 점점 더 억압된다.

돈의 가장 어두운 측면 중 하나인 이자를 밝히기 위해, 브라운은 죄책감과 속죄, 그리고 하닉에게서 넘겨받아 매우 지적인 방식으로 발전시킨 정신분석학적 시간 개념 사이의 연결을 설정한다. 속죄의 개념은 일어난 일이 원래 상태로 되돌려질 수 있다는 믿음의 표현이기 때문에, 그것은 항상 시간의 표현이기도 하다. 결과적으로 시간의 개념은 죄책감을 느끼고 속죄를 찾는 동물에게서만 나올 수 있다. 인간이 시간으로 이해하는 것은 본능 억압의 산물이다. 왜냐하면 다른 동물들과 공유하는 정신의 일부인 무의식에서는 시간이 존재하지 않기 때문이다. 무의식적 정신 과정은 항상 시간과 상관없다. 무의식적 정신 과정에는 어떤 시간 개념도 없다. 반대로 말하면, 돈과 마찬가지로, 시간은 신경증적이며 억압을 만들고 견디는데 필요한 현실 왜곡의 근본적인 구조, 즉 문화에 속한다.

시간은 실제로 자기의 일부분이지만, 초자아, 성격 구조, 그리고 방어기제로 구성된 무의식적인 부분이다. 여기서 프로이트의 후기 이론을 채택한 브라운에 따르면, 초자아는 잃어버린 과거의 그림자이고, 조상들의 내면화를 통해 생겨났다. 그것은 문화적 과거를 나타내며, 조상들을 동일시하고자하는 유아기의 소원과 자신의 아버지가 되고자 하는 욕망에서 비롯된다. 기능적으로 그것은 프로이트가 격리isolation라고 불렀던 방어기제의 도움으로 작동한다. 격리는 경험의 부담을 더 쉽게 처리하기 위해 그것들을 분쇄함fragmenting으로써 본능의 힘에 압도되는 것으로부터 자아를 보호한다. 하지만 그런 분쇄는 항상 가치가 있기 때문에, 즉 "시간은 돈"이기 때문에 셀 수도 저장될 수도 있는 시간적 순서로 분할된다. 따라서 우리는 경험의 시간적 변화뿐만 아니라, 시간의 상품적 변화도 가지고 있으며, 이런 변화는 부르주아 세계의 추상적이고, 소외되고, 구체화된 성격을 뒷받침한다.

브라운에 따르면, 고대 사회는 또 다른 방어 수단을 사용했는데, 부활 사상에 근거한 매년의 속죄 의식expiation ceremony이다. 인간은 상징적인 죽음으로 자신의 죄를 속죄하고 죄 없이 두 번째로 태어났다. 이것은 물론 부인denial의 기법이지만, 프로이트에 따르면 억압된 관념의 내용들이 부인을 통해 의식 속으로 들어갈 수 있기 때문에, 고대의 기법은 실제로 실행 가능한 치료 형태를 나타낸다. 반면에 부르주아 세계에서는 죄에 대한 무의식적 부담이 종교 의식을 통해 더 이상 줄일 수 없을 정도로 커졌다. 이것은 주로 우리 모두가 고대 사회에는 없어서 다행이었던 역사의식을 가지고 있다는 사실에 기인한다. 고대의 시간 개념은 부활에서 부활로 순환적이었던 반면, 부르주아의 시간 개념은 누적적이다. 따라서 과거에 대한 의식은 부르주아 사회에 역사적 운명을 부담시킨다. 아버지들의 죄는 삼사 대에 이르기까지 자녀들에게 전해진다. 즉, 이것은 누적 부채와 누적 시간의 도식들schemata이 복리compound interest 경제를 생산하는데 함께 작용한다는 것을 의미한다.

여기서 브라운은 마르크스가 시간적 차원과 공간적 차원을 모두 갖는 노동 단위로 제품의 가치를 측정하기 때문에 마르크스의 노동 가치 이론과 유사성을 발견했다고 믿는다. 모든 인간 제품의 가치는 그것을 만드는 데 필요한 시간으로 측정된다. 이 시간의 비용에는 그것의 생산에 참여한 모든 사람들의 생활비와 교육비가 포함된다. 그리고 이것은 또한 부모의 생활비와 교육비를 포함하기 때문에, 모든 제품의 이론적 비용은 인류의 시초로 거슬러 올라가 계산되어야 한다. 자본 역시 수천 년 동안 수용되고 축적된 노동일뿐이다. 결과적으로, 시간이 전부이고, 사람은 아무것도 아니다. 사람은 살이 없는 세월의 뼈대가 된다. 죽은 과거의 무덤에서 뻗어 나온 손인 자본은 현재의 살아있는 힘인 노동을 도용한다. 따라서 죄책감과 마찬가지로, 이자는 현재가 과거에 바치는 공물이다. 달리 표현하자면, 이자율은 시간의 대가이자 시간이 부담하는 죄책감의 대가이다. 부르주아 사회의 역동성은 즐거움을 더 먼 미래로 미루는 것에 달려있기 때문에, 이자율은 구체화된 조바심의 시장 가격으로 정의될 수 있다. 같은 의미에서 상품은 구체화된 시간으로 간주되어야 하는데, 그렇지 않으면 상품은 결코 재산으로 소유될 수 없기 때문이다.

 브라운에 따르면, 프롤레타리아에 대한 착취는 지배 계급의 구체적이고 물질적인 관심에서 추구되는 것이 아니라, 고대의 속죄 행위(동료 인간들에게 주는 선물, 신들에게 바치는 희생 제물)가 십자가에 항복하는 현대적 속죄 과정으로 변형된 것을 의미한다. 그것은 부인의 심리 과정의 결과이다. 브라운은 다른 사람들의 착취를 통해 자신을 풍요롭게 하는 항복의 형태와 착취로 고통 받는 항복의 형태 사이에는 중요한 차이가 있다고 생각하지 않는다. 적어도 그는 그것을 언급하지 않았다. 대신에 그는 "… 소유물을 축적함에 있어 개인은 자신의 죄책감을 짊어지고, 따라서 첫 번째 해결책(즉, 갖기taking 대신 주기giving)을 부정한다."(앞서 언급한 책, pp. 278-279)라고 쓰고 있다. 이런 주기가 갖기로 변형되는 곳은 도시였다. 브라운에 따르면, 도시는 인간이 더 이상 시골 마을에서처럼 자연과 더불어 살고 싶지 않고, 자연에 반항할 것을 제안했다고 선언한다. 도시와 함께, 신체적으로는 공해와 신체적인 질병을 통해 그리고 정신적으로는 불치의 신경증을 통해 지구상의 인간 생명의 되돌릴 수 없는 파괴가 시작되었다. 대부분의 마르크스주의자들과는 달리, 브라운은 생태학적 문제를 이익 동기에 의해 야기된 근본적으로 건전한 제도들의 확산으로 이해하지 않고, 초기 역사에서 취해진 그리고 사회주의적 조치로 개선될 수 없는 잘못된 전환으로 이해한다. 도시는 성벽으로 둘러싸인 봉건적 정착지, 부르주아적 도시, 또는 사회주의적 대도시가 아니라, 축적된 죄책감의 "침전물"이며 따라서 원칙적으로 치료할 수 없는 **도시 그 자체**urbs per se이다. 그는 "더 많은 기념물을 축적해서 갚아야 할 빚이 있다. 도시를 통해 아버지들의 죄가 자녀들에게 찾아왔고, 모든 도시에는 역사와 이자율이 있다"라고 말했다(앞서 언급한 책, p. 283).

이익 제도는 축적된 시간뿐만 아니라, 한때 동료에게 느꼈던 충성심의 전환도 전제로 한다. 그것의 가치를 인식하지 못하고 한번 주었던 선물의 가치에서 보여지는 새로운 형태의 충성심이 탄생한다. 따라서 선물은 상품으로, 선물은 돈으로 변형된다. "따라서 문명화된 경제에서 돈은 고대 경제에서는 결코 갖지 못했던 심리적 가치를 갖게 된다."(앞서 언급한 책, p. 279) 돈은 배설물이라는 유아기의 마법을 물려받는다. 그러므로 번식하고 자녀들을 낳을 수 있다. 어원학적 뿌리가 보여주듯이, 이익은 증가이다(브라운에 따르면, 그리스어 *tokos*와 라틴어 *faenus* 모두 "증가"와 "이익"를 의미한다).

II

　브라운의 논제는 수용적인 독자라면 누구에게나 상당한 지적 즐거움을 가져다 줄 매혹적인 지성적인 작업이다. 그러나 위대한 분석가들이 쓴 많은 비(非)치료적인nontherapeutic 저술들처럼, 그것은 정말로 아무런 의미가 없다. 그것은 한 학문 분야의 사고 과정이 다른 학문 분야의 어휘로 표현되는 경구epigrams, 은유, 우화들의 축적이다. 브라운의 경우, 그것은 보통 정신분석학의 어휘로 표현된 신학적 사고이다. 그러므로 그의 작품은 정신분석학을 가장한 신학으로 보아야만 제대로 평가할 수 있다. 그러나 신학자들과의 논쟁은 없는데, 이는 그들의 지적 체계의 상부 구조가, 그것이 아무리 논리적일지라도, 믿음의 조항인 검증할 수 없는 전제premises에 기초하고 있기 때문이다. 브라운이 돈에 대해 말하는 것은 그의 책 전체에 적용된다. 즉, 그것은 현실에서 아무것과도 일치하지 않는 이론적 모델이다. 그것이 반영하는 것 모두가 저자의 생각이다.

　브라운은 그와 마주칠 수 있는 곳이라면 어디서든 쉽게 반박될 수 있다. 그러나 그의 연구의 주요 부분이 순전히 추론적이기 때문에, 이것은 그가 비유의 언어를 버리고 순간적으로 현실의 땅에 발을 디딘 경우에만 가능하다. 예를 들어, 그는 라이히Reich, 페니켈Fenichel, 프롬, 아도르노Adorno가 어느 정도 부합하게 정교화한 항문기 성격 이론의 마르크스주의적 발달을 비판한다. 그는 프로이트의 분석적 범주를 희석된 사회학으로 바꿨다고 그들을 비난하고, 그 과정에서 그들이 프로이트의 가장 중요한 통찰, 즉 질서정연함, 절약, 고집이라는 항문기 증상의 신체적 기원을 사회적인 추상적 개념으로 희생시켰다고 주장한다. 그들의 연구에서, 그는 신체적somatic 중요성이 없는 개념인 권위주의적 성격의 개념이 대체로 항문기 성격을 대체했다고 말한다. 즉, "프로이트적인 신체 유물론이 사라지면서, 심리학은, 융 학파의 손에서와 마찬가지로, 신-프로이트 학파의 손에서 다시 한번 프로이트 혁명 이전에 있었던 자율적 영혼의 심리학이 된다. 이것은 신-프로이트 학파에서 프로이트의 '생물학적 지향'을 극복한 것으로 칭찬받는 '진보'이다"(앞서 언급한 책, p. 204).

이런 비판은 프롬과 관해서는 장점이 있을 수 있지만, 모든 심리적 고통의 근원을 신체에서 찾으려는 진정으로 열광적인 주장이 프로이트를 훨씬 넘어서는 빌헬름 라이히Wilhelm Reich에게는 확실히 적용되지 않는다. 페니켈은 항문기 성격을 아이의 배변훈련 중에 발생하는 외상에 대한 고착으로 이해했기 때문에 더 적절한 대상이 아니다. 이것은 내가 이 책의 서두에 나의 기고문에서 주장했던 논제이다. 브라운은 이런 입장을 취하는 우리 모두를 상대로 다음의 논거를 사용한다. 즉, 우리의 자본주의 문명이 정말로 성적인 특징을 보여준다고 가정하자. 그럴 경우, 우리 마르크스주의 분석가들은 자본주의의 폐지를 위해 관대한 배변훈련보다 더 좋은 것을 제공할 수 없다. 그러나 그것은 혁명도 사회주의도 심리치료도 아니다. 왜냐하면, 우리는 실제적인 문제인 항문기 신경증을 치료하는 대신에 모든 관심을 그의 부모에게 돌리기 때문이다. 즉, "이 모든 접근방식은 … 아이가 남자의 아버지라는 고전적인 프로이트의 원리를 저버리는 것이다. 겉보기에는 성인의 항문기 성격이 유아기 항문성애에서 비롯되는 것 같지만, 실제로는 유아기 항문성애가 성인의 항문기 성격에서 비롯된다"(앞서 언급한 책, p. 205). 따라서 그 주장은 순환적이다. 즉, "성인의 항문기 성격은 성인의 항문기 성격에서 비롯된다."(인용문 중에서)

그것은 전적으로 옳다. 왜냐하면, 프로이트와 브라운과는 대조적으로, 나는 인간의 신체 구조와 심리 구조를 부모의 집에서 겪는 아이의 고립된 경험이 아니라, 그의 사회적 조건을 추적하기 때문이다. 내가 아는 전부는 부모가 지금 자신들의 자녀들을 만드는 것처럼 자신들이 자신들의 어린 시절에 만들어졌다는 것이다. 그러나 부모의 부모는 누가 만들었을까? 아니면, 프로이트의 용어로, 누가 원초적 아버지를 만들었을까? 프로이트는 정확하게 정의된 성격 특성을 자신의 탓으로 돌린다. 만약 아이가 어른의 아버지이고 자신을 창조하기 위해 아버지가 필요하지 않다면, 그들은 어디에서 왔을까? 만약 브라운이 성인의 항문기 성격이 성인의 항문기 성격에서 비롯된 것으로 나를 비난한다면, 나는 그 자신이 단지 아이의 항문기 성격을 아이의 항문기 성격에서 이끌어냈을 뿐이라고 대답할 수밖에 없다.

나의 핵심 질문은, 왜 한 문화는 과도한 배변훈련을 도입하여 전체 세대에 항문기 신경증을 키우는 반면, 다른 문화는 항문기 젖떼기 문제에 무관심하거나 관대하여 항문성애도 항문기 신경증도 아닌 성격 유형을 만드는가? 이다. 내가 보기에 이 질문은 어떤 심리학적 방법으로도 대답할 수 없고, 오직 생산력과 그 발달에 대한 연구를 통해서만 대답할 수 있는 것 같다. 생산 수단을 최대한 잘 활용하고, 잠재된 생산력을 가장 효율적으로 펼치는 사람들이 교육의 종류와 형태도 결정할 것이다. 만약 한 계급이 권력을 잡기 위해 질서정연함, 절약, 근면함, 그리고 자신의 길을 갈 수 있는 능력을 요구한다면, 착취당하는 계급을 포함한 사회 전체는 적어도 일시적으로라도, 이런 교육적 방법을 채택할 것이다. 이와 관련하여 현실을 보는 대신 죽음 본능을 말하는 것은 지배계급이 권력을 유지하는 방법에 대해 침묵함으로써 지지하는 것을 의미한다.

브라운은 이것을 "본질적이지 않은(그리고 애매모호한) 심리학자적인 빠른 말로 장식된" 프로이트 이전의 사고방식이라고 언급한다(앞서 언급한 책, p. 206). 그는 정신분석학이 인과적이지도 과학적이지도 않으며, "보통의 상식"으로 이해할 수도 없다고 생각한다. 이것은 브라운의 분석 종류에 해당될 수는 있지만, 내가 여기서 주장하는 것에는 적용되지 않는다. 그는 합리적인 분석을 하려는 시도를 "병적morbid"이라고 부르는데, 그것이 지배를 위한 탐욕스러운 항문기 욕망, 지식을 통달하려는 욕망에서 비롯되기 때문이다. 지식을 원한다는 것, 세계를 합리적으로 이해하려는 것은, 그의 용어로 소유욕의 승화된 파생물, 항문적인 것에서 영적인 것으로 옮겨진 힘을 향한 노력이다. 그는 페렌치의 "생각은 결국 행동을 통해 낭비를 막는 수단일 뿐이다."라는 유명한 구절을 인용하고, 이것을 합리적인 지식에 대한 욕망이 단지 "절약하려는 경향의 특별한 표현", 즉 비합리적이라는 증거로 해석한다. 대안으로, 그는 그 목표에서 "가학적이기 보다 더 성적"이어야하는 비-신경증적non-neurotic 과학을 가정한다. 그 목표는 지배가 아니라, 자연과의 결합일 것이다. 항문기 본능이 아니라, 다양한 형태를 가진 민감한 신체 전체가 그 기반이 될 것이다. 이것은 우리 마르크스주의 분석가들이 계급 없는 사회의 심리학으로 의미하는 것과 어느 정도 일치하지만, 우리가 만약 우리의 반대자들을 물리치기 위해 필요할지도 모르는 어떤 합리적인 지식을 얻으려는 노력을 단념하는 것으로 시작한다면, 우리가 어떻게 그런 사회를 만들 수 있을지 모르겠다.

III

브라운 사상의 비현실성irreality은 그가 초기와 선사시대의 검증 가능한 질문들을 다룰 때 특히 두드러진다. 그는 우리가 보았듯이, 그가 실수로 원시 사회에 귀속시킨 선물의 상호 제공(실제로 그것은 우리 시대의 사냥 문화에서만 나타난다)은 경제적인 의미는 없지만 신성한 영역에서 파생되며 신들에게 바치는 희생 제물의 세속적 대응물로만 이해될 수 있다고 믿는다. 그러나 라이히는 자신의 최고의 저서들 중 하나인 「성 도덕의 붕괴*Der Einbruch der Sexualmoral*」(Berlin, 1932)에서 상호 간의 주기giving가 어떻게 변함없이 족장의 풍요와 지배 계급의 시작으로 이어지는지 절대적으로 설득력 있고 반박할 수 없는 방식으로 묘사했다. 이 주장은 「강제적인 성 도덕의 붕괴*Der Einbruch der Sexuellen Zwangsmoral*」(퀼른, 1972)의 제목으로 출판된 개정판(The Invasion of Compulsory Sex Morality로 번역됨. Farrar, Straus, Giroux, New York, 1971)에서 유지된다. 주기가 계급 사회를 만드는지 또는 계급 사회가 주기를 낳는지는 논란의 여지가 있지만, 한 가지는 확실하다. 그것은 계급의 발달에 구체적이고 물질적인 영향을 미치며 순수하게 신성하고 완전히 비경제적인 현상으로 해석될 수 없다는 것이다.

브라운 논문의 핵심 원칙은 이런 "고대의" 주기giving 문화에서 "현대의" 갖기taking 문화로의 전환이다. 인류 역사 전체에 부정적인 영향을 미치는 이런 변화가 실제로 언제, 어디서 일어났는지, 브라운은 우리에게 말하지 않는다. 그는 단지 그것을 "도시의 부상rise of the cities"과 모호하게 연관시킬 뿐이다. 그러나 이런 변화는 도시화의 역사에서 세계 어디에서도 찾아볼 수 없다. 초기와 선사시대에는, 민족학에서 원초적 아버지의 죽음만큼이나 그것이 알려지지 않았다. 브라운은 프로이트가 원죄에 대해 논술한 것처럼, 억압을 통해 유아기 이드Id를 길들이는 것이 유일한 목적인 유아기 자아가 만들어낸 환상으로 보아야만 자신의 논지를 유지할 수 있었다. 그러나 설령 그렇더라도, 그것은 논리가 부족하다. 왜냐하면 브라운의 기준에 따르면, 고대 사회가 주기를 통해 죄책

385

감을 효과적으로 근절할 수 있었다면, 왜 그것이 사라졌어야 했는지 이유가 없기 때문이다. 그러나 고대 세계가 사라졌다는 사실은 억압된 죄책감의 부담이 감당할 수 없게 될 때 문화가 멸망하고, 그들이 무의식을 의식화하거나 그런 감정의 상승과 후속 억압을 애당초 막을 때만 살아남는다고 주장하는 것이 불가능하다는 것을 증명한다.

IV

브라운은 배변훈련의 변화로 인한 성격과 행동의 차이가 미미하다, 즉 심오한 차이는 오직 죽음 본능에 의해서만 영향을 받는다고 생각했다. 나는 그 견해에 동의하지 않는데, 특히 그것은 모든 아이들에게는 아니지만, 일부에게 외상적인 영향을 미치는 대변 fecal 전능 환상의 붕괴를 완전히 무시하기 때문이다. 만약 유아기 자아가 성인의 성격이 망설임과 우유부단함이나 독단성과 공격성이 나타나지 않도록 충분히 강하게 발달하려면, 가학적-항문기 단계에서 잠재기로의 전환이 대변 전능의 환상을 점진적으로 극복함으로써 이루어져야 한다. 항문기가 끝날 무렵에 충격이 있어서는 안 되는데, 성인은 항상 이 외상으로 퇴행하거나, 그것이 성인의 삶으로 이월되어서는 안 되기 때문이다.

소년이 음경을 가지고 있다는 소녀의 발견과, 소녀에게는 음경이 없다는 소년의 발견은 잘 알려진 대로 모든 프로이트 이론의 핵심이 되었다. 그가 이 발견의 외상을 근본적인 것으로 본 것은 옳았다. 그러나 거의 그것 못지않게 중요한 성숙기에 발생하는 이차적인 외상도 있는데, 그것은 자신의 힘이 제한되어 있고, 자신이 세상에서 배변할 수 있는 유일한 사람이 아니라 다른 사람들도 마찬가지이며, 결과적으로 그 외상은 많은 것들 중 하나일 뿐이라는 것을 아이가 발견하는 것이다. 이 발견이 점진적이고 부모의 사랑에 의해 완화되지 않으면, 그것은 성인의 삶의 많은 부분에 그림자를 드리우고 우리가 자아의 특정한 약점, 그 약점과 공격성에 대한 과잉 보상, 특히 쉽게 상처받는 허영심과 연관되는 모든 증상들의 근원이 된다. 대부분의 경우, 이 증후군은 강등되고, 빼앗기고, 충분하게 존중받지 못하는 것에 대한 두려움에서 나타난다. 그런 개인은 종종 자신과 자신의 업적achievements이 유일하다고 주장함으로써 대변 전능성의 상실을 보상하려고 할 것이다.

다른 사람들이 자신의 아이디어를 훔치고 싶어 한다고 과학자, 예술가, 작곡가, 작가와 같은 창조적인 사람이 불평할 때, 이 증후군이 종종 관련되어 있다. 더 강한 자아와 더 심오한 자기-인식을 가질 것으로 기대되는 분석가들 중에서조차도, 그런 경우는 드물지 않다. 동료 B가 기본적인 아이디어와 관련 문서 모두에서 자신의 작품을 표절했다고 비난하는 동료 A의 사례를 보자. 그러나 만약 B가 자신의 작품이 자신의 아이디어가 아니라 그의 훈련 분석가가 제안한 과제라고 진실하게 말하고, 또한 기록 자료가 전통문화이어서 A의 작품도 B의 작품도 아니라면, 여기서 "표절된" 지적 재산은 무엇을 의미하는가?

우리가 마르크스의 가치론으로 재산을 측정한다면, B의 책은 그가 일하는데 쓴 시간만큼 가치가 있다. 이것이 10년이나 12년이 되면, 그것의 교환 가치가 어떻든 그 작품의 가치는 상당하다. 만약 우리가 재산을 민법(절도)으로 정의하면, 아무도 도둑맞지 않았다. 반대로, 저명한 동료들 사이의 그런 다툼이 널리 알려지면 보통 두 사람의 수입이 늘어나는 결과를 낳는다. 그러나 우리가 심리학적 기준을 적용하면, 무슨 일이 일어났는지 즉시 알 수 있다. 자신의 유아기 전능 환상은 성인이 자신이 유일하지 않다는 것, 즉 그가 자신의 것으로 여겼던 힘들게 성취한 유아 대변의 승화는 다른 사람들도 만들 수 있다는 것을 퇴행적으로 또는 너무 늦게 발견했을 때 파괴된다.

그런 경우에 더 균형 잡히고, 덜 강박적으로 공격적인 행동은 어떤 모습일까? 프로이트는 일부 민속 예술을 포함해서 예술에 대한 많은 선구적인 연구를 저술했다. 나중에 에른스트 크리스Ernst Kris는 동일한 주제를 채택했고, 그것을 상당히 크게 확장했다. 내가 지금 민속 예술에 대한 정신분석학적 연구를 집필하고 있고, 10년 후에 내 동료 B가 쓴 책이 나온다고 가정해 보자. 그것은 같은 주제를 다루고 있다. B는 크리스Kris의 제자이며, 그 주제가 박사 학위 논문으로 그에게 제안되었다. 그가 분석한 예술 작품의 3분의 1은 이전에 내가 분석한 것이다. 만약 내가 B의 책을 검토해달라는 요청을 받는다면, 나는 그의 책이 나의 것과 어떤 공통점을 가지고 있는지를 설명하는 것에 국한될 수 없을 뿐만 아니라, 그것을 구별하는 것도 고려해야 한다. 하지만 나의 허영심이 아무리 고통스러워도, 민속 예술의 양이 제한되어 있기 때문에, 그가 비슷한 재료를 사용했다는 것을 나는 당연하게 받아들여야 한다. 나는 그가 나에게서 훔쳤다고 상상할 권리도 없고, 그를 도둑으로 탓할 수도 없다. 만약 그가 크리스Kris를 그의 작품의 원조로 언급한다면, 나는 그 책의 아이디어가 그의 것이 아니라고 말함으로써 그를 비난할 수 없다. 우리는 자료에 적용되는 것이 지적 재산에도 적용된다는 것을 알아차린다. 항문기 특성의 발달은 A와 B 사이의 상당한 차이를 유발하고, 브라운이 믿는 것처럼 죽음 본능으로 설명될 수는 없지만, 항문기 증후군의 병인 pathogenesis으로만 설명될 수 있다.

V

브라운은 자신의 작품과 제자 로하임의 작품 사이의 유사성에 대해 반복적으로 주의를 환기시키는데, 이것은 우연이 아니다. 둘 다 인과 관계는 19세기의 개념이며, 논리는 일종의 대중화된 유물론을 나타내고, 정신분석학 이외의 과학적 범주의 사용은 그 학문 분야에 대한 배신이라는 생각에 동의한다. 둘 다 인류의 경제적 동기를 부적절한 것으로 거부하고, 둘 다 합리적 사고의 힘에 의문을 제기하며, 둘 다 앙드레 브르통André Breton이 했던 것처럼 분석적 사고를 생각한다. 그들은 합리적인 지식보다는 시적인poetic 지식을 산출하는 이드Id의 원천에 대한 직관적인 돌파구로서 그것을 했다.

자신의 연구의 이론적 부분에서 로하임은 배고픔을 현실 원칙의 결정 요인으로 인정하고, 리비도를 한편으로는 대상 세계와 다른 한편으로는 현실 감각과의 관계에서만 바라본다고 반복적으로 고백하는데, 리비도는 무의식적이고 종종 비현실적인 행동의 원천이다. 그러나 민족학적 문제를 해결해야 할 때, 그는 항상 무의식적이고 반(反)현실적인antirealistic 설명에 찬성하기로 결정하고, 18세기와 19세기의 합리주의로 인한 시대착오적 오류로 인과적 해석을 제시하거나, 마치 그런 것이 존재하지 않았던 것처럼 사실에 근거한 인과적 설명의 가능성을 무시한다. 예를 들어, 호주에서 씨족과 부족의 장로들이 최고의 음식을 독점하는 사회 계층 구조에 직면했을 때(제9장), 그는 이것을 이 지배 집단의 실제 권력이 아니라, 어린 시절부터 부모에게서 음식을 제공받는 것에 익숙해져서 이제는 장로들이 나눠주는 것만 먹어야 한다는 스스로 부과한 강박 관념에서 벗어날 수 없기 때문에 이 음식을 "자발적으로" 포기하는 젊은이들 사이의 "잔존하는 유아 기억의 흔적"의 영향 탓으로 돌린다. 왜 이런 강박적인 의존이 몇몇 문화에서만 존재하고, 반면에 다른 문화에서는 젊은이들이 곧 그들의 장로의 영향에서 해방되는지에 대한 질문이 로하임에게는 일어나지 않는데, 그 이유는 그것이 사회학적 문제이고, 따라서 정신분석학 능력의 영역 밖에 있기 때문이다(이 같은 경우 브라운은 자발적으로 열등한 음식을 먹는 것은 자신의 빚을 갚는 형태라고 주장했을 것이다).

프로이트는 항상 인간의 행동을 유전적인 영향과 외부적 영향(부모가 유전적 영향과 가장 중요한 외부 영향을 모두 구성한다)의 상호 작용의 결과로 보았던 반면, 로하임의 세계는 거의 전적으로 무의식적인 심리적 요인들의 노리개plaything이다. 예를 들어, 그는 "기능적으로 해석된" 신들은 사회적으로 야기된 억제의 투사이지만, "개체 발생적으로는 아버지 이마고의 투사"라고 말한다. 따라서 사회적으로 야기된 억제의 형태로 현실 원칙에 순수하게 형식적인 경의를 표한 그는 즉시 아버지 이마고의 영향력으로 돌아서고 다른 모든 것을 무시한다. 정신의 무의식적 과정이 마법-신화적인 것에서 가장 분명하게 표현되고, 그것이 원인과 결과 사이의 관계를 뒤집는 것을 마법-신화적인 것의 특징으로 간주하는 것이 그의 견해이기 때문에, 그는 실제로 세상을 뒤집는다. 과정에 대한 인과적인 일차적 설명과 반-인과적인anti-causal 이차적 설명이 모두 주어질 수 있는 경우, 그는 변함없이 후자를 선호하며 전자를 언급하지 않는다.

그가 호주의 야라이카나Yaraikana족 젊은 남자들 사이에서 통과 의례 동안 이가 부러지고 맞을 때마다 부족 지역의 이름이 불리는 것을 발견했을 때, 그는 이것에서 재산의 심리적 기원을 보게 되는데, 언급한 지역이 그 젊은 남자에게 "속한belong to" 이빨이 우연히 빠지는 것과 일치하기 때문이다. 브라운의 경우와 마찬가지로, 로하임에게도 재산은 경제적 의미는 없고 심리적 의미만 있었다. 그것은 신체의 절단된 부분의 중재를 통해 외부 세계의 일부를 자아에 내사하는 것이다. 재산에 대한 일차적인 경제적 해석은 무시되고 의식rite의 기원에 관한 중요한 추론은 허용하지만 재산의 기원과는 아무런 관계가 없는 이차적이고 추론적인 해석으로 대체된다. 원인과 결과의 순서가 왜곡된다.

그러나 로하임이 같은 도식에 따라 자신의 의견을 공유하지 않는 사람들의 동기를 "해석하지" 않는다면, 이것마저도 용서받을 수 있을 것이다. 예를 들어, 그는 이 책 제9장 주석 129에서, 바호펜Bachofen, 모건Morgan, 마르크스, 엥겔스가 주장한 모권 이론mother right theory(로하임의 용어로 "잡혼제-원시적 공산주의-일부일처제 가설의 사슬")이 "여성을 공유화"하려는 이런 사상가들의 다소 의식적인 성향에 의해 심리학적으로 형성되었고, 일부다처제에 대한 이 무의식적인 욕망이 "전체 운동의 실제적이고 무의식적인 주요 동기"를 나타낸다고 언급한다. 달리 더 명확하게 말하면, 과학은 마법-신화적인 것과 동일한 무의식의 지배에 복종한다. 과학적인 논제들은, 특히 논리적인 척하는 경우, 만족하지 못한 성적 욕망에 의해 야기된 자기-기만self-delusion의 형태이며, 이런 소원을 의식으로부터 숨기는 목적을 수행한다.

과학자들 또한 리비도를 가지고 있으며, 다른 인류와 마찬가지로 리비도에 의해 형성되었다는 것은 정신분석학을 조금이라도 아는 사람이라면 어느 누구도 결코 반박한 적이 없다. 그러나 과학자들이, 다른 모든 사람들과 마찬가지로, 리비도를 사고로 변형시키고, 선사시대의 잡혼제promiscuity에 관련된 문서 자료를 무시할 수 없는 조사자들은 로하임 앞에서 누구도 감히 주장하지 못했던 그런 잡혼제를 다시 도입하려는 무의식적 욕망에 따라야하기 때문에 그 과학적 논제들은 거짓임에 틀림없다. 우리는 로하임 이후에 누구도 뻔뻔스럽게 그것을 제안하지 않기를 바랄 뿐이다. 로하임은 우리 시대의 많은 분석가들이 부러워하고 다른 사람들에게 순진하거나 심지어 다소 난처하게 여기게 했던 솔직함으로, 진보에 대한 사회학적 관점과 분석적 관점 사이의 까다로운 모순을 폭로한다. 즉, "분석적 관점에서 볼 때, … 진보는 자아와 리비도를 현실에 적응시키는 것을 의미한다." 하지만 사회학적 관점에서 보면, 진보는 결코 외부 세계에 대한 적응이 될 수 없고, 단지 외부 세계가 인간에 대해 적응하는 것일 뿐이다. 이것이 프로이트 학설의 아킬레스건이고, 또한 로하임 민족학의 취약점이다. 로하임은 아들들에 의해 살해되고 삼켜진 원초적 아버지에 대한 프로이트의 은유를 역사적 사건으로 생각하고, 그것을 특정 호주와 멜라네시아Melanesia의 의식에 대한 병인학적 설명으로 사용한다(제9장). 만약 이것이 심각하게 받아들여진다면, 그것은 다음의 두 가지 공리axioms 중 하나를 의미한다. 즉, 멜라네시아인들과 호주인들의 계통 발생적 기억이 인류의 기원까지 확장되거나, 아니면 원초적 살인이 한 번이 아니라 반복적이고 동일한 형태로 일어났거나 둘 중 하나이다. 이것은 마치 사람에게서 오이디푸스 콤플렉스를 발견할 때마다 이오카스테Jocasta[2]의 아들이 직접 방문한다고 가정하는 것과 같다.

 로하임은 "원초적 아버지가 죽은 이후의 기간 동안 성기가 억제되고 항문과 밀접하게 연결된 구강 본능의 우세가 시작되는 것"이 사실이라고 말한다. 왜 이것이 사실인가? 누가 증명했는가? 누가 거기에 있었는가? 모든 것을 단언하고 아무것도 증명하지 못한 이런 종류의 즉흥적이고 임시변통적인 분석이 한때 정통파의 많은 분석가들이 그들의 작업에서 일상이 무정형으로 빠져드는 것을 피하기 위해 명확하고, 단단하며, 틀림없는 마르크스주의의 범주에서 카텍시스를 찾도록 자극했다.

---

2 이오카스테, 그리스신화에 나오는 오이디푸스의 어머니이자 아내.(번역자 주)

VI

로하임과 이 책의 제2부(제6-10장)에 수록한 논문들의 분석가들과는 대조적으로, 또한 그의 견해를 이 후기postscript의 맨 앞에 상반되는 주제구(主題句, motto)로 사용했던 노먼 브라운과도 대조적으로, 나는 돈의 정신분석이 이른바 원시 화폐의 신성한 자연으로부터 파생될 수 있는지 의문을 제기한다. 제1부(제1-5장)에 수록된 프로이트와 위대한 정신분석학 선구자들의 돈에 대한 연구들과는 대조적으로, 나 역시 돈의 성격이 항문기 성격의 구조에서 파생될 수 있다고 믿지 않는다. 나는 그 반대라고 생각한다. 즉, 항문기 성격 구조는 그것을 만든 사회구조의 거울상mirror image으로만 이해될 수 있다. 존재하는 것은 의식뿐만 아니라, 무의식도, 그러니까 정신 구조뿐만 아니라, 그것의 내용과 역동성도 결정한다. 라이무트 라이헤Reimut Reiche와 하우크W. F. Haug, 그리고 마이클 슈나이더Michael Schneider의 연구를 통해, 이런 통찰력이 최근 몇 년 동안 새롭게 확인되어왔다. 다음에 나는 이 자료를 광범위하게 사용할 것이다.

어디서나 그리고 언제나, 프로이트는 그에게 자명한 전제로 시작한다. 즉, 그가 환자들에게서 발견한 정신 구조는 모든 인류의 정신 구조이다. 정신을 이드, 자아, 초자아 세 부분으로 나누는 것은, 그에게 절대적인 생물학적 중요성의 발견이었다. 그가 특정한 자아 기능으로 본 의식은 현실 검증의 임무를 가지고 있다. 그러나 그것의 특징적이고, 추상적이며, 구체화된 형태에서, 그것은 "주로 자아의 심리 내부적인 intrapsychological … 성취가 아니라, 오히려 경제 주체들의 마음속에 있는 교역과 돈의 추상적 관계의 반사 작용reflex"(마이클 슈나이더, "신경증과 문화Neurosis and Civilization", Seabury Press, 1975, p. 142)이다.

프로이트가 특별하게 자아의 인간적인 측면으로 보았던 추론하고, 추상하고, 사고할 수 있는 능력은 실제로 서양에 국한된 현상이며, 단순히 돈의 추상적이고 탈(脫)감각화된desensualized 특성을 반영한다.

자아와 관련된 것을 이해하기 위해서는 먼저 브라운도 근본적이라고 여기는 억압의 개념을 다루어야 한다. "우리가 이해할 수만 있다면, 프로이트 사상의 열쇠가 되는 한 단어가 있는데, 그것은 '억압'이다." 프로이트는 정신분석학의 전체 체계는 억압 이론에 기초하고 있다고 말했다. 프로이트는 자신이 억압이라고 부르는 현상을 연구하는데 전 생애를 바쳤다. … 신 프로이트주의자들의 관점에서, 사회의 본질은 개인에 대한 억압이고, 개인의 본질은 자신에 대한 억압이다"(브라운, 앞서 언급한 책, p. 3).

사회적 존재가 심리적 존재를 결정한다면, 심리적 억압은 추상적이고 쓸데없는 것이 감각적이고 유용하며 구체적인 것을 억압하는 억압의 사회적 형태를 나타낸다. 역사적으로 볼 때, 이 과정은 교환 가치에 의한 사용 가치의 억압이다. 이 억압의 씨앗은 노동의 산물이 상품이 되는 변질transubstantiation이 일어나는 상품의 교환이다. 물건을 만드는 노동과 물건이 제공하는 기능 모두의 개인적이고 감각적이며 구체적인 특성들은 지워지고 추상적이고 비인격적이며 탈(脫)감각화된 desensualized 무언가로, 즉 교환 가치로 변형된다. 모든 유형의 가치가 상품, 돈, 가격, 임금과 같은 무형의 교환 가능한 범주로 매일 불가피하게 변형되면서, 봉건 시대에 비교할 때 자본주의에서 인간의 심리적 생활은 완전히 변화되었다. 인간의 자연스럽고 감각적인 욕구는 대부분 억압되어 왔고, 돈벌이, 직장의 규율, 본능적 만족의 포기가 그 자리를 차지했다.

사용 가치를 교환 가치로, 구체적인 것을 추상적인 것으로, 개인적인 것을 비인격적인 것으로 동화시키려면 프로이트가 방어기제라 불렀던 특정한 심리적 적응, 즉 억압, 퇴행, 반동형성, 격리, 취소, 투사, 내사, 자신에게로의 전향, 반대편으로의 전향, 승화를 필요로 했다. 하지만, 이런 심리 과정의 원동력은 항상 추상적이고 무제한적인 돈이다. 왜냐하면 그것은 어떤 구체적이고 감각적인 욕구도 충족시키지 못하고, 따라서 다른 모든 욕구들에 부과된 자연적 제한에 종속되지 않기 때문이다. 먹은 사람은 배부르고, 마신 사람은 더 이상 목마르지 않는다. 성적 욕망의 만족도 신체적인 한계가 있다. 오직 돈에 대한 탐욕만 한계가 없다. 음식과 음료 또는 성욕의 병리적인 퇴보의 경우에, 중독이 이런 자연적인 제한의 위반으로 이어질 수 있지만, 이것은 항상 돈의 경우에 발생한다. 그것은 "영원히 불만족스럽고, 무제한적이며, 나쁘고, 정욕적인 그런 본능이다"(Schneider, 앞서 언급한 책, p. 130).

수년 전에, 나는 이런 사회 현상의 심리적 침전물을 "미다스 콤플렉스Midas Complex"라 불렀다. 미다스 전설은 헤로도토스Herodotus, 히기누스Hyginus, 키케로Cicero, 스트라본Strabo, 오비디우스Ovid, 발레리우스 막시무스Balerius Maximus, 플루타르코스Plutarch, 파우사니아스Pausanias, 아에리아누스Aelianus, 그리고 티루스Tyrus의 막시무스Maximus를 통해 우리에게 전해졌다. 프리기아Phrygia의 왕 미다스Midas는 자신의 손님으로 대접했던 디오니소스Dionysus에게 자신이 만지는 모든 것이 금으로 바뀔 수도 있도록 요청했지만, 이제는 음식과 음료, 여성들과 옷 모두가 자신의 손길에 차갑고 단단한 금으로 변하기 때문에 먹거나 마시지도, 사랑하거나 따뜻하게 간직할 수도 없다는 것을 너무 늦게 발견했다.

서양 신화 어디에도 무의미함, 즉 모든 생명을 부정하는 돈의 파괴적 효과가 더 압축된 형태로 묘사된 적이 없다. 그리고 돈의 무제한적이고 신경증적이며 만족할 줄 모르는 측면을 설득력 있게 보여주는 것은 어디에도 없다. 여기서, 교환 가치에 의한 사용 가치의 억압은 존재와 사물의 유용성을 부정했을 뿐만 아니라, 이미 그것의 소유자를 부정하겠다고 위협하고 있다. 그는 돈 때문에 죽고, 굶주리고, 목말라 죽고, 얼어 죽는다. 이런 의미에서 항문기 성격은 자신을 파괴한다. 왜냐하면 그 역시 같은 억압의 산물이기 때문이다.

사용 가치는 질적 가치로, "좋은" 또는 "나쁜," "유용한" 또는 "쓸모없는," "만족스러운" 또는 "만족스럽지 못한" 등의 개념으로 표현된다. 반면에, 교환 가치는 질적으로 표현될 수 없고 오직 양적으로만 표현된다. 오직 만물의 정량화, 즉 "부르주아 계급의 가장 위대한 발명품"인 회계학에서 표현을 찾는 그들의 "총체적 계산 가능성"(Lukacs)만이 부르주아 시대를 가능하게 했고, 항문기 성격인 계산적이고 계산 가능한 개인에 결정적인 도장을 찍는 것은 오직 부르주아 시대뿐이다. "명백한 형태의 질병이 강박 신경증인 보유형-항문기 성격은 본능적 대상과의 질적 관계 상실을 강박적으로 정량화하고 형식화함으로써 보상한다. 그것은 억압된 본능 소원의 재료를 질서, 청결, 시간 엄수에 대한 강박으로 형식화한다. 그리고 그것은 탐욕, 절약, 사재기에 대한 집착과 계산에서 그것들을 정량화한다"(Schneider, 앞서 언급한 책, p. 135).

프로이트가 인간의 자아로 본 것은 사실 부르주아적 자아일 뿐이다. 그것은 특히 "통제, 지배, 결정, 한계 설정, 요약, 개요, 종속, 경계"(헬무트 라이헤Helmut Reiche, "오이디푸스 콤플렉스는 일반적인가?*Ist der Odipuskomplex universell?*" Kursbuch 29, Berlin, 1926, p. 169)와 같은 개념들 주위에 무리를 짓는 부르주아 미덕들의 심리적 침전물이다. 반면에 프로이트가 자아의 약점이라 부른 것은 부르주아 사회만이 "약하다"라고 부르는, 자연적인 욕망의 건강한 만족, 싫은 매일의 노동 수행 거부, 그리고 동시에 부르주아 계급의 사명과 그 지도력에 대한 의심이다. 간단히 말해서 프로이트가 통제의 붕괴, 본능의 반항, 성격 구조의 해체로 간주했을 모든 것이다. 자아 구조에 대한 프로이트의 정의는 "경쟁에 기초한 사회 집단의 맥락에서 볼 때만 그것의 비밀스런 의미를 드러낸다. 그것은 그의 치명적인 경쟁자를 제거해야 하지만, 감정적으로 중립적인 수단, 즉 그들을 완전히 죽이지 않고 제거해야 하는 시장-지향적market-oriented이고, 상품 판매의 부르주아와 관련이 있다"(Reiche, 앞서 언급한 책, pp. 169-170).

프로이트가 "정상적인," "건강한," "성숙한," 또는 "비신경증적non-neurotic"이라 부르는 자아 구조가 한 계급에 특유하고, 기원이 보편적이지 않다는 것은 무엇보다도 프롤레타리아 역사로부터 분명해진다. 노동 계급이 부르주아적 생산 과정으로 내몰리기 전에는, 정신분석적 기준으로 판단할 때 노동 계급은 뚜렷한 자아의 나약함이 특징이었다. 노동자 계급이 "처음에는 모든 생산 수단이 부족해서 자체적으로 축적할 수 없었고, 따라서 삼갈 것이 아무것도 없었기 때문에 축적하는 부르주아 계급의 소비와 본능적 절제를 내면화할 필요가 없었다. 노동 계급은 하루 살이 생활을 했다. 수세기 동안 계속 부르주아 계급은 또한 16세기, 17세기, 18세기에 그들이 종종 생계를 유지하기 위해 필요한 만큼의 돈을 충분히 벌 수 있는 주 3일만 일했던 임금 노동자들에게 노동 계급의 개신교 이데올로기와 '보유형-항문기' 성취의 심리학을 강요하려 했지만 헛수고였다. … 부르주아 계급이 국가 권력을 획득하고 주 6일제와 하루 12시간 근무제, 일요일과 야간 교대제, 어린이와 여성 노동을 제정했을 때만, 자본주의적 노동 도덕성과 그에 상응하는 '사회적 성격'도 임금 노동자들에게 부과되었다"(Schneider, 앞서 언급한 책, p. 139).

그것을 강요한 것은 가족이었다. 공장 시스템의 내무 교육barracks

discipline은 "질서, 청결, 권위의 엄격한 개념에 따라 노동자 자녀의 사회화와 교육을 통해 사전 형성되고 기술적으로 보장되어야 한다. '문화적 성 도덕'에 의한 어린 시절의 다양한 형태로 비뚤어진 성욕의 억압은 자본 논리의 본질적인 부분이며, 이른 나이에 임금 노동에 대한 심리적 기질을 성장하는 임금 노동자의 본능적 구조에 고정시키는 사회-기술적인 억압 수단이다. 따라서 프로이트가 신경증의 대규모 발생 원인으로 삼은 '문화적 성 도덕'은 발전하는 자본주의적 개신교 '노동 도덕work morality'의 역사적 쌍둥이이다"(Schneider, 앞서 언급한 책, p. 140). 생산 라인, 자동화, 도급 작업, 작업장에서 끊임없이 진행되는 사고thought의 억제, 계속 늘어나는 생산 과정의 불투명성은 전체적으로 기계를 체계적인 "퇴행의 도구"로 만든다(P. Schneider, "보쉬사의 여성들Die Frauen bei Bosch," Kursbuch, 21, Berlin 1970, p. 100). 노동자는 유기적 전체성에서 생산 과정에 대한 통찰을 거부당하기 때문에, 과거로 퇴행한다. "따라서 반자동화half-automation 기계에서 하는 작업의 퇴행적이고 병인적인 효과는 임금-의존적인 '환자들'을 위한 '자아 보강', '자아 강화', '자아 자율성'에 대한 모든 정신분석적인, 즉 심리 치료적 환상을 반박한다. '이드가 있는 곳은 자아가 되어야 한다'(프로이트)는 정신분석적 치료의 고전적인 목표는 자본주의적 퇴행 기계에서의 작업이 의식과 무의식 사이의 '몽롱한 상태twilight state'에서 정신 활동을 유지하고 그것을 항상 존재하는 '끝없는 노동 고통'(Engels)의 과거로 끊임없이 다시 몰아넣는 한, 환상으로 남아있다"(Schneider, 앞서 언급한 책 p. 177). 동시에, 생산 과정을 조립 라인 단위, 도급 작업 집단, 지점branches으로 세분화하여 정신의 세분화를 일으킨다. 프로이트는 또한 이것을 보편적인 인간적 현상으로 보았는데, 이는 그가 사회적 기원과 증상의 상대적인 새로움을 모두 몰랐기 때문이다. 그가 "부분 본능"이라고 부른 것은 단순히 정신을 구강적, 항문적, 성기적, 관음증적, 노출증적, 가학적, 피학적 영역으로 분할한 것이었다. 만약 성기 성욕의 우위 아래로 구성 본능의 통합이 실패하면, 그는 "신경증"이라는 용어를 사용했고, 그것을 개인 병리학의 사례로 보았다. 그러나 여기서도 우리는 노동자가 자신의 사회적 존재를 하나의 통합으로 인식해서, 그것을 내면화하지 못하는 무능력에 대한 심리적 반영에 지나지 않는다.

> 일하는 개인의 "유기적 통합"은, 삶과 노동 과정의 "유기적 통합"이 파괴되는 것과 같은 정도로 파괴된다. 즉, 그 자신이 "분열된다." 세부 작업자의 의식 속에서 세부 작업의 개별 행위들이 여전히 제품의 "유기적 통합"으로 합쳐지지 않는 만큼, 그의 "분열되고 편향된" 능력과 자질도 여전히 그 사람의 "유기적 통합"에 들어맞지 않는다. 따라서 부분적인 심리 기능, "부분적인 추진력"의 통합을 "성기적 본능과 성격 구조"의 "유기적 통합"으로 만드는 것은 더 이상 불가능하다. 심리 기구 안에서 "공장에서 발견되는 것과 유사한 합리적-비인간적인 노동 분업"(루카치), 즉 심리 성적psychosexual 전체성(즉, 성기 성욕)을 개별적인 부분적 심리 기능으로, 그것들의 '편향된" 본능적 측면들로 분해하는 것을 스스로 재생한다. 생산과 경영의 전(全) 과정과 관련하여 자율적이 되는 (산업적 및 관료적인)부분 기능의 합리화와 격리isolation는 수반되는 감정 기능과 인지 기능 또한 자율적이 된다는 사실과 필연적으로 병행된다(Schneider, 앞서 언급한 책, p. 173).

교환 관계와 생산 과정에 의해 격리되고 세분화된 개인의 자아들이 오직 '돈에서 감정은 중요하지 않다!'라는 주제구motto에 따라, 그 과정에서 '개인적인' 감정을 제거할 때"(Schneider, 앞에서 언급한 책, p.

142) 서로 사회적 관계를 갖게 되는 것은 이런 조건의 결과이다. 프로이트에게 인간 정신의 절대적이고 영원하며 보편적인 특징이었던 이드와 자아의 변증법은, 실제로 비교적 최근에 분열된 것이다.

> 그의 정신 활동의 한 부분인 자아는 상품 거래의 "형식적인 평등"과 교환의 논리(축적의, 이익의)에 종속되어야 한다. 즉, 사회적으로 "조정되기" 위하여 타산적인 이성을 자신의 것으로 만들어야 한다. 정신 활동의 나머지 절반인 인간의 "열정," "관능," "본능"은 사적 영역의 헤아릴 수 없는(따라서 반항적인) 정신의 잔재물, 즉 "인격"의 지하 속으로, "이드" 속으로 분리된다. … "감정," "마음," 또는 프로이트의 용어에서 "이드의 기능"은 헤아릴 수 없는 감정적 바닥짐ballast으로서, 이 교환에서 제거되어야 한다. … 따라서 신경증의 근거인, "자아"와 "이드" 사이의 병적 간극, 기능 장애는 자본의 합리주의 아래에서 어떤 종류의 자발성, 감정, 또는 본능의 점진적인 포섭을 강요하는 자본주의적 생산양식의 발달 과정에서만 생긴다(Schneider, 앞서 언급한 책, pp. 141-144).

따라서 프로이트가 자명한 것으로 보았던 인류의 통일된 의식 구조는, 부르주아 체계가 확장되면서 비로소 시작했던 완전히 새로운 현상이다. 루카치Lukacs에 따르면, "다른 무엇보다도 먼저 전체 사회를 위한 획일적인 경제 구조를 가지고 전체를 위한 형식적이고도 획일적인 의식 구조를 만든 것은 자본주의였다. 그러나 그것은 또한, 루카치의 통찰을 확장할 수 있는데, 형식적이고도 획일적인 심리 구조, 즉 '자아'와 '이드,' 이성과 열정, 계산적이고 수량화하는 교환 원칙에 의해 만들어진 '비율'의 경향적 분열, 그리고 여전히 사용 가치에 집착하는(자본의 관점에서)

감정의 잔재물을 만들어냈다"(Schneider, 앞서 언급한 책, p. 144).

프로이트가 "검열관censor"이라고 불렀던, 무의식과 그 중에서도 우리의 꿈을 감시하는 전(前)의식 사이의 필터 또한 이차적인 심리적 힘일 뿐이다. 주로, 그것은 부르주아 계급의 사회 통제 기관의 정신적 유사체analogue이다. 즉, "정신은 일종의 3층짜리 아파트로 표현되었다. 3층에는 의식적인 가족의 존경할만한 구성원들이 살았다. 그들 아래에는 위층의 이웃을 방문하는 것이 허락된 전(前)의식적인 개인들과 침착하고 내성적인 사람들이 살았다. 둘 사이의 계단에 한 경찰관이 서 있었던 것은 사실이지만, 그는 아주 성격이 좋아서 거의 아무나 지나가게 했다. 그러나 1층에 사는 사람들은 자신들의 층과 전(前)의식적인 사람들 사이에서 혹사당하는 경찰을 밀치고 지나가려고 할 때 비명을 지르고 소리치는, 소란스럽고 야만적인 무리였다. 그러나 가끔 그들 중 하나가 보통 무해한 사람으로 변장해서 경찰관이 덜 경계하는 밤에 잠입하는데 성공했다"(R. Osborn, "마르크스주의와 정신분석학Marxismus und Psychoanalyse", Frankfurt/Main, 1970, p. 29). 따라서 개인의 심리 구조에서 자본주의 사회의 계층 구조는 "프리즘에 의해 굴절된 것처럼 보인다. 즉, '경찰관'은 '억압의 힘'인 '검열관'을 나타낸다. '1층의 주민들'은 억압되어야 하는 것, 즉 억압된 것을 나타낸다. 후자는 자신들을 의식하기 위하여, 의식적인 가족 구성원들이 살고 있는 꼭대기 층까지 침투하려고 한다. 이런 식으로 간주되는, 프로이트의 역동적인 신경증 모델은 변장한 정치적 모델, 즉 방해받은 혁명 모델이다. 이 모델에 따르면, 신경증의 질적, 양적 정도는 '검열관'의 강도, 즉 사회적, 정치적인 '억압하는 힘'에 정비례한다."(Schneider, 앞서 언급한 책, p. 162)

그것은 프로이트주의의 중심 원리 중 하나인 거세 콤플렉스와 유사하다. 프로이트가 거세 콤플렉스, 즉 인간과 그의 능력의 분리로 보았던 것은 또한 보편적으로 일어나는 인간 현상이 아니라 인간의 노동력과 노동자의 인격의 분리에 대한 심리적 반영이며, "그가 시장에서 파는 물건, 대상으로의 변형이다"(루카치, "역사와 계급의식History and Class Consciousness"). 거세 콤플렉스는 임금 노동자의 "거세"(Marx) 특성에서 비롯된다. 그에게 등을 돌리는 능력이 그에게 독립적이며, 그에게 속하지 않는 것처럼, "자신의 활동은 고통으로, 힘은 발기부전으로, 출산은 거세, 노동자의 신체적 및 정신적 에너지, 그의 개인적인 삶으로 나타난다."(마르크스, MEW³, 부록, I부, p. 515). "거세에 대한 공포는 확실히 원초적인, 말하자면 '생물학적' 공포가 아니라, 가족의 '보존'에 스며드는 사회적 '거세'의 반사 작용인데, 이는 자신의 생산물을 가진 임금 노동자가 현재 이질적인 힘으로서 그와 맞서고 있는 성기적 성질과 성적 능력으로부터 동시에 '분리된다'라는 사실에 있다(Schneider, 앞서 언급한 책, p. 172).

따라서 프로이트가 심리 구조의 영구적이고 보편적인 인간 측면이라고 믿었던 거의 모든 것들은 부르주아 세계에서만 나타나고, 구체적인 사회적 상황을 반영하는 비교적 최근의 정신 기형deformations이다. 그의 심리 구조에서 인간과 돈의 관계를 도출할 수 있다는 초기 프로이트주의 학자들의 확신은 환상에 불과한 것으로 증명되었다. 사회관계의 심리적 거울상으로부터 반대 방향으로 나아가야만 부르주아 세계에서 돈이 어떻게 이해되는지를 설명할 수 있다. 사회 역사에 대한 지식 없이는 신뢰할 수 있는 정신분석학이 있을 수 없다. 이 책의 제1부와 제2부

---

3 경제후생지표(Measure of Economic Welfare). 국민 총생산량의 크기를 나타내는 GNP는 주부의 가사노동·여가·공해 등 국민복지에 영향을 미치는 많은 요인들이 포함되지 않기 때문에 경제의 궁극적인 목표인 국민생활의 질이나 복지수준을 나타내는 데 한계가 있다는 것을 발견한 미국의 경제학자 노드하우스와 토빈이 제시한 경제적 후생지표.(번역자 주)

대부분의 기고문에서 발견되는 것과 같이 개인 정신의 추정 구조에서 파생된 돈의 기원은 돈의 실제 역사에 대한 놀라운 무지를 드러낸다. 정신분석학은 먼저 역사의 실제 사건에 대해 알게 된 경우에만 과학적 학문으로 간주된다는 주장을 유지할 수 있다. 역사, 사회학, 경제학에 대한 정확한 지식이 없다면, 금전상의 문제를 해석하려는 모든 정신분석학적 시도는 허풍이 된다.

VII

자본주의의 영구적이고 점점 더 심각해지는 통화 위기는 "산유국 수장들," "투기꾼들," 또는 다른 희생양들의 무책임의 결과로 설명될 수 없다. 그것은 창조자인 자본가로부터 해방된 독점적인 자본이, 자율적인 힘이 되어 이제는 그를 파괴하겠다고 위협하는 일상적인 현상이다. 그러나 그동안에, 위기의 원인과 가장 관련이 없는 사람들이 위기의 영향으로부터 가장 큰 고통을 받는다. 물가는 항상 임금과 급여보다 더 빠르게 올라간다. 아무리 노조들이 "공격적으로" 행동하더라도, 가격 인상을 따라잡겠다고 위협하면 그들의 임금 요구는 결코 충족되지 않을 것이다. 임금 소득자들의 형편이 좋아지면 좋아질수록 임금과 물가의 격차는 더 커진다. 부자일수록 인플레이션으로 더 많이 벌고, 가난한 사람일수록 인플레이션을 통해 더 많이 잃는다.

동시에 자본도 작은 것들은 먼저, 큰 것들은 나중에 소유자들을 집어 삼켜버린다. 이익은 위험에 비례하여 증가한다는 법칙에 따라, 손실 위험은 매우 큰 자본 소유자를 제외한 모든 사람들에게 증가한다. 시장은 부분적으로 조작할 수 있을 만큼 충분히 큰 사람들을 제외하고는 누구에게도 더 이상 투명하지 않기 때문에 손실 가능성이 커진다. 프로이트는 아이가 어른의 아버지라고 생각했다. 이제 자본은 한때 자신의 아버지였던 자신의 아이들을 집어삼키고 있다. 1973년 2월 9일 독일연방공화국의 검은 금요일에 연방은행은 약 20억 달러를 구매했어야 했는데, 이는 그때까지 단일 국가가 통화 지원을 위해 하루에 지출한 금액 중 가장 큰 금액이었다. 그러나 이 책이 출판될 때쯤에는 이미 그 우울한 기록이 깨졌을지도 모른다. 왜냐하면 그 위기는 대책을 강구할 때마다 더욱 심각해지기 때문이다. 유럽 국가들이 단결하지 못하고 "베트남 전쟁 비용을 남에게 떠넘기려는 미국인들의 시도"를 거부하는 것을 "불명예"라고 생각하는 사람들은 여전히 추상적이고 비인격적이며 초국가적인 자본의 힘이 개인적 또는 국가적 노력에 의해 깨질 수 있다는 착각 속에 살고 있다. 그러나 이것은 정확하게 불가능한 일이다.

부르주아 사회에서 인간의 절망감은 착취당하는 프롤레타리아 계급에서 착취하는 자본가로 확산되기 시작했다. 위로하고 잠시나마 현실을 잊게 하는 것으로 알려진 구매 가능한 오락물들로의 현실 도피적인 중독은 더 이상 술 취한 프롤레타리아의 한심한 특권이 아니라, 지배 계급 자체를 장악했다. 우리의 운명을 조종하는 익명의, 무형의 힘의 작용에 대하여 항상 존재하는 무력감은 조작된 것에서 어제의 조작자로 확산되었다. 불과 얼마 전까지만 해도 모든 착취 수단 중 "가장 합리적인" 것이었던 자본은 착취자에게 조차 그것의 합리성을 상실했다. 그것은 더 이상 복종하지 않는다. 최근까지 프롤레타리아 계급이 일하고, 복종하며, 저항하지 않도록 하는 가장 효과적인 비밀 무기인 심리적 빈곤이 지배 계급에 영향을 미치기 시작했다.

오늘날 돈의 정신분석이 평범한 학술 출판물 이상의 성과를 달성하려는 것이라면, 그것은 단지 지식인들을 위한 독서와 토론 자료일 수만은 없다. 그것은 억제되지 않은 자본의 사회적 영향과 모든 계급의 심리적 빈곤 사이의 연계에 대한 정치적 이슈를 만들어야 할 것이다. 빌헬름 라이히가 1930년대에 부분적으로 잘못된 분석을 기반으로 부분적으로 잘못된 방법으로 시도했던 것은 더 나은 방법과 더 명쾌한 분석으로 다시 시도되어야 한다.

자본의 경제적 착취 메커니즘을 설명하는 전통적인 정치-경제적 논쟁 외에도, 자본 지배의 병리적 효과를 설명하는 정치-심리학적 논쟁은 혁명적 대중 선동 및 선전에 점점 더 중요해져야 한다. 즉, 증가하는 이익, 물가, 임대료, 세금, 군비 지출뿐만 아니라, 정신 신경증 및 정신 질환, 기능성 및 중독성 질병, 성 능력 및 의사소통 장애 등의 증가율도 정치적 선동과 선전의 대상이 되어야 한다. … 물질적 풍요와 정신적 빈곤을 증가시키는 자본의 "야누스 얼굴"이 양쪽에서 동시에 보일 때에만 자본주의 착취가 객관적일 뿐만 아니라, 주관적으로도 항상 그래왔던 스캔들로 인식될 것이다. 임금에 의존하는 대중들이 자본주의 생산과의 관계를 유지하기 위해 어떤 경제적, 정신적 비용을 지불해야 하는지를 알게 될 때만(증가하는 경제적 고갈 및 노동력의 심리적 혼란을 대가로, 심지어 서구의 "풍요로운 사회" 전체의 증가하는 정신적, 지적, 심리적 장애를 대가로), 소수의 주식, 개인 소유의 집, 컬러텔레비전, 스테레오 세트, 휴가는 그것들의 신비화, 즉 회유적인 효과를 잃게 될 것이다. 통계적으로 확인할 수 있는 사람들만 언급하자면, 연방 공화국에서만, 치료가 요구되는 7백만 명의 신경증 환자, 대략 2백만 명의 알코올 중독자, 60만 명의 정신분열증 유형의 환자, 25만 명의 젊은 마약 중독자 등이 있다. 그래서 소위 풍요로운 사회의 정신적 균형을 이익과 착취의 균형 옆에 두었을 때, 풍요와 소비의 이데올로기는 완전히 의심받게 될 것이다(Schneider, 앞에서 말한 책, pp. 257-258).

마이클 슈나이더Michael Schneider와 같은 정신분석학은 사물이 어떻게 그들의 모습이 되었는지 이해하는데 많은 도움이 될 수 있다. 그러나 그것조차도 우리가 대체 세계를 건설하는데 도움이 될 수 없다. 우리가 필요한 것은 심리적 혼란으로 위협받는 사람들의 동원mobilization뿐만 아니라, 이미 망가진 사람들의 행동 치료도 필요하다. 왜냐하면, 그들도 자신을 아프게 한 것을 제거하기 위한 싸움에서 우리의 동지이기 때문이다. 이런 종류의 시작은 하이델베르크Heidelberg에 있는 사회주의 환자 집단의 문서에서 찾을 수 있다. 슈나이더가 "만약 하이델베르크가 그 사실로 '환자'를 '혁명 계급'으로 선언한다면, '혁명 주체'는 더 이상, 마르크스주의적 혁명 이론에서처럼, 생산 과정에서의 객관적 위치에서 파생된 것이 아니다. 이런 태도는 또한 단순히 '질병'의 계급적 특성, 즉 개별 '환자 집단' 간의 계급적 차이를 무시한다."(Schneier, 앞서 언급한 책, p. 259)라고 말한 것은 정말 옳다. 그러나 정신분석학이 부르주아 분석가의 연구에서 정치적 투쟁의 무대로 옮기려면, 그것은 부르주아가 병들게 한 사람들을 위해 병든 부르주아 사회에 적응하는 치료법 이상의 것이 되어야 한다. 수동적이었기 때문에, 그것은 적극적이 되어야 하고, 치료에서 동원으로, 달래는 처방에서 싸움의 기술로 옮겨야 한다. "볼셰비키Bolshevik와 같은 노후화된 정치 조직 모델도 재고되어야 한다. 즉, 이런 관점에서 의문을 제기해야 한다. 역사적으로 새로운 수준의 정신적 빈곤을 고려할 때, 정치적 투쟁을 위한 조직 구조는 더 이상 정치적 효율성과 조직적 능력이라는 유일한 기준에 의해 결정될 수 없다. 치료적 관점은 질적으로 새롭고, 소외되지 않고, 구체화되지 않은 형태의 커뮤니케이션을 창조한다는 의미에서 혁명적인 조직 구조에 들어가서 결정해야 한다. 정치적 '자기-조직'은 그들의 커뮤니케이션 능력이 억제된, 세분화되고atomized, 심리적으로 고갈된 '병든' 개인들이 그들의 정치적인 의식consciousness과 함께 집단적인 자아의식ego consciousness인 협력적 '자아의 힘'도 획득하는 치료적인 '자기-조직'이어야한다"(Schneider, 앞서 언급한 책, p. 260).

우리에게 필요한 것은 돈의 정신분석에서 돈이 아닌 것의 분석으로 옮겨가는 분석 기법으로, 사회에 절망했던 사람들을 미래를 희망하는 사람들로, 희망이 없는 사람을 참여자로, 수동적인 사람을 능동적인 개인으로, 정치에 무관심한 사람을 혁명적인 사람으로 재교육하는 기법이다. 이 연구가 우리에게 돈의 병인이 되는 특성과 그에 대한 관심에 대해 가르쳐준 모든 것들은 돈을 극복하기 위한, 자본의 횡포를 극복하기 위한, 돈의 독재로부터 자유로운 사회에 참여하도록 가르치기 위한 심리 기법으로 기억되어야 한다.

자본주의의 "개혁"이나 "개선" 같은 것은 존재하지 않는다. 악마적인 힘에 의해 지배되는 완전히 비(非)인간화되고, 불투명한 혼돈 속에서의 파괴와 유용한 욕망 만족의 인간적이고 합리적이며 이해할 수 있는 세계로의 상승rise 사이에는 오직 대안이 있을 뿐이다. 노먼 브라운이 다형성polymorphousness의 사회 질서라 부르는 것은 우리가 의미하는 계급 없는 사회, 즉 입이나 항문, 남근이나 생식기 어떤 것에도 지배되지 않는 질서, 그들의 자발적인 연합이 그들 개인적인 성격이 방해받지 않고 발달하는데 기여하는 비계층적nonhierarchical이고 분산적인 자유로운 개인 사회를 의미한다. 그런 사회는 적응하기보다는 자극하고, "안심과 화해"보다는 끊임없는 경계를 제공하는 심리-기법과 순종의 가르침이 아닌 영구적인 혁명을 가져야 한다.

자본의 정신분석은 자본주의를 예방하기 위한 심리-기법이 되어야 한다. 돈의 정신분석은 돈에 대한 우리의 관심을 치료할 치료법으로 발전해야 한다.

참 고 문 헌

화폐 이론에 관한 정신의학 및 심리학적 저술에 대한 감사와 참고 문헌

1. K. Abraham: *"Ergaenzungen zur Lehre vom Analcharakter"* in: *Psychoanalytische Studien zur Charakterbildung.* Frankfurt am Main, 1969

2. K. Abraham: "The Spending of Money in Anxiety States"(제5장). Originally in: *Internationale Zeitschrift fuer aerztliche Psychoanalyse*, 4, 1917, 252-253. Chapter XIV, "The Spending of Money in Anxiety States," from *Selected Papers of Karl Abraham, M.D.*, with an Introductory Memoir by Ernest Jones, translated by Douglas Bryan and Alix Strachey, Basic Books, Ine., Publishers, New York

3. R. F. Allendy: *Capitalism et sexuality*, Paris, 1932

4. André Amar: "A Psychoanalytic Study of Money"(제15장). Translation by Michael Shaw from the French *"Essai psychanalytique sur largent."* Appeared originally in: *Revue Francaise de Psychanalyse* 20, 1956, 332-344, reprinted with permission of Presses Universitaires de France, Paris

5. E. Bergler: "Are you a Money Neurotic?" Appeared in *Harper's Bazaar*, May, 1958, 94-94, 140

6. E. Bergler: *Money and Emotional Conflicts*, New York, 1951

7. E. Bergler: "The Psychopathology of Bargain Hunters"(제13장), originally appeared in the *Journal of Clinical Psychology*, 8, 1947, 623-627, reprinted with kind permission of The Psychiatric Digest/Medical Digest, Inc.

8. E. Bergler: *"Zur Psychologie des Hasardspielers,"* in Imago 22, 1936

9. S. Blanton: "The Hidden Faces of Money," from: Blanton and A. Gordon: *Now or Never, The Promise of the Middle Years*, New York, 1959,(제12장), reprinted with the permission of Prentice Hall, Inc., Englewood Cliffs, New Jersey

10. G. Bose: "Business and Psychoanalysis," from: *Englishman*, 1925

11. I. H. Coriat: "Anal-erotic Traits in Shylock," from: *International Journal of Psycho-Analysis*

12. I. H. Coriat: "A Note on the Anal Character Traits of the Capitalist Instinct"(제3장), from: *Psychoanalytic Review*, 11, 1924, 435-437, reprinted with friendly permission of Psychoanalytic Review, New York

13. B. Dattner: "Gold und Kot," from: *Internationale Zeitschrift fuer aerztliche Psychoanalyse*, I, 1913, 495-496

14. W. H. Desmonde: *Magic, Myth and Money*, Glencoe, 1962

15. W. H. Desmonde: "On the Anal Origins of Money"(제7장), appeared originally in *Imago*, reprinted with friendly permission of the Wayne State University Press

16. W. H. Desmonde: "The Origins of Money in the Animal Sacrifice"(제

8장), originally appeared in the *Journal of Hillside Hospital*, 6, 1957, 7-23, reprinted with friendly permission of this journal

17. O. Fenichel: "The Drive to Accumulate Money," an essay given on January 5, 1935, before the Czech Psychoanalytic Society, translated by David Brunswick under the title: "The Drive to Amass Wealth" in *Psychoanalytic Quarterly*, 7, 1938, 69-95

18. S. Ferenzci: "Pecunia-olet"(제4장), originally appeared in *Internationale Zeitschrift fuer aerztliche Psychoanalyse*, 4, 1916, 327, Chapter LXIX, "Pecunia Olet," from *Further Contributions to the theory and Technique of Psychoanalysis* (Selected Papers of Sandor Rerenczi, M.D., Volume II), by Sandor Ferenczi, published by The Hogarth Press, Ltd., and The Institute of Psycho-Analysis, London, and Basic Books, Inc., Publishers, New York

19. S. Ferenzci: "Reizungen der analen erogenen Zone als ausloesende Ursache der Paranoia," from: *Zentralblatt fuer Psychoanalyse und Psychotherapy* I, 1911, 557-559

20. S. Ferenzci: "Sonntagsneurosen," from: *Schriften zur Psychoanalyse*, Volume I, Frankfurt am Main, 1970, 260-264

21. S. Ferenzci: "Zur Ontogenie des Geldinteresses"(제2장), appear-ed originally in: *Internationale Zeitschrift fuer aerztliche Psycho-analyse*, 2, 1914, 506-513, reprinted with friendly permission of the Hogarth Press, Ltd., the Institute of Psychoanalysis, London, and Basic Books, Inc., New York

22. S. Freud: "Character and Anal Eroticism"(제1장), from: *Psychiatrisch-neurologische Wochenschrift* 9, 1908, Heft 52, 465-467, reprinted with the friendly permission of Basic Books, Inc., Chapter IV, "Character and Anal Erotism," from *Collected Papers of Sigmund Freud*, Volume 2, authorized translation under the

supervision of Joan Riviere, published by Basic Books, Inc., by arrangement with the Hogarth Press, Ltd., and The Institute of Psycho-Analysis, London

23. S. Freud: "Ueber Triebumsetzung insbesondere der Analerotik," from: *Internationale Zeitschrift fuer Psychoanalyse*, 4, 1917, 125-130

24. E. Fromm: "Individual and social Origins of Neurosis," in: *American Sociology Review* 9, 1944, 380-384

25. E. Fromm: "Social Origins of Neurosis," in: A. M. Rose (Ed.): *Mental Health and Mental Disorder*, New York, 1955

26. E. Fromm: "Probeerhebungen ueber die seelische Einstellung Arbeitsloser zur Unterstuetzung in USA," in: *Studien ueber Autoritaet und Familie*, Volume 1, 463-469, Paris, 1936

27. M. Ginsberg: "Property and Possessiveness," originally appeared in S. Isaacs (Ed.) *Childhood and After*, London, 1948, 63-69

28. Graumann/Froehlich: "Ansaetze zu einer psychologishen Analyse des sogenannten Steuerwiderstandes," in: *Finanzarchiv*, N.F. volume 15, 1957

29. J. Harnik: "Kulturgeshichtliches zum Thema Geldkomplex und Analerotik"(제6장), "Some Data from Cultural History Relating to the Subject of the Money Complex and Anal Erotism," originally appeared in *Internationale Zeitschrift fuer aerztliche Psychoanalyse*, 5, 1919, 121-122

30. K. G. Holtgrewe: "Der Steuerwiderstand. Das Verhalten des Steuerpflichtigen im Lichte der modernen Psychologie," in: *Finanzwissenschaftliche Forschungsarbeiten*, N.F. volume 5, 1954

31. S. Isaacs: "Property and Possessiveness," originally appeared in: *Childhood and After*, London, 1948, 69-78

32. E. Jones: "Haarschneiden und Geiz," appeared originally in *Internationale Zeitschrift fuer aerztliche Psychoanalyse*, 2, 1914, 383

33. E. Jones: "Hass und Analerotik in der Zwangsneurose," in: *Internationale Zeitschrift fuer aerztliche Psychoanalyse*, 1, 1913, 425-430

34. E. Jones: "Uber Analerotische Charakterzuege," in: *Internationale Zeitschrift fuer aerztliche Psychoanalyse*, 5, 1919, 69-92

35. W. Kaufmann: "Some Emotional Uses of Money"(제11장), originally appeared in *Acta Psychotherapeutica*, 4, 1956, 20-41, reprinted with kind permission from S. Karger AG, Basel

36. R. Laforgue: "Gold und Kapital. Psychoanalytische Bemerkungen," in: *Psychoanalytische Bewegung*, 3, 1931, 481-492

37. A. Lauterbach: *Man, Motives and Money. Psychological Frontiers of Economics*, Ithaca, 1954

38. A. Lauterbach: *Psychologie des Wirtschaftslebens*, Reinbek, 1962

39. H. Lierz: *Psyche und Eigentum*, dissertation, Cologne, 1956

40. T. H. Marshall: "Property and Possessiveness," originally appeared in S. Isaacs (Ed.) *Childhood and After*, London, 1948, 78-83

41. P. Matussek: "Zur Psychodynamik des Glueckssapelers," in *Jahrbuch fuer Psychologie und Psychotherapie*, 1955

42. R. P. Morris: "Personality Characteristics of Gamblers," in: *Journal of Clinical Psychology*, 13, 1957

43. E. G. Neisser: "Emotional and social Values Attached to Money," in: *Marriage and Family Living*, 22, 1960, 132-138

44. Ch. Odier: "L'argent et les neuroses," in: *Revue Francaise de Psychanalyse*, 2-4, 1928-1930

45. Ch. Odier: "Le complexe du petit profit," in: *Revue Francaise de Psychanalyse*, 5, 1932, 402-423

46. B. Parker: *Therapie und Honorar*, Frankfurt am Main, 1970, 196-214

47. O. Pfister: *Der seelische Aufbau des klassischen Kapitalismus und des Geldgeistes*, Bern, 1923

48. S. H. Posinsky: "Yurok Shell Money and 'Pains"(제10장), originally appeared in *Psychiatric Quarterly*, 30, 1956, 598-632, reprinted with kind permission from Psychiatric Quarterly

49. Th. Reik: "Geld und Kot," originally appeared in: *Internationale Zeitschrift fuer aerztliche Psychoanalyse*, 3, 1915, 183

50. J. Riviere: "Hate, Greed and Aggression," in: *M. Klein and J. Riviere: Love, Hate and Reparation*, London, 1953, 3-53

51. G. Róheim: "Heiliges Geld in Melanesien," originally appeared in: *Internationale Zeitschrift fuer Psychoanalyse*, 9, 1923, 384-401, and also available in the Selected Essays of Géza Róheim

52. G. Róheim: "La psychologie raciale et les origines du capitalisme chez les primitifs," originally appeared in: *Revue Francaise de Psychoanalyse*, 9, 1929, 122-149, but also available in the *Selected Essays of Géza Róheim*

53. G. Róheim: "Die Urformen und der Ursprung des Eigentums," Contribution 9 in *Internatioal Archives of Ethnology*, 28, 1927, 1-28, reprinted with friendly permission of Warner Muensterberger.

54. J. Sadger: "Analerotik und Analcharakter," in: *Die Heilkunde*, 1910

55. P. Schilder: "The Psychoanalysis of Economics"(제15장), originally

appeared in *Psychoanalytic Review*, 27, 1940, 401-420, reprinted with friendly permission of Psychoanalytic Reviw

56. G. Schmoelders: *Psychologie des Geldes*, Reinbek, 1966

57. G. Schmoelders: "Psychologische Aspekte der europaeischen Waehrungspolitik" in Riber/Koellner: *Waehrungspolitik in der europaeischen Integration*, Baden-Baden, 1965

58. E. Servadio: "Il denaro nelle considerazioni di un psicoanalista," in: *Meridiano di Roma*, 7, 1936, 18, 25

59. K. Singer: *Das Geld als Zeichen*, Jena, 1920

60. I.D. Suttie: "Property and Possessiveness," in S. Isaacs (Ed.) *Childhood and After*, London, 1948, 51-62

61. W. Taeuber: "Psychologie des Geldes," in: *Jahrbuch fuer Psychologie und Psychotherapy*, I, 1952, Volume I

62. F. Vonessen: "Sich selbst bestehlen. Von der symbolischen Natur des Eigentums," in: *Symbolon*, 5, 1966, 25-38

63. F. Wilken: "Phaenomenologie des Geldwertbewusstseins," in: *Archic fuer Sozialwissenschaft und Sozialpolitik*, 1926, 420 ff.

64. E. Zolla: "Gola, invidia ed avariza," in *Zolla: La Psicoanalisa*, Milan, 1960, 196-197

돈의 기원과 역사에 대한 참고 문헌

65. L. Brentano: *Das Wirtschaftsleben der antiken Welt*, Jena, 1929

66. B. Büchsenschütz: *Besitz und Erwerb im griechischen Alterthume*, Halle, 1869

67. K. Bücher: *Die Entstehung der Volkswirtschaft,* Tübingen, 1901

68. A. R. Burns: *Money and Monetary Policy in Early Times*, London, 1927

69. J. G. D. Clark: *Prehistoric Europe. The economic Basis*. London, 1952

70. Ch. Comte: *Traité de la propriété*, Paris, 1834

71. E. Curtius: "Uber den religiösen Charakter der griechischen Münzen," in: *Monatsschrift der Preussischen Akademie der Wissenschaften*, 1869, 466 ff.

72. L. Dargun: "Ursprung und Entwicklungsgeschichte des Eigentums, in: *Zeitschrift für vergleichende Rechtswissenshaft*, 5, 1884, I ff.

73. Fr. Delekat: "Vom Wese des Geldes. Eine theologische Marxanalyse," in: *Marxismusstudien*, Volume I, Tübingen, 1953

74. A. Deloume: *Les manieurs d'argent à Rome jusqu' à l'empire,* Paris, 1889

75. M. Dobb: "Marx on Pre-Capitalist Economic Formations," in: *Science and Society*, 30, 1966, 319-325

76. J. R. Ederer: *The Evolution of Money*, Washington D. C., 1964

77. P. Einzig: *Primitive Money*, London, 1948

78. Fr. Engels: *Der Ursprung der Familie, des Privateigentums und des Staats*, MEW, Volume 21, Berlin, 1962

79. L. Felix: *Entwiicklungsgeschichte des Eigentums*, 1883-1903. Reprinted Aalen, 1963

80. B. Fritsch: *Die Geld- und Kredittheorie von Karl Marx*, Frankfurt am Main, 1968

81. H. Gebhard: *Numismatik und Geldgeschichte*, Heidelberg, 1949

82. W. Gerloff: *Die Entstehung des Geldes und die Anfänge des Geldwesens*, Frankfurt am Main, 1947

83. H. Grossmann: *Das Akkumulations- und Zusammenbruchsgesetz des kapitalistischen Systems*, 1929. Reprinted Frankfurt am Main, 1968

84. B. V. Head: *Historia Numerorum*, Oxford, 1911

85. Fr. M. Heichelheim: *Wirtschaftsgeschichte des Altertums*, Leiden, 1938

86. R. Hilferding, *Das Finanzkapital*, Frankfurt am Main, 1968

87. E. Hobsbawm, *Introduction to Pre-Capitalist Economic Formations*, New York, 1965

88. M. Kaser: *Eigentum und Besitz im älteren römischen Recht*, Weimar, 1943

89. R. Kaulla: *Beiträge zur Entstehunggeschichte des Geldes*, Bern, 1945

90. M. Kovalevski: *Tableau des origines et de l'écolution de la famille et de la propriété*, Stockholm, 1890

91. S. J. Kowalijew (Ed.): *Karl Marx und Friedrich Engels über die Antike*, in Russian, Leningrad, 1932

92. J. A. Kronrod: *Das Geld in der sozialistischen Gesellschaft*, in Russian, 1960, in German, 1963

93. J. Kuczynki: *Allgemeine Wirtschaftsgeschichte von der Urzeit bis zur sazialistischen Gesellschaft*, Berlin, 1951

94. B. Laum: *Heiliges Geld*, Tübingen, 1924

95. B. Laum: *Uber das Wesendes Münzgeldes*, Halle, 1929

96. A. Lemnitz: *Das Geld und die Funktion des Geldes im Sozialismus und in der Ubergangsperiode vom Kapitalismus zum Sozialismus*, Berlin, 1955

97. A. Luschin von Ebengreuth: *Allgemeine Münzkunde und Geldgeschichte*, 1926

98. G. Macdonald: *Coin Types. Their Origin and Development*, Glasgow, 1905

99. B. Malinowski: "Kula. The circulating Exchange of Valuables in the Archipelagos of Eastern New Guinea," in: *Man*, 20, 1920, 97-105

100. F. K. Mann: "Die Finanzkomponente der Revolution," in: *Finanztheorie und Finazsoziologie*, Göttingen, 1959

101. N. Marr and A. G. Prijuzin: *Probleme der Geschichte der vorkapitalistischen Gesellschaftsordnungen*, in Russian, Moskow-Leningrad, 1934

102. K. Marx: *Das Kapital*, MEW, Volume 23, 24, 25, Berlin, 1968/69

103. K. Marx: *Lohn, Preis und Profit*, MEW, Volume 16, Berlin, 1968

104. K. Marx: *Lohnarbeit und Kapital*, MEW, Volume 6, Berlin, 1968

105. E. Meyer: "Die wirtschaftliche Entwicklung des Altertums," in: *Jahrbuch für Nationalökonomie und Statistik*, 3rd series, 9th Volume, 1895

106. M. Meyer-Holzapfel: *Die Bedeutung des Besitzes bei Tier und Mensch*, Ein psychologischer Vergleich, Biel, n.d.

107. C. Miller: *Studien zur Geschichte der Geldehre*, Stuttgart-Berlin, 1925

108. F. Negro: *Das Eigentum. Geschichte und Aukunft*, München, 1963

109. B. Nelson: *The Idea of Usury*, Princetion, 1949

110. W. Nippold: *Die Anfänge des Eigentums bei den Naturvölkern und die Entstehung des Privateigentums*, Den Haag, 1954

111. N. Oresmius: *De mutatione monetarum tractatus*, E. Schorer, Jena, 1937

112. R. Petrucci: "Les origines naturelles de a la propriété," in: *Institut Solvay*, 3, 1005, 14

113. P. -J. Proudhon: *Qu'est ce que la propriété?* Paris, 1840-1841

114. A. H. Quiggin: *A Survey of Primitive Money. The beginning of Currency*, London, 1949

115. J. Salvioli: *Der Kapitalismus im Altertum*, Stuttgart, 1912

116. R. Sannwald: "Marx und die Antike," in: *Staatswissenschaftiche Studien*, N. F. 27, 1957

117. J. Schacht: *Die Totenmaske Gottes. Kulturanthropologie des Geldes*, Schweinfurt, 1964

118. R. Schlatter: *Private Property. The History of an Idea*, London, 1951

119. A. Sègre: *An Essay on the Nature of Real Property in the Classical World*, New York, 1943

120. G. Simmel: *Die Philosophie des Geldes*, München, 1922

121. F. Somlo: *Der Güterverkehr in der Urgesellschaft*, Brussels-Leipzig, 1909

122. F. Somlo: "Der wirtschaftliche Urzustand," in: *Monatschrift für Soziologie*, März, 1909

123. C. R. Temple: "Beginnings of Currency," in: *Journal of the Royal Anthropological Institute*, 29, 1899, 102 ff.

옮긴이

이 천 영

- 연세대학교 경영학사
- 호서대학교 철학박사, Ph.D.
- 한국예술종합학교 외래교수
- 호서대학교 상담심리학 외래교수

<역서>

『코헛의 프로이트 강의』, **하인즈 코헛**
『하인즈 하트만의 자아심리학』, **하인즈 하트만**
『자기와 대상세계』, **이디스 제이콥슨**
『무의식적 환상』, **리카르도 스타이너**

<저서>

『프로이트의 정신분석학』

임 선 미

- 호서대학교 목회상담학석사
- 한신대학교 정신분석대학원석사
- 한세대학교 상담학박사
- A.L.L.정신분석심리상담연구소장
- 한국정신분석심리상담학회이사
- 한국정신분석협회준회원

엮은이

어니스트 보네만 (Ernest Bornemann, 1915-1995)

어니스트 보네만은 베를린에서 태어나, 독일, 영국, 캐나다, 미국, 오스트리아 등지에서 소설가, 극작가, 인류학자, 민속음악학자, 정신분석학자, 저널리스트 등, 다방면에서 활동하였으며, 특히 섹슈얼리티에 대한 현대적 개념을 전파한 성 전문가이다.

<저서>

Studien zu Befreiung des Kindes, 3 vols. (1973)

Das Patriarchat. Ursprung und Zukunft unseres Gesellschaftsystems (1975)

Die Ur-Szene. Eine Selbstanalyse (1977)

Die Welt der Erwachsenen in den verbotenen Reimen deutschsprachiger Stadtkinder (1982)

Das Geschlechtsleben des Kindes. Beiträge zur Kinderanalyse und Sexualpädologie (1985)

Ullstein Encyclopädie der Sexualität (1990)

Sexuelle Marktwirtschaft. Vom Waren- und Geschlechtsverkehr in der bürgerlichen Gesellschaft (1992)

현대정신분석연구소 총서

◇ 정기 간행물

000 정신분석 프리즘

◇ 대상관계이론과 기법 시리즈

멜라니 클라인
  001 멜라니 클라인
  002 임상적 클라인
  003 무의식적 환상

도널드 위니캇
  004 놀이와 현실
  005 그림놀이를 통한 어린이 심리치료
  006 성숙과정과 촉진적 환경
  007 박탈과 비행
  008 소아의학을 거쳐 정신분석학으로
  009 가정, 우리 정신의 근원
  010 아이, 가족, 그리고 외부세계
  011 울타리와 공간
  012 참자기
  013 100% 위니캇
  014 안아주기와 해석

로널드 페어베언
  015 성격에 관한 정신분석학적 연구

크리스토퍼 볼라스
  016 대상의 그림자
  017 환기적 대상세계
  018 끝없는 질문
  019 그들을 잡아줘 떨어지기 전에

오토 컨버그
  020 내면세계와 외부현실
  021 대상관계이론과 임상적 정신분석
  022 인격장애와 성도착에서의 공격성

◇ 대상관계이론과 기법 시리즈

그 외 이론 및 기법서
  023 심각한 외상과 대상관계
  024 정신분석학적 대상관계이론
  025 대상관계 개인치료1: 이론
  026 대상관계 개인치료2: 기법
  027 대상관계 부부치료
  028 대상관계 단기치료
  029 대상관계 가족치료1
  030 대상관계 집단치료
  031 초보자를 위한 대상관계 심리치료
  032 단기 대상관계 부부치료
  033 대상관계이론과 정신병리

◇ 하인즈 코헛과 자기심리학 시리즈

034 자기의 분석
035 자기의 회복
036 정신분석은 어떻게 치료하는가?
037 하인즈 코헛과 자기심리학
038 하인즈 코헛의 자기심리학 이야기1
039 자기심리학 개론
040 코헛의 프로이트 강의

◇ 아스퍼거와 자폐증

041 자폐아동을 위한 심리치료
042 살아있는 동반자
043 아동 자폐증과 정신분석
044 아스퍼거 아동으로 산다는 것은?
045 자폐아동의 부모를 위한 101개의 도움말
046 자폐적 변형

◇ 비온학파와 현대정신분석

047 신데렐라와 그 자매들
048 애도
049 정신분열증 치료와 모던정신분석
050 정신분석과 이야기 하기
051 비온 정신분석사전
052 전이담기
053 상호주관적 과정과 무의식
054 숙고
055 윌프레드 비온의 임상 세미나
056 분석적 장: 임상적 개념
057 상상을 위한 틀
046 자폐적 변형

제임스 그롯슈타인
058 흑암의 빛줄기
059 그러나 동시에 또 다른 수준에서 I
060 그러나 동시에 또 다른 수준에서 II

마이클 아이건
061 독이든 양분
062 무의식으로부터의 불꽃
063 감정이 중요해
064 깊이와의 접촉
065 심연의 화염
066 정신증의 핵
067 신앙과 변형

도널드 멜처
068 멜처읽기
069 아름다움의 인식
070 폐소
071 꿈 생활
072 비온 이론의 임상적 적용
073 정신분석의 과정

◇ 정신분석 주요개념 및 사전

074 꿈 상징 사전
075 편집증과 심리치료
076 프로이트 이후
077 정신분석 용어사전
078 환자에게서 배우기
079 비교정신분석학
080 정신분석학 주요개념
081 정신분석학 주요개념2: 임상적 현상
082 오늘날 정신분석의 꿈 담론
051 비온 정신분석 사전

◇ 사회/문화/교육/종교 시리즈

083 인간의 욕망과 기독교 복음
084 살아있는 신의 탄생
085 현대 정신분석학과 종교
086 종교와 무의식
087 인간의 관계경험과 하나님 경험
088 살아있는 인간문서
089 신학과 목회상담
090 성서와 정신
091 목회와 성
092 교육, 허무주의, 생존
093 희망의 목회상담
094 전환기의 종교와 심리학
095 신경증의 치료와 기독교 신앙
096 치유의 상상력
097 영성과 심리치료
098 의례의 과정
099 외상, 심리치료 그리고 목회신학
100 모성의 재생산
101 상한 마음의 치유

현대정신분석연구소 총서

◇ 사회/문화/교육/종교 시리즈

102 그리스도인의 원형
103 융의 심리학과 기독교 영성
104 살아계신 하나님과 우리의 살아있는 정신
105 정신분석과 기독교 신앙
106 성서와 개성화
107 나의 이성 나의 감성

◇ 아동과 발달

108 유아의 심리적 탄생
109 내면의 삶
110 아기에게 말하기
111 난 멀쩡해. 도움 따윈 필요 없어!
004 놀이와 현실
005 그림놀이를 통한 어린이 심리치료
006 성숙과정과 촉진적 환경
007 박탈과 비행
008 소아의학을 거쳐 정신분석학으로
009 가정, 우리 정신의 근원
010 아이, 가족, 그리고 외부세계
011 울타리와 공간
012 참자기
013 100% 위니캇
041 자폐아동을 위한 심리치료
044 아스퍼거 아동으로 산다는 것은?
045 자폐 아동의 부모를 위한 101개의 도움말

◇ 자아심리학/분석심리학/기타 학파

112 C.G. 융과 후기 융학파
113 C. G, 융
114 하인즈 하트만의 자아심리학
115 자기와 대상세계
116 프로이트의 정신분석학

◇ 스토리텔링을 통한 어린이 심리치료 전집

117 스토리텔링을 통한… 심리치료(가이드 북)
118 감정을 억누르는 아동을 도우려면
119 강박증에 시달리는 아동을 도우려면
120 마음이 굳어진 아동을 도우려면
121 꿈과 희망을 잃은 아동을 도우려면
122 두려움이 많은 아동을 도우려면
123 상실을 경험한 아동을 도우려면
124 자존감이 낮은 아동을 도우려면
125 그리움 속에 사는 아동을 도우려면
126 분노와 증오에 사로잡힌 아동을 도우려면

◇ 정신분석 아카데미 시리즈

127 성애적 사랑에서 나타나는 자기애와 대상애
128 싸이코패스는 누구인가?
129 영조, 사도세자, 정조 그들은 왜?
130 정신분석에서의 종결
131 자폐적 대상에 대한 정신분석학적 연구
132 정신분석과 은유
133 정신분열증, 그 환상의 세계로 가다
134 사라짐의 의미
135 제4차 산업혁명에 대한 정신분석적 고찰

◇ 초심자를 위한 추천도서

001 멜라니 클라인
004 놀이와 현실
013 100% 위니캇
031 초보자를 위한 대상관계 심리치료
037 하인즈 코헛과 자기심리학
076 프로이트 이후
136 왜 정신분석인가?

현대정신분석연구소 수련 과정 안내

이 책을 혼자 읽고 이해하기 어려우셨나요? 그렇다면 함께 공부합시다!
현대정신분석연구소에서 이 책의 내용에 대한 강의를 들으실 수 있습니다.

현대정신분석연구소는 1996년에 한국심리치료연구소라는 이름으로 창립되어, 국내에 정신분석 및 대상관계이론을 전파하는 선구자적 역할을 해왔습니다.

정신분석을 연구하고 교육하는 기관으로서 주요 정신분석 도서 130여 권을 출판 하였으며, 정신분석전문가 및 정신분석가를 양성하고 있습니다. 또한 부설기관인 광화문심리치료센터에서는 대중을 위한 정신분석 및 정신분석적 심리치료를 제공하고 있습니다.

현대정신분석연구소에서는 미국 뉴욕과 보스턴 등에서 정식 훈련을 받고 정신분석 면허를 취득한 교수진 및 수퍼바이저들로 구성되어 있으며, 뉴욕주 정신분석가 면허 기준에 의거한 분석가 및 정신분석전문가 프로그램을 운영하고 있습니다. 프로그램에서는 프로이트부터 출발하여 대상관계, 자기심리학, 상호주관성, 모던정신분석, 신경정신분석학, 애착 이론, 라깡 이론 등 최신 정신분석의 이론에 이르는 다양한 이론들을 연구하는 포용적 eclectic 관점을 채택하고 있습니다.

프로그램에서 요구하는 요건들을 모두 충족하고 프로그램을 졸업하게 되면, 사단법인 한국정신분석협회에서 공인하는 'Psychoanalyst'와 'Psychoanalytic Psychotherapist' 자격을 취득하게 됩니다. 이와 동시에 현대정신분석연구소와 결연을 맺은 미국 모던정신분석협회 Society of Modern Psychoanalysts, SMP에서 수여하는 'Psychoanalyst'와 'Applied Psychoanalysis Professional' 자격증을 신청할 수 있습니다.

국내에서 가장 정통있는 정신분석 기관 중 하나로서 **현대정신분석연구소**는 인간에 대한 보다 심층적인 이해를 통해 한국사회의 정신건강에 기여하고자 합니다.

■ 졸업 요건

구분	PSYCHOANALYTIC PSYCHOTHERAPIST	PSYCHOANALYST
번호	· 등록민간자격 2020-003429	· 등록민간자격 2020-003430
임상	· 개인분석 150시간 이상 · 개인수퍼비전 25시간 · 임상 150시간 이상	· 개인분석 300시간 이상 · 개인수퍼비전 200시간 · 임상 1,000시간 이상
교육	· 졸업이수학점 48학점 · 종합시험 5과목 · 졸업 사례발표 1회 · 졸업 사례발표 참관 1회 이상	· 졸업이수학점 72학점 · 기말페이퍼 12과목 · 종합시험 5과목 · 졸업 사례발표 2회 · 졸업 사례발표 참관 2회 이상 · 졸업논문
입학 자격	석사 혹은 그에 준하는 학력이상	

※상기 자격은 자격기본법 규정에 따라 등록한 민간자격으로, 국가로부터 인정받은 공인자격이 아닙니다.

■ 문의 및 오시는 길

서울시 종로구 새문안로 5가길 28(적선동, 광화문플래티넘) 918호
- Tel: 02) 730-2537~8 / Fax: 02) 730-2539
- E-mail: kicp21@naver.com
- 홈페이지: www. kicp.co.kr (홈페이지를 통해 인터넷 강의도 수강이 가능합니다)

* 정신분석에 관한 유용한 정보들을 한눈에 보실 수 있는 정신분석플랫폼 몽상의
SNS 채널들과 **현대정신분석연구소** 유튜브 채널을 팔로우 해보세요!

- 네이버 블로그: blog.naver.com/kicp21
- 인스타그램: @psya_reverie
- 유튜브 채널: 현대정신분석연구소KICP
- 페이스북 페이지: 정신분석플랫폼 몽상

QR코드로 접속하기